应用写作教程

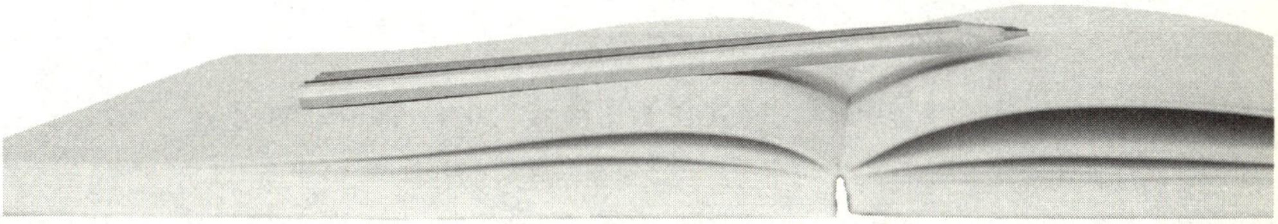

李景林　胡少山　崔瑜　编著

西南交通大学出版社
·成　都·

图书在版编目（CIP）数据

应用写作教程／李景林，胡少山，崔瑜编著．—成都：西南交通大学出版社，2021.7
普通高等院校“十四五”精品教材
ISBN 978-7-5643-8066-3

Ⅰ．①应… Ⅱ．①李… ②胡… ③崔… Ⅲ．①汉语－应用文－写作－高等学校－教材 Ⅳ．①H152.3

中国版本图书馆 CIP 数据核字（2021）第 143748 号

普通高等院校“十四五”精品教材

Yingyong Xiezuo Jiaocheng

应用写作教程

李景林　胡少山　崔　瑜／编著

责任编辑／孟　媛
封面设计／原谋书装

西南交通大学出版社出版发行
（四川省成都市金牛区二环路北一段 111 号西南交通大学创新大厦 21 楼　610031）
发行部电话：028-87600564　028-87600533
网址：http://www.xnjdcbs.com
印刷：成都中永印务有限责任公司

成品尺寸　185 mm×260 mm
印张　20.25　　字数　504 千
版次　2021 年 7 月第 1 版　　印次　2021 年 7 月第 1 次

书号　ISBN 978-7-5643-8066-3
定价　49.00 元

课件咨询电话：028-81435775

PREFACE 前 言

随着现代社会发展需要和高等院校人才培养模式的调整，应用技能型人才成为众多高等院校人才培养的基本目标。在高等教育课程体系中，应用写作是一门具有极强应用性和实践性的公共必修课，它既是一门基础课，又是一门技能课，对培养和提高学生的写作能力有着非常重要的作用。加强应用写作课程的教学改革和创新，对焕发课程活力、适应当下人才培养模式和需要有着重要的价值和意义。

写作课的难点在于，如何在有限的时间内有效提高学生的写作水平，培养学生的写作技能。在此情况下，应用写作就显得尤其重要。鉴于此，安康学院文学与传媒学院提出了以“能说会写”为核心能力的人才培养思路，同时对多年来应用写作教学过程进行回顾和反思，在总结有效经验的基础上，组织有多年教学经验的教师编写了这本《应用写作教程》。

本教材与以往同类教材相比有着鲜明的特色：

一是体现应用性。教材每一章节都按照理论讲解——例文评析——技能实训的逻辑顺序展开。所选例文贴近实际，突出时代特色，训练问题具有现实性，亦符合学生未来就业方向。

二是重视操作性。本教材重点突出典型案例的导向性，通过各种案例的内容和写作格式，给学生以最直观的参考，弥补了传统应用写作教程理论过多、实操性不强的缺点。通过例文分析、写作练笔、情景模拟等实训环节，使学生能够依据规范，借鉴案例写出符合要求的应用文。

三是突出时代性。在文章选择上，本书大多是选取靠近学生生活、贴近地域实际、具有时代特色的经典例文为分析对象，供学生参考、借鉴。

书中借鉴了同行教材和网站中的一些有益材料，由于时间仓促，未能一一与作者联系，在此一并表示感谢。由于编写时间匆忙，加之研究能力和写作水平有限，书中缺点与疏漏在所难免，恳请广大读者提出宝贵意见和建议，以便再版时进一步修改和完善。

CONTENTS 目 录

第一章
应用文概述

应用文是在处理公私事务时经常使用的实用性文体，是保证人们日常生活和工作正常运转的重要工具，是人际交往中必不可少的重要文体。应用文是国家机关、政党、社会团体、企事业单位处理各种事务时，经常使用的惯用格式文体，是人们传递信息、处理事务、交流感情的工具，有的应用文还用来作为凭证和依据。随着现代社会的发展，应用文与我们的工作、学习和日常生活的联系愈来愈密切。

第一节　应用文的特点与作用

写作是人类为了达到某种交际目的，用文字记载思想或事件的社会活动。人类的写作活动由于功能效用不同，可以划分为文学写作和应用写作两类。应用写作以应用文及其写作的规律、要求和技巧为主要研究对象，熟悉和掌握应用写作，对于各级各类公务人员有着重要的现实意义。

一、应用文的含义

应用文是人们在工作、生产、生活中，开展社会活动，处理政务与事务，传递交流信息过程中经常使用的文体。应用文有时又被称为文书，是党政机关、企事业单位、社会团体及人民群众在处理日常公务、私务时所使用的，具有一定格式的实用性文体的统称。它是人们交流思想、互通情况、解决问题、处理事务的工具。应用文与人们的日常生产、生活关系紧密，具有很高的实用价值。

二、应用文的产生及发展

应用文是人类社会发展到一定历史阶段的产物，基于经济社会发展的现实需要而产生，并随着社会的进步而发展。它的产生、发展与变化，与时代密切相关，与社会需求息息相关。不同时代的需求，会形成不同的应用文体，应用文体也将随着社会的不断发展与进步，日趋创新和繁荣。回顾应用文的产生和沿革，对我们今天学习应用文写作有着重要的意义。

（一）应用文的产生

我国的应用文大约起源于公元前 3200 年至公元前 2100 年，根据史料记载，我国母系氏族社会已经有了原始文字。距今 5000 年前已有国家雏形的原始社会，已经开始从事大量的公务性活动，如祭祀、狩猎、战争等，为以结绳记事的实物应用文时代的结束，和以文记事的文字应用文时代的产生提供了物质和社会基础。

我国应用文体的形成与发展经历了一个漫长的过程，经考古发现和文史界定，殷墟甲骨“卜辞”是我国最早的应用文。这些甲骨“卜辞”文字简约，但却真实地记载了奴隶社会世系、气候、征伐等公务活动的痕迹，是殷商时期王室的档案。我国现存最早、保存最完整的典章文献总集《尚书》，是儒家经典之一，也是一部以应用文为主的文集。《尚书》记载了很多题为“典、谟、训、诰、命、誓”的远古文书和帝王言论，篇章结构趋于完整，成为现今我们研究古代应用文的宝贵资料。

（二）应用文的发展

从春秋战国至秦统一天下再到今天，应用文经历了不断变革，渐趋成熟，最终稳定发展的沿革。

春秋战国时期，出现了“书、檄文、盟书、辞令”这四类较为盛行的应用文。秦统一六国后，秦始皇颁布了“车同轨，书同文，统一度量衡”的政令，应用文作为国家实施管理的工具，得到进一步的规范和发展。公文文体分类和公文格式初步确立，有了上行文和下行文的区分。到了汉代，上承秦制，对应用文进行了整体的归类：皇帝对臣下的文书定为制、诏、戒、策四种；臣下对国君的文书定为章、奏、表、议四种。秦汉时期还出现了许多应用文的代表作品，如李斯的《谏逐客书》、贾谊的《论积贮疏》、晁错的《论贵粟书》、崔瑗的《座右铭》和司马迁的《报任安书》等。

魏晋南北朝时期，应用文继续发展完善。这一时期名家名作不断涌现：曹操的“五令”、曹丕的《与吴质书》、曹植的《与杨祖德书》等初步奠定了应用文的历史地位；诸葛亮的《出师表》、李密的《陈情表》、嵇康的《与山巨源绝交书》等为应用文的发展与进步做出了重大贡献。与此同时，这一时期有关应用文的理论研究也出现了可喜成果。曹丕的《典论·论文》将文章划分为四类八体，并且概括出了这些文体在写作上的基本特点和要求。《典论·论文》也成为我国文学批评史上最早的文论。之后，陆机的《文赋》在曹丕的八体分类基础上，将文体分为十类，增加了碑、箴、颂等文体并深入阐释了这些文体的性质和特点，推动了应用文理论研究的进一步发展。南朝时期，刘勰在其《文心雕龙》中又将文章分为三十三类，其中应用文就占了二十一类之多。

隋唐宋时期，我国古代应用文发展日趋完备，应用文写作处于“政事之先务”的主导地位，应用文也被列为国家科举考试的主要科目之一。唐朝时期，把应用文明确分为上行文（表、状、笺、启、辞、牒），下行文（制、敕、册、令、教、符），平行文（关、移、次）。同时，唐宋时期对公务文书的格式形成了一系列的规章制度，诸如，一文一事制度、公文用纸制度、公文拟制与誊写制度、公文贴黄和编号制度等，这些制度促进了公务文书的规范化，至今仍有着积极重要的影响。这一时期，应用文名篇佳作不断涌现，魏徵的《谏太宗十思疏》、韩愈的《祭十二郎文》、刘禹锡的《陋室铭》、王安石的《答司马谏议书》、文天祥的《指南录后序》等，皆为后世应用文本的形成产生了不可低估的重要影响。

元明清时期，应用文的发展渐趋稳定。元代在唐宋的基础上，对文书和档案的分工更加明确。这一时期对隋唐以后的新文体的研究，对应用文的理论研究有了新的发现和贡献，如明代吴纳在其《文章辨体》中将文体分为五十九类，徐师曾的《文体明辨》将文体分为一百零一类，他们对应用文体的明确说明值得后世借鉴。直到清代姚鼐的《古文辞类纂》，才删繁就简，将文体分为十三类，将序跋、奏议、诏令、传状、碑志、箴铭、哀祭等应用文体明确于其中。清代学者刘熙载正式提出了“应用文”这一称谓，他的《艺概·文概》中写道：“辞命体，推之即可为一切应用之文。应用文有上行、有平行、有下行。垂其辞乃所以重其实也。”

（三）应用文的沿革

封建时代的应用文是与封建的社会制度相适应的，有深刻的专制主义烙印。随着社会的不断发展，古代应用文尊君抑臣、文风古板、格式陈腐、语言晦涩等弊端日益显露，封建应用文已经到了衰亡阶段。百年来，伴随中国的资产阶级革命和社会主义革命，应用文也发生了巨大的变革。

辛亥革命后，1912 年南京临时政府颁布了第一个公文程式条例，废除了几千年封建王朝沿用的公文体式，确立和规定了新的公文体式和适用范围。1927 年至 1928 年间，国民党政府先后颁布了三个公文程式条例，对公文的体式、适用范围、公文用语和标点符号的使用做出了一些新规定。

中国共产党成立后，从组建机关开始，不仅有了自己的公文，而且非常重视文件的规范和建档工作。1931 年，瞿秋白同志代表党中央起草了《文件处理办法》；1942 年，陕甘宁边区政府颁布了《陕甘宁边区新公文程式》。

中华人民共和国成立后，政府对应用文进行了新的彻底的改革。1951 年中央人民政府召开了全国秘书长会议，通过和颁布了《公文处理暂行办法》，为中华人民共和国公文体式的确立奠定了基础。此后，又陆续发布了一系列文件。根据我国改革开放实际工作的需要，国务院于 2000 年 8 月 24 日发布《国家行政机关公文处理办法》，2001 年 1 月 1 日起施行。中央办公厅也分别于 1989 年、1996 年发布了《中国共产党机关公文处理条例（试行）》《中国共产党机关公文处理条例》。2012 年 4 月 16 日，中共中央办公厅、国务院办公厅印发了《党政机关公文处理工作条例》（中办发〔2012〕14 号），该条例分总则、公文种类、公文格式、行文规则、公文拟制、公文办理、公文管理、附则八章四十二条，自 2012 年 7 月 1 日起施行 1996 年中共中央办公厅发布的《中国共产党机关公文处理条例》和 2000 年国务院发布的《国家行政机关公文处理办法》停止执行。以上这些文件具有很强的权威性、系统性和约束力，对促进党政机关公文管理工作的规范化、科学化起了重要作用。

三、应用文的特点和种类

应用文作为一种独立的文体样式，是各级各类机关管理日常事务的重要工具，对国家政治、经济和社会生活的各个领域都具有指导作用。

（一）应用文的特点

1. 文体的实用性

实用性是应用文区别于其他文种的标志，是应用文最重要的特点。应用文写作不同于文学创作，其写作的根本目的在于解决现实生活与工作中的实际问题。现实需要是应用文写作的重要条件和缘由。实用性是指应用文无论在处理公共事务还是私人事务中，都具有实际应用的价值。

2. 格式的规范性

应用文在长期发展的过程中，多数文体都形成了相对稳定的写作格式，写作时必须根据应用文的具体类型，遵守各自的固定格式。尤其是公务文书，随着党政事务的规范化、正规化，逐渐形成了相对固定的文体格式，并且不断地改进和完善。

3. 表述的真实性

应用文要求以简洁鲜明的语言直接地表达写作主旨，其内容必须真实确凿、实事求是。应用文要为解决现实问题、指导实际工作服务，因而它完全排斥虚构和杜撰。应用文体必须如实反映客观事物的本来面目和作者对写作主体的正确理解，材料要真实可靠，不能像文学作品那样去虚构和想象，也不能凭主观意愿夸大和掩饰现实。应用文中如果捏造、虚构数据，严重时要承担法律责任。

4. 对象的明确性

与文学作品相比，应用文的阅读对象大都明确具体。而具体阅读对象的接受效果，也是应用文实用价值体现。如撰写公文时，要根据行文方向，为“特定”读者而写，“请示”等上行文要想着得到领导层的认可，就要把请示的理由、具体事项和指导原则说清楚；“平行文”则要考虑能让同级机关和友邻单位理解和接受；“下行文”就要把给下级安排的任务说清楚。

5. 行文的时效性

应用文具有较强的时效性，一般要求在特定时间内处理好具体问题。如果行文不及时，将会使它的实用价值的大打折扣。过时的市场预测报告对企业经营者毫无价值可言；滞后的新闻报道毫无意义；不及时的通知大大削弱办事效率……因此，在社会飞速发展的今天，写作应用文更应该做到及时、准确、高效。

6. 语言的简洁性

应用文要求语言质朴、表达明确，行文不必如文学作品那样采用比喻、拟人、双关等修辞手法和描写技巧、抒情笔法，文字要简练、精悍，只要把事实说清楚、把道理讲清楚即可，没有必要长篇大论。另外，应用文多数具有法定权威、行政约束力或明显的规范作用，因此用词必须准确，不能含糊其辞，模棱两可，以免发生歧义或误解。

（二）应用文的种类

我国应用文的发展历经了3000多年的历史，应用文的种类繁多，使用范围不断扩展，新文种不断出现，对于应用文的分类标准不一。应用文可以根据不同的标准划分为不同类别。

1. 按处理事务的性质划分

按处理事务的性质划分，应用文可分为公务类应用文和私务类应用文。

公务类应用文是指为处理国家和单位、集体的事务而写作和使用的应用文，即通常所说的公文。私务类应用文是指为处理个人的事务而写作和使用的应用文，即通常所说的个人日用文书。

2. 按使用领域划分

按使用领域划分，应用文可分为党政公文类、事务类、财经类、司法类、礼仪类、科技类、传播类等应用文。

（1）党政公文文书。包括决定、通知、通告、请示、报告、函、纪要等。

（2）事务类文书。包括计划、总结、调查报告、述职报告等。

（3）财经类文书。包括市场调查报告、市场预测报告、可行性研究报告、经济活动分析报告、经济合同等。

（4）司法类文书。包括起诉状、上诉状、答辩状、申诉状等。

（5）礼仪类文书。包括开幕词、闭幕词、欢迎词、欢送词、感谢信、慰问信等。

（6）科技类文书。包括毕业论文、毕业设计、实验报告、申论等。

（7）传播类文书。包括新闻、消息、新媒体宣传文案等。

四、应用文的作用

应用文作为指导工作、实施管理、传递信息、办理事务的重要工具，在不同的社会、不同的历史时期，以其不同的内容和形式发挥着不同的社会作用，有着极其重要的现实意义。

（一）沟通协调

现代社会分工越来越细，各部门间的联系与影响越来越密切，人们的社会交往越来越广泛频繁。现代社会中，机关、企事业单位及个体之间需要及时沟通信息、联系工作、交流经验，应用文由于能突破时间与空间的限制，成为人们交流信息的重要工具。

（二）凭证依据

俗话说“官凭文书私凭印”，无论公务还是私务往来常需要书面凭证。应用文的凭证和依据作用，在不同的文种中都有不同程度的体现。例如，党政公文是党政机关处理工作、解决问题的政策依据；合同、调解书及司法文书是双方确定权利和义务的凭证和依据。同时，各种文件阅读办理完毕之后，应将有保存价值的文书立卷归档保存起来，转化为档案材料，以备日后查考。

（三）宣传教育

应用文的宣传教育作用不同于文学作品以塑造人物、构思情节的方式实现，而是通过陈述事实、论述道理的方式直接进行宣传教育，让人们知道应该做什么、为什么要做、怎么去做。因此，应用文在宣传教育方面的作用更显直接、突出，也更具权威性，如倡议书等。

（四）指导规范

应用文的主体是公务文书，其中有相当一部分是部署性、政策性、规章性公文，它们都缘于管理社会事务或组织内部事务、规范公务行文的需要而制定，都具有法定的权威性和现实的指导性。这类公文的制发，对于贯彻党的路线方针政策、促进经济社会稳定健康发展，具有十分重要的意义。

（五）保存历史资料

由于应用文发展历史久远，应用文记载了各个时期政治、经济和文化等多方面的情况，因此它可以保存和积累大量的历史资料，能为今后相关的各项研究提供大量丰富的历史背景资料。

五、学习应用文写作的方法

（一）端正学习态度，树立正确认识

有人认为应用文文种多而杂，格式上生硬而无变化，既难写又枯燥乏味，不如写文学作品那样可以创造、虚构，这种看法对学好应用文写作极为不利。不管是应用文还是文学作品，只要写得好，都是有意义、有价值的。应用文的写作确实有一定的难度，但应用文规范化的格式从某种意义上说更便于初学者模仿借鉴，更便于掌握写作的基本规律。因此，应用文写作比写其他体裁的文章入门快，进步明显。只要方法得当，反复训练，是完全可以写好的。

（二）拓宽知识面，扩大信息储存

写好应用文与掌握丰富的专业知识间有着紧密的联系，储存的信息是否丰富是应用文书写作的前提。应用文书的作者应从实际出发，尽可能多地储存信息。写经济文书，就要尽可能储存相应的经济知识，去参与一些市场调研活动掌握材料；写法律文书，要储存相应的法律知识，要注意收集相关案例；写礼仪类文书，就要具备社交礼仪的常识。收集储存信息的途径很多，但最重要的有两条：一是深入实际，调查研究；二是阅读报刊图书，间接取得信息。

（三）熟悉方针政策，有较高的政策水平

应用文写作的政策性很强，不了解相关的方针政策和法律法规，就不可能写好应用文。只有努力学习、积极钻研党和国家的方针政策，不断提高政策水平，才能以正确的立场、观点、方法分析问题，解决问题，推动各项工作的顺利进行。特别是党政公文写作，一定要结合当下党和国家最新的文件，才能真正地贯彻精神、落实任务。

（四）提升文化素质，增强文字表达能力

应用文学习者要努力学习社会科学和自然科学知识，懂得这些领域的新理论、新方法，以此提升自身的科学文化素质。与此同时，还要加强写作实践，不断提高写作能力。从文字到语言，从修辞到逻辑，甚至标点符号的运用都要认真学习、一丝不苟。只有不断地积累、练习，才能在实践中加深对应用文写作知识的理解，才有可能写出优秀的应用文书。

六、学习应用文写作的意义

在经济与科技高度发达的 21 世纪，尽管电子化办公和计算机网络的使用，使现代办公变得简捷，但应用文始终是社会交往、处理日常具体事务必不可少的。随着社会发展速度不断加快，社会信息量不断丰富，是否有很强的应用文写作能力，不仅成为衡量一个人工作能力高低的重要标准，也是各类单位提高处理日常事务的质量和效能的重要前提。

如果发文单位发出的公文表述不准确、格式不规范，就会对受文单位正确理解方针政策带来困难和问题，造成不良后果。因此，曹丕在《典论·论文》中说："盖文章，经国之大业，不朽之盛事"。他把文章的功用提高到治理国家的高度来认识，值得后世效法。我们应该从思想上重视应用文写作，真正认识到它对做好本职工作的重要意义，认真学习应用文写作的理论，自觉地进行写作训练。只有这样，才能真正提高应用文写作的能力，从而适应日常学习、工作以及现代社会高速发展的需要。

第二节　应用文的写作要素与写作要求

一、应用文的主题

应用文的主题也称为主旨，就是作者在文章中所表达的中心内容和思想倾向，是作者运用叙述、说明、议论等表达方式，通过文章的具体材料表达对客观事物的评价和态度。我国古代文论中的"意""旨""主旨"概念，与今天所说的"主题"相近，"意"多指文章的思想内容；"旨"多指文章的中心意义。与其他要素相比，应用文的主题处于"统帅"的地位，材料的取舍、结构的安排、语言的运用、表达方式的选取都要围绕着它进行。"主题先行""意在笔先"是应用文写作遵循的原则。

应用文的主题与其他文章的主题最本质的区别在于它的行文意图，衡量一篇应用文的好

坏，关键看其行文意图是否明确、道理阐述是否透彻、理由依据是否充分、基本观点是否正确、要求措施是否可行。应用文的中心思想或者行文意图决定了谋篇布局的方向，也决定了文章的质量和价值。对于应用文作者而言，只有确立好应用文的主题，才能在其统帅下决定材料的选择、结构的安排和语言的运用。

（一）主题的作用

文章是写作者在实践的基础上所进行的思维活动的产物，主题是文章的灵魂，是构思中必须首先解决的问题，古人主张“文以载道”，文章要想更好地发挥“载道”“明道”的作用，就必须具有明确而深刻的主题。

1. 主题是应用文写作的灵魂

普希金说：“没有思想，再漂亮的语句也全无用处。”曾国藩说：“譬如万山磅薄，必有主峰，龙衮九章，但挈一领。”这些都充分说明主题在文章中的中心地位。对于应用文写作而言，丰富的材料、合理的结构以及优美的语言，都是为了一个目的而服务的，那就是文章的主题。如写作报告，我们使用大量的数据，甚至还会使用图表分析，最终都是为了体现“工作成绩突出”这个主题。

2. 主题是应用文写作的统帅

范晔：“常谓情志所托，故当以意为主，以文传意。以意为主，则其旨必现，以文传意，则其词不流。”王夫之：“无论诗歌与长行文字，具以意为主。意犹帅也，无帅之兵，谓之乌合。”主题也是文章的统帅，在行文写作中，结构的安排、材料的使用、语言的遣用都需要按照文章的主题来进行安排。

古人在《韵语秋阳》上记载了一个故事，说一个叫葛延之的人曾经跋涉万里去拜见苏轼，向他请教写文章的秘诀，苏轼以如下的一段话作答：

> 儋州虽数百家之聚，州人之所需，取之于市而足，然不可徒得也。必有一物以摄之，然后为己用。所谓一物者，钱是也。作文亦然。天下之事，散在经子史中，不可徒得。必有一物以摄之，然后为己用。所谓一物者，意是也。不得钱不足以取物，不得意不可以用事，此作文之要也。

这段话既非常形象地说明了主题来自材料的道理，又深刻揭示了主题的作用。应用文写作有了“意”，才可以“用事”，文章才有了主心骨。

（二）应用文主题的确立

应用文的主题不是自然显现的，而是需要一个加工制作的过程，即我们常说的“提炼主题”。所谓提炼主题，就是应用文的作者运用科学的理论和正确的思维方式，探寻事物的本质属性和发展规律，从而体现文章中心思想和写作意图的过程和方法。

1. 主题的确立依赖对材料的分析

要提炼主题就不能离开材料，应用文的主题是全部材料在思想意义方面的高度概括。写作应用文应该首先占有大量的感性材料，占有的材料越丰富，主题越正确，在此基础上经过归纳、分析、判断，将其整理上升到理性认识，透过材料把握事物的本质。这样“由此及彼”“由表及里”的过程，给应用文主题的提炼提供了基础和依据。因此，确立主题时应务求主观认识与客观实际相一致，基本观点与材料内容相吻合。

2. 主题的确立依赖领导者的意图

应用文的最大特点是实用，特别是党政公文，缘于开展公务活动、实施行政管理的需要，它的写作体现了领导者的意图。因此，撰写公文的基本前提就是要全面深刻地领会领导者的行文意图和要求，这就需要把握好两点：一是把握行文背景、目的，了解起草文稿的原因、动机，明确“为什么写”；二是把握领导者的基本观点、思路和要求，明确“主要写什么”“怎样去写”。有些重要的文稿写作还要组建写作班子，由领导集体讨论、审阅、修订。

3. 主题的确立依赖作者的理论修养

主题的形成与确立，或多或少会受到作者主观思想和感情的影响，面对同一事物、同一材料，不同的作者也许会得出截然不同的结论。因此，树立正确的世界观、方法论，加强个人的理论修养、道德水平，对于应用文的写作至关重要。只有借助科学的思维方式，才能做到溯本求源、鞭辟入里，提炼出正确深刻的主题。

（三）确立应用文主题的要求

1. 主题正确

主题正确是撰写应用文的基本要求。正确是指主题能够抓住事物本质，准确无误地揭示事物的内在规律，不能超出材料所能表达的意义范围而任意歪曲、拔高或贬低。应用文所确立的主题应该符合党和国家的方针政策、符合国家法律法规要求、符合本地区和本单位的实际，能够反映客观规律和事物的本质，体现人民群众的意愿和要求，具有普遍的现实指导意义。

2. 主题鲜明

应用文的观点必须明确，立意必须清晰，作者要办什么事，对事物有何认识、有何意见和要求、抱什么态度和感情等，都要毫不隐晦地表达，切忌似是而非、模棱两可，让人无所适从。

3. 主题集中

主题集中是指把文章的主题凝练成最精要的一点。一篇文章只有一个主题，这个主题要贯穿全篇，要围绕这个主题把道理说深说透。主题只有高度集中，才能打动人，切忌面面俱到，使人不得要领。

4. 主题深刻

人们对事物的认识过程是一个由现象到本质、由感性到理性的逐渐深入的过程。主题的深刻性，是指所确定的主题要有思想深度，能抓住问题的关键和要害，揭示出事物的本质和特点。主题深刻是指主题能够揭示事物的内在本质，反映事物内部的规律，是作者对材料深入理解、对事物透彻认识的反映。因此，要善于抓住事物的主要矛盾挖掘具有本质性和倾向性的问题，提炼出规律性的认识，形成主题深刻的文章。

5. 主题新颖

主题新颖就是要立新意、显个性、避雷同。面对同样的事项、同样的材料，寻常见解显得枯燥、缺乏价值，只有具有新颖性才有指导性和新鲜感。因此，写作者必须在实践中锻炼自己的观察分析能力，以新思维、新视角认识问题，获得独特的见解。主旨要新颖，首先应具有时代特色。

二、应用文的材料

应用文的材料是指作者为表现应用文的主题，达到某一写作目的所收集或积累的一系列事实、数据或论据。材料是应用文写作的基础，是主题得以确立的支撑，也是作者写作意图得以充分体现的重要依据。

（一）材料的作用

动笔之前，主题靠材料来形成。动笔之后，主题靠材料来表现，没有材料支撑，主题就是“空中楼阁”。

1. 材料是形成正确认识的前提

任何应用文书都不同程度地表现出写作者的某种观点和意志，但这种观点、意志并不是写作者头脑中固有的，而是源于对所占有材料的分析。所以说在应用文写作中，详细地占有材料，是形成正确认识、做出正确决策的前提。每提出的一个新的观点、一个新的举措，都需要材料的支撑。

2. 材料是形成主题的基础和表现主题的支柱

主题形成后，要把它表现出来，并且让读者所理解、所接受，必须有一些典型、生动、充实、有力的材料来支撑。主题在材料的基础上确立，反过来它又支配着材料的取舍。在这种相互依存又相互制约的关系中，材料始终居于优先的地位，因此，材料具有第一性。

3. 材料是结构安排的依据

结构和语言是写作的外形，而一定的外形必须服从和服务于一定的内容。没有材料和主题，纵使有高超的结构布局和技巧表现也无济于事。没有材料，纵使有结构设计和表现技巧，也无法写出好的应用文书。

（二）材料的来源

具体而言，应用文的材料包括两大类：一是事实材料，即具体事例、现实情况、统计数据等；二是理论材料，即方针政策、法律法规、科学理论等。获取材料的方式大致有以下两种。

1. 直接获取

直接获取是指作者亲自从现实生活中获取材料，如通过观察、访问调查、问卷等方法直接收集材料。

2. 间接获取

间接获取是指作者通过某种传播媒介获得材料，如通过查询各种记录、报刊书籍、部门或单位的档案、网络等方法获取大量的间接材料。

（三）材料的积累

材料的积累是一个漫长的过程，只有勤于动笔、勤于思考，在平时的生活、工作中做个有心人，才能写出高质量的文章。对于应用写作而言，要写好一百字的文章，必须有十倍甚至百倍的材料储备。这就要求我们平时占有的材料要丰富和广泛，不仅在数量上，也要在类型上积累材料。在积累材料的过程中，既要有现实材料又要有历史材料，既要有正面材料又要有反面材料，既要有具体的典型材料又要有综合的概括材料，既要有理论材料又要有事实材料。同时，注意收集国内外的各种信息和动态，注意将上情与下情相结合，这样才能在写作过程中信手拈来，游刃有余。

（四）材料的使用

材料使用得恰当与否直接关系到主题的表达是否正确和文章质量的高低，因此选用材料要做到精益求精。使用材料时一定要分清主次，根据主题的需要，按照一定的组织形式安排材料的先后顺序。在安排顺序时要考虑材料的主次、时间的先后、材料间的逻辑顺序、人们认识事物的规律、事物发展的过程等诸多因素。

三、应用文的结构

应用文的结构是指应用文内部的组织构造，也就是安排材料、谋篇布局的方式。应用文的结构是应用文的骨架，是完成文章表情达意任务的重要环节，有了严密的结构，才能形成一篇完整的文章。应用文的结构与一般文章一样，包括开头和结尾、层次和段落、过渡和照应。

（一）开头和结尾

1. 开头

应用文的开头虽然文字不多，表达简洁，但却具有统领全文、确定基调的作用。常见的应用文开篇大致有以下几种。

（1）概述式。概述式是指概括地写出主要内容、基本情况或主要问题，交代有关背景、缘由。这种开头，多用于调查报告、简报、总结、纪要等文种。如：2020 年 6 月 15 日，校长

×××主持召开校长办公会议，重点研究毕业生离校、高考录取、后勤保障等问题，相关部门负责人×××、×××、×××参加会议，现将有关情况纪要如下……

（2）目的式。目的式是指开头就说明写文章的目的与缘由。这种开头常用于情况通报、通告、通知、意见等文种。如：为深入贯彻落实习近平新时代中国特色社会主义思想和党的十九大精神，推进实施健康中国战略，提升医疗卫生现代化管理水平，优化资源配置，创新服务模式，提高服务效率，降低服务成本，满足人民群众日益增长的医疗卫生健康需求，根据《“健康中国2030”规划纲要》和《国务院关于积极推进“互联网+”行动的指导意见》（国发〔2015〕40号），经国务院同意，现就促进“互联网+医疗健康”发展提出以下意见……

（3）根据式。根据式是指根据法律、法令，文件精神，对方来文，存在的问题，突发事件等行文。这种开头多用于决定、调查报告、市场预测报告、合同等文种。如：为降低燃放烟花爆竹对环境造成的危害，维护社会公共安全和人民群众生命财产安全，依据《烟花爆竹安全管理条例》《××市市容和环境卫生管理条例》，参照《××市禁止制作和限制销售燃放烟花爆竹的规定》，经区政府研究，决定分区域禁止和限制燃放烟花爆竹（含电子烟花爆竹），现就有关事项通告如下……

（4）提问式。提问式是指开头就提出问题，制造一个悬念，发人深思，然后引出正文。调查报告、会议纪要、毕业论文、新闻等文种有时用这种方式开头。如消息《市民自建“念叨队”烦走占道小贩》的导语很有意思：最近，重庆大渡口区某社区为改善社区环境，想出了一个新点子。15位五旬以上的老人，组成一支城市管理义务巡逻“念叨队”，他们就像《大话西游》里面的唐僧一样，用不厌其烦地劝说，让占道经营的小摊贩主动撤走。这招是否能够制伏桀骜不驯的“孙悟空”呢？

（5）说明式。说明式是指开头先对要写作对象的背景、情况做一些说明，并在此基础上引出正文。这种开头多用于调查报告、新闻、通讯、广告等文种。如通讯《村民通讯录里的第一人——记中央纪委国家监委机关挂职扶贫干部穆伟》：1985年出生的穆伟，是中央纪委国家监委机关干部。2017年7月至2019年10月，被选派到四川省马边彝族自治县后池村挂职“第一书记”。两年多时间里，这个生长于北方的年轻人带领干部群众，改变了偏远山村的面貌：教育、医疗和基础设施焕然一新，村民的精神风貌发生了巨大的变化。后池村，成长了这个青年。2018年10月，穆伟获评四川省脱贫攻坚贡献奖，2019年7月，他又获评四川省优秀驻村工作队队员。

2. 结尾

我们常用“豹尾”来形容文章的结尾，说明好的结尾应做到简洁有力。对于应用文而言，结尾写得好，能使受文者留下深刻印象、受到启发鼓舞、提高认识。结尾应根据行文需要“止于所当止”，如果正文主体部分已表明作者意图，结尾也可省略。常见的结尾形式有：

（1）总结式。总结式是指结尾归纳全文，得出结论，点明主旨，以加深人们对文章的印象。这种形式多用于总结、调查报告、通报等文种。如个人述职报告的结尾：过去的一年，虽然取得了一些进步和成绩，但回顾检查自身，感觉自己仍然有很大的进步空间。“征程正未有穷期，不待扬鞭自奋蹄。”新的一年，我一定端正态度，坚持务实创新，努力学习，不断提升个人素养，提高工作能力，更加努力成为一名优秀的中层干部，为学校快速实现转型发展、提升办学层次做出自己的贡献。“莫道今年春将尽，明年春色倍还人！”

（2）号召式。号召式是指结尾归纳全文，提出希望，发出号召。这种形式多用于总结、决定、纪要、倡议书、演讲稿等文种。如××大学校长在研究生毕业典礼上讲话的结尾：当今，中国正处于全球经济一体化的浪潮中，社会变化之快超出我们的想象，高新技术迅猛发展带来的挑战也很大，应该说机会多多，挑战多多。面对这样的机遇，面对这样的挑战，你们肩头的责任不轻，担子很重，我期待你们走向社会以后，勇于担当，取得更辉煌的业绩，为自己争光，为家庭争光，为母校争光，为国家争光，为世界之光。

（3）说明式。说明式是指结尾对主体部分的未尽事宜做一些补充说明，或者对与内容有关的问题做一些必要的交代。这种形式多用于公告、通报、通告、规章制度等文种。如：本办法自发布之日起执行，由××部门负责解释。

（4）惯用式。惯用式是指以习惯用语和固定格式结尾。这种形式多用于党政公文、经济合同、诉讼文书等文种。如："妥否，请批复！""本合同双方各执一份，自双方签字（盖章）之日起生效，双方应严格遵照执行。其他未尽事宜，按照有关法律法规和政策规定执行。"

（二）层次和段落

1. 层次

应用文的层次是文章思想内容的表现次序，它反映了作者的思维过程。事件发展的一个阶段、事物特性的一个方面、问题表现的一个形式、分析论述的一个观点等，都可以组成一个层次。层次有以下三种表述方法：

（1）用小标题表示。例如，《教育部等八部门关于加快构建高校思想政治工作体系的意见》一文的层次即用小标题的形式表示：一、指导思想和目标任务；二、理论武装体系；三、学科教学体系；四、日常教育体系；五、管理服务体系；六、安全稳定体系；七、队伍建设体系；八、评估督导体系；九、组织领导和实施保障。

（2）用数量词表示。例如，一、二、三、四……（一）、（二）、（三）、（四）……

（3）用表示顺序或程度的词或词组表示。例如，"首先""其次""然后""会议认为""会议决定"等。

2. 段落

段落是组成文章的最基本单位，是按照表达层次划分出来的结构单位。段落是适用于一个中心思想的小语篇、大于句子的一个完整的意义单位。在形式上，起行空两格，回行顶格是段落的明显标志。

层次与段落的关系非常紧密。层次是思想内容的划分，段落侧重文字表达的需要。有时段落的划分正好反映内容的层次，即段落等于层次；有时几个段结合起来表达内容的一个层次，即段落小于层次；有时一个大的段落中包含几个内容不同的层次，即段落大于层次。

（三）过渡和照应

1. 过渡

应用文的过渡是指上下文之间的衔接、转换。层次、段落间过渡得好，文章承转自然流畅；过渡不好，文章就显得涣散无力。过渡的方式主要有用过渡段、过渡句和关联词语，如“综上所述”“总之”“为此”“故此”等。应用文中常见的过渡主要在以下三处：

（1）内容开合处，即文章内容由总到分或由分到总时需要过渡。

（2）意思转换处，即文章内容由一层意思转入另一层意思时需要过渡。

（3）表达变动处，即文章内容由叙述转入议论或由议论转入叙述时需要过渡。

2. 照应

应用文的照应是指文章前后内容的关照、呼应，主要有以下三种形式：

（1）首尾照应，即开头与结尾相呼应。开头段提出的内容，结尾时须交代结果或重新提示强调。

（2）前后照应，即前面提到的内容后面要有回应；后面出现的结果，前面的内容先埋下伏笔，相互呼应。

（3）题文照应，即题目与文章的内容相呼应。标题是文章主要内容的体现；内容的点题是对主要内容加以展开，标题突出主题。

四、应用文的表达方式

应用文的表达方式是指行文时对有关内容进行表达所采用的表述形式与方法，即运用语言形式来介绍情况、陈述事实、阐明观点、总结规律、抒发情感的具体方法与手段。在应用文写作中叙述、说明、议论是三种基本的表达方式。

（一）叙述

叙述是对人物、事件、客观事物的基本情况和发展变化以及各方面状况所做的交代和陈述。在应用文写作中，叙述是使用频率最高的一种表达方式。使用叙述的手法写作应用文，必须做到叙述人称是客观的，叙述对象是真实的，叙述线索是单纯的。常用的叙述方法如下：

1. 顺叙

顺叙是完全按照时间的先后或事情发生发展的过程来安排段落层次的一种写法。用这种方法，可以把事物发展的过程叙述得头尾清楚、层次分明，便于读者阅读理解。情况通报、工作总结、调查报告等文种大体上采用这种表达方式。

2. 插叙

插叙是在叙述主要事件的过程中，有时需暂时把叙述的线索中断一下，插进其他有关事件的叙述，插叙部分完结后，再接上原来的线索继续进行叙述。插叙有时是为了补充主要事件，有时是为了突出人物性格，有时是对某些问题做补充说明。插叙可以补充材料、丰富内容、使文章更加充实，如新闻报道就可以使用插叙。

3. 倒叙

倒叙是先写事情结局或事件的某一重要情节，然后再按事件的发生发展过程进行叙述的方式，如总结、调查报告等，常常是先叙述成绩、结果，然后再回头叙述工作进展、过程及经验。采用这种方法可以强调结局、突出重点。

4. 详叙

详叙是详细叙述事物的基本面貌或事件的具体过程，使读者有细致、全面的了解。产品说明书、调查报告常采用这种叙述方式。

5. 略叙

略叙简要概括某一事物或某一情况的基本面貌，通过粗线条地介绍，给读者留下一个总体印象。这种叙述方法在应用文中使用较多，一般应用文在开篇部分常使用略叙手法。部分中成药的使用注意或禁忌“尚不明确”即属于略叙的类型。

6. 散叙

散叙是把许多在不同时间、不同地点发生的事情，紧紧围绕着一个主旨分别进行叙述。应用文中的散叙，多是把并列的几件事或者几个部门、单位、几个人的事情分别叙述出来，如新闻报道中的“综合性新闻”。

（二）说明

说明就是简明扼要地把事物、事件、概念、人物等加以介绍或解释，用平实的语言把人物的经历、特点等表述明白的一种表达方式。说明在应用文写作中有着广泛的用途，使用说明的方式必须做到通俗易懂、准确客观、言简意赅。常用的说明方法有以下几种：

1. 定义说明

定义说明即下定义，是指用简洁而明确的语言揭示事物的本质属性，给人以清晰的概念。定义说明既能使人们对被说明的事物有一个明确的、本质的了解，又能使人们把该事物与其他事物区别开来。如，“党政机关公文是党政机关实施领导、履行职能、处理公务的具有特定效力和规范体式的文书，是传达贯彻党和国家的方针政策，公布法规和规章，指导、布置和商洽工作，请示和答复问题，报告、通报和交流情况等的重要工具”。

2. 举例说明

举例说明是举出、突出实例来说明事物事理的方式，这种方式既能帮助读者理解，又能给读者留下深刻的印象。如“旗帜鲜明惩治学术不端行为。多年来，在学术不端行为的处理上，学校严格依照相关法规和《××大学学术道德规范实施细则》，按照‘惩前毖后，治病救人’的原则，坚守公平、公正、公开的原则，发现一起查处一起，决不姑息，以身边事教育身边人，收到了较好的效果。如在××年的职称评审中，有三位教师涉嫌一稿两投，引起校内部分教师的关注，学校调查后，按照规定，决定对这三位教师采取缓评一年职称的处罚措施”。

3. 比较说明

比较说明是指通过两种以上相似或不同事物间的对比、类比，说明事物间的差异、变化的说明方法。如，“世界上最深的淡水湖——俄罗斯的贝加尔湖，由于污染，仅几十年间湖中原有的 1200 种水生物至少灭绝了一半以上”。

4. 分类说明

分类说明是指将被说明的对象，依据同一标准分成不同的类别，然后逐类说明。通过分类说明，可以显示出不同事物的差异性，使人们可以按照类别掌握事物的特征。如，“在内容上，‘消息’篇幅短小，内容概括简要；‘通讯’则要展开故事情节，内容具体详尽、细致、完整。在题材上，‘消息’侧重记事；‘通讯’则侧重记人，也可以记事，一般比‘消息’题材重大，延续时间长，影响范围广，感召力强。在写法上，‘消息’以叙述为主，‘通讯’则以夹叙夹议为主，并兼用描写、对话、抒情，表达方式灵活多样”。

5. 数字和图表说明

数字和图表说明是运用统计数据或图表方式对事物加以说明的方法，它的优点是科学、准确、直观，在应用文写作中使用比较普遍。如表 1-1，历年高考录取人数及录取率的统计表，可以让人一目了然。

表 1-1　历年高考录取人数及录取率

年　份	高考人数	录取人数	录取率
2018	975 万	715 万	0.73
2017	940 万	700 万	0.7446
2016	940 万	705 万	0.75
2015	942 万	700 万	0.743
2014	939 万	698 万	0.743
2013	912 万	694 万	0.76
2012	915 万	685 万	0.75
2011	933 万	675 万	0.72

（三）议论

议论就是作者通过事实材料及逻辑推理来明辨是非、阐发道理、表明见解的一种表达方法。一般来说，议论由论点、论据和论证三个要素构成。

论点是作者在文中表达的观点、看法，一般有中心论点和分论点。中心论点是对事物总的看法和基本意见，居统帅地位；分论点是用以阐释中心论点的小观点，居于从属地位。论据是说明、支持论点的依据，它可以是事实材料，也可以是理论依据。论证是用论据说明论点的过程，其目的在于揭示论点与论据间的内在逻辑性。议论一般用在学术论文、申论等写作中，一般而言，应用文常用的论证方法有以下几种：

1. 归纳分析法

归纳分析法是指通过对一些个别事物的分析与研究推导出一般结论的论证方法。如，“深耕文化内涵需要加强乡村道德建设。如今乡村道德滑坡带来了精神危机，群众赌博成风，攀比之风盛行，导致家庭分崩离析，还会导致乡土文化受到影响，不利于良好的民风民俗的弘扬。因此，加强道德建设至关重要，加强社会主义文明建设，培育和践行社会主义核心价值观，推动形成适应新时代要求的思想观念、精神面貌、文明风尚、行为规范。为此挖掘典型人物，发挥典范带头作用，党员、乡贤和村干部要发挥带头作用，树立良好榜样；制定村规民约，根据每一个村的具体情况，因地制宜，制定村规民约，限制不良的行为；大力弘扬乡村道德，建设‘善行义举四德榜’，传承弘扬优秀传统文化，持续提升公民文化素养”。

2. 例证法

例证法是指用具体事例或统计数字来证明论点的方法。如，“青年一代有理想、有本领、有担当，国家就有前途，民族就有希望。在这次抗击疫情的斗争中，以‘90 后’为代表的青年一代挺身而出，4.2 万多名驰援湖北的医务人员中，就有 1.2 万多名是‘90 后’，其中相当一部分还是‘95 后’甚至‘00 后’……在 ICU 里对患者说‘只要有一线希望，就要尽百倍努力’的武汉儿童医院医生张茂荣；在多次危重症患者治疗中，主动冲锋在前的武汉协和医院医生吴永然；在雨中站得笔挺，守护火神山医院的人民警察燕占飞……他们都有一个共同的名字——‘90 后’。关键时刻、危难关头，他们用勇敢与坚强、担当与尽责、无畏与无私，成为这个战场上披坚执锐、英勇奋战的生力军。正如有人为他们点赞的那样：‘昨天父母眼中的孩子，今天已成为新时代共和国的脊梁，成为我们国家的骄傲和希望！’”

3. 引证法

引证法是指引用经典言论、科学原理、尽人皆知的常理等作为论据来直接证明论点的论证方法。如，“‘天下难事，必作于易；天下大事，必作于细。’这是老子《道德经》中的一句话，难事发展于简易，做大事也一定要从细枝末节做起，所谓‘细节决定成败’‘平凡造就伟大’正是这样的道理。一屋不扫何以扫天下，一个新词、一个素材都不去记，怎么能写出好的文章呢？”

4. 反证法

反证法是指提出与正面观点相对立的一种观点，通过证明这一观点是错误的，从而证明正面观点的正确性的论证方法。如，有的党员干部认为，时代已经进步了很多了，我们国家都位居世界第二大经济体了，生活就该过得好，吃得好，该享受享受了，艰苦朴素就不要提了，都过时了。其实，在今天提倡艰苦奋斗，依然不过时，依然有其现实意义。

5. 对比法

对比法是指把两种截然相反的事物加以对照、比较，推导出它们之间的差异点，从而映衬出结论的论证方法。常见的对比论证主要包括时间对比、空间对比、正反对比等。所谓时间对比，不仅仅是指古今对比，往往还指事物的过去、现在和未来都可以做对比。如医德医风主题，古有“悬壶集天下，医者父母心”的名医华佗；今有心系百姓、心系患者的“云南索道医生”邓前堆……，凡此，皆为良医的楷模，道德的榜样。所谓正反对比，指的是事物的两面性，即正面现象和反面现象对比论述。如网络发展主题，网络科技在改变人们生活、开拓人们视野和推动社会进步等方面发挥了至关重要的作用。……而令人痛心的是，网络科技也带来了一系列不容忽视的问题，如网络暴力、网络诈骗、色情信息和网络谣言等……

6. 类比法

类比法是指用同类事物进行比较，从而由此及彼，自然地得出新的结论的论证方法。

五、应用文的语言特点及修改

（一）应用文的语言特点

不同种类的文章，各有其不同功能，也就形成了不同的语言特点。应用文是以实用为目的，以交流沟通信息、传达政策指令为内容的文体，因此它的语言应具有准确、简明、质朴、生动、得体的特点。

1. 准确

准确是指用词要切合语体，语言准确、连贯，逻辑性强，合乎语法修辞规范，不产生歧义。无论是对事物的说明、介绍，还是对事理的阐释，应用文写作都要求用语准确无误，特别是在写作过程中遇到概念、数字等，一定要恰当严谨，切忌使用“大概”“可能”等词。此外，在进行判断时，必须定性准确，用语严密，切忌言过其实。推理则要注意合乎事物发展和事理内在的逻辑关系，不谬不忘，有理有据。

2. 简明

简明即简洁明了，应用文的语言反对繁文缛节的“八股腔”，也不必玩弄“书卷气”，要力求用最少的文字表达最丰富的内容。在写作应用文时，立意要清晰明了，用语要简洁明快，使人易读、易懂、易记。有时根据需要，在写作中还要使用如“敬请”“亟盼”“收悉”等特定的习惯用语，既合乎相应文种的规范，又合乎“简明”的要求。

3. 质朴

质朴是指不用夸张性的语言，杜绝虚妄不实之词，保持写作的严肃性。实用性是应用文的本质属性，它的用语不追求华丽深奥，而强调朴实得体。质朴的语言用得恰当，也能产生很好的语言效果。当然，质朴不等于枯燥乏味，不排斥生动，关键是提供给读者的内容实实在在，满足其需要，使其便于接受理解。

4. 生动

应用文的语言虽然讲究质朴，不能像文学作品的语言那样讲究文采，但也决不与生动相背离。在写作应用文时，应在表达准确的基础上，通过丰富词语、变化句式、使用修辞等方式达到生动的要求。

5. 得体

得体即应用文的语言应因体而异，符合具体文种的格式规范。同时，应用文的语言还要顾及特定的阅读对象，符合受文对象的文化特征和接受心理。特别是公文的写作，选定了具体文种，也就确定了特定读者和用语风格。因此，写作应用文首先要摆正与读者间的关系，注意语境和对象，在遣词造句上一丝不苟。

（二）应用文常用的专用词语

1. 称谓词

称谓词是指表示称谓关系的词。在应用文中，涉及机关时，一般应使用机关的全称或规范化的简称；涉及个人时，要称呼对方的职务或“××同志”“××先生”。在表述指代关系的称谓时，一般用下列专门词语。

（1）第一人称：“本”“我”，后加所代表的单位的简称，如部、厅、局等。

（2）第二人称：“贵”“你”，后加所代表的单位的简称，如部、厅、局等。

（3）第三人称，“该”，可用于指代人、事物或单位，如“该同志”“该公司”“该厂”等。

2. 领叙词

领叙词是指用于引出应用文撰写的根据、理由或应用文具体内容的词。应用文的领叙词多用于文章的开端，引出法律、法规及国家政策作为依据，或引出事实作为根据；或用在文章的中间，起过渡、衔接的作用。一般情况下，借助领叙词可以使应用文开宗明义。常用的领叙词有根据、按照、为了、惊悉等。

3. 承转词

承转词又称为过渡语，即承接上文转入下文时使用的关联词、过渡用语。承转词用在陈述理由及事实之后引出作者的意见和方案。常用的承转词有为此、故此、综上所述、总而言之等。

4. 祈请词

祈请词是指用于向受文者表示请求和希望的词语。使用祈请词的目的在于营造友好、和谐的氛围，从而建立正常的工作关系。常用的祈请词有敬请、恳请、敬希、尚望等。

5. 商洽词

商洽词是指用于征询对方的意见和反应，具有探询语气的词。这类词语一般用于公文的上行文、平行文中。常用的商洽词有当否、可否、妥否、是否可行、意见如何等。

6. 经办词

经办词是指用来说明工作处理过程，表明处理时间及经过情况的词语。在使用时，应注意这类词语在表述次数和时态方面的差异。常用的经办词有业经、前经、即经、均经等。

7. 受事词

受事词是指向对方表示感谢、感激时使用的词，一般用于平行文或涉外的公文。常用的受事词有蒙、承蒙、为荷等。

8. 表态词

表态词又称为回复用语，是指针对对方的请示、问函，表示明确意见时使用的词语。在使用表态词时，应对公文中的下行文和平行文严加区别。常用的表态词有同意、可行、不宜、不可、遵照执行等。

9. 结尾词

结尾词是表示正文结束的词语。使用结尾词有助于使文章表达更简练、严谨并富有节奏感，从而赋予文章庄严、严肃的色彩。常用的结尾词有此致、此复、特此报告、特此函达、请批复、望……执行等。

（三）应用文的修改

应用文的写作要经过一个不断修改、完善的过程，修改是保证文章质量必不可少的环节。开始写作时，作者通常按照自己的思路，一鼓作气地将文章写出来，出现不恰当或错误的地方是难免的。因此，应用文写作必须经过反复修改才能定稿，修改时应抱着对读者负责的态度认真修改文章。

1. 修改的标准

修改文章要综合运用写作基础知识，掌握衡量文章好坏的基本标准。这些标准可以归纳为以下几项：

（1）思想内容是否充实具体，是否符合现行的方针、政策，思想是否深刻。

（2）立场观点是否正确（是否贯彻了单位领导的意图）。

（3）中心思想是否突出，材料有无多余或不足，主次详略是否恰当、紧扣中心。

（4）条理层次是否清楚，结构是否完整，布局是否恰当，各部分之间的衔接、过渡是否连贯、自然。

（5）有无错别字、错用的标点符号，有无不贴切的词、不通顺或表达得不清楚的句子，语言是否得体、准确、简洁。

2. 修改的方法

（1）诵读法。诵读不仅可以加深记忆，还能很容易地发现写作中的问题。一篇应用文写好后，在诵读过程中发现语意不当、衔接不畅、句式不齐的问题就会造成语塞，自然可以发现问题，及时改正。

（2）求助法。一篇文稿完成后，除了作者本人修改之外，不妨向其他人征求意见和建议，博采众长。特别是公文的写作，有时就是集体创作的产物，并且要经过几番征求意见、修改的过程才能定稿。

（3）冷却法。有时作者写作完毕后，由于思路的一贯性，难以发现问题、修改好文章。如果不是急用的稿件，不妨暂时放下，等头脑冷静下来后再修改，这样往往会有更广的思路，突破之前的框框。

3. 修改的原则

（1）调查研究，仔细核对。

在修改文章的过程中，如果发现一些较突出的问题或对一些材料有怀疑，就要考虑文章是否准确、恰当地反映了客观事物或问题，就要仔细核对，对客观事物或问题进行再调查、再研究。如果关起门来改稿子，一些问题是不能得到真正解决的。材料准确无误，才能对读者具有说服力和感染力。

（2）从大局出发。

修改文章要从全局到局部、从大处到小处，逐一解决问题。这就要求在实际修改的过程中，先看主题表达、谋篇布局，再看材料选择和语言运用，再到标点符号的使用。这样做既符合人们认识事物的规律，也符合文章写作的规律，思路清楚，有条不紊，能收到事半功倍的效果。

（3）精益求精。

修改文章的过程其实也是作者自身不断提高的过程，是一个由自我满足到自我挑剔的跨越。此外，作者个人对客观事物的认识毕竟有一定的局限性，因此，作者必须认真征求有关人员的意见，虚心听取别人的批评。可以说，一篇文章是作者形象的物化，只有在写作中精益求精，才能树立认真负责的良好形象，不断提升自己的写作能力。

第二章 公务文书

公文是党政机关实施领导、履行职能、处理公务的具有特定效力和规范体式的文书，是传达贯彻党和国家的方针政策，公布法规和规章，指导、布置和商洽工作，请示和答复问题，报告、通报和交流情况等的重要工具，是各级机关单位在工作中使用最多的一类文书。本章的公文文书主要包括通知、通告、请示、报告、函、纪要等内容。

第一节　公务文书概述

一、公文的概念

《党政机关公文处理工作条例》(以下简称《条例》) 规定：党政机关公文是党政机关实施领导、履行职能、处理公务的具有特定效力和规范格式的文书，是传达贯彻党和国家的方针政策，公布法规和规章，指导、部署和商洽工作，请示和答复问题，报告、通报和交流情况的工具。

《条例》规定：各级党政机关应当高度重视公文处理工作，加强组织领导，强化队伍建设，设立文秘部门或者由专人负责公文处理工作。

二、公文的种类

(一) 按照适用范围划分

《条例》第八条规定，党政机关公文包括：决议、决定、命令 (令)、公报、公告、通告、意见、通知、通报、报告、请示、批复、议案、函、纪要共十五种。

1. 决议

适用于会议讨论通过的重大决策事项。

2. 决定

适用于对重要事项作出决策和部署、奖惩有关单位和人员、变更或者撤销下级机关不适当的决定事项。

3. 命令（令）

适用于公布行政法规和规章、宣布施行重大强制性措施、批准授予和晋升衔级、嘉奖有关单位和人员。

4. 公报

适用于公布重要决定或者重大事项。

5. 公告

适用于向国内外宣布重要事项或者法定事项。

6. 通告

适用于在一定范围内公布应当遵守或者周知的事项。

7. 意见

适用于对重要问题提出见解和处理办法。

8. 通知

适用于发布、传达要求下级机关执行和有关单位周知或者执行的事项，批转、转发公文。

9. 通报

适用于表彰先进、批评错误、传达重要精神和告知重要情况。

10. 报告

适用于向上级机关汇报工作、反映情况，回复上级机关的询问。

11. 请示

适用于向上级机关请求指示、批准。

12. 批复

适用于答复下级机关请示事项。

13. 议案

适用于各级人民政府按照法律程序向同级人民代表大会或者人民代表大会常务委员会提请审议事项。

14. 函

适用于不相隶属机关之间商洽工作、询问和答复问题、请求批准和答复审批事项。

15. 纪要

适用于记载会议主要情况和议定事项。

（二）按照行文方向划分

1. 上行文

下级机关向上级机关报送的公文，如请示、报告。

2. 下行文

上级机关向下级机关发出的公文，如命令、决定、通告、通知、通报、批复等。

3. 平行文

同级机关或者不相隶属机关的公文，如函。

（三）按照秘密等级划分

按照秘密等级一般分为绝密文件、机密文件、秘密文件和一般文件。

（四）按照紧急程度划分

按照紧急程度一般分为特急公文、加急公文和平件公文。

三、公文的格式

（一）眉首部分

1. 份号

如需标注份号，一般用 6 位 3 号阿拉伯数字，顶格编排在版心左上角第一行。

2. 密级和保密期限

如需标注密级和保密期限，一般用 3 号黑体字，顶格编排在版心左上角第二行；保密期限中的数字用阿拉伯数字标注。

3. 紧急程度

如需标注紧急程度，一般用 3 号黑体字，顶格编排在版心左上角；如需同时标注份号、密级和保密期限、紧急程度，按照份号、密级和保密期限、紧急程度的顺序自上而下分行排列。

4. 发文机关标志

由发文机关全称或者规范化简称加“文件”二字组成，也可以使用发文机关全称或者规范化简称。

发文机关标志居中排布，上边缘至版心上边缘为 35 mm，推荐使用小标宋体字，颜色为红色，以醒目、美观、庄重为原则。

联合行文时，如需同时标注联署发文机关名称，一般应当将主办机关名称排列在前；如有“文件”二字，应当置于发文机关名称右侧，以联署发文机关名称为准上下居中排布。

5. 发文字号

编排在发文机关标志下空二行位置，居中排布。年份、发文顺序号用阿拉伯数字标注；年份应标全称，用六角括号“〔 〕”括入；发文顺序号不加“第”字，不编虚位（即 1 不编为 01），在阿拉伯数字后加“号”字。

上行文的发文字号居左空一字编排，与最后一个签发人姓名处在同一行。

6. 签发人

由“签发人”三字加全角冒号和签发人姓名组成，居右空一字，编排在发文机关标志下空二行位置。“签发人”三字用 3 号仿宋体字，签发人姓名用 3 号楷体字。

如有多个签发人，签发人姓名按照发文机关的排列顺序从左到右、自上而下依次均匀编排，一般每行排两个姓名，回行时与上一行第一个签发人姓名对齐。

7. 版头中的分隔线

发文字号之下 4 mm 处居中印一条与版心等宽的红色分隔线。

（二）主体

1. 标题

一般用 2 号小标宋体字，编排于红色分隔线下空二行位置，分一行或多行居中排布；回行时，要做到词意完整，排列对称，长短适宜，间距恰当，标题排列应当使用梯形或菱形。

2. 主送机关

编排于标题下空一行位置，居左顶格，回行时仍顶格，最后一个机关名称后标全角冒号。如主送机关名称过多导致公文首页不能显示正文时，应当将主送机关名称移至版记。

3. 正文

公文首页必须显示正文。一般用 3 号仿宋体字，编排于主送机关名称下一行，每个自然段左空二字，回行顶格。文中结构层次序数依次可以用“一、”“（一）”“1.”“（1）”标注；一般第一层用黑体字、第二层用楷体字、第三层和第四层用仿宋体字标注。

4. 附件说明

如有附件，在正文下空一行左空二字编排“附件”二字，后标全角冒号和附件名称。如有多个附件，使用阿拉伯数字标注附件顺序号（如“附件：1.××××”）；附件名称后不加标点符号。附件名称较长需回行时，应当与上一行附件名称的首字对齐。

（三）发文机关署名、成文日期和印章

1. 加盖印章的公文

成文日期一般右空四字编排，印章用红色，不得出现空白印章。

单一机关行文时，一般在成文日期之上、以成文日期为准居中编排发文机关署名，印章端正、居中下压发文机关署名和成文日期，使发文机关署名和成文日期居印章中心偏下位置，印章顶端应当上距正文（或附件说明）一行之内。

联合行文时，一般将各发文机关署名按照发文机关顺序整齐排列在相应位置，并将印章一一对应、端正、居中下压发文机关署名，最后一个印章端正、居中下压发文机关署名和成文日期，印章之间排列整齐、互不相交或相切，每排印章两端不得超出版心，首排印章顶端应当上距正文（或附件说明）一行之内。

2. 不加盖印章的公文

单一机关行文时，在正文（或附件说明）下空一行右空二字编排发文机关署名，在发文机关署名下一行编排成文日期，首字比发文机关署名首字右移二字，如成文日期长于发文机关署名，应当使成文日期右空二字编排，并相应增加发文机关署名右空字数。

联合行文时，应当先编排主办机关署名，其余发文机关署名依次向下编排。

3. 加盖签发人签名章的公文

单一机关制发的公文加盖签发人签名章时，在正文（或附件说明）下空二行右空四字加盖签发人签名章，签名章左空二字标注签发人职务，以签名章为准上下居中排布。在签发人签名章下空一行右空四字编排成文日期。

联合行文时，应当先编排主办机关签发人职务、签名章，其余机关签发人职务、签名章依次向下编排，与主办机关签发人职务、签名章上下对齐；每行只编排一个机关的签发人职务、签名章；签发人职务应当标注全称。

签名章一般用红色。

4. 成文日期中的数字

用阿拉伯数字将年、月、日标全，年份应标全称，月、日不编虚位（即 1 不编为 01）。

5. 特殊情况说明

当公文排版后所剩空白处不能容下印章或签发人签名章、成文日期时，可以采取调整行距、字距的措施解决。

6. 附注

如有附注，居左空二字加圆括号编排在成文日期下一行。

7. 附件

附件应当另面编排，并在版记之前，与公文正文一起装订。“附件”二字及附件顺序号用 3 号黑体字顶格编排在版心左上角第一行。附件标题居中编排在版心第三行。附件顺序号和附

件标题应当与附件说明的表述一致。附件格式要求同正文。

如附件与正文不能一起装订，应当在附件左上角第一行顶格编排公文的发文字号并在其后标注“附件”二字及附件顺序号。

（四）版记

1. 版记中的分隔线

版记中的分隔线与版心等宽，首条分隔线和末条分隔线用粗线（推荐高度为 0.35 mm），中间的分隔线用细线（推荐高度为 0.25 mm）。首条分隔线位于版记中第一个要素之上，末条分隔线与公文最后一面的版心下边缘重合。

2. 抄送机关

如有抄送机关，一般用 4 号仿宋体字，在印发机关和印发日期之上一行、左右各空一字编排。“抄送”二字后加全角冒号和抄送机关名称，回行时与冒号后的首字对齐，最后一个抄送机关名称后标句号。

如需把主送机关移至版记，除将“抄送”二字改为“主送”外，编排方法同抄送机关。既有主送机关又有抄送机关时，应当将主送机关置于抄送机关之上一行，之间不加分隔线。

3. 印发机关和印发日期

印发机关和印发日期一般用 4 号仿宋体字，编排在末条分隔线之上，印发机关左空一字，印发日期右空一字，用阿拉伯数字将年、月、日标全，年份应标全称，月、日不编虚位（即 1 不编为 01），后加“印发”二字。

版记中如有其他要素，应当将其与印发机关和印发日期用一条细分隔线隔开。

4. 页码

一般用 4 号半角宋体阿拉伯数字，编排在公文版心下边缘之下，数字左右各放一条一字线；一字线上距版心下边缘 7 mm。单页码居右空一字，双页码居左空一字。公文的版记页前有空白页的，空白页和版记页均不编排页码。公文的附件与正文一起装订时，页码应当连续编排。

四、公文的行文规则

（1）行文应当确有必要，讲求实效，注重针对性和可操作性。

（2）行文关系根据隶属关系和职权范围确定。一般不得越级行文，特殊情况需要越级行文的，应当同时抄送被越过的机关。

（3）向上级机关行文，应当遵循以下规则：

① 原则上主送一个上级机关，根据需要同时抄送相关上级机关和同级机关，不抄送下级机关。

② 党委、政府的部门向上级主管部门请示、报告重大事项，应当经本级党委、政府同意或者授权；属于部门职权范围内的事项应当直接报送上级主管部门。

③ 下级机关的请示事项，如需以本机关名义向上级机关请示，应当提出倾向性意见后上报，不得原文转报上级机关。

④ 请示应当一文一事。不得在报告等非请示性公文中夹带请示事项。

⑤ 除上级机关负责人直接交办事项外，不得以本机关名义向上级机关负责人报送公文，不得以本机关负责人名义向上级机关报送公文。

⑥ 受双重领导的机关向一个上级机关行文，必要时抄送另一个上级机关。

（4）向下级机关行文，应当遵循以下规则：

① 主送受理机关，根据需要抄送相关机关。重要行文应当同时抄送发文机关的直接上级机关。

② 党委、政府的办公厅（室）根据本级党委、政府授权，可以向下级党委、政府行文，其他部门和单位不得向下级党委、政府发布指令性公文或者在公文中向下级党委、政府提出指令性要求。需经政府审批的具体事项，经政府同意后可以由政府职能部门行文，文中须注明已经政府同意。

③ 党委、政府的部门在各自职权范围内可以向下级党委、政府的相关部门行文。

④ 涉及多个部门职权范围内的事务，部门之间未协商一致的，不得向下行文；擅自行文的，上级机关应当责令其纠正或者撤销。

⑤ 上级机关向受双重领导的下级机关行文，必要时抄送该下级机关的另一个上级机关。

⑥ 同级党政机关、党政机关与其他同级机关必要时可以联合行文。属于党委、政府各自职权范围内的工作，不得联合行文。

五、公文的拟制与审核

公文拟制包括公文的起草、审核、签发等程序。

（一）公文起草要点

（1）符合党的理论路线方针政策和国家法律法规，完整准确体现发文机关意图，并同现行有关公文相衔接。

（2）一切从实际出发，分析问题实事求是，所提政策措施和办法切实可行。

（3）内容简洁，主题突出，观点鲜明，结构严谨，表述准确，文字精练。

（4）文种正确，格式规范。

（5）深入调查研究，充分进行论证，广泛听取意见。

（6）公文涉及其他地区或者部门职权范围内的事项，起草单位必须征求相关地区或者部门意见，力求达成一致。

（7）机关负责人应当主持、指导重要公文起草工作。

（二）公文审核的重点

（1）行文理由是否充分，行文依据是否准确。

（2）内容是否符合党的理论路线方针政策和国家法律法规；是否完整准确体现发文机关

意图；是否同现行有关公文相衔接；所提政策措施和办法是否切实可行。

（3）涉及有关地区或者部门职权范围内的事项是否经过充分协商并达成一致意见。

（4）文种是否正确，格式是否规范；人名、地名、时间、数字、段落顺序、引文等是否准确；文字、数字、计量单位和标点符号等用法是否规范。

（5）其他内容是否符合公文起草的有关要求。

（6）需要发文机关审议的重要公文文稿，审议前由发文机关办公厅（室）进行初核。

（7）经审核不宜发文的公文文稿，应当退回起草单位并说明理由；符合发文条件但内容需作进一步研究和修改的，由起草单位修改后重新报送。

（8）公文应当经本机关负责人审批签发。重要公文和上行文由机关主要负责人签发。党委、政府的办公厅（室）根据党委、政府授权制发的公文，由受权机关主要负责人签发或者按照有关规定签发。签发人签发公文，应当签署意见、姓名和完整日期；圈阅或者签名的，视为同意。联合发文由所有联署机关的负责人会签。

六、公文办理

公文办理包括收文办理、发文办理和整理归档。

（一）收文办理主要程序

1. 签收

对收到的公文应当逐件清点，核对无误后签字或者盖章，并注明签收时间。

2. 登记

对公文的主要信息和办理情况应当详细记载。

3. 初审

对收到的公文应当进行初审。初审的重点是：是否应当由本机关办理，是否符合行文规则，文种、格式是否符合要求，涉及其他地区或者部门职权范围内的事项是否已经协商、会签，是否符合公文起草的其他要求。经初审不符合规定的公文，应当及时退回来文单位并说明理由。

4. 承办

阅知性公文应当根据公文内容、要求和工作需要确定范围后分送。批办性公文应当提出拟办意见报本机关负责人批示或者转有关部门办理；需要两个以上部门办理的，应当明确主办部门。紧急公文应当明确办理时限。承办部门对交办的公文应当及时办理，有明确办理时限要求的应当在规定时限内办理完毕。

5. 传阅

根据领导批示和工作需要将公文及时送传阅对象阅知或者批示。办理公文传阅应当随时掌握公文去向，不得漏传、误传、延误。

6. 催办

及时了解掌握公文的办理进展情况，督促承办部门按期办结。紧急公文或者重要公文应当由专人负责催办。

7. 答复

公文的办理结果应当及时答复来文单位，并根据需要告知相关单位。

（二）发文办理主要程序

1. 复核

已经发文机关负责人签批的公文，印发前应当对公文的审批手续、内容、文种、格式等进行复核；需作实质性修改的，应当报原签批人复审。

2. 登记

对复核后的公文，应当确定发文字号、分送范围和印制份数并详细记载。

3. 印制

公文印制必须确保质量和时效。涉密公文应当在符合保密要求的场所印制。

4. 核发

公文印制完毕，应当对公文的文字、格式和印刷质量进行检查后分发。

（三）保密与归档要求

（1）涉密公文应当通过机要交通、邮政机要通信、城市机要文件交换站或者收发件机关机要收发人员进行传递，通过密码电报或者符合国家保密规定的计算机信息系统进行传输。

（2）需要归档的公文及有关材料，应当根据有关档案法律法规以及机关档案管理规定，及时收集齐全、整理归档。两个以上机关联合办理的公文，原件由主办机关归档，相关机关保存复制件。机关负责人兼任其他机关职务的，在履行所兼职务过程中形成的公文，由其兼职机关归档。

技能训练

找出下面公文中格式及文字上存在的错误，进行修改。

江南市地方税务局

关于进一步规范税务机关进户执法工作的通告

江地税发（2020）009号

省地税局，各县（区）地方税务局，市局各机构：

为贯彻落实《国家税务总局关于做好税务系统职能转变工作的通知》文件精神，切实转变税务机关工作职能，保护纳税人合法权益，减轻纳税人和基层税务机关负担，经我局反复酝酿，现将有关事项通告如下：

1. 依法规范执法行为 避免重复进户执法

税务机关工作人员依法到纳税人生产经营场所实施实地核查、纳税评估、税务稽查、反避税调查、税务审计、日常检查等税务行政执法行为，应当严格遵守法定权限和法定程序，能不进户的，或者可进可不进的，可以不进户。

2. 统筹进户执法工作 简并进户执法事项

各县区税务机关要成立规范进户执法工作协调小组，对所有需要进户执法的事项实行统筹安排、统一管理。协调小组负责制定相关管理办法和审批程序，按季度统筹协调各部门进户执法事项。税务机关各部门凡制定涉及进户执法事项的文件和工作安排，应报送协调小组，由协调小组合并进户执法任务，做到各部门共同进户、统一实施、结果共享。

3. 严格落实相关要求坚决纠正违规行为

各税务机关要切实提高对规范进户执法工作重要性和必要性的认识，将规范进户执法工作作为践行党的群众路线，落实“三个三”要求的重要举措，切实抓出成效。要按照本通告要求对进户执法工作严格管理，并建立外部监督制约机制，切实维护纳税人合法权益。

附件：进户执法审批表

进户执法工作协调小组工作管理条例

江南市地方税务局

二〇二〇年二月二十日

第二节　决　定

一、决定的含义

《条例》规定，决定“适用于对重要事项作出决策和部署、奖惩有关单位和人员、变更或者撤销下级机关不适当的决定事项”。

二、决定的特点

（一）制约性

决定比较集中地体现发文机关对重要事项或重大行动的指挥和处置意图，要求下级机关无条件执行，具有较大的强制性和行政约束力。

（二）指导性

决定是对重要事项或重大行动做出安排，相比较而言具有较强的理论性和政策性，是指导下级机关开展工作的准则。

（三）稳定性

决定的稳定性主要表现在其内容上。某一问题，一经领导机关讨论商议做出决定，能在相当长时期之内发挥其效用，具有较强的稳定性。

三、决定的类型

（一）指挥性决定

对带有全局性的某一方面工作或某一类问题，统一思想认识，提出工作任务，确定工作方针，阐述基本原则，提出工作的方案、步骤、措施和要求。

（二）奖惩性决定

奖惩性决定是用来表彰先进或者处理错误的正式决定。被表彰的对象必须事迹突出、具有典型代表性；被大张旗鼓处理的对象则都是错误后果严重、影响较大的。

（三）撤销或变更性决定

用于变更或撤销下级机关不当的决定事项，区域或人员的变更。

四、决定的写作

（一）标题

一般由发文单位、事由、文种三部分组成，如《中共中央关于全面推进依法治国若干重大问题的决定》《中共中央国务院中央军委关于表彰全国抗疫先进个人和集体的决定》等。

（二）主送机关

一般是发文机关的下级机关。

（三）正文

1. 指挥性决定

首先要简要说明做出决定的背景、根据、意义和目的；然后陈述决定的内容和事项；最后在决定的结尾，强调工作的重要性、艰巨性或有关单位的相关责任，提出执行要求。

2. 奖惩性决定

（1）奖励决定一般由三部分组成：一是指出表彰奖励的根据、目的。二是做出表彰奖励的决定。三是向相关人员提出希望、发起号召。

（2）惩戒决定一般由三部分组成：一是惩戒处理的根据、原因及目的。二是做出处罚决定，要写明处分、惩罚的名称。三是提出希望或者交代具体事项，如处分决定结尾一般为："××同学若对学校给予的处分有异议，请在接到处分决定书起 5 个工作日内，向学校学生申诉处理委员会提出书面申诉"。

（四）落款

落款一般包括发文机关和发文时间。

五、决定的写作要求

一是要体现党和国家的方针政策和法律；二是与上级机关和同级机关有关规定保持一致；三是与本机关原有的各项规定紧密衔接，不要相互抵触或前后相互矛盾。

【例文分析 1】

中共中央关于坚持和完善中国特色社会主义制度
推进国家治理体系和治理能力现代化若干重大问题的决定（节选）

（2019 年 10 月 31 日中国共产党第十九届中央委员会第四次全体会议通过）

为贯彻落实党的十九大精神，十九届中央委员会第四次全体会议着重研究了坚持和完善中国特色社会主义制度、推进国家治理体系和治理能力现代化的若干重大问题，作出如下决定。

一、坚持和完善中国特色社会主义制度、推进国家治理体系和治理能力现代化的重大意义和总体要求

二、坚持和完善党的领导制度体系，提高党科学执政、民主执政、依法执政水平

（一）建立不忘初心、牢记使命的制度。

（二）完善坚定维护党中央权威和集中统一领导的各项制度。

（三）健全党的全面领导制度。

（四）健全为人民执政、靠人民执政各项制度。

（五）健全提高党的执政能力和领导水平制度。

（六）完善全面从严治党制度。

三、坚持和完善人民当家作主制度体系，发展社会主义民主政治

（一）坚持和完善人民代表大会制度这一根本政治制度。

（二）坚持和完善中国共产党领导的多党合作和政治协商制度。

（三）巩固和发展最广泛的爱国统一战线。

（四）坚持和完善民族区域自治制度。

（五）健全充满活力的基层群众自治制度。

四、坚持和完善中国特色社会主义法治体系，提高党依法治国、依法执政能力

（一）健全保证宪法全面实施的体制机制。

（二）完善立法体制机制。

（三）健全社会公平正义法治保障制度。

（四）加强对法律实施的监督。

五、坚持和完善中国特色社会主义行政体制，构建职责明确、依法行政的政府治理体系

（一）完善国家行政体制。

（二）优化政府职责体系。

（三）优化政府组织结构。

（四）健全充分发挥中央和地方两个积极性体制机制。

六、坚持和完善社会主义基本经济制度，推动经济高质量发展

（一）毫不动摇巩固和发展公有制经济，毫不动摇鼓励、支持、引导非公有制经济发展。

（二）坚持按劳分配为主体、多种分配方式并存。坚持多劳多得，着重保护劳动所得，增加劳动者特别是一线劳动者劳动报酬，提高劳动报酬在初次分配中的比重。

（三）加快完善社会主义市场经济体制。建设高标准市场体系，完善公平竞争制度，全面实施市场准入负面清单制度，改革生产许可制度，健全破产制度。

（四）完善科技创新体制机制。

（五）建设更高水平开放型经济新体制。

七、坚持和完善繁荣发展社会主义先进文化的制度，巩固全体人民团结奋斗的共同思想基础

（一）坚持马克思主义在意识形态领域指导地位的根本制度。

（二）坚持以社会主义核心价值观引领文化建设制度。

（三）健全人民文化权益保障制度。

（四）完善坚持正确导向的舆论引导工作机制。

（五）建立健全把社会效益放在首位、社会效益和经济效益相统一的文化创作生产体制机制。

八、坚持和完善统筹城乡的民生保障制度，满足人民日益增长的美好生活需要

（一）健全有利于更充分更高质量就业的促进机制。

（二）构建服务全民终身学习的教育体系。

（三）完善覆盖全民的社会保障体系。

（四）强化提高人民健康水平的制度保障。

九、坚持和完善共建共治共享的社会治理制度，保持社会稳定、维护国家安全

（一）完善正确处理新形势下人民内部矛盾有效机制。

（二）完善社会治安防控体系。

（三）健全公共安全体制机制。

（四）构建基层社会治理新格局。

（五）完善国家安全体系。

十、坚持和完善生态文明制度体系，促进人与自然和谐共生

（一）实行最严格的生态环境保护制度。

（二）全面建立资源高效利用制度。

（三）健全生态保护和修复制度。

（四）严明生态环境保护责任制度。

十一、坚持和完善党对人民军队的绝对领导制度，确保人民军队忠实履行新时代使命任务

（一）坚持人民军队最高领导权和指挥权属于党中央。

（二）健全人民军队党的建设制度体系。

（三）把党对人民军队的绝对领导贯彻到军队建设各领域全过程。

十二、坚持和完善“一国两制”制度体系，推进祖国和平统一

（一）全面准确贯彻“一国两制”、“港人治港”、“澳人治澳”、高度自治的方针。

（二）健全中央依照宪法和基本法对特别行政区行使全面管治权的制度。

（三）坚定推进祖国和平统一进程。

十三、坚持和完善独立自主的和平外交政策，推动构建人类命运共同体

（一）健全党对外事工作领导体制机制。

（二）完善全方位外交布局。

（三）推进合作共赢的开放体系建设。

（四）积极参与全球治理体系改革和建设。

十四、坚持和完善党和国家监督体系，强化对权力运行的制约和监督

（一）健全党和国家监督制度。

（二）完善权力配置和运行制约机制。

（三）构建一体推进不敢腐、不能腐、不想腐体制机制。

十五、加强党对坚持和完善中国特色社会主义制度、推进国家治理体系和治理能力现代化的领导

（选自中华人民共和国中央人民政府网站，http://www.gov.cn/zhengce/2019-11/05/content_5449023.htm）

评析：

本决定紧扣“坚持和完善中国特色社会主义制度、推进国家治理体系和治理能力现代化”这个主题，从党的十九大确立的战略目标和重大任务出发，着眼于坚持和巩固中国特色社会主义制度、确保党长期执政和国家长治久安，着眼于完善和发展中国特色社会主义制度、全面建设社会主义现代化国家，着眼于充分发挥中国特色社会主义制度优越性、推进国家治理体系和治理能力现代化，全面总结党领导人民在我国国家制度建设和国家治理方面取得的成就、积累的经验、形成的原则，重点阐述坚持和完善支撑中国特色社会主义制度的根本制度、基本制度、重要制度，部署需要深化的重大体制机制改革、需要推进的重点工作任务。

决定稿由十五部分构成，分为三大板块。第一板块为第一部分，是总论，主要阐述中国特色社会主义制度和国家治理体系发展的历史性成就、显著优势，提出新时代坚持和完善中国特色社会主义制度、推进国家治理体系和治理能力现代化的重大意义和总体要求。第二板块为分论，聚焦坚持和完善支撑中国特色社会主义制度的根本制度、基本制度、重要制度，

安排了十三个部分，明确了各项制度必须坚持和巩固的根本点、完善和发展的方向，并做出工作部署。第三板块为第十五部分和结束语，主要就加强党对坚持和完善中国特色社会主义制度、推进国家治理体系和治理能力现代化的领导提出要求。

本文内容充实，思路清晰，将会对国家当下和以后一段时期的重大工作有重要的指导价值和意义。

【例文分析 2】

中共中央 国务院 中央军委
关于表彰全国抗击新冠肺炎疫情先进个人和先进集体的决定

（2020 年 9 月 8 日）

新冠肺炎疫情是新中国成立以来我国遭遇的传播速度最快、感染范围最广、防控难度最大的一次重大突发公共卫生事件。疫情发生后，以习近平同志为核心的党中央高度重视，坚持人民至上、生命至上，把人民生命安全和身体健康放在第一位。习近平总书记亲自指挥、亲自部署，主持召开一系列会议研究决策、部署工作，作出一系列重要指示批示，为疫情防控提供了根本遵循和科学指引。各党政军群机关、企事业单位和广大人民群众坚持全国一盘棋，坚决服从党中央统一指挥、统一协调、统一调度，坚决贯彻“坚定信心、同舟共济、科学防治、精准施策”总要求，上下同心、全力以赴，同时间赛跑、与病魔较量，迅速打响疫情防控的人民战争、总体战、阻击战，坚决遏制了疫情扩散蔓延势头，统筹疫情防控和经济社会发展工作取得重大成果。

在这场严峻斗争中，广大党员、干部牢记党和人民重托，充分发挥先锋模范作用，不畏艰险、冲锋在前；广大医务工作者发扬救死扶伤、医者仁心的崇高精神，义无反顾、日夜奋战；人民解放军指战员闻令而动、敢打硬仗；广大公安民警、疾控工作人员、社区工作人员忠诚履职、坚守岗位；广大科研人员、新闻工作者、下沉干部、志愿者、企业职工真诚奉献、不辞辛劳；广大人民群众顾全大局、守望相助，以牺牲和奉献、坚持和努力，为全国抗疫斗争作出了重要贡献。他们的英勇表现和感人事迹可歌可泣、催人奋进，彰显了中国共产党领导和中国特色社会主义制度的显著优势，展现了中华民族团结奋斗、自强不息的伟大精神，唱响了中国人民风雨同舟、和衷共济的英雄凯歌。

为大力弘扬在抗击新冠肺炎疫情中形成的伟大精神，充分激发全党全军全国各族人民干事创业的责任感使命感荣誉感，广泛凝聚众志成城、共克时艰的强大正能量，党中央、国务院、中央军委决定，授予童朝晖等 1499 名同志“全国抗击新冠肺炎疫情先进个人”称号；授予武汉市金银潭医院等 500 个集体“全国抗击新冠肺炎疫情先进集体”称号。希望受到表彰的个人和集体珍惜荣誉、再接再厉，充分发挥模范带头作用，不断为党和人民事业作出新的更大贡献。

当前，新冠肺炎疫情仍在全球扩散蔓延，我国统筹推进常态化疫情防控和经济社会发展的任务仍然艰巨繁重。党中央号召，全党全军全国各族人民要以习近平新时代中国特色社会主义思想为指导，全面贯彻党的十九大和十九届二中、三中、四中全会精神，以受表彰的先进个人和先进集体为榜样，增强“四个意识”、坚定“四个自信”、做到“两个维护”，更加紧密地团结在以习近平同志为核心的党中央周围，不忘初心、牢记使命，顽强拼搏、勇担重任，为实现全面建成小康社会奋斗目标、开启全面建设社会主义现代化国家新征程、实现中华民族伟大复兴的中国梦而不懈奋斗！

（选自中华人民共和国中央人民政府网站，http://www.gov.cn/zhengce/2020-091081content_5541752.htm#1）

评析：

这是一篇表彰全国抗击新冠肺炎疫情先进个人和先进集体的决定。全文共分四大部分：第一部分，简单交代了新冠肺炎疫情的背景；第二部分，对广大医护人员、解放军战士、基层干部、志愿者不畏艰险和勇敢逆行的行为进行高度概括；第三部分表面表彰的目的和受到表彰的人员与集团；第四部分为公文重点，中共中央、国务院、中央军委站在全局的高度，号召全党全军全国各族人民以习近平新时代中国特色社会主义思想为指导，以受表彰的先进个人和先进集体为榜样，不忘初心、牢记使命，顽强拼搏、勇担重任，为实现全面建成小康社会奋斗目标、开启全面建设社会主义现代化国家新征程、实现中华民族伟大复兴的中国梦而不懈奋斗。

这篇决定格式规范，布局合理，同时在表述方面值得借鉴：一是内容集中、主旨突出，叙事简明清楚。二是语言规范、生动。尤其是第二部分运用一系列排比对各类奉献者进行描述，显得严肃庄重，又富有文采，让人动心、动情、动容。

技能训练

根据下面的材料写作。

江南大学经济管理学院 2020 级会计学专业一班的一名学生张三，在 2021 年 6 月 20 日上午进行的“基础会计”课程考试中，使用手机查阅与考试内容有关的材料，并辱骂监考老师。按照《江南大学学生考试违纪处理暂行办法》有关条款规定，本门课程以零分计，同时给予张三留校察看处分，留校察看期一年。请以江南大学的名义起草一份对张三的处分决定。

要求：内容明确，中心突出；格式正确，写法规范（必须包括标题、主送机关、正文、发文机关和发文时间几个项目）；语言准确、简明。不少于 300 字。

第三节　通　告

一、通告的概念

《条例》规定，通告“适用于公布一定范围内公布应当遵守或者周知的事项”。

二、通告的特点

（一）法规性

通告常用来颁布地方性的法规，这些法规一经颁布，特定范围内的部门、单位和民众都必须遵守、执行。

（二）周知性

通告的内容，要求在一定范围内的人们或特定的人群普遍知晓，以使他们了解有关政策法令，遵守某些规定事项，共同维护社会公务管理秩序。

（三）制约性

通告涉及的事务要求受文者遵照执行，因而有一定的制约性。

三、通告的类型

通告按用途可分为周知性（事务性）通告、规定性（制约性）通告两大类。

（一）周知性（事务性）通告

适用于公布社会各有关方面应当周知的具体事项，政府机关、社会团体、企事业单位均可使用，这类通告主要起晓谕、知照作用，不具有强制性和惩处意义，如更换证件通告、施工公告等。

（二）规定性（制约性）通告

适用于公布社会各有关方面在特定范围内应该严格遵守或执行的相关要求。也就是要求人们“应当遵守”或“应予禁止”的要求，如《关于禁止燃放烟花爆竹的通告》。

四、通告的写法

（一）标题

一般由“发文机关+事由+文种”三者共同构成，如《××市人民政府关于封山育林的通告》《××市人民政府关于黄标车无标车禁止驶入中心城区的通告》等。

（二）主送机关

一般发给管辖范围内的下级机关或者全体人员。张贴性、宣传性通告可以省略主送机关。

（三）通告的正文

1. 通告缘由

主要阐述发布通告的背景、根据、目的和意义等。通告常用的特定承启句式为“为……，特通告如下”，或者“根据……，决定……，特此通告”，引出通告的事项。如，“为有效改善我市中心城区环境空气质量，保障人民群众身体健康，根据《中华人民共和国大气污染防治法》《中华人民共和国道路交通安全法》和《××省大气污染防治条例》之规定，对黄标车、无标车在江南城区部分路段通行实行交通管制，现通告如下……”。

2. 通告事项

通告事项是通告全文的核心部分，包括周知事项和执行要求。撰写这部分内容，首先要做到条理分明，层次清晰，如果内容较多，可以采取分条列项的方法；如果内容单一，可以采用贯通式的方法。其次要做到明确具体，需清楚说明受文对象应执行的事项，以便于理解和执行。

通告的正文一般应包含管辖权的限定、时间、区域的限定、禁止从事的活动、违背之后的惩罚措施等内容。通告语言要表述准确，有确切依据，如“有随意摆摊者将对物品予以没收”表述模糊不清、执法标准不一。

3. 通告结语

写法比较简单，多采用“对违反本通告规定的，由相关行政主管部门依据有关法律、法规追究法律责任”“本通告自发布之日起实施”或“特此通告”等形式。

【例文分析】

郑州市人民政府关于封山育林的通告

为贯彻落实《中共郑州市委郑州市人民政府关于加快林业发展的决定》(郑文〔2013〕166号)，巩固造林绿化成果，发挥大自然自我修复能力，加快我市生态环境建设步伐，根据《中华人民共和国森林法》和有关法律法规，结合我市实际，市人民政府决定在全市山区实行封山育林。现将有关问题通告如下：

一、封山育林实行政府负责制，县、乡人民政府负责本辖区内封山育林工作。县级以上人民政府林业行政主管部门负责本行政区域内封山育林的规划、业务指导、核查等具体工作，计划、财政、公安、农业、国土资源、水利等部门在各自职责范围内，协同做好封山育林工作。

二、各级人民政府要通过各种有效形式，做好封山育林的宣传教育工作，使有关政策与规定家喻户晓。要确定封山育林任务，划定封山育林区，有计划有步骤地逐步实施。要安排好封山育林区群众的生产生活，通过推行牲畜圈养、使用节柴炉、搞多种经营等措施，发展山区经济，做好农民增收工作。

三、封山育林的区域为巩义、登封、新密、荥阳、新郑五个有山区的市符合封山育林条件的林业用地。具体区域由县级人民政府予以公告。

四、在封山育林区封育期内，严禁从事下列活动：

（一）放牧、割草、砍柴和非抚育性修枝；

（二）非法开垦、采石、采矿、采砂、采土、采种、采脂、掘根、剥树皮及其他毁林活动；

（三）吸烟、燃放烟花爆竹、烧荒、烧香、烧纸、野炊及其他非法用火行为；

（四）擅自移动或者毁坏标牌、界桩（标）、围栏及其他封山育林设施；

（五）法律、法规和规章禁止的其他活动。

五、违反本通告第四条规定，在封山育林区封育期内，致使森林、林木、林地、标牌、界桩（标）、围栏及其他封山育林设施受到损毁的，由县级人民政府林业行政主管部门责令恢复原状，并按照有关法律、法规、规章的规定处罚；情节和危害后果严重，构成犯罪的，依法追究刑事责任。

六、对拒绝、阻碍林业行政执法人员依法执行职务的，由公安机关依照《中华人民共和国治安管理处罚条例》予以处理；使用暴力、威胁方法的，依法追究刑事责任。

七、切实做好封山育林的管护工作。各级人民政府要加大对封山育林的投入力度，安排相应经费，并纳入当地财政预算。县级人民政府要成立专门的管护机构，根据管护实际，按每1000～2000亩设置一名护林员的标准组建管护队伍，并配备车辆、灭火器材、通信工具等必要设备。要发动群众，组织建立乡、村护林组织。

八、对因工作不力致使封山育林工作流于形式的，坚决追究有关部门和人员的责任。

九、县级人民政府可以根据本通告精神制定本地封山育林的具体工作方案。

十、本通告自2014年5月1日起施行。

特此通告

郑州市人民政府

2014年3月27日

评析：

这是一则制约性通告。

从内容上看，通告缘由简明扼要。例文中这一部分的文字只有两句，前一句说明了做好此项工作的根据是“贯彻落实《中共郑州市委郑州市人民政府关于加快林业发展的决定》（郑文〔2013〕166号）”文件的精神，后一句说明了做出该通告的目的是“巩固造林绿化成果，发挥大自然自我修复能力，加快我市生态环境建设步伐”，简明扼要、干净利落。

例文主体部分从政府责任、制约事项、违约惩罚及实施日期等方面进行深入阐释，首先对政府机关的责任进行了明确，然后对封山育林的范围进行了界定，对此区域内的群众提出了相关要求，同时交代了违约惩罚。全文条理清晰、内容准确、重心突出，是一个实用性很强的文件，必能对封山育林工作切实起到指挥作用。

技能训练

根据以下材料，拟写一份通告。

江南区公园路、大同路、大英西路古玩地摊市场占道经营，堵塞交通，扰乱市场秩序，严重影响周边市民生产生活，多次被媒体曝光和市民投诉，为进一步加强该路段的管理，改善市容环境秩序，根据《城市市容和环境卫生管理条例》《江南市城市容貌管理若干规定》等法律法规，江南区城市管理行政执法局决定自 2021 年 6 月 1 日起取缔公园路、大同路、大英西路占道经营的各类摊点、市场。请你拟写一份通告。

要求：内容明确，中心突出；格式正确，写法规范（必须包括标题、主送机关、正文、发文机关和发文时间几个项目）；语言准确、简明。不少于 400 字。

第四节 意 见

一、意见的概念

意见是对重要问题提出见解和处理办法时使用的文种。

二、意见的特点

（一）指导性

意见虽然在字面含义上没有决定、批复那样明显的指导色彩，似乎只是对某一工作提出参考意见，可实际上它也是指导性很强的一种文体。之所以不采用指导色彩强的文种行文，主要有下列原因：一是为体现党政分开的原则，党的机关在涉及政务时不宜采用指示、决定等强制性较强的文种；二是有关部门虽然对下级同类部门有业务指导权，但并没有行政领导权，采用指示显然没有采用意见合适；三是意见的内容业务性强、规划性强、组织性强，而这些内容采用较生硬的文种不如采用意见这样较委婉的文种合适。尽管如此，意见对受文机关来说，仍然有较强的约束性，下级机关要遵照执行。

（二）针对性

针对某项具体工作或某方面工作提出指导意见。例如，我国在提倡开展素质教育以来，中小学的现有教育技术装备显得不能适应素质教育的需要，教育部就及时对加强这一工作提出了意见。

（三）原则性

意见总是从宏观上提出见解和意见，要求受文单位结合具体情况，参照文件中提出的精神来办理。下级机关在落实意见精神时，比起执行指示、通知等有更大的灵活处理的余地。

三、意见的类型

（一）指导性意见

指导性意见用于上级机关对下级机关进行工作指导，其内容是针对工作中的某些薄弱环节或出现的问题，上级机关用“意见”向下行文，阐明指导思想、工作原则，提出工作思路和措施、办法，给下级机关以及时的指导，从而促进工作的健康发展，如《××省政府关于强化科技成果转移转化工作的意见》。意见在内容上注重原则性和灵活性结合、规定性与变通性结合，为下级留有更多的创造性余地。

（二）规定性意见

规定性意见用于对所属机关、组织和人员提出规范性的要求和措施。这种意见常用于党的领导机关或组织、纪律部门为所制定的党组织及党员行为准则提出具体的执行方法和标准，也有党政联合发文关于行政方面的一些规定意见。

（三）规划性意见

规划性意见是对某一时期的某一方面的工作提出的大体构想。它的特点是适用时期长，内容宏观化、整体化，类似于规划、纲要等计划性文体。它指示了一个时期内某项工作的要点、原则和努力方向，但一般没有具体的方法和措施。

（四）实施性意见

实施意见一般是为贯彻落实某一重要决定或工作所制定的实施方案，它重在阐发上级的有关精神，使下级单位对上级的文件精神有更深入的理解，同时提出较为具体的行动方案和工作安排。

（五）建设性意见

建设性意见是下级机关向上级机关提出工作建议、设想的上行文。提出建设性意见的机关大多是主管部门，就其所主管的业务提出工作意见，它可分为呈报类意见和呈转类意见。呈报类意见是向上级机关提出某方面工作的建议、意见，向上级献计献策，以供上级决策参考。呈转类意见是职能部门就开展或推动某方面工作提出初步设想和打算，呈送领导机关后，由领导机关批转更大范围的有关方面执行。

（六）具体工作意见

对如何做好某项工作提出意见，所涉及的内容比较具体，有时还会有一些可操作性的办法、措施等。行政机关的一些意见可以更具体地指向某项工作。

（七）评估性意见

评估性意见是业务职能部门或专业机构就某项专门工作、业务工作经过调查、研究或者鉴定、评审后，把商定的鉴定、评估结果写成意见送交有关方面，它虽可上行、下行，但主要是不相隶属组织间的平行文。它又可以分为鉴定性意见和批评性意见。

四、意见的写作

（一）标题

一般由“发文机关+主要内容+文种”三要素组成，如《中共××省委××省人民政府关于〈关于中国教育改革和发展纲要〉的实施意见》。

（二）正文

1. 发文缘由

主要写出发布意见的背景、根据、目的、意义等，但不要求面面俱到，最后以“现提出以下意见”“特制定本实施意见”等过渡性语句转入下文。

2. 意见条文

意见条文是意见的主体，要把对重要问题的见解或处理办法一一写明。如果是规划性意见，内容繁多，可列出小标题作为各大层次的标志，小标题下再分条表述。

3. 执行要求

有些意见需要对贯彻执行提出一些要求，可以列入条款，也可单独在正文最后写一段简练的文字予以说明。

五、意见与指示性通知的区别

（1）指示性通知务实性强，此类通知主要用于传达要求下级具体要办理的或共同执行的事项，一般要求较具体、可操作性强。而意见则带有“务虚性”，侧重思想性、原则性。

（2）指挥性通知具有很强的指导性、决定性、不可更改性，其内容要求办理和执行。而意见则具有弹性，因为往往针对出现的新情况、新问题提出“意见”，由于经验尚不足、条件尚不成熟，故其内容具有指导性、选择性、灵活性。

（3）指挥性通知必须执行、办理，具有很强的约束力，而对于意见，下级机关则可以根据实际情况和政策允许，独立自主、灵活机动地加以运用。

六、意见写作的注意事项

（1）意见是就贯彻执行上级精神时提出带有引导、说明、宣传、阐释意义的指导性文件，语气要相对缓和，不应使用命令性的强制口气。

（2）意见中应该以说理的表达方式为主，要求说理简洁明了，不要使用写论文或宣传材料的手法做全面论述。

（3）意见大多是生活中出现的新问题的解决方案。所以，意见的写作要注意选题，应该深入调查研究，掌握第一手资料。

【例文分析】

安康市人民政府关于加快富硒茶产业发展的实施意见

各县区人民政府，市政府各工作部门、直属机构：

安康茶叶历史悠久，生长环境优良，文化底蕴深厚，产业基础扎实，发展前景广阔。为进一步做大做强做优富硒茶产业，促进农民增收和农村发展，提出如下实施意见。

一、指导思想

坚持以市场为导向，以效益为中心，以科技为支撑，以现代农业园区为载体，构建产业发展体系，逐步壮大产业规模，打造知名品牌，推进茶产业与文化、旅游融合，提升产业效益，使富硒茶产业成为支撑农村经济、促进农民增收的支柱产业。

二、总体目标

到2020年，全市茶园面积达到100万亩，其中：紫阳、平利、汉滨、岚皋四个主要产茶县区分别达到26万亩、25万亩、16万亩、10万亩；建成万亩以上基地镇40个，千亩以上专业村100个，现代茶业示范园区40个；建成国家级重点龙头企业4个，省级重点龙头企业10个、省级示范园区10个，市级重点龙头企业20个、市级园区30个，茶叶家庭农场1000个。年产茶4万吨，产值70亿元；开发富硒茶饮料、发展茶旅游、茶食品及相关产品，产值50亿元。全市茶产业综合产值达到120亿元。

三、工作重点

（一）培育良种茶苗，加快基地扩张。加快良种茶苗繁育，建成3000亩良种繁育圃，重点推广以陕茶1号和紫阳群体种为主的本地优良茶树品种，力争每年出圃良种茶苗3亿株以上；加快基地扩张，按照“科学规划、规模发展、集中连片、区域推进”的思路，新建高效茶园50万亩，改造低产茶园25万亩。

（二）突出园区建设，发挥示范引领。按照合理布局、业主明确、基础配套、功能完善的要求和“五个一”包抓机制，抓好水利、交通、供电、加工、营销等配套设施建设，凡市级以上龙头企业创建1个茶叶示范园区，发挥示范带动作用，带动辐射周边区域加快发展富硒茶产业。全市建成40个现代茶叶示范园区，每个基地镇建成1个茶叶示范园区，其中：汉滨6个、汉阴3个、石泉2个、紫阳13个、岚皋4个、平利8个、镇坪1个、白河3个。

（三）培育龙头企业，夯实发展基础。积极引导和大力支持茶业企业，打破区域界限，通过联合重组、兼并整合、股份合作、租赁出让等形式，培育有较强竞争力和辐射带动力的规模以上企业，全力培育省级以上龙头企业；加大招商引资力度，吸引外地客商来安投资发展茶产业，鼓励本地企业、务工能人返乡创办茶业企业；借鉴“阳晨模式”，大力扶持重点龙头企业发展产业联盟，培育茶叶产业集团，不断提高茶叶生产经营主体的组织化程度和集约化经营水平。

（四）优化产品结构，提升产品质量。主攻绿茶、提升红茶、开发茶饮料、做优绞股蓝，促进高、中、低档茶产品协调发展，满足不同群体消费需求；抓好茶叶精深加工与综合开发，研发茶食品和绞股蓝保健品，提升产品质量和开发利用价值，提高资源综合利用率；严格执行产品质量安全标准，实行质量安全体系资质认证，建立市、县区两级质量安全检验检测机构和市、县区、镇办三级质量安全监测网点，健全茶饮产品质量安全管理制度，完善质量安全检验检测网络，实现可监控、可追溯的产品质量监管体系，确保质量安全。

（五）搭建营销平台，完善流通体系。着力建设富硒茶营销专业市场，在市区建设富硒茶产品交易中心，鼓励入驻企业与大型茶业专业批发市场建立长期稳定的供销关系，积极开拓国内外市场；各重点县建设富硒茶产品交易市场，支持茶叶企业和大户直接入驻交易；鼓励茶叶企业在大中城市开设销售网店，把安康富硒茶推向全国。大力发展电子商务，建立网上销售平台，拓展营销方式，扩大销售渠道。积极参加国内外大型茶叶展示展销会，开设安康茶业网，宣传、推介安康富硒茶。鼓励和支持茶叶企业在各类媒体上发布广告，在交通沿线、旅游景区、中心城市设立户外广告牌，提升安康富硒茶对外知名度和影响力。

（六）挖掘文化资源，促进茶旅结合。依托我市深厚的茶历史文化和人文资源，深入研究传统茶艺、茶歌、茶道，广泛开展茶事活动，打造“中国富硒名茶之乡”；加快建设茶业观光园，积极开辟茶旅游线路，打造陕茶旅游目的地；鼓励和支持茶叶企业建茶城、茶楼、茶馆，弘扬秦巴茶乡独有的民俗风情；积极开展茶艺表演观摩、名优茶品评等文化茶事活动，促进茶产业与旅游产业融合发展。

（七）加快品牌整合，实施名牌战略。坚持“政府引导、市场运作、行业管理”，鼓励跨企业、跨县域有偿使用区域公共商标品牌，实行合作开发，联合经营，共同宣传，联手开拓市场。

各县区要迅速完成本县区茶叶品牌整合；坚持“统一品牌、统一包装、统一标准、统一宣传、统一监管”，启动紫阳、平利两大产业联盟建设，到 2016 年产业联盟基本形成。启动注册“安康生态富硒茶”证明商标，发挥公共品牌作用，大力实施名牌战略，逐步做大做优，积极打造全国知名品牌。

四、保障措施

按照“县区主体、市抓统筹、项目整合、适当奖补”的工作机制强力推进。

（一）加强组织领导。市上成立由主要领导任组长的富硒茶产业发展工作领导小组，办公室设在市林业局，负责做好全市富硒茶产业发展工作的组织协调、规划指导、检查考核等工作。各产茶县区和 40 个基地镇都要成立领导机构和工作班子，一把手亲自牵头，分管领导具体组织实施，抓好部署协调，建立目标责任制，制定考核办法，推动各项工作顺利实施。

（二）坚持规划引领。进一步完善市级茶叶产业发展规划，重点围绕茶苗繁育、基地建设、加工营销、品牌整合、园区发展、科技体系等进行科学规划，指导全市茶产业加快发展；各产茶县区要结合实际，编制本县区茶叶产业发展规划，并抓好落实；各基地镇要制定切实可行的实施方案，将建设任务逐一分解落实到山头地块、企业大户和园区业主，夯实发展基础；各茶叶示范园区要制定布局合理、要素齐全的年度实施计划，确保建设任务落到实处；坚持集中连片、因地制宜、生态为先，将富硒茶产业与观光旅游、生态文明建设和新农村建设紧密结合，优先发展公路沿线、江河两岸、景区周围、集镇周边的密植高效茶园，加快 25 度以上坡地退耕还茶，建设标准化生态茶园。

（三）加大政策扶持。市上各有关部门每年捆绑落实至少 1 亿元项目资金，支持富硒茶产业发展。市发改委要加大项目包装，将富硒茶产业纳入陕南循环发展项目，每年争取不少于 600 万专项资金；市财政局每年安排以茶为主的山林经济发展专项资金 1000 万元，负责金融信贷投入资金 5 亿元以上；市林业局负责把茶叶基地建设纳入退耕还林、天保工程、长防工程等国家重点林业工程项目，每年落实项目资金 2500 万元以上，积极开展茶园资产评估和确权发证试点工作；市农业局做好茶叶现代农业园区、龙头企业、专业合作社和职业茶农的培育、认证和扶持，抓好良种繁育和茶叶质量安全监管，积极争取并落实茶叶发展项目，每年安排投入资金2500万元以上；市水利局优先扶持茶叶基地镇、专业村水利设施建设，并将密植茶园纳入水保项目进行扶持，每年落实富硒茶产业发展水利配套项目资金1500万元以上；市扶贫局在农业综合开发、产业扶贫、产业化龙头企业扶持、“雨露计划”扶贫培训等方面全力支持富硒茶产业发展，每年落实发展项目资金2500万元以上；市规划局、国土局在富硒茶产业发展建设用地上优先审批、确保供给；市移民局把富硒茶产业纳入移民产业建设，每年扶持发展项目资金 300 万元以上；市人社编制部门要创新茶叶专业人才培养引进机制，确保茶产业发展科技人才需要；市科技局加大对茶叶生产加工关键环节、重要领域科技攻关的投入力度；市工信局将茶叶加工企业纳入技改项目予以扶持；市招商局落实招商引资优惠政策，吸引工商资本和社会资金投入富硒茶产业发展；市交通局把重点茶园道路配套建设纳入镇村道路予以扶持；市供销社支持茶叶企业开拓市场，每年投入茶叶市场体系和营销网点建设资金 300 万元以上；市旅游局做好茶园观光旅游项目开发；市文广局积极开展茶文化的挖掘，抓好茶文化产品的制作发行和宣传；市食药监管局做好茶叶饮品质量安全监管及市场准入工作；市工商局做好富硒茶市场的监管，指导、支持茶叶品牌建设；市质监局支持产品质量安全体系建设；电力部门要支持茶区农网改造，保障电力供应，并落实农电价格政策；金融部门优先提供富硒茶产业发展资金信贷支持，积极开展茶园抵押贷款试点工作；其他有关部门根据工作职能为富硒茶产业发展提供优先、便捷支持。汉滨、紫阳、岚皋、平利四县区财政每年投入富硒茶产业发展专项资金不少于400万元，捆绑项目资金不少于1000万元；汉阴、石泉、镇坪、白河四县财政每年投入富硒茶产业发展专项资金不少于 200 万元，捆绑项目资金不少于600万元。

（四）加强人才培育。加大对种茶大户、企业管理人员和员工培训力度，大力培育职业茶农，推动传统茶农向新型产业工人转变；加大对技术人员的培训，邀请省内外茶叶专家来我市开展培训，提高基层茶叶技术人员的素质和能力；建立和完善科技服务体系，鼓励科技人员面向基地农户、龙头企业开展科技承包和信息服务，发挥科技人才在产业发展中的积极性和创造性；加快茶产业科技人才队伍建设，抓好高级管理人才和技术人才引进工作，着力培养学科和技术带头人，为茶叶发展提供技术支撑；加强与大专院校、科研院所的交流与合作，开展新技术研究、引进、示范与推广，推动科技创新。安康学院继续争取开设茶叶专业本科班，培育茶叶专业急需人才；各产茶县区根据茶业发展需要，可委托高等院校代培茶叶专业本科生，毕业后安排到本县区茶叶企事业单位工作。

（五）实施包抓帮扶。市、县区上下联动、齐抓共管，全面落实 40 个基地镇和 100 个专业村、40 个示范园的包抓工作。从市直选择 22 个部门包抓 22 个重点园区，8 个产茶县区共选择 130 个部门对 100 个茶叶专业村和 30 个示范园区开展包抓帮扶。各包抓部门由主要领导负责，明确目标，细化任务、落实专人，夯实责任，确保帮扶目标如期实现。包抓进展情况纳入部门、各重点镇办、专业村的年度目标责任考核，并作为镇办主要负责人年度履职政绩的主要内容。

（六）强化考核奖惩。把富硒茶产业发展列入市对各产茶县区和市直有关部门的单项考核。

每季度检查一次，每半年通报一次，年终进行考核，对发展速度快、成效显著的予以表彰奖励，对任务完成差、工作后进的进行通报批评。

安康市人民政府

××年××月××日

（选自安康市人民政府网站，http://www.ankang.gov.cn/Content-83796.html）

评析：

这是一则下行意见，针对特色茶产业的发展提出工作要求。标题准确、简洁。

从内容上看，例文开头缘由简明扼要。前一句说明了做好此项工作的根据是“安康茶叶历史悠久，生长环境优良，文化底蕴深厚，产业基础扎实，发展前景广阔”。说明了茶产业发展有良好的历史和现实基础；后一句说明了做出该意见的目的是“进一步做大做强做优富硒茶产业，促进农民增收和农村发展”。

例文的主体部分共分为三大部分，这三部分都与全文的主旨即标题中的事由——“加快富硒茶产业发展”密切相关，第一部分首先交代了指导思想与预期目标，为发展富硒茶产业定下基调；第二部分从培育良种、扶植企业、搭建平台等方面对各级政府的重点工作提出了明确的要求，面面俱到，环环相扣，逻辑清晰；第三部分针对如何达到目标的要求，提出了具体的保障措施。全文条理清晰，内容准确，重心突出，是一个实用性很强的文件，必能对加快发展富硒茶产业的工作起到切实的指导作用。

技能训练

根据以下材料，请你以××县人民政府的名义拟写一份关于推进全市畜牧业高质量发展的意见。

根据《国务院办公厅关于促进畜牧业高质量发展的意见》（国办发〔2020〕31 号）《××省人民政府办公厅关于印发加快推进全省畜牧业高质量发展意见的通知》《××市人民政府办公室关于印发加快推进全市畜牧业高质量发展意见的通知》等有关要求，坚持“畜沼园”种养结合绿色循环发展；按照“做优做强生猪，统筹提升牛羊家禽产业”思路，加快构建现代畜牧业产业体系和生产体系、经营体系、动物防疫体系，不断增强畜牧业质量效益和竞争力，推动畜牧业高质量发展。到 2025 年，全县生猪、牛、羊和家禽饲养量分别达到 50 万头、10 万头、20 万只和 260 万只（羽），肉、蛋奶总产量分别达到 2.5 万吨、0.9 万吨；到 2030 年，全市生猪、牛、羊和家禽饲养量分别达到 80 万头、20 万头、50 万只和 400 万只（羽），肉、蛋奶总产量分别达到 4 万吨、2 万吨，畜牧业产值达到 100 亿元、占农业总产值的比重超过 30%，畜禽粪污综合利用率 85%以上；到 2035 年，畜牧业综合生产能力和竞争力进一步增强，基本实现现代化。

要求：内容明确，中心突出；格式正确，写法规范（必须包括标题、主送机关、正文、发文机关和发文时间几个项目）；语言准确、简明。不少于 800 字。

第五节　通　知

一、通知的概念

《条例》规定，通知“适用于发布、传达要求下级机关执行和有关单位周知或者执行的事项，批转、转发公文”的党政公文。

二、通知的特点

（一）应用的广泛性

通知是公文中适用范围最广、使用频率最高的文种。大到国家级的党政机关，小到基层的企事业单位，都可以发布通知。

（二）较强的时效性

通知是一种制发比较快捷、运用比较灵活的公文文种，它所办理的事项都有比较明确的时间限制，不得拖延。

（三）职能的多样性

工作中安排任务、传达指示、晓谕事项、发布规章、批转和转发文件、任免干部等都可用通知。

（四）对象的专指性

通知大多是专门针对特定机关和有关人员发的，因此专指性较强，不像通告、公告具有泛指性。

三、通知的类型

（一）发布性通知

主要用于发布一些法规规章及事务性文章，如发布管理办法、管理条例、计划、领导讲话等。

（二）指示性通知

指示性通知即向所属下级机关下达指示或布置工作的通知。

（三）批转、转发通知

批转通知是批转下级机关的公文时所使用的通知。转发通知是转发上级机关或不相隶属机关的公文时所使用的通知。

（四）知照性通知

知照性通知即告知需要了解的情况或要求下级办理某一事项的通知，如迁居新址、举行会议、更换印章等。

四、通知的写作

（一）颁转性通知的写作

1. 印发、颁发、发布性通知

印发类通知的标题一般由“发文机关+印发（颁发、发布）+被印发的文件名称+通知”几部分组成。印发类通知的正文写作有两种形式：

（1）直叙式：现将《×××》印发给你们，请遵照执行。

（2）目的式：为……，××××部门制定了《×××××××》，现予发布，请遵照执行。

2. 批转性通知的写作

批转性通知的标题一般由“发文机关+批转+被批转的机关名称+被批转的文件标题+通知”几部分组成。

批转性通知正文的写作一般是“先批再转”，往往使用“……《××××》已（业）经……批准（或……同意……的《××××》），现转发给你们，请认真贯彻执行”的格式。

3. 转发性通知的写作

转发性通知的标题一般由“发文机关+被转发文件的机关名称+被转发的文件标题+通知”几部分组成。

转发性通知的正文，如果是一般告知事项，就较为简单，一般使用“现将……的《××××》转发给你们，请认真贯彻执行”的格式。如果转发性公文涉及内容较为重要，除了“将……的《××××》转发给你们”例行表述，还会提出具体要求。

【例文分析 1】

陕西省教育厅转发教育部 共青团中央 全国少工委
关于严肃规范红领巾等少先队标志标识使用的通知

各市（区）教育局、团委、少工委，韩城市、神木市、府谷县教育局、团委、少工委，厅属有关单位：

现将《教育部 共青团中央 全国少工委关于严肃规范红领巾等少先队标志标识使用的通

知》(教基函〔2018〕8号)转发你们，请各市(区)认真贯彻落实。

一、高度重视。中国少年先锋队是中国共产党创立和领导的少年儿童群团组织，是少年儿童学习中国特色社会主义和共产主义的学校。红领巾是中国少年先锋队的标志，它代表红旗的一角，是革命先烈的鲜血染成。各地要提高政治站位，高度重视少先队工作，充分认识红领巾的深刻含义及对于少先队员的重要意义，通过开展主题教育实践、仪式教育活动、深入开展社会主义核心价值观教育，积极引导广大少先队员珍惜爱护红领巾等少先队标志标识，增强光荣感和组织归属感，传承红色基因，培养德智体美劳全面发展的社会主义建设者和接班人。

二、全面排查。各市(区)教育行政部门、团委和少工委要共同组织中小学校迅速开展一次全面排查，了解少先队员佩戴使用红领巾、队徽、队旗、队歌和呼号、誓词、队礼、队委标志、鼓号等学校少先队标志标识基本情况，重点排查不当使用少先队标志标识、利用少先队标志标识进行商业活动等问题。对发现学校或其他组织利用红领巾进行商业活动，要立即会同市场监管、公安等部门予以制止，追究责任。

三、规范管理。各市(区)教育行政部门、团委和少工委要指导中小学校高度重视红领巾、队徽等少先队组织特有标志的佩戴、使用和管理。各学校要严格按照《中国少年先锋队组织工作条例(试行)》《中国少年先锋队标志礼仪基本规范》，规范使用少先队标志礼仪，少先队员参加校内外少先队集会、活动，参加升国旗仪式、开学典礼、毕业典礼等重要仪式活动，须佩戴红领巾。各级少先队组织、少先队员、少先队辅导员不得购买、使用不合规定的红领巾。

四、协同育人。各市(区)教育行政部门、团委和少工委要积极会同相关部门充分调动社会各方面的积极性，营造良好育人氛围，为中小学生健康、全面发展创造良好社会环境。要充分发挥新闻媒体作用，开展宣传引导工作，形成良好社会舆论氛围。

请各地将贯彻落实情况及时报省教育厅、团省委、省少工委。

联系人：×××

电　话：×××

陕西省教育厅

共青团陕西省委

陕西省少工委

××年××月××日

(选自陕西省教育厅网站，http://jyt.shaanxi.gov.cn/news/jiaoyutingwenjian/201811/06/14738.html)

评析：

这是一篇转发通知，格式规范，条理清晰，格式规范。正文首段转发相关文件，表明自己态度；后面部分针对如何落实上级文件精神从“高度重视”“全面排查”“规范管理”“协同育人”等四个方面提出工作要求，逻辑清晰，思路明确，符合实际情况。全文层次分明、语言简练，是一篇优秀的转发通知。

（二）指示性、事务性通知的写作

1. 标题

一般由“发文机关+事由+文种”三部分组成。如信息报送、迎接检查等局部性、阶段性、临时性工作，可以用“关于做好……工作”作为标题；如经济普查、规章清理等涉及面比较广的工作，可以用“关于开展……工作”作为标题；如证件管理、公文呈报、会议会务等日常工作有需要改进的问题，可以用“关于规范……工作”作为标题。

2. 主送机关

通知可以发送给下属机关和不相隶属机关。

3. 正文

（1）通知缘由。一般从发文的目的、根据、意义和价值等角度进行陈述，如《关于进一步做好春节期间各类重特大安全生产事故预防工作的通知》的缘由：为进一步营造春节期间和谐温馨的社会环境，确保人民群众祥和平安度过传统佳节，现就春节期间预防安全生产事故有关工作事项通知如下。

（2）通知具体措施。一般从思想、措施、机制几个方面考虑，注意指示性通知的分旨，实现主旨的具体措施、办法，对于下级机关要具体回答“怎么办理”“怎么执行”的问题，这是领导、指挥的具体内容，写作时应当考虑周全，做到条项清楚、逻辑严密。

【例文分析 2】

国务院办公厅
关于做好 2015 年春节元宵节期间旅游安全工作的通知

国办发明电〔2015〕3 号

各省、自治区、直辖市人民政府，国务院有关部门：

为做好 2015 年春节、元宵节期间旅游安全工作，确保广大游客度过欢乐祥和的节日，根据国务院旅游工作部际联席会议第二次全体会议精神，经国务院批准，现将有关要求通知如下：

一、高度重视旅游安全工作。春节、元宵节（以下称“两节”）是我国最重要的传统节日。据预测，今年“两节”期间游客出游人数将进一步增长、出游时间集中、出游形式多样。“两节”期间，各地将举办庙会、演出等活动，形式多、规模大、群体集聚度高，还有临时摊点多、燃放烟花爆竹等危险点和安全隐患。为此，各地、各有关部门要充分认识“两节”期间旅游安全形势，深刻汲取上海外滩踩踏事件及类似事件的教训，举一反三，切实增强政治意识、忧患意识和责任意识，按照中共中央办公厅、国务院办公厅关于切实做好当前安全生产和人员密集场所安全管理工作的紧急通知要求，针对旅游工作的特点，精心组织安排，确保安全措施到位，切实保障广大游客生命财产安全。

二、落实旅游安全监管责任。县级以上人民政府依法统一负责旅游安全工作；县级以上人民政府有关部门依照法律、法规履行旅游安全监管职责。要落实相关企业主体责任，特别是明确旅行社和一线从业人员对游客安全引导、管理和提示的责任；对于旅游大型集会和节庆活动，严格执行“谁主办、谁负责”“谁审批、谁负责”；坚持旅游安全属地化管理，把责任层层分解落实到基层。有关部门要履行行业监管责任，将责任落实到具体岗位和人头。因措施不力、监管不到位、失职渎职而发生重特大旅游安全事故的，要严肃追查责任。

三、强化旅游安全监管措施。各地要严格落实各项安全防范措施。对于公开举办的旅游大型集会和节庆活动，要严格审批报备制度。对于在旅游景区内自发形成的聚集活动，要提前制定安全保障措施。有关部门要及时掌握大型集会和节庆活动人员流量并提前研判，采取必要的管控措施；要督促相关企业制定“两节”期间应急预案，特别是旅游大型集会和节庆活动、重点旅游景区、高星级旅游饭店要有防踩踏、消防等专项预案。各地、各有关部门要针对人群密集场所联合开展防踩踏、消防等应急演练，提高应急处置能力。外交部、驻外使领馆要及时发布重点出境旅游目的地国家（地区）的旅游安全提示，卫生计生、气象、国土资源、环境保护等部门分别发布旅行健康提示、气象灾害、地质灾害、空气污染指数等信息，引导游客规避安全风险。

四、加强旅游安全检查。住房城乡建设、农业、林业、文化、文物、宗教、国土资源等部门要督促相关旅游景区严格执行国家有关法律法规，采取有效措施，进一步强化源头治理，在“两节”期间开展旅游安全隐患自查自纠，切实保证整改到位。公安部门要加强对旅游住宿、旅游景区、旅游购物、旅游娱乐场所的治安、消防等安全检查；交通运输部门要加强对旅游包车的安全检查；食品药品监管部门要加强对旅游餐饮的安全检查；质检部门要加强对旅游场所大型游乐设施、客运索道、旅游观光车、电梯等特种设备的安全监察；民航、铁路等部门要加强对旅游包机、空中游览、旅游专列的安全检查。各地要组织旅游等相关部门联合开展旅游安全督查检查，确保旅游安全隐患得到排查和治理。

五、提高旅游紧急救援能力。各地要强化旅游、外交、公安、交通运输、质量监督、卫生计生、食品药品监管、气象、体育、教育、安全监管等部门的信息共享和协同救援。旅游突发事件发生后，有关部门要在当地人民政府领导下，采取措施开展救援，妥善处理善后事宜。要加强应急值守，确保信息畅通。外交部、驻外使领馆要为遭遇突发事件的出境旅游者提供必要的安全保护、救助，并协助旅游者返回出发地或者旅游者指定的合理地点。要充分利用公安、武警等救援力量以及专业化救援队伍为旅游救援服务，进一步提升旅游应急救援能力。

六、维护旅游市场秩序。各地、各有关部门要综合整治旅游市场。旅游、公安、工商等相关部门要建立旅游市场综合监管机制，开展旅游市场环境专项整治，重点整治行业垄断、非法经营、欺客宰客、强迫消费等违法行为，查处非旅游企业未经批准擅自经营或者以商务、考察、培训等方式变相经营旅游业务的行为。针对游客网络预订比例上升的特点，坚决查处无资质“黑网站”，严格管理在线旅游经营和服务行为；针对自主出游比例较高的特点，规范旅游景区接待秩序，提升服务水平，整顿旅游景区周边环境。要畅通游客投诉渠道，建立、完善旅游投诉统一受理机制，做到有诉必应、有诉必处，坚守岗位，妥善处理节日期间旅游纠纷，有效化解矛盾。

七、做好文明旅游宣传。旅游、宣传、教育、新闻出版广电等部门要充分利用交通枢纽、旅游景区、旅游饭店、旅游咨询中心、旅游集散中心等游客聚集场所，营造文明旅游宣传氛围，发挥文明督导员、志愿服务队的作用，积极开展文明告知、文明提醒、文明规劝，引导游客文明旅游。各地、各有关部门要重点做好对出境游客的文明宣传，坚持关口前移、重心下移，把好“护照关、组团关、出境关、交通关、落地关、行程关”等六关，将文明旅游教育覆盖到每一位出境游客。要依法制定对旅游不文明者的追责制度，共同创建文明有序的旅游市场秩序，营造良好节日出游环境。

国务院办公厅

2015 年 1 月 21 日

（选自中华人民共和国中央人民政府网站，http://www.gov.cn/gongbao/content/2015/content_2821633.htm）

评析：

这是一则指示性通知。标题准确、简洁。

从内容上看，例文开头缘由简明扼要。例文中这一部分的文字只有两句，前一句说明了做好此项工作的目的是“确保广大游客度过欢乐祥和的节日”，后一句说明了做出该通知的依据是“根据国务院旅游工作部际联席会议第二次全体会议精神，经国务院批准”。此缘由写作简明扼要、干净利落。

指示性通知的主体部分要写通知事项，主要是布置工作任务，阐述工作意见、措施、办法以及应注意的问题，一般是分段或分条列项写。例文主体部分就充分突出了指示性的特点。

第一，主旨明确。例文的主体部分共写了七个事项，这七个事项都与全文的主旨——“做好 2015 年春节、元宵节期间旅游安全工作”密切相关，没有一个事项游离于这个中心。

第二，具体可行。例文中的七个事项都是具体、明确的说明和要求，没有任何抽象的说明、空泛的议论和缺乏可操作性的要求，因而便于受文单位贯彻执行。

第三，条理清楚。例文中的七个事项并不是随意排列的。第一个要求思想上高度重视；第二个是落实监管责任的问题；第三个提出了严格监管措施；第四、五、六、七这四个事项，分别从加强安全检查、提高救援能力、维护秩序、做好宣传四个方面详细提出了措施。

上述特点决定了这个通知是一个实用性很强的文件，必能对春节、元旦期间的旅游安全工作切实起到指挥作用。

技能训练

结合实际，拟写一份关于进一步加强暑期校园安全稳定工作的通知。

要求：内容明确，中心突出；格式正确，写法规范（必须包括标题、主送机关、正文、发文机关和发文时间几个项目）；语言准确、简明。不少于 600 字。

第六节　通　报

一、通报的含义

《条例》规定，通报适用于“用于表彰先进、批评错误、传达重要精神和告知重要情况”，属于告知性、指挥性的下行文。

二、通报的种类

（一）表彰性通报

表彰先进，宣传成功经验和做法，目的是树立学习榜样、激励工作热情、提高工作积极性。

（二）批评性通报

批评后进，纠正错误，提出解决办法或处理意见，目的是引起有关单位警觉、吸取教训、防止类似错误发生。

（三）情况性通报

传达上级重要精神，沟通信息，互通情况，以推动本单位或全局工作。

三、通报的特点

（一）典型性

通报的事实应该具有一定的普遍代表性和针对性，有典型教育意义。

（二）真实性

通报的材料必须是经过核实的，不能有丝毫的虚构、夸大或缩小。

（三）教育性

通报的内容侧重教育性，注重内容的启发和教育。

四、通报的写作

（一）标题

一般由“发文机关名称 + 事由 + 文种”三部分组成，如《国务院办公厅关于对少数地方和单位违反国家规定集资问题的通报》。

（二）主送机关

通报主送下级机关。

（三）正文写作

1. 表彰性通报正文的写作

（1）介绍先进事迹。简述先进事迹概况，写清事实发生的时间、地点、事件基本经过、结果。

（2）对事实进行简短评价。简述先进事迹的经验、积极意义、影响和可借鉴之处。

（3）表彰决定。什么会议或什么机构决定给予对象什么项目的表彰奖励。

2. 批评性通报正文的写作

（1）简述事故及错误概况。写清错误发生的时间、地点、人物、基本事件经过和造成的结果。对于个人错误的，要写明犯错人的基本情况，包括姓名、所在单位和职务，然后才是犯错事实的陈述。

（2）分析评价。指出错误的实质和危害以及认错态度。

（3）批评处罚决定。做出批评的目的和处理意见。对个人单一错误事实的处理，要写明依据，根据什么规定，经什么会议讨论决定，给予什么处分。对普遍存在的错误现象，要提出治理办法。内容比较多时，可分条列项。

（4）告诫与措施。提出应当吸取的教训和要求，防止类似情况的发生。

【例文分析 1】

国务院办公厅
关于××省××市××县擅自停课组织小学生参加迎送活动的通报

××年××月××日，××省××市“县乡公路建设现场会”安排与会代表参观××县华莲线 25 公里柏油公路。××县主要领导擅自决定在与会代表途经××镇时，让镇中心小学部分班级学生停课参加“欢迎仪式”。近百名小学生在阴冷冰雨天等候数小时，致使部分小学生生病。学生家长和群众对此极为愤慨，致信中央要求坚决制止此类现象。

中小学校依照国家规定建立有严格的教育教学秩序，这是教育教学质量的保证，任何单位和个人都不得随意破坏。现在一些地方的个别领导干部利用自己的权力，动辄调用中小学生为各种会议、考察、参观、访问甚至商业性庆典搞迎送或礼仪活动，有些地方还因此发生了严重的安全事故，造成极恶劣的社会影响。××县发生的问题，已不只是一般的形式主义，而是封建官僚主义，严重脱离群众，此类不良风气必须坚决予以制止。各地区、各部门以及各级领导干部，要高度重视这一问题并从中汲取深刻教训，切实增强群众观念，杜绝此类事件再度发生。

中小学生是祖国的未来，他们的学习和活动安排，要有利于他们的学习和身心健康。今后各地区、各部门都必须严格执行国家的有关法规和规定，不得擅自停课或随意组织中小学生参加各种迎送或“礼仪”活动，如确有必要组织的，须报经省级教育行政部门批准。

国务院办公厅

××年××月××日

评析：

这是一份典型的批评性通报。

全文分三大部分：第一部分简单交代了批评通报的背景；第二部分指出××县擅自停课组织学生参加迎送活动的恶劣意义，认为此事“已不只是一般的形式主义，而是封建官僚主义”；第三部分为公文重点，国务院办公厅站在全国的高度，提出具体要求，任何部门“都必须严格执行国家的有关法规和规定，不得擅自停课或随意组织中小学生参加各种迎送或‘礼仪’活动”。

这篇通报不但语言简洁、格式规范，而且布局合理，在表述方面尤其有两方面值得借鉴：一是内容集中、主旨突出，叙事简明清楚。二是语言规范准确、表达严谨。尤其是第三部分先提出了任何部门都不允许随意组织中小学生参加迎送活动，然后又补充“如确有必要组织的，须报经省级教育行政部门批准”，表达非常严谨。

3. 情况性通报正文的写作

（1）首先要把重要精神或情况简明扼要地告诉受文单位。

（2）分析情况，阐明意义及影响。指出其性质是什么，以引起高度重视。

（3）申明领导机关的态度，起到通报、指导工作的作用，接着提出具体的意见和要求。

【例文分析 2】

河南省住房和城乡建设厅关于原阳县“4·18”事故的通报

豫建质安〔2020〕184 号

各省辖市、济源示范区管委会、省直管县（市）住房城乡建设局：

2020 年 4 月 18 日 17 时左右，原阳县盛和府建筑工地在整理工地土方时，发生一起压埋窒息事故，造成四名儿童死亡，直接经济损失 485.4149 万元。事故直接原因：土方转运车驾驶员违章操作，致使在卸土坑处玩耍的儿童被重型自卸车倾泻的土方压埋致机械性窒息死亡。

这起事故的发生，引起社会广泛关注。事故发生以后，住建部、省政府多位领导先后作出批示和指示，要求认真调查事故原因，依法依规严格追究责任，在全省建筑领域开展安全生产集中治理，坚决遏制事故多发势头。为认真贯彻领导批示指示精神，进一步吸取事故教训，举一反三，强化整改，采取更加有力的措施，确保全省建筑施工安全形势平稳，现就进一步加强建筑施工安全工作提出以下要求：

一、切实提高政治站位，深刻汲取事故教训

安全生产事关人民群众生命财产安全，事关经济发展和社会大局稳定。各地住房城乡建设部门要深入学习贯彻习近平总书记关于安全生产的重要论述和指示批示要求，全面贯彻落实全国全省安全生产电视电话会议精神，牢固树立以人民为中心的安全发展理念，树立底线思维，深刻吸取事故教训，处理好疫情防控和复工复产、复工复产和安全生产之间的关系，重视集中复工复产风险高度聚集的新情况，时刻绷紧安全生产这根弦，抓紧抓牢安全生产工作，坚决杜绝重特大生产安全事故发生。

二、迅速行动，有序推动专项整治行动

开展安全生产专项整治三年行动是贯彻党中央、国务院重大决策和省委、省政府部署要求的重要行动，是促进全省城乡建设安全保障水平提升的重要机遇。各级住房城乡建设部门要高度重视、立即行动，迅速成立安全生产专项整治领导小组，建立完善工作推进机制，研究拟定具体落实方案，对任务和措施进行实化细化；要层层组织动员部署，营造人人关注、人人参与、人人监督专项整治的良好氛围。同时，要坚持问题导向，加大专项整治攻坚力度，推动整治行动落细落小落实，扎实推进城乡建设安全生产治理体系和治理能力现代化，坚决遏制重特大事故发生，确保人民群众生命财产安全。

三、以案促改，立即组织开展建筑施工安全生产集中治理

各地住房城乡建设部门要进一步贯彻落实全国、全省安全生产电视电话会议精神，深刻汲取原阳县“4·18”事故教训，提高对全省建筑施工安全生产形势高风险性、复杂性的认识，对暴露出来的安全发展理念不牢固、企业主体责任不落实、安全生产制度机制不完善、安全监管执法不到位等深层次问题必须高度重视、警钟长鸣。各级住建部门要结合全省建筑施工领域安全生产专项整治三年行动，抓紧组织实施，切实保障落实。重点开展“四查”，一查主体责任落实情况。紧盯建设单位项目负责人、施工单位项目经理、监理单位总监等“三个关键人”；二查建设工程合规建设情况，重点检查工程项目审批手续，以及违反建筑市场秩序的违法违规行为；三查建设工地及周边安全情况；四查危险性较大工程安全情况。对发现的隐患，要实行台账管理，边查边改、立整立改，确保不留盲区、不留死角，整改到位，从源头杜绝事故发生。全面排查疫情隔离场所、开工项目复工人员集中居住场所房屋质量安全情况，并及时消除安全隐患。加强农村建房施工管理，加强宣传教育，提高农民群众建房的安全意识。

四、要加大监督执法力度，形成严厉打击的高压态势

各地住房城乡建设部门要持续加大监督执法和查处问责力度，对检查发现的问题隐患要书面责令整改并跟踪落实，对不能保证安全的要坚决责令停工整改，同时对企业及项目依法及时启动安全条件复核程序，项目通过安全生产条件复核前不得复工，企业通过安全生产条件复核前不得承揽新的工程项目，确保及时消除安全隐患，保障安全生产。对违法违规行为要依法追究法律责任，要坚持原则、动真碰硬，做到有法必依，违法必究，执法必严，保持严管重罚的高压态势，体现行政执法的严肃性和权威性，充分发挥查处案例对行业安全的警示教育和规范引导作用。对发生的事故要依法、及时、准确报告，同时根据属地化管理原则，按照住建部门行业管理职能，及时启动事故调查及处理工作。在日常监督执法检查、安全条件复核、事故调查处理等方面，对于涉及我厅管辖权内资质资格、安全证照等处罚事项的要及时提请我厅进行处理。

河南省住房和城乡建设厅
2020 年 5 月 19 日

（选自中华人民共和国住建部网站，http://www.mohurd.gov.cn/zlaq/cftb/zfhcxjsbcftb/202005/t20200528_245616.html）

评析：

这是一份情况性通报，针对原阳县“4·18”事故发生及处理情况进行了通报。

全文共分两大部分，第一部分对 4 月 18 日发生的重大事故进行简单说明，包括事件发生的时间、地点、造成的损失等；第二部分就进一步加强建筑施工安全工作提出要求，从“切实提高政治站位，深刻汲取事故教训”“迅速行动，有序推动专项整治行动”“以案促改，立即组织开展建筑施工安全生产集中治理”“加大监督执法力度，形成严厉打击的高压态势”四方面提出要求，条理清晰，层次有序。

技能训练

根据下面的材料，以江南镇人民政府的名义拟写一份表彰通报。

在脱贫攻坚过程中，江南镇汉水茶叶有限公司流转土地建设茶园 1 万余亩，免费为 500 余户贫困户提供茶苗、肥料、技术，并签订收购协议，带动贫困户新建茶园 10000 余亩，带动周边贫困群众年人均增收 4000 余元。为了表彰先进，江南镇人民政府欲表彰汉水茶叶有限公司董事长、总经理张云先生。

要求：内容明确，中心突出；格式正确，写法规范（必须包括标题、主送机关、正文、发文机关和发文时间几个项目）；语言准确、简明；不少于 600 字。

第七节　报　告

一、报告的含义

《条例》规定：报告“适用于向上级机关汇报工作，反映情况，回复上级机关的询问”。报告是典型的上行文。

二、报告的种类

（一）工作报告

工作报告主要是向上级汇报工作，便于上级了解、掌握本单位的工作现状。

（二）情况报告

情况报告是将工作中出现的重大情况或发生的重大问题报给上级的报告。一般具有突发性和重要性的特点，以工作中出现的问题和事故为主。

（三）答复报告

答复报告是回复上级机关询问或交办事项的报告。

三、报告的特点

（一）陈述性

报告在汇报工作、反映情况时，要以事实材料为主要内容，以概括叙述为主要表达方式，不能过多地发表议论和说明，也不可在报告中提出请求。

（二）单向性

报告是下级向上级机关汇报工作、反映情况、答复上级机关的询问时使用的上行文，不需要上级机关给予批复，因此是单向行文。

（三）事后性

在机关工作中，有“事前行文，事后报告”的说法。大多数的报告，都是在开展了一段时间的工作之后，或是在某种情况发生之后向上级做出的汇报。

四、工作报告的写作

（一）标题

报告的标题由“发文机关+事由+文种”三要素组成，如《西安市人民政府关于“十二·五”规划执行情况的报告》《山西红河煤矿关于瓦斯爆炸事故善后处理情况的报告》等。

（二）主送机关

报告报送给单位的上级领导机关。

（三）正文

1. 工作情况概述

简要叙述工作时间跨度、背景条件、核心工作等内容。

2. 成绩或收获

对工作成果进行归纳、总结，分条叙述。

3. 经验或体会

总结在完成工作任务的过程中带有规律性的认识或经验体会。

4. 问题与打算

梳理工作中的失误和实践困难，下一步工作的打算等方面的内容。

【例文分析 1】

政府工作报告（节选）

——2021 年 3 月 5 日在第十三届全国人民代表大会第四次会议上

国务院总理　李克强

过去一年，在新中国历史上极不平凡。面对突如其来的新冠肺炎疫情、世界经济深度衰退等多重严重冲击，在以习近平同志为核心的党中央坚强领导下，全国各族人民顽强拼搏，疫情防控取得重大战略成果，在全球主要经济体中唯一实现经济正增长，脱贫攻坚战取得全面胜利，决胜全面建成小康社会取得决定性成就，交出一份人民满意、世界瞩目、可以载入史册的答卷。全年发展主要目标任务较好完成，我国改革开放和社会主义现代化建设又取得新的重大进展。

在艰辛的抗疫历程中，党中央始终坚持人民至上、生命至上，习近平总书记亲自指挥、亲自部署，各方面持续努力，不断巩固防控成果。我们针对疫情形势变化，及时调整防控策略，健全常态化防控机制，有效处置局部地区聚集性疫情，最大限度保护了人民生命安全和身体健康，为恢复生产生活秩序创造必要条件。

…………

一是围绕市场主体的急需制定和实施客观政策，稳住了经济基本盘。面对历史罕见的冲击，我们在“六稳”工作基础上，明确提出“六保”任务，特别是保就业保民生保市场主体，以保促稳、稳中求进。立足国情实际，既及时果断又保持定力，坚持不搞“大水漫灌”，科学把握规模性政策的平衡点。注重用改革和创新办法，助企纾困和激发活力并举，帮助受冲击最直接且量大面广的中小微企业和个体工商户渡难关。实施阶段性大规模减税降费，与制度性安排相结合，全年为市场主体减负超过 2.6 万亿元，其中减免社保费 1.7 万亿元。创新宏观政策实施方式，对新增 2 万亿元中央财政资金建立直达机制，省级财政加大资金下沉力度，共同为市县基层落实惠企利民政策及时补充财力。支持银行定向增加贷款并降低利率水平，对中小微企业贷款延期还本付息，大型商业银行普惠小微企业贷款增长 50%以上，金融系统向实体经济让利 1.5 万亿元。对大企业复工复产加强“点对点”服务。经过艰苦努力，我们率先实现复工复产，经济恢复好于预期，全年国内生产总值增长 2.3%，宏观调控积累了新的经验，以合理代价取得较大成效。

二是优先稳就业保民生，人民生活得到切实保障。就业是最大的民生，保市场主体也是为稳就业保民生。各地加大稳岗扩岗激励力度，企业和员工共同克服困难。多渠道做好重点群体就业工作，支持大众创业万众创新带动就业。新增市场主体恢复快速增长，创造了大量就业岗位。城镇新增就业 1186 万人，年末全国城镇调查失业率降到 5.2%。作为最大发展中国家，在巨大冲击下能够保持就业大局稳定，尤为难能可贵。加强生活必需品保供稳价，居民消费价格上涨 2.5%。线上办公、网络购物、无接触配送等广泛开展。大幅度扩大失业保险保障范围。对因疫情遇困群众及时给予救助，新纳入低保、特困供养近 600 万人，实施临时救助超过 800 万人次。抵御严重洪涝、台风等自然灾害，全力应急抢险救援，妥善安置受灾群众，保障了人民群众生命财产安全和基本生活。

三是坚决打好三大攻坚战，主要目标任务如期完成。较大幅度增加财政扶贫资金投入。对工作难度大的贫困县和贫困村挂牌督战，精准落实各项帮扶措施。优先支持贫困劳动力稳岗就业，帮助返乡贫困劳动力再就业，努力稳住务工收入。加大产业扶贫力度，深入开展消费扶贫。加强易返贫致贫人口监测和帮扶。年初剩余的551万农村贫困人口全部脱贫、52个贫困县全部摘帽。继续打好蓝天、碧水、净土保卫战，完成污染防治攻坚战阶段性目标任务。长江、黄河、海岸带等重要生态系统保护和修复重大工程深入实施，生态建设得到加强。稳妥化解地方政府债务风险，及时处置一批重大金融风险隐患。

四是坚定不移推进改革开放，发展活力和内生动力进一步增强。完善要素市场化配置体制机制。深入推进“放管服”改革，实施优化营商环境条例。出台国企改革三年行动方案。支持民营企业发展。完善资本市场基础制度。扎实推进农业农村、社会事业等领域改革。共建“一带一路”稳步推进。海南自由贸易港建设等重大举措陆续推出。成功举办第三届中国国际进口博览会、中国国际服务贸易交易会。推动区域全面经济伙伴关系协定签署。完成中欧投资协定谈判。维护产业链供应链稳定，对外贸易和利用外资保持增长。

五是大力促进科技创新，产业转型升级步伐加快。建设国际科技创新中心和综合性国家科学中心，成功组建首批国家实验室。“天问一号”、“嫦娥五号”、“奋斗者”号等突破性成果不断涌现。加强关键核心技术攻关。支持科技成果转化应用，促进大中小企业融通创新，推广全面创新改革试验相关举措。推动产业数字化智能化改造，战略性新兴产业保持快速发展势头。

六是推进新型城镇化和乡村振兴，城乡区域发展格局不断优化。加大城镇老旧小区改造力度，因城施策促进房地产市场平稳健康发展。粮食实现增产，生猪产能加快恢复，乡村建设稳步展开，农村人居环境整治成效明显。推进煤电油气产供储销体系建设，提升能源安全保障能力。健全区域协调发展体制机制，在实施重大区域发展战略方面出台一批新举措。

七是加强依法行政和社会建设，社会保持和谐稳定。提请全国人大常委会审议法律议案9件，制定修订行政法规37部。广泛开展线上教学，秋季学期实现全面复学，1000多万高中毕业生顺利完成高考。全面深化教育领域综合改革。实现高职院校扩招100万人目标。加大公共卫生体系建设力度。提升大规模核酸检测能力，新冠肺炎患者治疗费用全部由国家承担。保障养老金按时足额发放，实现企业养老保险基金省级统收统支。加强公共文化服务。完善城乡基层治理。扎实做好信访工作。发挥审计监督作用。开展国务院大督查。做好第七次全国人口普查、国家脱贫攻坚普查。加强生产安全事故防范和处置。严格食品药品疫苗监管。强化社会治安综合治理，持续推进扫黑除恶专项斗争，平安中国建设取得新成效。

贯彻落实党中央全面从严治党战略部署，加强党风廉政建设和反腐败斗争。巩固深化“不忘初心、牢记使命”主题教育成果。严格落实中央八项规定精神，持续为基层减负。

中国特色大国外交卓有成效。习近平主席等党和国家领导人通过视频方式主持中非团结抗疫特别峰会，出席联合国成立75周年系列高级别会议、世界卫生大会、二十国集团领导人峰会、亚太经合组织领导人非正式会议、中国—欧盟领导人会晤、东亚合作领导人系列会议等重大活动。坚持多边主义，推动构建人类命运共同体。支持国际抗疫合作，倡导建设人类卫生健康共同体。中国为促进世界和平与发展作出了重要贡献。

一年来的工作殊为不易。各地区各部门顾全大局、尽责担当，上亿市场主体在应对冲击中展现出坚强韧性，广大人民群众勤劳付出、共克时艰，诠释了百折不挠的民族精神，彰显了人民是真正的英雄，这是我们战胜一切困难挑战的力量源泉。

…………

过去一年取得的成绩，是以习近平同志为核心的党中央坚强领导的结果，是习近平新时代中国特色社会主义思想科学指引的结果，是全党全军全国各族人民团结奋斗的结果……

在肯定成绩的同时，我们也清醒看到面临的困难和挑战。新冠肺炎疫情仍在全球蔓延，国际形势中不稳定不确定因素增多，世界经济形势复杂严峻。国内疫情防控仍有薄弱环节，经济恢复基础尚不牢固，居民消费仍受制约，投资增长后劲不足，中小微企业和个体工商户困难较多，稳就业压力较大。关键领域创新能力不强。一些地方财政收支矛盾突出，防范化解金融等领域风险任务依然艰巨。生态环保任重道远。民生领域还有不少短板。政府工作存在不足，形式主义、官僚主义不同程度存在，少数干部不担当不作为不善为。一些领域腐败问题仍有发生。我们一定要直面问题和挑战，尽心竭力改进工作，决不辜负人民期待！

…………

过去五年，我国经济社会发展取得新的历史性成就。经济运行总体平稳，经济结构持续优化，国内生产总值从不到70万亿元增加到超过100万亿元。创新型国家建设成果丰硕，在载人航天、探月工程、深海工程、超级计算、量子信息等领域取得一批重大科技成果。脱贫攻坚成果举世瞩目，5575万农村贫困人口实现脱贫，960多万建档立卡贫困人口通过易地扶贫搬迁摆脱了“一方水土难养一方人”的困境，区域性整体贫困得到解决，完成了消除绝对贫困的艰巨任务。农业现代化稳步推进，粮食生产连年丰收。1亿农业转移人口和其他常住人口在城镇落户目标顺利实现，城镇棚户区住房改造超过2100万套。区域重大战略扎实推进。污染防治力度加大，资源能源利用效率显著提升，生态环境明显改善。金融风险处置取得重要阶段性成果。全面深化改革取得重大突破，供给侧结构性改革持续推进，“放管服”改革不断深入，营商环境持续改善。对外开放持续扩大，共建“一带一路”成果丰硕。人民生活水平显著提高，城镇新增就业超过6000万人，建成世界上规模最大的社会保障体系。教育、卫生、文化等领域发展取得新成就，教育公平和质量较大提升，医疗卫生事业加快发展，文化事业和文化产业繁荣发展。国防和军队建设水平大幅提升。国家安全全面加强，社会保持和谐稳定。经过五年持续奋斗，“十三五”规划主要目标任务胜利完成，中华民族伟大复兴向前迈出了新的一大步。

“十四五”时期是开启全面建设社会主义现代化国家新征程的第一个五年。我国发展仍然处于重要战略机遇期，但机遇和挑战都有新的发展变化。要准确把握新发展阶段，深入贯彻新发展理念，加快构建新发展格局，推动高质量发展，为全面建设社会主义现代化国家开好局起好步。

根据《中共中央关于制定国民经济和社会发展第十四个五年规划和二〇三五年远景目标的建议》，国务院编制了《国民经济和社会发展第十四个五年规划和2035年远景目标纲要（草案）》。《纲要草案》坚持以习近平新时代中国特色社会主义思想为指导，实化量化“十四五”时期经济社会发展主要目标和重大任务，全文提交大会审查，这里概述几个方面。

——着力提升发展质量效益，保持经济持续健康发展。发展是解决我国一切问题的基础和关键。必须坚持新发展理念，把新发展理念完整、准确、全面贯穿发展全过程和各领域，引导各方面把工作重点放在提高发展质量和效益上，促进增长潜力充分发挥。经济运行保持在合理区间，各年度视情提出经济增长预期目标，全员劳动生产率增长高于国内生产总值增长，城镇调查失业率控制在5.5%以内，物价水平保持总体平稳，实现更高质量、更有效率、更加公平、更可持续、更为安全的发展。

——坚持创新驱动发展，加快发展现代产业体系。坚持创新在我国现代化建设全局中的核心地位，把科技自立自强作为国家发展的战略支撑。完善国家创新体系，加快构建以国家实验室为引领的战略科技力量，打好关键核心技术攻坚战，制定实施基础研究十年行动方案，提升企业技术创新能力，激发人才创新活力，完善科技创新体制机制，全社会研发经费投入年均增长7%以上、力争投入强度高于“十三五”时期实际。坚持把发展经济着力点放在实体经济上，推进产业基础高级化、产业链现代化，保持制造业比重基本稳定，改造提升传统产业，发展壮大战略性新兴产业，促进服务业繁荣发展。统筹推进传统基础设施和新型基础设施建设。加快数字化发展，打造数字经济新优势，协同推进数字产业化和产业数字化转型，加快数字社会建设步伐，提高数字政府建设水平，营造良好数字生态，建设数字中国。

——形成强大国内市场，构建新发展格局。把实施扩大内需战略同深化供给侧结构性改革有机结合起来，以创新驱动、高质量供给引领和创造新需求。破除制约要素合理流动的堵点，贯通生产、分配、流通、消费各环节，形成国民经济良性循环。立足国内大循环，协同推进强大国内市场和贸易强国建设，依托国内经济循环体系形成对全球要素资源的强大引力场，促进国内国际双循环。建立扩大内需的有效制度，全面促进消费，拓展投资空间，加快培育完整内需体系。

——全面推进乡村振兴，完善新型城镇化战略。坚持农业农村优先发展，严守18亿亩耕地红线，实施高标准农田建设工程、黑土地保护工程，确保种源安全，实施乡村建设行动，健全城乡融合发展体制机制。建立健全巩固拓展脱贫攻坚成果长效机制，提升脱贫地区整体发展水平。深入推进以人为核心的新型城镇化战略，加快农业转移人口市民化，常住人口城镇化率提高到 65%，发展壮大城市群和都市圈，实施城市更新行动，完善住房市场体系和住房保障体系，提升城镇化发展质量。

——优化区域经济布局，促进区域协调发展。深入实施区域重大战略、区域协调发展战略、主体功能区战略，构建高质量发展的区域经济布局和国土空间支撑体系。扎实推动京津冀协同发展、长江经济带发展、粤港澳大湾区建设、长三角一体化发展、黄河流域生态保护和高质量发展，高标准、高质量建设雄安新区。推动西部大开发形成新格局，推动东北振兴取得新突破，促进中部地区加快崛起，鼓励东部地区加快推进现代化。支持革命老区、民族地区加快发展，加强边疆地区建设。积极拓展海洋经济发展空间。

——全面深化改革开放，持续增强发展动力和活力。构建高水平社会主义市场经济体制，激发各类市场主体活力，加快国有经济布局优化和结构调整，优化民营经济发展环境。建设高标准市场体系，全面完善产权制度，推进要素市场化配置改革，强化竞争政策基础地位。建立现代财税金融体制，提升政府经济治理能力。深化“放管服”改革，构建一流营商环境。建设更高水平开放型经济新体制，推动共建“一带一路”高质量发展，构建面向全球的高标准自由贸易区网络。

——推动绿色发展，促进人与自然和谐共生。坚持绿水青山就是金山银山理念，加强山水林田湖草系统治理，加快推进重要生态屏障建设，构建以国家公园为主体的自然保护地体系，森林覆盖率达到24.1%。持续改善环境质量，基本消除重污染天气和城市黑臭水体。落实2030年应对气候变化国家自主贡献目标。加快发展方式绿色转型，协同推进经济高质量发展和生态环境高水平保护，单位国内生产总值能耗和二氧化碳排放分别降低13.5%、18%。

——持续增进民生福祉，扎实推动共同富裕。坚持尽力而为、量力而行，加强普惠性、基础性、兜底性民生建设，制定促进共同富裕行动纲要，让发展成果更多更公平惠及全体人民。实施就业优先战略，扩大就业容量。着力提高低收入群体收入，扩大中等收入群体，居民人均可支配收入增长与国内生产总值增长基本同步。建设高质量教育体系，深化教育改革，实施教育提质扩容工程，劳动年龄人口平均受教育年限提高到 11.3 年。全面推进健康中国建设，构建强大公共卫生体系，广泛开展全民健身运动，人均预期寿命再提高 1 岁。实施积极应对人口老龄化国家战略，以“一老一小”为重点完善人口服务体系，推动实现适度生育水平，逐步延迟法定退休年龄。健全多层次社会保障体系，基本养老保险参保率提高到 95%，优化社会救助和慈善制度。发展社会主义先进文化，提高社会文明程度，提升公共文化服务水平，健全现代文化产业体系。

——统筹发展和安全，建设更高水平的平安中国。坚持总体国家安全观，加强国家安全体系和能力建设。强化国家经济安全保障，实施粮食、能源资源、金融安全战略，粮食综合生产能力保持在 1.3 万亿斤以上，提高能源综合生产能力。全面提高公共安全保障能力，维护社会稳定和安全。

展望未来，我们有信心有能力战胜前进道路上的艰难险阻，完成“十四五”规划目标任务，奋力谱写中国特色社会主义事业新篇章！

…………

今年是我国现代化建设进程中具有特殊重要性的一年。做好政府工作，要在以习近平同志为核心的党中央坚强领导下，以习近平新时代中国特色社会主义思想为指导，全面贯彻党的十九大和十九届二中、三中、四中、五中全会精神，坚持稳中求进工作总基调，立足新发展阶段，贯彻新发展理念，构建新发展格局，以推动高质量发展为主题，以深化供给侧结构性改革为主线，以改革创新为根本动力，以满足人民日益增长的美好生活需要为根本目的，坚持系统观念，巩固拓展疫情防控和经济社会发展成果，更好统筹发展和安全，扎实做好“六稳”工作、全面落实“六保”任务，科学精准实施宏观政策，努力保持经济运行在合理区间，坚持扩大内需战略，强化科技战略支撑，扩大高水平对外开放，保持社会和谐稳定，确保“十四五”开好局起好步，以优异成绩庆祝中国共产党成立 100 周年。

今年我国发展仍面临不少风险挑战，但经济长期向好的基本面没有改变。我们要坚定信心，攻坚克难，巩固恢复性增长基础，努力保持经济社会持续健康发展。

今年发展主要预期目标是：国内生产总值增长 6%以上；城镇新增就业 1100 万人以上，城镇调查失业率 5.5%左右；居民消费价格涨幅 3%左右；进出口量稳质升，国际收支基本平衡；居民收入稳步增长；生态环境质量进一步改善，单位国内生产总值能耗降低 3%左右，主要污染物排放量继续下降；粮食产量保持在 1.3 万亿斤以上。

经济增速是综合性指标，今年预期目标设定为 6%以上，考虑了经济运行恢复情况，有利于引导各方面集中精力推进改革创新、推动高质量发展。经济增速、就业、物价等预期目标，体现了保持经济运行在合理区间的要求，与今后目标平稳衔接，有利于实现可持续健康发展。

做好今年工作，要更好统筹疫情防控和经济社会发展。坚持常态化防控和局部应急处置有机结合，继续毫不放松做好外防输入、内防反弹工作，抓好重点区域和关键环节防控，补上短板漏洞，严防出现聚集性疫情和散发病例传播扩散，有序推进疫苗研制和免费接种，提高科学精准防控能力和水平。

今年要重点做好以下几方面工作。

（一）保持宏观政策连续性稳定性可持续性，促进经济运行在合理区间。在区间调控基础上加强定向调控、相机调控、精准调控。宏观政策要继续为市场主体纾困，保持必要支持力度，不急转弯，根据形势变化适时调整完善，进一步巩固经济基本盘。

积极的财政政策要提质增效、更可持续。考虑到疫情得到有效控制和经济逐步恢复，今年赤字率拟按 3.2%左右安排、比去年有所下调，不再发行抗疫特别国债。因财政收入恢复性增长，财政支出总规模比去年增加，重点仍是加大对保就业保民生保市场主体的支持力度。中央本级支出继续安排负增长，进一步大幅压减非急需非刚性支出，对地方一般性转移支付增长 7.8%、增幅明显高于去年，其中均衡性转移支付、县级基本财力保障机制奖补资金等增幅均超过 10%。建立常态化财政资金直达机制并扩大范围，将 2.8 万亿元中央财政资金纳入直达机制、规模明显大于去年，为市县基层惠企利民提供更加及时有力的财力支持。各级政府都要节用为民、坚持过紧日子，确保基本民生支出只增不减，助力市场主体青山常在、生机盎然。

优化和落实减税政策。市场主体恢复元气、增强活力，需要再帮一把。继续执行制度性减税政策，延长小规模纳税人增值税优惠等部分阶段性政策执行期限，实施新的结构性减税举措，对冲部分政策调整带来的影响。将小规模纳税人增值税起征点从月销售额 10 万元提高到 15 万元。对小微企业和个体工商户年应纳税所得额不到 100 万元的部分，在现行优惠政策基础上，再减半征收所得税。各地要把减税政策及时落实到位，确保市场主体应享尽享。

稳健的货币政策要灵活精准、合理适度。把服务实体经济放到更加突出的位置，处理好恢复经济与防范风险的关系。货币供应量和社会融资规模增速与名义经济增速基本匹配，保持流动性合理充裕，保持宏观杠杆率基本稳定。保持人民币汇率在合理均衡水平上的基本稳定。进一步解决小微企业融资难题。延续普惠小微企业贷款延期还本付息政策，加大再贷款再贴现支持普惠金融力度。延长小微企业融资担保降费奖补政策，完善贷款风险分担补偿机制。加快信用信息共享步伐。完善金融机构考核、评价和尽职免责制度。引导银行扩大信用贷款、持续增加首贷户，推广随借随还贷款，使资金更多流向科技创新、绿色发展，更多流向小微企业、个体工商户、新型农业经营主体，对受疫情持续影响行业企业给予定向支持。大型商业银行普惠小微企业贷款增长 30%以上。创新供应链金融服务模式。适当降低小微企业支付手续费。优化存款利率监管，推动实际贷款利率进一步降低，继续引导金融系统向实体经济让利。今年务必做到小微企业融资更便利、综合融资成本稳中有降。

就业优先政策要继续强化、聚力增效。着力稳定现有岗位，对不裁员少裁员的企业，继续给予必要的财税、金融等政策支持。继续降低失业和工伤保险费率，扩大失业保险返还等阶段性稳岗政策惠及范围，延长以工代训政策实施期限。拓宽市场化就业渠道，促进创业带动就业。推动降低就业门槛，动态优化国家职业资格目录，降低或取消部分准入类职业资格考试工作年限要求。支持和规范发展新就业形态，加快推进职业伤害保障试点。继续对灵活就业人员给予社保补贴，推动放开在就业地参加社会保险的户籍限制。做好高校毕业生、退役军人、农民工等重点群体就业工作，完善残疾人、零就业家庭成员等困难人员就业帮扶政策，促进失业人员再就业。拓宽职业技能培训资金使用范围，开展大规模、多层次职业技能培训，完成职业技能提升和高职扩招三年行动目标，建设一批高技能人才培训基地。实施提升就业服务质量工程。运用就业专项补助等资金，支持各类劳动力市场、人才市场、零工市场建设，广开就业门路，为有意愿有能力的人创造更多公平就业机会。

（二）深入推进重点领域改革，更大激发市场主体活力。在落实助企纾困政策的同时，加大力度推动相关改革，培育更加活跃更有创造力的市场主体。

进一步转变政府职能。充分发挥市场在资源配置中的决定性作用，更好发挥政府作用，推动有效市场和有为政府更好结合。继续放宽市场准入，开展要素市场化配置综合改革试点，依法平等保护各类市场主体产权。纵深推进“放管服”改革，加快营造市场化、法治化、国际化营商环境。将行政许可事项全部纳入清单管理。深化“证照分离”改革，大力推进涉企审批减环节、减材料、减时限。实行中小微企业简易注销制度。实施工业产品准入制度改革，推进汽车、电子电器等行业生产准入和流通管理全流程改革。把有效监管作为简政放权的必要保障，全面落实监管责任，加强对取消或下放审批事项的事中事后监管，完善分级分类监管政策，健全跨部门综合监管制度，大力推行“互联网+监管”，提升监管能力，加大失信惩处力度，以公正监管促进优胜劣汰。加强数字政府建设，建立健全政务数据共享协调机制，推动电子证照扩大应用领域和全国互通互认，实现更多政务服务事项网上办、掌上办、一次办。企业和群众经常办理的事项，今年要基本实现“跨省通办”。

用改革办法推动降低企业生产经营成本。推进能源、交通、电信等基础性行业改革，提高服务效率，降低收费水平。允许所有制造业企业参与电力市场化交易，进一步清理用电不合理加价，继续推动降低一般工商业电价。中小企业宽带和专线平均资费再降 10%。全面推广高速公路差异化收费，坚决整治妨碍货车通行的道路限高限宽设施和检查卡点。取消港口建设费，将民航发展基金航空公司征收标准降低 20%。鼓励受疫情影响较大的地方对承租国有房屋的服务业小微企业和个体工商户减免租金。推动各类中介机构公开服务条件、流程、时限和收费标准。要严控非税收入不合理增长，严厉整治乱收费、乱罚款、乱摊派，不得扰民渔利，让市场主体安心经营、轻装前行。

促进多种所有制经济共同发展。坚持和完善社会主义基本经济制度。毫不动摇巩固和发展公有制经济，毫不动摇鼓励、支持、引导非公有制经济发展。各类市场主体都是国家现代化的建设者，要一视同仁、平等对待。深入实施国企改革三年行动，做强做优做大国有资本和国有企业。深化国有企业混合所有制改革。构建亲清政商关系，破除制约民营企业发展的各种壁垒。弘扬企业家精神。国家支持平台企业创新发展、增强国际竞争力，同时要依法规范发展。强化反垄断和防止资本无序扩张，坚决维护公平竞争市场环境。

深化财税金融体制改革。强化预算约束和绩效管理，加大预算公开力度，精简享受税费优惠政策的办理流程和手续。落实中央与地方财政事权和支出责任划分改革方案。继续多渠道补充中小银行资本、强化公司治理，推进政策性银行分类分账改革，提升保险保障和服务功能。稳步推进注册制改革，完善常态化退市机制，加强债券市场建设，更好发挥多层次资本市场作用，拓展市场主体融资渠道。强化金融控股公司和金融科技监管，确保金融创新在审慎监管的前提下进行。完善金融风险处置工作机制，压实各方责任，坚决守住不发生系统性风险的底线。金融机构要坚守服务实体经济的本分。

（三）依靠创新推动实体经济高质量发展，培育壮大新动能。促进科技创新与实体经济深度融合，更好发挥创新驱动发展作用。

提升科技创新能力。强化国家战略科技力量，推进国家实验室建设，完善科技项目和创新基地布局。实施好关键核心技术攻关工程，深入谋划推进“科技创新 2030—重大项目”，改革科技重大专项实施方式，推广“揭榜挂帅”等机制。支持有条件的地方建设国际和区域科技创新中心，增强国家自主创新示范区等带动作用。发展疾病防治攻关等民生科技。促进科技开放合作。加强知识产权保护。基础研究是科技创新的源头，要健全稳定支持机制，大幅增加投入，中央本级基础研究支出增长 10.6%，落实扩大经费使用自主权政策，完善项目评审和人才评价机制，切实减轻科研人员不合理负担，使他们能够沉下心来致力科学探索，以“十年磨一剑”精神在关键核心领域实现重大突破。

运用市场化机制激励企业创新。强化企业创新主体地位，鼓励领军企业组建创新联合体，拓展产学研用融合通道，健全科技成果产权激励机制，完善创业投资监管体制和发展政策，纵深推进大众创业万众创新。延续执行企业研发费用加计扣除 75%政策，将制造业企业加计扣除比例提高到 100%，用税收优惠机制激励企业加大研发投入，着力推动企业以创新引领发展。

优化和稳定产业链供应链。继续完成“三去一降一补”重要任务。对先进制造业企业按月全额退还增值税增量留抵税额，提高制造业贷款比重，扩大制造业设备更新和技术改造投资。增强产业链供应链自主可控能力，实施好产业基础再造工程，发挥大企业引领支撑和中小微企业协作配套作用。发展工业互联网，搭建更多共性技术研发平台，提升中小微企业创新能力和专业化水平。加大 5G 网络和千兆光网建设力度，丰富应用场景。统筹新兴产业布局。加强质量基础设施建设，深入实施质量提升行动，促进产业链上下游标准有效衔接，弘扬工匠精神，以精工细作提升中国制造品质。

（四）坚持扩大内需这个战略基点，充分挖掘国内市场潜力。紧紧围绕改善民生拓展需求，促进消费与投资有效结合，实现供需更高水平动态平衡。

稳定和扩大消费。多渠道增加居民收入。健全城乡流通体系，加快电商、快递进农村，扩大县乡消费。稳定增加汽车、家电等大宗消费，取消对二手车交易不合理限制，增加停车场、充电桩、换电站等设施，加快建设动力电池回收利用体系。发展健康、文化、旅游、体育等服务消费。鼓励企业创新产品和服务，便利新产品市场准入，推进内外贸产品同线同标同质。保障小店商铺等便民服务业有序运营。运用好“互联网+”，推进线上线下更广更深融合，发展新业态新模式，为消费者提供更多便捷舒心的服务和产品。引导平台企业合理降低商户服务费。稳步提高消费能力，改善消费环境，让居民能消费、愿消费，以促进民生改善和经济发展。

扩大有效投资。今年拟安排地方政府专项债券 3.65 万亿元，优先支持在建工程，合理扩大使用范围。中央预算内投资安排 6100 亿元。继续支持促进区域协调发展的重大工程，推进“两新一重”建设，实施一批交通、能源、水利等重大工程项目，建设信息网络等新型基础设施，发展现代物流体系。政府投资更多向惠及面广的民生项目倾斜，新开工改造城镇老旧小区 5.3 万个，提升县城公共服务水平。简化投资审批程序，推进实施企业投资项目承诺制。完善支持社会资本参与政策，进一步拆除妨碍民间投资的各种藩篱，在更多领域让社会资本进得来、能发展、有作为。

（五）全面实施乡村振兴战略，促进农业稳定发展和农民增收。接续推进脱贫地区发展，抓好农业生产，改善农村生产生活条件。

做好巩固拓展脱贫攻坚成果同乡村振兴有效衔接。对脱贫县从脱贫之日起设立 5 年过渡期，保持主要帮扶政策总体稳定。健全防止返贫动态监测和帮扶机制，促进脱贫人口稳定就业，加大技能培训力度，发展壮大脱贫地区产业，做好易地搬迁后续扶持，分层分类加强对农村低收入人口常态化帮扶，确保不发生规模性返贫。在西部地区脱贫县中集中支持一批乡村振兴重点帮扶县。坚持和完善东西部协作和对口支援机制，发挥中央单位和社会力量帮扶作用，继续支持脱贫地区增强内生发展能力。

提高粮食和重要农产品供给保障能力。保障粮食安全的要害是种子和耕地。要加强种质资源保护利用和优良品种选育推广，开展农业关键核心技术攻关。提高高标准农田建设标准和质量，完善灌溉设施，强化耕地保护，坚决遏制耕地“非农化”、防止“非粮化”。建设国家粮食安全产业带。稳定种粮农民补贴，适度提高稻谷、小麦最低收购价，扩大完全成本和收入保险试点范围。稳定粮食播种面积，提高单产和品质。多措并举扩大油料生产。发展畜禽水产养殖，稳定生猪生产。加强动植物疫病防控。保障农产品市场供应和价格基本稳定。开展粮食节约行动。解决好吃饭问题始终是头等大事，我们一定要下力气也完全有能力保障好 14 亿人的粮食安全。

扎实推进农村改革和乡村建设。巩固和完善农村基本经营制度，保持土地承包关系稳定并长久不变，稳步推进多种形式适度规模经营，加快发展专业化社会化服务。深化供销社、集体林权、国有林区林场、农垦等改革。提高土地出让收入用于农业农村比例。强化农村基本公共服务和公共基础设施建设，促进县域内城乡融合发展。启动农村人居环境整治提升五年行动。保障农民工工资及时足额支付。加快发展乡村产业，壮大县域经济，拓宽农民就业渠道。千方百计使亿万农民多增收、有奔头。

（六）实行高水平对外开放，促进外贸外资稳中提质。实施更大范围、更宽领域、更深层次对外开放，更好参与国际经济合作。

推动进出口稳定发展。加强对中小外贸企业信贷支持，扩大出口信用保险覆盖面、优化承保和理赔条件，深化贸易外汇收支便利化试点。稳定加工贸易，发展跨境电商等新业态新模式，支持企业开拓多元化市场。创新发展服务贸易。优化调整进口税收政策，增加优质产品和服务进口。办好进博会、广交会、服贸会等重大展会。推动国际物流畅通，清理规范口岸收费，不断提升通关便利化水平。

积极有效利用外资。进一步缩减外资准入负面清单。推动服务业有序开放，增设服务业扩大开放综合试点，制定跨境服务贸易负面清单。推进海南自由贸易港建设，加强自贸试验区改革开放创新，推动海关特殊监管区域与自贸试验区融合发展，发挥好各类开发区开放平台作用。促进内外资企业公平竞争，依法保护外资企业合法权益。欢迎外商扩大在华投资，分享中国开放的大市场和发展机遇。

高质量共建“一带一路”。坚持共商共建共享，坚持以企业为主体、遵循市场化原则，健全多元化投融资体系，有序推动重大项目合作，推进基础设施互联互通。提升对外投资合作质量效益。

深化多双边和区域经济合作。坚定维护多边贸易体制。推动区域全面经济伙伴关系协定尽早生效实施、中欧投资协定签署，加快中日韩自贸协定谈判进程，积极考虑加入全面与进步跨太平洋伙伴关系协定。在相互尊重基础上，推动中美平等互利经贸关系向前发展。中国愿与世界各国扩大相互开放，实现互利共赢。

（七）加强污染防治和生态建设，持续改善环境质量。深入实施可持续发展战略，巩固蓝天、碧水、净土保卫战成果，促进生产生活方式绿色转型。

继续加大生态环境治理力度。强化大气污染综合治理和联防联控，加强细颗粒物和臭氧协同控制，北方地区清洁取暖率达到 70%。整治入河入海排污口和城市黑臭水体，提高城镇生活污水收集和园区工业废水处置能力，严格土壤污染源头防控，加强农业面源污染治理。继续严禁洋垃圾入境。有序推进城镇生活垃圾分类。推动快递包装绿色转型。加强危险废物医疗废物收集处理。研究制定生态保护补偿条例。落实长江十年禁渔，实施生物多样性保护重大工程，持续开展大规模国土绿化行动，推进生态系统保护和修复，让我们生活的家园拥有更多碧水蓝天。

扎实做好碳达峰、碳中和各项工作。制定2030年前碳排放达峰行动方案。优化产业结构和能源结构。推动煤炭清洁高效利用，大力发展新能源，在确保安全的前提下积极有序发展核电。扩大环境保护、节能节水等企业所得税优惠目录范围，促进新型节能环保技术、装备和产品研发应用，培育壮大节能环保产业。加快建设全国用能权、碳排放权交易市场，完善能源消费双控制度。实施金融支持绿色低碳发展专项政策，设立碳减排支持工具。中国作为地球村的一员，将以实际行动为全球应对气候变化作出应有贡献。

（八）切实增进民生福祉，不断提高社会建设水平。注重解民忧、纾民困，及时回应群众关切，持续改善人民生活。

发展更加公平更高质量的教育。构建德智体美劳全面培养的教育体系。推动义务教育优质均衡发展和城乡一体化，加快补齐农村办学条件短板，健全教师工资保障长效机制，改善乡村教师待遇。进一步提高学前教育入园率，完善普惠性学前教育保障机制，支持社会力量办园。鼓励高中阶段学校多样化发展。增强职业教育适应性，深化产教融合、校企合作，深入实施职业技能等级证书制度。办好特殊教育、继续教育，支持和规范民办教育发展。分类建设一流大学和一流学科，加快优化学科专业结构。加大国家通用语言文字推广力度。深化教育评价改革，健全学校家庭社会协同育人机制。在教育公平上迈出更大步伐，更好解决进城务工人员子女就学问题，高校招生继续加大对中西部和农村地区倾斜力度，努力让广大学生健康快乐成长，让每个孩子都有人生出彩的机会。

推进卫生健康体系建设。持续推进健康中国行动，深入开展爱国卫生运动，深化疾病预防控制体系改革，创新医防协同机制，健全公共卫生应急处置和物资保障体系，建立稳定的公共卫生事业投入机制。深化公立医院综合改革，扩大国家医学中心和区域医疗中心建设试点，加强全科医生和乡村医生队伍建设，提升县级医疗服务能力，加快建设分级诊疗体系。坚持中西医并重，实施中医药振兴发展重大工程。支持社会办医，促进“互联网+医疗健康”规范发展。强化食品药品疫苗监管。优化预约诊疗等便民措施，努力让大病、急难病患者尽早得到治疗。居民医保和基本公共卫生服务经费人均财政补助标准分别再增加30元和5元，推动基本医保省级统筹、门诊费用跨省直接结算。建立健全门诊共济保障机制，逐步将门诊费用纳入统筹基金报销，完善短缺药品保供稳价机制，采取把更多慢性病、常见病药品和高值医用耗材纳入集中带量采购等办法，进一步明显降低患者医药负担。

保障好群众住房需求。坚持房子是用来住的、不是用来炒的定位，稳地价、稳房价、稳预期。解决好大城市住房突出问题，通过增加土地供应、安排专项资金、集中建设等办法，切实增加保障性租赁住房和共有产权住房供给，规范发展长租房市场，降低租赁住房税费负担，尽最大努力帮助新市民、青年人等缓解住房困难。

加强基本民生保障。提高退休人员基本养老金、优抚对象抚恤和生活补助标准。推进养老保险全国统筹，规范发展第三支柱养老保险。完善全国统一的社会保险公共服务平台。加强军人军属、退役军人和其他优抚对象优待工作，健全退役军人工作体系和保障制度。继续实施失业保险保障扩围政策。促进医养康养相结合，稳步推进长期护理保险制度试点。发展社区养老、托幼、用餐、保洁等多样化服务，加强配套设施建设，实施更优惠政策，让社区生活更加便利。完善传统服务保障措施，为老年人等群体提供更周全更贴心的服务。推进智能化服务要适应老年人需求，并做到不让智能工具给老年人日常生活造成障碍。健全帮扶残疾人、孤儿等社会福利制度，提升残疾康复服务质量。分层分类做好社会救助，及时帮扶受疫情灾情影响的困难群众，坚决兜住民生底线。

更好满足人民群众精神文化需求。培育和践行社会主义核心价值观，弘扬伟大抗疫精神，推进公民道德建设。繁荣新闻出版、广播影视、文学艺术、哲学社会科学和档案等事业。加强互联网内容建设和管理，发展积极健康的网络文化。加强文物保护利用和非物质文化遗产传承。推进城乡公共文化服务体系一体建设，创新实施文化惠民工程，倡导全民阅读。深化中外人文交流。完善全民健身公共服务体系。精心筹办北京冬奥会、冬残奥会等综合性体育赛事。

加强和创新社会治理。健全城乡社区治理和服务体系，推进市域社会治理现代化试点。支持社会组织、人道救助、志愿服务、慈善事业发展。保障妇女、儿童、老年人、残疾人合法权益。继续完善信访制度。启动实施“八五”普法规划。加强应急救援力量建设，提高防灾减灾抗灾救灾能力，切实做好洪涝干旱、森林草原火灾、地质灾害、地震等防御和气象服务。完善和落实安全生产责任制，深入开展安全生产专项整治三年行动，坚决遏制重特大事故发生。完善社会治安防控体系，常态化开展扫黑除恶斗争，防范打击各类犯罪，维护社会稳定和安全。

…………

面对新的任务和挑战，各级政府要增强“四个意识”、坚定“四个自信”、做到“两个维护”，自觉在思想上政治上行动上同以习近平同志为核心的党中央保持高度一致，践行以人民为中心的发展思想，不断提高政治判断力、政治领悟力、政治执行力，落实全面从严治党要求。加强法治政府建设。坚持政务公开。依法接受同级人大及其常委会的监督，自觉接受人民政协的民主监督，主动接受社会和舆论监督。强化审计监督。支持工会、共青团、妇联等群团组织更好发挥作用。深入推进党风廉政建设和反腐败斗争，锲而不舍落实中央八项规定精神。政府工作人员要自觉接受法律监督、监察监督和人民监督。加强廉洁政府建设，持续整治不正之风和腐败问题。

中国经济社会发展已经取得了辉煌的成就，但全面实现现代化还有相当长的路要走，仍要付出艰苦努力。必须立足社会主义初级阶段基本国情，着力办好自己的事。要始终把人民放在心中最高位置，坚持实事求是，求真务实谋发展、惠民生。要力戒形式主义、官僚主义，切忌在工作中搞“一刀切”，切实为基层松绑减负。要居安思危，增强忧患意识，事不畏难、责不避险，有效防范化解各种风险隐患。要调动一切可以调动的积极因素，推进改革开放，更大激发市场主体活力和社会创造力，用发展的办法解决发展不平衡不充分问题。要担当作为，实干苦干，不断创造人民期待的发展业绩。

…………

我们要坚持和完善民族区域自治制度，全面贯彻党的民族政策，铸牢中华民族共同体意识，促进各民族共同团结奋斗、共同繁荣发展。全面贯彻党的宗教工作基本方针，积极引导宗教与社会主义社会相适应。全面贯彻党的侨务政策，维护海外侨胞和归侨侨眷合法权益，更大凝聚中华儿女共创辉煌的磅礴力量。

过去一年，国防和军队建设取得新的重大成就，人民军队在维护国家安全和疫情防控中展示出过硬本领和优良作风。新的一年，要深入贯彻习近平强军思想，贯彻新时代军事战略方针，坚持党对人民军队的绝对领导，严格落实军委主席负责制，聚焦建军一百年奋斗目标，推进政治建军、改革强军、科技强军、人才强军、依法治军。全面加强练兵备战，统筹应对各方向各领域安全风险，提高捍卫国家主权、安全、发展利益的战略能力。优化国防科技工业布局，完善国防动员体系。各级政府要大力支持国防和军队建设，深入开展“双拥”活动，谱写鱼水情深的时代华章。

…………

我们要继续全面准确贯彻“一国两制”、“港人治港”、“澳人治澳”、高度自治的方针，完善特别行政区同宪法和基本法实施相关的制度和机制，落实特别行政区维护国家安全的法律制度和执行机制。坚决防范和遏制外部势力干预港澳事务，支持港澳发展经济、改善民生，保持香港、澳门长期繁荣稳定。

我们要坚持对台工作大政方针，坚持一个中国原则和“九二共识”，推进两岸关系和平发展和祖国统一。高度警惕和坚决遏制“台独”分裂活动。完善保障台湾同胞福祉和在大陆享受同等待遇的制度和政策，促进海峡两岸交流合作、融合发展，同心共创民族复兴美好未来。

我们要坚持独立自主的和平外交政策，积极发展全球伙伴关系，推动构建新型国际关系和人类命运共同体。坚持开放合作，推动全球治理体系朝着更加公正合理的方向发展。持续深化国际和地区合作，积极参与重大传染病防控国际合作。中国愿同所有国家在相互尊重、平等互利基础上和平共处、共同发展，携手应对全球性挑战，为促进世界和平与繁荣不懈努力！

…………

重任在肩，更须砥砺奋进。让我们更加紧密地团结在以习近平同志为核心的党中央周围，高举中国特色社会主义伟大旗帜，以习近平新时代中国特色社会主义思想为指导，齐心协力，开拓进取，努力完成全年目标任务，以优异成绩庆祝中国共产党百年华诞，为把我国建设成为富强民主文明和谐美丽的社会主义现代化强国、实现中华民族伟大复兴的中国梦不懈奋斗！

（选自中国政府网，http://www.gov.cn/zhuanti/2021lhzfgzbg/index.htm）

评析：

这是国务院总理在两会上做的一个政府工作报告，报告梳理了 2020 年在疫情压力下工作开展的情况及取得的成绩。报告首先分析了 2020 年我国在面对新冠疫情、世界经济深度衰退的艰难背景下在疫情防控“六稳”“六保”、脱贫攻坚、推进改革开放、产业转型升级、乡村振兴等方面取得的优异成绩。然后对“十四五”期间的工作进行了安排部署，要着力提升发展质量效益，保持经济持续健康发展；坚持创新驱动发展，加快发展现代产业体系；形成强大国内市场，构建新发展格局；全面推进乡村振兴，完善新型城镇化战略；优化区域经济布局，促进区域协调发展；全面深化改革开放，持续增强发展动力和活力；推动绿色发展，促进人与自然和谐共生；持续增进民生福祉，扎实推动共同富裕；统筹发展和安全，建设更高水平的平安中国。最后从“国内生产总值增长 6%以上；城镇新增就业 1100 万人以上，城镇调查失业率 5.5%左右；居民消费价格涨幅 3%左右；进出口量稳质升，国际收支基本平衡；居民收入稳步增长；生态环境质量进一步改善，单位国内生产总值能耗降低 3%左右，主要污染物排放量继续下降；粮食产量保持在 1.3 万亿斤以上”等方面对 2021 年工作进行了安排。

（四）情况报告的结构和写法

1. 标题

由“发文机关+事由+文种”三要素组成。

2. 主送机关

一般是发文机关的直属上级机关。如有必要报送其他上级机关，可采用抄报形式。

3. 正文

正文围绕主旨，实事求是地概括叙述事件发生的原因、经过、性质，同时，要写出处理意见、处理情况或处理建议。一般采用“事件—事件原因—改进措施”的写作思路。

技能训练

阅读下面的材料，拟写一份情况报告。

2019 年 1 月 11 日凌晨 1 点 30 分左右，云南迪庆藏族自治州香格里拉古城四方街发生火灾。随即该县启动火灾应急救援预案，当地党政、公安、消防、驻地武警、军分区等 1000 多人投入群众疏散和抗灾救灾中。武警 8750 部队出动 500 名兵力，第一时间投入人员疏散、物质抢运等现场救援。

截至 2019 年 1 月 13 日，经初步统计，独克宗古城仓房、金龙、北门三个社区受灾，总受灾户数 335 户，其中烧毁房屋 242 栋，因建立防火隔离带拆除 43 栋，拆除房屋屋顶 50 栋。此次火灾还造成古城内部分文物、唐卡及其他佛教文化艺术品烧毁，初步测算造成经济损失达 1 亿多元。

经调查，认为此次火灾为独克宗古城池廊硕 8 号的如意客栈使用取暖器不当引发。火灾规模大原因有三个：一是古城房屋多为土木结构，易燃烧；二是城内通道狭窄，大型消防车无法进入受灾核心区；三是当地气温较低致消防设施供水水压不足。

目前，当地政府召开了通报会议，要求做好善后工作，同时在全县范围全面进行消防检查，提出了一系列改进措施。

要求：内容明确，中心突出；格式正确，写法规范（必须包括标题、主送机关、正文、发文机关和发文时间几个项目）；语言准确、简明。不少于 800 字。

第八节　请　示

一、请示的含义

《条例》规定，请示“适用于向上级机关请求指示、批准”，是报请性的上行公文，其行文目的是请求上级机关对工作中某一问题给予批示、答复。下级单位遇到属于本机关职权范围内无权处理或者确实难以处理的问题，需要上级机关帮助解决时，适用请示，以达到解决问题、明确政策、开展工作的目的。

二、请示的特点

（一）行文内容的单一性

一篇请示只写一件事或一个问题，即“一文一事”“一事一请示”，不允许在一篇请示中同时请示若干个不同性质、不同类别的问题。

（二）行文关系的固定性

请示的行文不能超越法定的隶属关系，原则上是逐级行文。受双重领导的单位应向请示事项关涉比较紧密的一个上级机关主送行文，向另一个上级机关抄报，不能“多头”请示。

（三）行文目的的明确性

下级单位对请示事项或问题所持的意见应该明确，对上级机关的有关请求要明确，不允许含糊其词、模棱两可。

（四）行文时间的时效性

请示是针对本单位当前工作中出现的情况和问题，求得上级机关指示批准，必须及时发出，尽快解决问题，待上级机关批准后，才能处理有关请示事项或问题，不能“先斩后奏”。

三、请示的类型

（一）请求指示的请示

这类请示用于下级机关遇到新情况、新问题，因无章可循而没有对策或没有把握，需要上级机关给以指示；或者下级机关对有关方针、政策和上级机关发布的规定、指示有疑问，需要上级机关给予解答；或者下级机关之间在较重要的问题上出现意见分歧，需要上级机关裁决时。

（二）请求批准的请示

这类请示用于下级机关在处理较为重要的事件和问题时，因涉及有关方针政策必须慎重对待，需要报请上级机关批准时；或者下级机关在工作中遇到问题，虽然有解决的办法，但由于职权、条件的限制，没有权力或没有能力实施这些办法，需要上级帮助解决的时候。

（三）请求批转的请示

这类请示用于下级机关对本单位无权无力解决，需要其他职权部门协助解决的问题，请求上级机关批转发送到相关单位协助执行时。

四、请示写作的格式

（一）标题

一般由发文单位、事由、文种三部分组成。标题中的事由必须是请示的主要内容的精炼概括，一般为请示事项或问题的名目，如《××市税务局关于购买××税务管理系统的请示》。标题中不得出现“申请、请求”之类的词语。

（二）主送机关

一般是发文机关的直属上级机关，只能主送一个上级机关，不得多头请示，若还要报给其他上级机关，可用抄送的形式，在版记部分注明。

（三）正文

1. 缘由

缘由主要写提出请求请示或批准的事项的理由或根据。请示的缘由是请示的依据和出发点，是请示能否得到一个满意批复的关键。陈述缘由时，要做到理由充分，根据可靠，情理交融。在请求相关的人员、财物支持时，重点谈目前面临的困难和问题；在请求开展相关工作时，重点谈现在开展这类活动已经具有的基础条件，阐释开展这类活动价值与意义。可以分条列项来写。

2. 请示事项

这部分主要写请求什么，具体有什么要求。写请示事项要突出关键问题，说得明白清楚，以便上级机关明确批复。

3. 结语

一般使用惯用语作结，常用“当否，请批示”“妥否，请批复”“以上请示，请予审批”“以上请示如无不妥，请批转各地区、各部门研究执行”等。请示结语的语气要谦和得体，符合自己的身份。

（四）落款

落款一般包括发文机关和发文时间。

五、请示的写作要求

（一）一文一事

一份请示只能写一件事，因为“一文多事”牵涉的单位多了，涉及的政策也就多了，任何一个上级机关都很难答复。

（二）不多头请示

一份请示，只送一个上级领导机关或上级主管部门，不能同时主送两个以上机关，更不能分头送给多个领导。

（三）不越级请示

请示应逐级请示，一般不能越级请示，如果因特殊情况或紧急事项必须越级请示时，要同时抄送越过的上级机关。

（四）不得抄送下级机关

请示是上行公文，行文时不得同时发下级机关，更不能要求下级机关执行上级机关未批准和未批复的事项。

【例文分析】

武警××总队关于机关办公楼加固大修经费的请示

总部后勤部：

我总队机关办公楼建于20世纪50年代初，建筑面积6400平方米。由于原设计中未考虑地震荷载问题，后来也没采取任何抗震措施，因而楼房的结构整体性很差，抗震强度储备明显不足，致使该楼在1976年唐山地震中，遭受严重震害。特别是顶部、翼部和底层拐角处损伤更为严重，承重墙体多处出现裂缝，中部与西侧的转折处出现10米长的裂缝。目前，该楼的抗震性能较差，加之年久失修，下水管道普遍锈蚀漏水、电源线老化、楼顶多处渗漏等，也都严重影响着该楼的安全使用。

自2008年以来，在国家地震部门不断要求和催促下，我总队曾多次计划对该楼加固大修。但由于基层部队住房条件更差，危旧房屋数量甚多，我们将有限的经费安排在基层部队营房的维护和修理上，致使总队机关办公大楼的加固大修计划一拖再拖。最近，前面所述不安全现象日渐严重，我们遂请北京建筑防震研究所对该楼进行了系统鉴定。鉴定报告认为：“该建筑物已经不能承受6级以上地震，并且由于已有震害的存在，结构的安全度又有所下降，已影响正常使用”。同时建议对该建筑物采取抗震加固措施，提高结构安全系数，以达到北京地区8级抗震设防标准要求，从而保证该楼的安全和正常使用。（鉴定报告附后）

经多方论证、反复研究，我们同意这个鉴定意见，并计划尽快对该办公楼进行加固大修。按军队加固大修办公楼的统一标准计算，加固大修总队机关办公大楼共需120万元。特申请总部后勤部予以解决。

当否，请批示。

附件：武警××总队机关办公楼鉴定报告

武警××总队

××年×月×日

评析：

这是一篇请求拨付资金的请示。公文紧紧围绕防震抗震加固大楼这个中心问题，采取叙事和说理相结合的表达方式，达到了叙事精练、说理透彻的要求。

本文在申述理由部分至少有三个明显特点：

一是申述理由的切入点选得准确，抓住了要点。本文选择申述理由的切入点是关于该办公楼的地震荷载问题，以抗震性能较差来作为突破口，直击问题关键和要害。如“原设计中未考虑地震荷载问题”“抗震储备明显不足”，始终把防震这个事关大局的理由作为一条主线，贯穿全文。

二是申述理由写得充足。公文从三个方面进行了科学论证：一是办公楼的使用年限已经超过了国家规定的时限；二是楼体残损造成污水渗漏、电源线老化、楼顶多处渗漏并出现了裂缝；三是以有关建筑研究所对机关办公楼所作的科学论证为依据提出问题，论证观点，强调该办公楼目前的状况其实是一栋危楼，三个理由都指出了加固大修办公大楼的必要性和紧迫性。

三是请示理由讲得透彻，站在一定的高度来讲，把情融入理中进行论述。如：“在国家地震部门不断要求和催促下，我总队曾多次计划对该楼加固大修。但由于基层部队住房条件更差，危旧房屋数量甚多，我们将有限的经费安排在基层部队营房的维护和修理上，致使总队机关办公楼的加固大修计划一拖再拖”。这一段对请示理由的申述，可谓情理结合，让上级机关感到该总队领导机关心系基层，努力为基层部队解决实际困难。

技能训练

根据下面的材料，以大河镇初级中学的名义拟写一份关于建房拨款的请示。

汉阳县大河镇初级中学的部分教室修建于20世纪80年代，大多为砖木结构，在2018年时被确认为危房，随时有垮塌的危险，严重威胁师生的安全。

为了解决教室危房问题，大河镇初级中学近几年一直租赁学校附近民房上课，但该民房距离学校 500 米远，学生上体育课、住宿回校时都要经过一条公路，安全隐患较大；并且该民房窗户小，不通风，自然光不足，白天也需要开灯；民房周边有数处麻将馆、KTV 歌厅、网吧等，不利于学生的学习；同时房租价格逐年增加，已成为学校最大的资金负担。

为此，大河镇初中2021年春季拟新建五间教室，目前已经完成了征地工作，但需要建房资金50万元，于是向汉阳县教育局提出建房拨款的请示。

要求：内容明确，中心突出；格式正确，写法规范（必须包括标题、主送机关、正文、发文机关和发文时间几个项目）；语言准确、简明；不少于 600 字。

第九节　批　复

一、批复的含义

批复是上级机关答复下级机关请示事项的公文。

批复是答复性的下行文书，它是上级机关答复下级机关请示事项的指导性文件。批复必须以下级机关的请示或报告为存在的条件。没有请示，也就无所谓批复，批复与请示，是彼此相互对应的两种公文。

二、批复的特点

（一）指示性

批复属于下行文种，反映了领导机关的指示性、决策性意见，具有较强的约束力，下级机关必须遵照执行。

（二）针对性

批复是专门针对下级机关请示事项而写的，属于回复性文件。领导机关既可以肯定下级机关的请示事项，亦可以否定其请示事项，但是都必须紧紧围绕请示事项行文。

（三）结论性

一般而言，批复具有“一锤定音”的性质，批复的内容相当于对下级请示事项的最终结论性意见。因此，它只发给提出请求的单位，不像其他公文那样有着较广泛的适用范围。当答复的问题具有普遍性，或批复事项涉及许多其他单位时，就要用通知形式批转有关单位。

（四）简明性

批复的行文直来直去，简明扼要，用语精练简洁，语气肯定。

三、批复的类型

（一）按照批复内容的表达方式划分

按照批复内容的表达方式，可分为表态式批复、阐发式批复两种类型。表态式批复内容比较简单，只是针对请示事项表明同意或不同意的态度。阐发式批复通常是针对新生事物或重大而有长远影响的事项，在明确表态的基础上，进一步阐发政策性、指示性意见，指导下级机关处理好有关问题。

（二）按照批复内容的性质划分

按照批复内容的性质，可分为肯定性批复、否定性批复、解答性批复三种类型。肯定性批复，即同意下级机关请示事项的批复。否定性批复，即不同意下级机关请示事项的批复。解答性批复，即针对下级机关请示中询问的事项给予明确解答的批复。

四、批复的写作

（一）标题

批复的标题与其他文种的标题有所区别。具体写法有以下两种：

（1）“发文机关名称+请示事项+文种”，如《北京市人民政府关于燕房卫星城总体规划的批复》，标题中的“燕房卫星城总体规划”是请示事项。

（2）“发文机关名称+表态词+请示事项+文种”，如《国务院关于同意设立“中国医师节”的批复》，标题中的表态词“同意”增强了批复的针对性。

当批复的内容为同意下级单位请示事项时，标题中应使用“同意”这个表态词；如果是不同意下级单位的请示事项，标题中不宜标明“不同意”的字样，而是按照约定俗成的方法，在正文里面阐述不同意的理由。

（二）主送机关

拟写批复时，应写明批复所针对的请示单位名称。

（三）正文

一般来说，批复的正文要分为以下三个部分：

1. 引据部分

正文的开头用一句话说明是针对什么机关的什么请示而批复。通常引用请示的来文日期、标题和文号，例如：“你局 2021 年 5 月 28 日《关于加强和完善初任公务员培训工作的请示》（×发〔2021〕32 号）收悉”，这是为了增强批复的针对性。

2. 批复意见

写清批复的主体内容，针对请示事项予以答复。一般用“经研究，现批复如下”引出批复意见，也可以直接用“经研究，同意……”，写明批复事项，通常是针对请示事项逐项说明。注意态度要明朗，观点要鲜明，所提意见、做法要切实可行，符合党和国家的政策法规。批复的意见不能无的放矢，含糊其词，似是而非，使下级难以理解，无所适从。

3. 批复结语

可以用“特此批复”结束全文。有的批复没有结尾用语，把批复事项或问题说完即可。

（四）落款

拟写批复时，应在正文的右下方写明制发批复的机关名称或加盖印章；并在机关名称或印章下面用阿拉伯数字写明批复的年、月、日。

【例文分析 1】

国务院关于同意将云南省通海县列为国家历史文化名城的批复

国函〔2021〕30号

云南省人民政府：

你省关于申报通海县为国家历史文化名城的请示收悉。现批复如下：

一、同意将通海县列为国家历史文化名城。通海县历史悠久，传统格局和历史风貌特色鲜明，文化遗存丰富，民族风情浓郁，具有重要的历史文化价值。

二、你省及通海县人民政府要以习近平新时代中国特色社会主义思想为指导，全面贯彻党的十九大和十九届二中、三中、四中、五中全会精神，按照党中央、国务院决策部署，牢固树立保护历史文化遗产责任重大的观念，落实《中华人民共和国文物保护法》、《历史文化名城名镇名村保护条例》要求，深入研究发掘历史文化资源的内涵与价值，明确保护的原则和重点，强化历史文化资源的保护利用，传承弘扬中华优秀传统文化，讲好中国故事。编制好历史文化名城保护规划和各级文物保护单位保护规划，制定并严格实施保护管理规定，明确各类保护对象的清单以及保护内容、要求和责任。正确处理城市建设与历史文化资源保护的关系，重视保护城市格局和风貌管控，加强整体性保护、系统性保护；保护修复历史文化街区，补足配套基础设施和公共服务设施短板，不断提升人居环境品质；加强文物和历史建筑修缮保护，推动文物保护单位开放利用，充分发挥历史建筑的使用价值。不得改变与名城相互依存的自然景观和环境，不得进行任何与名城环境和风貌不相协调的建设活动，不得损坏或者擅自迁移、拆除历史建筑。进一步强化责任落实，对不履职尽责、保护不力，造成名城历史文化价值受到严重影响的行为，依法依规加大监督问责力度。

三、你省与住房城乡建设部、国家文物局要加强对通海县国家历史文化名城保护工作的指导、监督和检查。

国务院

2021年3月3日

（选自中华人民共和国中央人民政府网站，http://www.gov.cn/zhengce/content/2021-03/12/content_5592543.htm）

评析：

本公文是一份同意性批复。全文分两部分：第一部分表明态度，同意云南省关于申报通海县为国家历史文化名城的请示，言简意赅，态度明确；第二、三部分从指导思想、保护原则、责任部门、保护措施等方面提出了具体的指导意见，内容充实，条理清晰。

【例文分析 2】

国务院办公厅关于重点林区“十四五”期间年森林采伐限额的复函

国办函〔2021〕15 号

自然资源部、国家林草局：

自然资源部《关于重点林区“十四五”期间年采伐限额的请示》(自然资发〔2020〕189号）收悉。经国务院批准，现函复如下：

一、国务院原则同意国家林草局编制的重点林区“十四五”期间年森林采伐限额，请认真贯彻执行。

二、重点林区“十四五”期间年森林采伐限额是重点林区每年采伐林地上森林、消耗林木蓄积的最大限量，国家林草局和各有关单位必须严格执行，不得突破。采伐限额要分解落实到限额编制单位。因重大自然灾害等特殊情况需要采伐林木且在采伐限额内无法解决的，应上报国务院批准。

三、国家林草局要进一步细化年森林采伐限额管理措施，严格落实凭证采伐制度，定期开展森林督查和专项检查，依法打击乱砍滥伐等破坏森林资源行为，确保重点林区森林资源总量持续增长、质量不断提高、生态功能稳步增强。

四、森林关系国家生态安全，国家依法实行森林采伐限额制度，严格控制森林年采伐量。国家林草局要依法加强指导和监督，督促各省（自治区、直辖市）林业主管部门科学编制本行政区域年森林采伐限额，严格执行、不得突破，对造成森林资源破坏的要依法依规追究责任，进一步加强森林资源保护和管理，加快推进生态文明和美丽中国建设。

附件：重点林区“十四五”期间年森林采伐限额表

国务院办公厅

2021 年 2 月 1 日

（选自中华人民共和国中央人民政府网站，http://www.gov.cn/zhengce/content/2021-02/09/content_5586306.htm）

评析：

不是所有的请示都必须要批复来回答。党委、政府的办公厅（室）根据本级党委、政府授权，可以向下级党委、政府行文，其他部门和单位不得向下级党委、政府发布指令性公文或者在公文中向下级党委、政府提出指令性要求。需经政府审批的具体事项，经政府同意后可以由政府职能部门行文，文中须注明已经政府同意。

本文件即国务院办公厅受国务院委托给自然资源部、国家林草局的复函，复函第一部分首先交代了根据国务院批准，就某个请示进行回复；第二部分表达了原则同意国家林草局编制的重点林区“十四五”期间年森林采伐限额的精神；第三部分、第四部分对后续工作的开展提出指导性意见。

技能训练

根据请示部分大河镇初级中学的请示，以汉阳县教育局的名义分别拟写同意建设教室可以拨款和因资金紧缺不同意建设教室可另外租赁条件较好的房屋的批复。

要求：内容明确，中心突出；格式正确，写法规范（必须包括标题、主送机关、正文、发文机关和发文时间几个项目）；语言准确、简明。每份批复都不少于300字。

第十节　函

一、函的含义

函适用于不相隶属机关之间商洽工作、询问和答复问题、请求批准和答复审批事项。函是典型的平行文。

二、函的特点

（一）沟通性

函对于不相隶属机关之间相互商洽工作、询问和答复问题，起着沟通作用，充分显示平行文种的功能，这是其他公文所不具备的特点。

（二）灵活性

函的灵活性表现在两个方面：一是行文关系灵活。函是平行公文，但是它除了平行行文外，还可以向上行文或向下行文，没有其他文种那样严格的特殊行文关系的限制。二是格式灵活，除了国家高级机关的主要函必须按照公文的格式、行文要求行文外，其他一般函，比较灵活自便。

（三）单一性

函的主体内容应该单一，一份函只宜写一件事项。

三、函的类型

从函所起的作用来看，可分为以下几种：

（一）告知函

告知函即把某一事项、活动函告对方，或请对方参加（如会议、集体活动）。这种函的作用和内容类似通知，只是由于双方不是上下级和业务指导关系，使用“通知”行文不妥，故应该用“函”。

（二）商洽函

商洽函主要用于请求协助、支持、商洽解决办理某一问题，比如干部商调函、联系参观学习函、要求赔偿函等。

（三）询问函

询问函主要用于询问某一事项、征求意见、催交货物等。

（四）答复函

答复函主要答复不相隶属机关询问相关方针、政策等问题而不能用批复时使用。

（五）请求批准函

请求批准函主要是向有关机关、部门请求批准时使用。如果是下级机关向上级机关请求批准，只能用请示，不能用函。

四、函的写作

（一）首部

首部主要包括标题、主送机关两个项目内容。

1. 标题

公函的标题一般由“发文机关名称+事由+文种”三要素构成。有三种写法：一是完整式标题，由发函机关、事由和文种组成，如《××部关于选择出国人员的函》；二是由发函机关、事由、受理机关和文种组成，如《国务院办公厅关于悬挂国旗等问题给湖北省人民政府办公厅的复函》；三是由事由和文种组成，如《关于订购〈基础写作学〉的函》。

2. 主送机关

主送机关即受文并办理来函事项的机关单位。一般只有一个主送机关。

（二）正文

正文的结构一般由开头、主体、结尾、结语等部分组成。

1. 开头

开头主要说明发函的缘由。一般要求概括交代发函的目的、根据、原因等内容，然后用“现将有关问题说明如下：”或“现将有关事项函复如下：”等过渡语转入下文。复函的缘由部分，一般首先引叙来文的标题、发文字号，然后再交代根据，以说明发文的缘由。

2. 主体部分

主体部分是函的核心内容部分，主要说明致函事项。函的事项部分内容单一，一函一事，行文要直陈其事。无论是商洽工作，询问和答复问题，还是向有关主管部门请求批准事项等，都要用简洁得体的语言把需要告诉对方的问题、意见叙写清楚。如果属于复函，还要注意答复事项的针对性和明确性。

（三）结尾

结尾表达希望请求。一般用礼貌性语言向对方提出希望，或请对方协助解决某一问题，或请对方及时复函，或请对方提出意见或请主管部门批准等。

（四）结语

结语通常应根据函询、函告、函商或函复的事项，选择运用不同的结束语，如“特此函询（商）”“请即复函”“特此函告”“特此函复”等。有的函也可以不用结束语，如属便函，可以像普通信件一样，使用“此致”“敬礼”。

五、撰写函件应注意的问题

首先要注意行文简洁明确，用语把握分寸。无论是平行机关或者是不相隶属的行文，都要注意语气平和有礼，不要倚势压人或强人所难，也不必逢迎恭维、曲意客套。至于复函，则要注意行文的针对性、答复的明确性。

其次，函也有时效性的问题，特别是复函更应该迅速、及时。像对待其他公文一样，及时处理函件，以保证公务等活动的正常进行。

六、函与其他公文的区别

（一）函与批复的区别

（1）函是用来相互商洽工作、询问和答复问题，向无隶属关系部门请求批准的公文，函也有批示功能，但只针对函。批复是专门用来答复请示事项的公文。

（2）批复的作用仅限于有隶属关系或业务主管关系的上级对所管辖的机关单位行文，准与不准的态度鲜明，往往具有通知和指示的性质，它只能是下行文。而函的答复更多为平级行文，并只是商洽性、联系与咨询的答复，一般都是平行情况，但往往是职能上（或业务上）

的管理关系，属于平行文。

（二）请示函与请示的区别

公文处理中，平行单位之间请示与申请批准内容的函混淆的情况时有发生，虽然它们都有请示的性质，但也有明显的区别，主要有两点：第一，请示是上行文，函是平行文。第二，请示的制发单位和受文单位之间的关系是领导与被领导的关系，函的制发单位与受文单位是平行或不相隶属的关系。

（三）函与通知的区别

函是唯一的平行文，主要是用来商洽工作、询问和答复问题。通知是下行文，主要用于发布党内法规、任免干部、传达上级机关的指示、转发上级机关和不相隶属机关的公文、批转下级机关的公文、发布要求下级机关办理和有关单位共同执行或者周知的事项，具有功能的多样性、运用的广泛性、一定的指导性、较强的时效性等特点。

【例文分析 1】

中国科学院××研究所关于建立全面协作关系的函

××大学：

近年来，我所与你校双方在一些科学研究项目上互相支持，取得了必须的成绩，建立了良好的协作基础。为了巩固成果，提议我们双方今后能进一步在学术思想、科学研究、人员培训、仪器设备等方面建立全面的交流协作关系，特提出如下意见：

一、定期举行所、校之间学术讨论与学术交流。（略）

二、根据所、校各自的科研发展方向和特点，对双方共同感兴趣的课题进行协作。（略）

三、根据所、校各自人员配备情景，校方在可能的条件下对所方研究生、科研人员的培训予以帮忙。（略）

四、双方科研教学所需要高、精、尖仪器设备，在可能的条件下，予对方供给利用。（略）

五、加强图书资料和情报的交流。（略）

以上各项，如蒙同意，提议互派科研主管人员就有关资料进一步磋商，达成协议，以利工作。特此函达，务希研究见复。

中国科学院××研究所（盖章）

××年××月××日

评析：

这是一份商洽函。正文共分为三个层次：首先写双方在一些科学研究项目上互相支持，取得了必须的成绩，建立了良好的协作基础，计划进行深入的合作，这个行文的缘由、背景简洁；然后对双方预备合作的内容进行详细说明；最后为请求对方答复研究的要求。文章思路清晰，环环相扣，逻辑性强。

【例文分析 2】

陕西省人民政府关于商请支持西北大学复办临床医学专业的函

教育部：

实施健康中国战略是党中央国务院推进全面建成小康社会和基本实现现代化的一项重大战略部署。推进医学教育发展，加强医学人才培养，是推进健康中国建设的重要保障。

近年来，我省医学事业取得长足发展，医疗服务保障体系逐步健全，但与广大人民群众日益增长医疗服务需求还有较大差距，特别是基础医学支撑体系不完善，基层医疗机构人才短缺，优质医疗资源分布不均衡，医疗服务水平还有待进一步提升，加强医学教育和培养医学人才刻不容缓。《国务院办公厅关于深化医教协同进一步推进医学教育改革与发展的意见》（国办发〔2017〕63 号）提出"新增医学类专业布点重点向中西部医学教育资源匮乏的地区倾斜"。西北大学作为国家"双一流"建设高校，是我省省属高校的排头兵，积极响应国家政策，筹建医学院、复办临床医学专业，以期更好服务全省医疗事业发展，造福人民群众。

"十二五"以来，西北大学已围绕筹建医学院、复办临床医学专业组织开展了大量工作，成立了生命科学与医学部，临床医学本科专业申报顺利通过教育部新增专业第一轮评审；学位点方面，现有中药学、生物学博士一级授权点；本科专业方面，目前能够开设基础医学专业全部课程和临床医学专业 80%以上课程；科学研究方面，现有生物医药研究院、生物科学与生物技术实验教学中心等一大批教学实验平台。已与西安市政府签订战略合作协议，西安市第一医院、西安市第三医院成为西北大学直属附属医院；与西咸新区管委会就联合共建医学研究中心、发展健康服务产业等在用地保障方面达成初步意向。

恳请教育部给予西北大学复办临床医学专业必要的协调保障和更大的政策支持。我们将指导和支持西北大学积极开展筹建工作并取得实质性进展和积极成效，以复办临床医学专业为契机，加快引才聚才，大力推进产学研协同创新，高起点、高水准、高质量建设临床医学专业，为陕西人民健康与经济社会发展、为西部科技进步与医疗健康事业作出新的更大贡献。

陕西省人民政府
2018 年 12 月 25 日
（联系人：×××—×××××××××）

（选自陕西省人民政府网站，http://www.shaanxi.gov.cn/zfxxgk/fdzdgknr/zcwj/szfwj/szh/201901/t20190103_1667840.html）

评析：

这是一则陕西省人民政府写给教育部的商请函。标题准确、简洁。

从内容上看，例文开头缘由简明扼要。首先说明了推进医学教育发展，加强医学人才培养对全面建成小康社会和基本实现现代化的重大作用。此缘由写得简明扼要、干净利落，牢牢把握住了力求实效的原则。

例文主体部分分为两部分，第一部分重点说明陕西省存在的基础医学支撑体系不完善、基层医疗机构人才短缺、优质医疗资源分布不均衡、医疗服务水平还有待进一步提升等问题，以及西北大学筹建医学院、复办临床医学专业的重大意义；第二部分重点谈针对前面的困难，西北大学围绕筹建医学院、复办临床医学专业组织开展的大量前期工作。例文主旨明确，条理清楚，语言准确规范。

最后，例文提出了写作的目的，恳请教育部给予西北大学复办临床医学专业必要的协调保障和更大的政策支持。

技能训练

根据下面的材料写作。

1. 安康市位于陕、川、鄂、渝四省市的结合部，居西安、武汉、重庆三大经济区的几何中心。近年来，交汇安康的襄渝二线、西康二线铁路，包茂、京昆、十天高速公路相继建成投运，安康作为全国区域性交通枢纽地位日益显现。

2. 西安至安康铁路客运动车如果能够开通，可带动省境内沿线城市较多。可有效辐射带动安康境内汉阴、石泉、宁陕、紫阳、岚皋五县及汉中市东部各县，使陕南安康、汉中、商洛三市大部分县区更好地融入关天经济圈、成渝经济圈，进一步促进陕西、四川、重庆、湖北四省毗邻区域的经济、文化交流，带动陕南经济发展。

3. 安康市独特的地理位置和秦巴自然风光成为众多游客观光、旅游、休闲胜地，每年来安游客倍增，2019 年接待游客 5000 多万人，但是由于交通限制，旅游前景不容乐观。

4. 西安至安康铁路客运动车如果能够开通，安康交通枢纽将集铁路、铁路客专、高速公路、航空、汉江航运为一体，立体交叉、四通八达，各种交通运输优势互补，实现客货分流，人流、物流、信息流将大幅提升，安康交通连接祖国南北、耦合东西的枢纽作用将会更加巩固。

根据材料，以安康市发展与改革委员会的名义向西安铁路局写一份关于请求开通西康铁路动车的函。

要求：内容明确，中心突出；格式正确，写法规范（必须包括标题、主送机关、正文、发文机关和发文时间几个项目）；语言准确、简明，500 字左右。

第十一节　纪　要

一、纪要的含义

根据《条例》的规定，纪要是“适用于记载会议主要情况和议定事项”的公文，是一种记载、传达会议情况及议定事项的纪实性公文。它用于党政机关、社会团体、企事业单位召开的工作会议、座谈会、研讨会等重要会议。

纪要通过记载会议基本情况、会议成果、会议议定事项，综合概括地反映会议精神，以便与会者统一认识，会后作为全面如实地进行传达组织落实开展工作的依据。同时纪要可以多向行文，具有上报、下达以及与同级机关进行交流的作用；向上级机关呈报，用以汇报会议情况，以便得到上级机关对工作的指导；向同级机关发送，用以通报会议情况，以便得到同级机关的支持和配合；向下级机关发送，用以传达会议精神，以便下级机关贯彻执行。

纪要通常情况只印发到会的单位，视情况抄送有关的单位。为便于上级了解工作开展情况，也要抄报上级主管部门。

二、纪要的特点

（一）纪实性

纪要是根据会议的宗旨、议程、会议记录、会议活动情况等有关材料综合整理出来的公文。在纪要中不能随意篡改会议的基本精神，不能擅自增加或删减会议的内容，不能随便更动与会者议定的事项，不能对会议达成的共识进行修改，也不需要对会议或会议的某项内容进行分析、评论。它要求如实地记载会议的基本情况，对会议存在的分歧意见和问题等，也要真实、概括地予以反映。会议纪要具有纪实性特点，因而具有历史凭证的作用和查考利用的价值。

（二）概括性

纪要不同于会议记录。会议记录是由专人把会议的基本情况如实记录下来的书面材料，纪要则是根据会议的中心议题、指导思想和议定事项，在会议记录所提供材料的基础上，经过概括、整理、提炼形成的公文，所以，与会议记录相比，会议纪要能够更集中地反映会议的精神实质，具有高度的概括性。

（三）指导性

纪要有两项功能，一项是“记载”，一项是“传达”，并且通过“记载”去“传达”，它所记载、传达的会议情况和议定事项，是与会者及其组织领导者的共同意志的体现，是会议成果的结晶，集中反映了会议的精神实质，因而具有很强的指导性。

三、纪要的分类

根据会议性质不同，会议纪要可以分为办公会议纪要和专项会议纪要。办公会议纪要是各级党政机关、企事业单位、社会团体召开的定期或不定期的工作会议形成的会议纪要。专项会议纪要是为研究专项问题而召开的会议所形成的会议纪要。

根据内容的不同，会议纪要分为专题型纪要和综合性纪要。专题型纪要主要反映与会者就会议主要议题，在统一认识的基础上所形成的决定、决议。这种纪要多用于党委会议和机关的行政会议，或座谈会、研讨会等。综合性纪要则侧重于全面概述会议基本情况，包括会议的议题、讨论情况、讨论结果等。这种会议纪要多用于领导集体办公会议等。

四、纪要的写作

纪要与其他的党政机关公文在格式、内容上不同，在进行制作时可以根据实际情况处理。

（一）标题

会议纪要的标题通常是由会议名称和文种构成的，如《全国城市爱国卫生现场经验交流会纪要》《关于改革××局、××局管理体制的纪要》等。也有的由发文机关、会议名称和文种构成，如《××集团公司经理办公室纪要》。

成文时间即会议通过的时间或领导人签发的时间，一般在标题下居中位置用括号注明年、月、日。也有把成文时间写在尾部的署名下面。

（二）正文

会议纪要的正文由前言、主体和结尾三部分组成。

1. 前言

首先概括交代会议的名称、时间、地点、主持人、主要议程、参加人员、会议形式以及会议主要的成果，然后用“现将这次会议研究的几个问题纪要如下:”或“现将会议主要精神纪要如下:”等语句转入下文。这项内容主要用以简述会议基本情况，所以文字必须十分简练。

2. 主体

主体是纪要的核心内容，主要记载会议情况和会议结果。写作时要注意紧紧围绕中心议题，把会议的基本精神，特别是会议形成的决定、决议，准确地表达清楚。对于会议上有争议的问题和不同意见，必须如实予以反映。

另外，在具体写法上，不同类型的会议纪要，写法也有不同。

决议型纪要，主要根据中心议题，着重把会议形成的决定、决议的具体内容一一表述清楚。综合性纪要，主体内容则侧重于突出会议的指导思想，全面介绍会议的基本情况。

根据会议性质、规模、议题等不同，大致可以有以下两种写法：

（1）集中概述法。这种写法是把会议的基本情况，讨论研究的主要问题，与会人员的认识、议定的有关事项（包括解决问题的措施、办法和要求等），用概括叙述的方法进行阐述和说明。

（2）分项叙述法。召开大中型会议或议题较多的会议，一般要采取分项叙述的办法，即把会议的主要内容分成几个大的问题，然后另上标号或小标题，分项来写。内容相对全面，问题也说得比较细，常常包括对目的、意义、现状的分析，以及目标、任务、政策措施等的阐述。

3. 结尾

结尾属于选择性项目。一般是向收文单位提出希望和要求。有的则没有这部分，主体内容写完，全文即告结束。

（三）尾部

尾部包括署名和成文时间两项内容。

署名只用于办公会议纪要，写明召开会议的机关单位名称。一般会议纪要则不需要署名，不加盖公章。至于成文时间，如果在首部已注明，就不再写。

【例文分析】

××县信访领导小组会议纪要

第2号

××年××月××日，县委常务副书记、县信访工作领导小组组长×××主持召开今年第二季度县信访领导小组会议，现纪要如下：

会议通报了我县第一季度来访情况、集体访情况、案件查办情况以及信访工作存在的问题。对第二季度信访动态进行了分析，排查了村务公开、退耕还林、企业改制、清退代课教师、交通治理等群众关心的热点问题。

会议认为，一季度我县信访工作由于各级各部门高度重视，采取了积极有效措施，加大了案件查办力度，一些多年缠访问题、一些影响投资环境问题、一些久拖未决的经济纠纷得到妥善解决，保证了县域经济的健康发展。但与去年同期相比，信访总量明显增大，集体访批次人数成倍增长，信访形势不容乐观。这些问题的存在与少数单位不重视信访工作，不讲原则、不讲大局、遇事推诿扯皮上交矛盾，与部分干部工作作风漂浮工作方法简单粗暴有直接关系。因此，各级各部门要端正认识，增强责任意识，改进工作方法，化解矛盾，维护社会稳定。

会议强调，信访工作是一项长期性的工作，随着经济社会的发展，会不断产生新的矛盾，引发新的信访。但只要我们努力工作，牢固树立“权为民所用，情为民所系，利为民所谋”的思想，不断改进工作作风、工作方法，主动化解矛盾，信访是可以减少的。会议指出，二季度信访工作要以化解矛盾、减少集体访、解决长期缠访为核心，以二季度信访总量比去年同期下降为目标，认真履行职责，按“分级负责，归口办理”原则，各自做好工作，确保一方平安。

会议要求：

一要抓“热点”，维护群众利益。

群众反映的“热点”问题，实际上也是党和政府工作的难点。切实解决好群众反映的“热点”、“难点”问题，是我们各级各部门义不容辞的责任。因此各乡镇各部门要按照“××”的要求，带着对人民群众的深厚感情，处理好群众关心的“热点”“难点”问题。一是认真关注“热点”，认真排查本单位本辖区内的“热点”“难点”，采取措施，制定预案。二是及时处理“热点”，不回避矛盾，不一拖了之，及时予以解决，坚决杜绝激化矛盾引发集体访或越级访。三是避免引发新的“热点”，进一步改进工作作风，改善工作方法，坚持依法行政，按政策做好群众思想工作，处理好干群关系，决不能因工作不到位等原因引发新的“热点”问题。

二要抓领导，落实责任。

信访问题落实得实不实，信访工作水平高不高，单位领导是关键。一是信访机构要健全。

落实分管领导和专兼职信访干部，保证来访有人接，案件有人查。二是工作责任要落实，要把信访工作作为一项重要工作抓实抓好，尤其是重点涉访单位至少每季度专题研究一次信访工作，排查本辖区本部门职能权限内可能触及群众利益、引发信访的问题，并制定解决问题的措施，把矛盾解决在基层。三是加大案件查办力度，严格按照“五定”原则进行落实，即定责任单位、定包案领导、定办案责任人、定办结时限、定办案质量。一定要做到办结一案，解决一事，减少一访，稳定一方。

三要抓协调，讲大局。

一是加强同上级主管部门的联系，尤其是涉及政策法规等相关问题的答复上要统一，要灵通信息，及时向上级汇报本县信访工作情况，争取主动。二是加强部门之间的团结协作，在涉及下岗职工、清退计划外用工、安置职工、工资待遇等热点问题上，各相关部门要相互通气，耐心答复上访人，做好政策解释、思想疏导工作，减少群众上访。三是加强对乡镇部门信访室的业务指导，加强信息沟通，掌握信访动态，发现苗头及时超前化解。四是要发挥治保调解组织的作用，积极化解矛盾，报告信息，齐抓共管，构筑大信访格局。

四要抓制度，严明纪律。

严格按“分级负责，归口办理”的原则解决信访问题。一是要纠正怕负责任的思想，要敢于负责，正视信访问题，不推诿扯皮，确保一方稳定。二是要纠正不负责任的做法，牢固树立责任意识，切实履行信访工作职责，不回避矛盾，把问题解决在基层。三是严肃工作纪律，对重大会议、重大节庆期间的集体上访、越级上访，需要接人的，涉访单位在接到通知后必须无条件服从，在规定时间内赶到指定地点，做好接人工作。

五要抓督查，促工作。

县信访局要切实履行部门职能作用，按照县信访领导小组的要求，抓好各级各部门的信访指导和督查工作。县上对信访工作建立信访督查通报制度，对信访工作重视不够、工作不力，信访增加、信访问题久拖不决的乡镇和部门要通报批评，严重的，追究主要领导责任。对重视信访工作，化解矛盾及时，稳定工作做得好的乡镇和部门进行表彰奖励。

会议决定：

1. 会议决定×月中旬对信访工作进行半年检查，检查结果将在全县进行通报，并纳入年终考核。

2. 林业局要加强对退耕还林信访问题的研究，建立健全退耕还林监管处理工作机制，并迅速拿出工作方案报信访领导小组。

参加会议人员：（略）

××年××月××日

评析：

例文是一份专项工作会议纪要，是对当下亟待解决的信访问题而召开的会议的纪要。

文章共分为三大部分：第一部分交代了会议概况，会议的时间、地点、召开会议研究的问题，内容简洁；第二部分对目前面临的问题进行了汇总概括；第三部分提出工作要求，希望各个部门从“抓‘热点’，维护群众利益”“抓领导，落实责任”“抓协调，讲大局”“抓制度，严明纪律”“抓督查，促工作”等几个方面做好信访接待、及时处理等工作。本文内容充实，思路清晰，值得学习。

技能训练

根据下面的材料写作。

局长办公会会议记录

（2021年第2次）

时　间：2021年3月10日

地　点：局二楼会议室

主持人：张　三

参加人：王小明、李小四、刘小五、钱小七、马小八

记录人：局秘书

市图书馆马小八馆长：对新馆建设进展情况进行了通报，汇报了新馆开放筹备工作领导小组的拟定方案，提出了关于领导小组职责和任务的建议条款，拟分为财政评审组，搬迁督导组等四个专项小组。

张三局长对马小八馆长的扎实工作充分肯定、提出表扬。

王小明：时间紧、任务重，按照市委、市政府部署要求，2022年年初新馆开馆，有大量的工作要做。要做好廉政防控风险点制定，各小组分别成立相应机构。

李小四：时间紧、任务重，全局上下一定要树立一盘棋思想，集全局之力把事情做好。如果需要其他相关部门配合，必须无条件予以配合。

刘小五：要严格落实设施设备，进一步充实专家力量。既要追求进度，但是安全意识要始终高度重视，认真开展督查、检查工作。

钱小七：要把两馆开馆与城市文化建设、乡村振兴、文化教育基地等结合起来，将来两馆要成为廉政教育、文化教育、家风教育的重要平台。

张　三：我完全赞成大家的意见。市文化中心建设是我市文化场馆建设的里程碑，是图书馆、群众艺术馆的大喜事，是文化事业发展的一项重要内容。着重强调以下几点：一是要切实提高思想认识，把市图书馆、市群众艺术馆开馆作为2022年的首要任务；二是要周密部署，责任到人，制订好详尽的方案，把事情想周全，把预案做仔细；三是要全力以赴，系统职工特别是两馆职工要同心协力，同舟共济，同甘共苦，撸起袖子奋战。成立领导小组是工作需要，也是领导要求，我们一定要把纪律要求规定挺在前面，在这样的前提下，必须成立领导小组。广泛征求意见后印发。

第三章 事务文书

事务文书是机关、团体、企事业单位在处理日常事务时用来沟通信息、安排工作、总结得失、研究问题的实用文体，是应用写作的重要组成部分。由于这类管理类文体处理的日常事务亦为公务，所以事务文书属于广义的公文范畴。本章的事务文书主要包括了计划、总结、调查报告、述职报告、演讲稿等内容。

第一节 事务文书概述

事务文书是指法定的行政公文之外的，国家机关、企事业单位在处理日常行政事务的过程中经常大量使用的公务文书。它虽不是“法定”公文，但却是各级机关单位使用最多的一类公文。事务文书是为传递信息、交流情况与经验、处理公务、解决实际问题而写作的，一般有特定的发送对象和明确的发文目的，讲求实用。

一、事务文书的特点

（一）针对性

事务文书有明确的针对性，无论是哪种类型的事务文书，都要根据党和国家的有关方针政策以及当前的形势和全局情况，联系实际、有的放矢，针对性越强，事务文书对实际工作的指导性和实用性也就越强。

（二）具体性

事务文书对实际工作的指导性，必须建立在内容具体充实、观点明确的基础上，其写作内容具体明确是指陈述的情况准确、反映的问题明确、总结的经验符合实际等，只有这样，事务文书的写作内容才是具体可把握的。

（三）指导性

事务文书是用来处理事务的，其内容是针对现实情况和工作中的问题进行调查、分析和总结，目的是解决实际问题，推动实际工作的开展。因此事务文书对实际工作具有现实的指导意义。

（四）真实性

事务文书对工作的指导性是以真实性为前提的。真实是指所包含的信息准确、材料真实，表达实事求是。

（五）灵活性

较之公务文书，事务文书的体式更加具有灵活性的特点。在结构、形式上一般没有严格的限定，在表达方式上也更加多样化，常常结合使用叙述、说明、议论等多种方式，在语言运用上也更富于生动性。

二、事务文书的类型

（一）计划

计划是政府、机关单位、公司、个人等为完成某一工作任务、达到预期目标而事先所做的相关安排与打算的文书。

（二）总结

总结是对过去一定时期内的工作、学习或思想情况进行回顾、分析，经过理性思索，做出客观评价的书面材料。它是积累经验的重要手段，是避免重犯错误的有效方式，是认识规律的可靠途径。

（三）简报

简报是传递某方面信息的简短的内部小报，是具有汇报性、交流性和指导性特点的简短、灵活、快捷的书面形式。

（四）调研报告

调研报告是针对某一事件、某个问题或者某种情况，通过科学深入的调查研究，对客观存在的现实状况进行描述分析，并行诸文字的一种书面报告。它广泛应用于行政管理、社情分析、学术研究、商业营销等各个领域。

（五）会议记录

会议记录是指在会议过程中，由记录人员把会议的组织情况和具体内容记录下来，就形成了会议记录。“记”有详记与略记之别。

（六）声明

声明是就某事公开地表示态度或说明真相，让更多的人知晓且具有一定的法律制约性或震慑力的告白性文体。声明从内容上一般可以分为：国家、政党重要声明；机关团体个人发布的声明。

三、事务文书的写作要求

（一）深入调查研究，获取第一手材料

首先要进行深入细致的调查研究，全面了解和掌握实际情况，尽可能多地收集积累材料，情况清楚、材料丰富，文章才能写得具体充实，才会有更大的应用价值。

（二）实事求是，切实可行

各种事务文书都是为了解决工作中的实际问题而写的，因此必须实事求是，只有这样才能使人们了解到真实的情况，才有利于解决实际问题。

（三）格式约定俗成，语言准确简练

事务文书文种的格式大都有约定俗成的特点。在结构方面讲求开门见山、突出重点、层次分明，在语言方面要求简洁质朴、表意准确。

第二节 计 划

一、计划的含义

计划是机关单位对将要进行的某项任务或某一阶段的工作，根据党和国家的方针政策和上级的指示精神，以及本部门本单位的实际情况做出的设想与打算，其中包括提出预定的目标和要求，制定出相应的措施，写明进行的步骤与方法，明确完成的时间等。计划不仅体现工作目标、工作步骤、工作思路、工作方法和工作要求等，使各项工作有条不紊地进行，同时又可作为检查各个阶段工作完成情况的重要依据。

二、计划的特点

（一）预见性

计划是对未来行动的预想和策划。制定计划时，要充分认识到事物发展的前景，依据现

有情况分析各种有利和不利的因素，因此计划具有科学的预见性。科学的预见性，主要体现在以党和国家的大政方针为指导，从本单位本部门的实际情况出发，在总结过去的成绩和问题，分析目前的工作实际，预测今后发展趋势的基础上制定计划。制定计划的人要高瞻远瞩，既要了解本单位本部门的具体情况，又要注意结合当前形势，对未来有准确的预见。

（二）可行性

计划应体现出切实可行的特点，即计划中提出的目标一方面要体现宏观规划，另一方面也不能是高不可攀的，必须是切实可行的，是经过一定的努力可以达到的。因此制定计划时要尊重客观实际，目标既不能过高也不能过低。目标过高会脱离实际，直接导致任务和指标不可能完成，计划会落空，会挫伤工作的积极性；目标过低则会造成人力财力物力上不必要的浪费，也不利于充分调动各方工作的积极性。

（三）目的性

在一定时期内要完成什么任务，解决什么问题，取得怎样的效果，达到怎样的目标，这些都是制定计划时首先要考虑的问题，也是计划的核心内容，是制定具体措施的依据。计划本来就是为了避免行动的盲目性而制定的，没有一个明确的目的，也就谈不上计划。

三、计划写作的格式

计划的写作可以有多种格式，常见的有文字叙述式、条文式、表格式。有时几者兼而有之，不论采取哪种格式，计划都应具备标题、正文、日期三部分。

（一）标题

完整的标题包括制定计划的单位名称、计划的期限、内容范围和计划的类别四个要素，如果是草稿或初稿，还应在标题下或标题后加括号注明，如《××省人民政府二〇二一年工作要点（草案）》。设想、方案、安排的标题可以省略单位名称或计划的期限，如《××市社会治安综合治理实施方案》《关于 2020—2021 学年新学员入学教育工作的安排》。

（二）正文

计划的正文要写计划的内容，可以分项写，也可以不分。如果分项写，可用条文式，还可以用表格式。正文一般分为前言和主体两部分。

前言部分一般说明制定计划的总原则：上级指示和要求、制定计划的依据以及对本部门具体情况的分析。这部分应该高度概括，简约明了，不必过于具体。短期的小型计划，这部分可以省略。

计划的主体部分要具备三项基本内容：目标、措施、步骤。目标是计划产生的起点，也是计划实施的归宿，它是计划的灵魂。这部分应该根据需要和可能，提出完成任务的指标，即要完成何任务、达到什么目的和要求。措施是实现计划的保证，这部分应该根据主客观条件，规定达到目标的手段，需动员的力量以及负责的部门、配合的单位等。步骤是实现目标的程序安排和时间要求，这部分应该按照任务完成的阶段和环节，明确哪些先干、哪些后干，体现出轻重缓急和先后顺序。在时间安排上，既要有总的时限要求，也要有每项任务的时限要求。

（三）日期

制定计划的日期，一般写在正文结尾处右下方，也有写在标题下方的。另外，对外行文的计划，需要加盖公章。

不同种类的计划写法各不相同。例如，涉及范围较广、时间较长的规划是粗线条的。规划的内容一般都要包括两部分。第一部分主要说明制定计划的依据和指导思想，还可叙述有关的历史、发展进程和经验教训，简要说明总任务、总要求等。第二部分是计划的核心，主要写计划的事项、完成的时间，最后提出完成计划的建议、措施。计划的篇幅都比较长，目标和各项措施可以各自成章节，章节以下再分条目表述。而适用的时间短、涉及的范围小、内容较具体的安排，它的写法就比较灵活自由。前言一段提出总的原则、总的要求，这部分很简略，不必面面俱到，有时一两句话即可概括。安排的核心部分，明确主要任务、要求、进行的时间等，最后简略地提出希望。需要解释的可在正文后面加以说明。如有数字、图表，可列为附件。也有的计划用表格形式，但上述内容却必不可少。

四、计划的写作要求

（一）任务要清楚

计划的总任务要讲清楚，并且围绕总任务要提出指导思想、工作原则、工作思路等。同时，要尽量将任务分解成具体的工作指标，并提出明确具体的目标要求，目标能够量化的要尽量做到量化，任务要实事求是、量力而行，将任务表述为一件一件可落实的具体工作。

（二）措施要明确

在制定计划时，措施的表述一定要做到突出关键措施和主要措施，同时要注意逻辑顺序，表达要清楚，重要的要先说、详说，次要的要后说、略说。表述时也要理清各项措施之间的关系，尽量做到周密完善，同时措施的表述不能太抽象，而要尽可能具体。

（三）语言要准确

首先，语言的运用要准确，不能造成误解。其次，选择对语言的修饰要注意分寸，否则也容易出现不准确的现象，如处理好对“非常”“特别”等词语的运用。

【例文分析】

2015年粮食流通监督检查工作要点

2015年是全面深化粮食流通改革的关键之年，是全面推进依法治粮的开局之年，粮食流通监督检查工作任务艰巨、责任重大。做好今年粮食流通监督检查工作的总体要求是：认真落实《国务院关于建立健全粮食安全省长责任制的若干意见》（国发〔2014〕69号）文件精神，按照全国粮食流通工作会议部署，围绕中心，服务大局，统筹兼顾，突出重点，坚持改革方向和问题导向，扎实推进粮食收购活动检查、粮食库存监管、信用体系建设等重点工作，切实履行粮食流通监督检查职责，为贯彻实施国家粮食安全战略、深入推进粮食流通改革转型和创新发展提供有力保障。

一、全面推进依法治粮

加强粮食流通监督检查法制建设。加快推进粮食立法进程，做好现行粮食流通监督检查相关法律法规和规章的制定、修订工作，进一步完善监督检查相关配套制度等规范性文件，建立健全粮食行政执法法律制度体系。

加强法治机关和执法队伍建设。粮食监督检查机构和人员要自觉尊法学法守法用法，依法履行监督检查职责，提高法治思维和依法办事能力，做到法定职责必须为，法无授权不可为。严格规范公正文明执法，全面落实行政执法责任制和责任追究制，坚决纠正乱作为、不作为问题，坚决克服懒政怠政现象。

规范粮食市场主体经营行为。加强对粮食经营者从事粮食收购、销售、加工和库存管理等活动的监督检查。结合本地实际，有针对性地加强粮食收购资格核查、粮食质量检查，以及粮食流通统计制度、粮食最低最高库存量制度执行情况检查。配合有关部门开展成品粮油市场检查。

二、以底线思维抓好粮食库存检查

守底线夯实粮食库存。充分认识当前粮食库存总量大、政策性粮食库存比重高、地方储备增储任务重、部分产区粮食仓储压力大等新粮情，以中央和地方储备粮、最低收购价和国家临储粮等政策性粮食为重点加强粮食库存检查。查清库存粮食数量、质量和储粮安全的底数，查明国家粮食购销政策执行的实情，守住“数量真实、质量良好、储存安全”的监管底线。

转方式提高检查效能。以“统一组织、分类推进、重点普查、交叉互查”为原则加强库存检查。各省区市、各中央粮食企业按照在地原则和各自职责做好本地区、本企业的粮食库存检查。国家粮食局委托部分重点省（区）对中央储备粮库存进行在地检查，对个别产粮大省的粮食库存由国家粮食局会同有关部门直接进行重点核查。灵活运用随机抽查、专项检查、突击检查等多种方式加强库存检查。充分运用全国粮食仓储设施专项调查成果加强库存检查。粮食库存识别代码试点地区要运用识别代码加强数据分解登统，以及粮食质量、储粮安全检查初筛初查试验，并向深度和广度推进识别代码在库存检查中的应用。条件成熟的地区要探索采取购买劳务方式引入会计师事务所等社会专业核查力量，进一步开拓创新，做好粮食库存检查。

抓规范坚持依法管粮。认真梳理库存管理和库存检查相关法规制度，明确库存检查相关依据，规范检查程序和自由裁量权，严格库存检查纪律，落实检查责任制和责任追究制，做到各项检查有据可依、有据必依，严明纪律、落实责任，切实将依法管粮理念贯穿于粮食库存检查工作的始终。

促整改提高管理水平。以问题为导向加强库存检查，并向矛盾集中、问题突出地区和企业倾斜检查力量。对查出的问题逐一详实登统记录，并标明违反法律法规政策的具体条款。督促有关单位和企业建立整改台账，确保问题切实整改到位。挂牌督办查出的重大问题，进一步促进整改落实。建立库存管理重大风险警示制度，建立健全库存管理重大问题通报机制和重大违规违纪线索向纪检监察部门移交机制，使库存检查切实起到举一反三和警示教育作用。通过检查切实提高粮食库存管理水平。

三、切实保护农民利益，扎实开展政策性粮食收购检查

开展“五要五不准”收购守则执行情况检查。周密拟定检查工作方案，及早安排部署检查工作，适时开展粮食收购检查，重点检查最低收购价执行预案、国家临时收储政策的落实情况。严肃查处“打白条”“转圈粮”、压级压价或抬级抬价等违规行为，守住“种粮卖得出”的底线，切实保护农民利益。加强粮油收购检查的层级监督，对重点地区粮食收购监督检查工作的开展情况进行指导、督查，及时了解掌握检查工作动态，研究解决遇到的困难和问题。

四、加快建立粮食经营者信用体系

启动全国统一的粮食经营者信用信息平台的开发工作。制定规范的信用信息监督管理暂行办法，规范信息的采集、使用。结合行业特点，制定粮食经营者信用评价标准方案，引入第三方征信机构，对粮食经营者信用进行动态跟踪评级试点，逐步实现信用信息的社会共享。通过体系建设，逐步建立守信激励和失信惩戒机制，提高粮食经营者自觉守法和诚信意识。推动监督检查工作向后台监管、分类监管方式转变，为政府部门强化市场准入、资质认定、政策扶持等方面管理提供可靠依据。

开展信用体系建设试点。试点省份要做好相关准备，安排熟悉业务和信息化方面的人员，参与信用信息采集、信用评价指标设计以及软件开发，审核测试系统的可行性、稳定性和适用性。其他省份也要按照统一规划，进一步完善监督检查信息档案，夯实信用体系建设基础，积极参与地方信息化建设，加快与信用体系对接。

五、建立治理政策性粮食“出库难”的长效机制

制定政策性粮食销售出库监管工作指导意见。加强组织领导，细化责任分工，健全制度措施，指导各地粮食部门建立与批发市场常态化信息沟通机制，实时掌握政策性粮食成交、履约的明细情况，及时分解监管任务，妥善处理市场纠纷，督促承储库点正常出库。加强对真菌毒素、重金属等超标粮食的监管，严防卫生不合格粮食流入口粮市场。从严从重处罚违规行为，确保成交粮食及时顺畅出库，守住“用粮买得到”的底线，切实维护粮食流通的正常秩序。

六、加大涉粮案件查处力度

建立涉粮案件查处机制和信息公开制度。加强对媒体关于粮食舆情的搜集、分析和研判，增强监管工作的敏感性。畅通举报投诉渠道，及时受理群众来信、电话举报。注重在日常监管中及时发现并查处涉粮违规行为，加大对群众反映强烈、社会关注度高，涉及政策性粮食购销、出库和库存管理，严重侵害种粮农民利益、损害国家利益等案件的查处力度。地方粮食行政管理部门对辖区内涉粮案件查办承担主体责任，重大案件由省市粮食行政管理部门直接组织查办。加强案件督办，查办结果及时上报备案。已作出行政处罚决定的案件，应在规定的时限内通过政府网站公开案件主体信息、案由、处罚依据及处罚结果，接受社会监督。

重大典型案件要及时通报，发挥教育、警示和威慑作用。继续做好案件卷宗标准化、规范化管理工作，认真开展案件评审工作。

七、进一步加强监督检查体系建设

巩固监督检查工作体系。认真贯彻落实《国务院关于建立健全粮食安全省长责任制的若干意见》(国发〔2014〕69号))关于加强行政执法和监督检查工作力量、落实粮食行政管理部门的职责任务要求，继续争取当地党委和政府的支持，稳定和加强监督检查机构，落实人员编制，配备执法工具，保障工作经费。将监督检查工作体系建设纳入粮食安全省长责任制的考核范围。

继续开展示范单位创建活动。做好第五批全国粮食流通监督检查示范单位推荐和审核工作。组织示范单位经验总结交流和宣传推广，发挥示范单位的引领带动作用。加强对示范单位工作的业务指导和年度考核，积极探索提升示范质量和效果的有效途径。

加强行政执法培训工作。指导各地分层分类组织开展粮食流通监督检查行政执法资格和业务能力培训。国家以培训师资人才为主，将各地培训工作实施情况作为年度考核的重要内容，并纳入常态化、制度化轨道，不断加强监督检查队伍能力建设，提升执法人员运用法治思维和法治方式开展粮食行政执法工作的水平。

各地粮食行政管理部门要结合本地粮食流通工作实际，按照工作要点明确的重点任务，精心部署，周密安排，敢于担当，主动作为，努力做好新常态下粮食流通监督检查工作。各地开展监督检查工作的有关信息及时报送国家粮食局监督检查司。

(选自国家粮食和物资储备局网站，http://www.lswz.gov.cn/html/ywpd/zfdc/2018-06/11/content_212565.shtml)

评析：

这是国家粮食局办公室印发的一篇有关2015年粮食流通监督检查工作的要点，从文种上讲，属于计划。本文在结构上，第一段是制定计划的目的、原因、现状及总体要求。后面分别从七个方面来展开说明：全面推进依法治粮、抓好粮食库存检查、切实保护农民利益和扎实开展政策性粮食收购检查、加快建立粮食收购者信用体系、建立治理政策性粮食“出库难”的长效机制、加大涉粮案件查处力度、加强监督体系建设。作为工作要点，本文在具体要点的写作中，更多的是对工作政策性和方向性的把握，并未具体展开，符合要求。全文运用公文语言，高度概括，言简意赅，具体要求有很好的可操作性和实施性，是一篇标准工作要点。

技能训练

完成一篇关于你本学年的个人学习、生活计划。

计划的内容应包括：① 各门功课的学习情况；学校组织的各种活动和社会实践活动情况；② 业余爱好及收获；其他方面的学习情况；③ 具体的制约措施。

要求：主题明确，中心突出；语言准确、简明，书写规范。不少于600字。

第三节 总 结

一、总结的含义

总结是单位或个人对过去一段时间内的工作、学习或思想情况进行全面系统的回顾、检查、分析和评价，从中找出经验与教训，用于指导下一阶段实践活动的书面材料。总结是做好各项工作的重要环节，是将感性认识上升到理性认识的必由之路。总结展现了每一阶段实践、认识活动的阶段性和连续性，既肯定了成绩，也找出了问题，因此我们可以说，没有总结，就没有进步。

二、总结的特点

（一）实践性

总结要回顾实践工作的全过程。自身工作实践的事实，尤其是典型事例和确凿数据是一篇总结得出正确结论的基础。

（二）真实性

总结是对工作实践活动情况的真实反映，因此对工作的回顾和评价要忠于客观事实，所用的材料必须绝对真实，不能添枝加叶，更不能无中生有，其中的观点必须是从实践活动中总结出来的认识和规律。

（三）分析性

总结不能停于表面，而是要对工作中成功的经验、失败的教训以及存在的问题进行深入的分析和研究，从中找出规律性的东西，以便在今后的工作中予以借鉴。总结不仅要概述工作情况，还要揭示理性认识，能否进行理性分析是衡量一篇总结成败的重要标准。

三、总结的写作

（一）标题

标题的写法主要有以下三种：

（1）由制发机关、时间、事由和文种四要素组成。

（2）文章式标题。运用凝练的句子概括总结的主要内容。

（3）双行标题。一主一副，主标题为文章式，副标题为文种式。

（二）正文

1. 前言

对过去一段时间工作的基本情况进行介绍，如工作的对象、背景、时段。

2. 主体

主体是总结的主要内容。

（1）综合式总结。

① 板块式结构，从完成工作的各个方面展开总结。

② 问题式结构，围绕总结主题，从几个互相关联的问题来展开。

③ 时序式结构，按照时间顺序和工作发展，分为几个阶段来写。

（2）主题式总结。

① 做法与经验。可以把二者分开来写，也可以把二者结合起来，寓经验于做法中，形式上分条罗列。

② 失败与教训。这个部分中，要对工作中的失败或出现的问题进行仔细分析，寻找到具体原因，吸取失败的教训，为以后的工作提供借鉴。

③ 今后努力的方向。

3. 落款

在正文右下方署单位的全称，时间署在单位之下。

四、总结的写作要求

（一）全面收集材料，精心选择

总结要从实际工作情况出发，让事实说话，总结的基本材料是那些能够说明工作成果和规律的数字和事实，因此，写好总结，首先要有充足的材料，动手写作前先要全面收集材料。材料充足了，还要精心选择，选材时要注意“点”和“面”的结合。“面”是带有全面性的综合材料和数据，“点”是局部的典型的材料。有了这两方面的材料，写出的总结才会既有广度，又有深度。

（二）要善于总结经验

工作总结的价值在于对今后工作的指导作用，因此，写总结必须总结经验。所谓经验，就是经过实践得来的认识，而这种认识又带有一定的规律性，对今后的工作具有指导意义。不写经验，只写工作成绩、问题和意见，就不能达到工作总结的目的。

（三）要安排好全篇的结构

总结的重点在于写好经验体会。因此，通篇结构的安排要服从于这个中心内容。总结的写作切忌贪大求全，面面俱到，不要把总结一般的结构格局当成一种模式。全篇分为哪几部分，各部分的详略，都要由主题来决定。在安排结构中，为了便于构思，也为了醒目，可以运用小标题，概括出各部分的基本观点或主要内容。

（四）内容充分、具体

总结的主要内容是经验体会，经验体会要有说服力，就必须写得充分具体，空洞无物或从理论到理论的总结是不能打动人的。因此，写总结要善于利用数字和典型事例，善于运用叙述、说明、议论等多种表达手段，对经验进行从实践到理论的阐述。

（五）语言要简明、准确、质朴

工作总结必须真实地反映客观情况，因此，总结应该是直言其事，无须多余的修饰，更不可夸张。对情况的叙述既不要琐碎也不要做形象的描绘或比喻，而要在简要明晰、用语准确上下功夫。

【例文分析】

嘉兴市人民政府办公室 2019 年工作总结

2019 年，市政府办公室深入学习贯彻习近平新时代中国特色社会主义思想，全面贯彻党的十九大和十九届二中、三中、四中全会精神，紧紧围绕全市改革发展大局，不忘初心、牢记使命，坚定信心、锐意进取，优化服务、狠抓落实，较好地完成了各项工作任务。

一、着眼全局、围绕中心，在参谋辅政上有作为

（一）综合协调有强度。坚持把统筹协调贯穿于办公室工作全过程，站在全局的高度、领导的角度、发展的深度，按照“主动超前、优质高效、规范有序”的要求，综合统筹、科学协调，形成工作合力。全年组织开展专题研究协调 1100 余次，千方百计解决困难，确保政府决策落到实处。一是加大对中心工作的统筹协调。紧紧围绕实施全面融入长三角一体化发展首位战略、应对中美贸易摩擦、高铁新城规划建设、“两年”活动等中心工作，加强政策指导，加大协调力度，中心城市品质提升深入开展，“企业服务直通车”平台上线运行，高铁新城 50 平方公里总体布局及 5 平方公里核心功能区、1.5 平方公里“城站一体区”规划设计编制顺利完成。二是加大对重大项目推进的统筹协调。进一步完善工作机制，层层压实责任，督促项目业主落实主体责任，认真对表对账，加强进度滞后、未开工项目的攻坚破难。在市政府办公室牵头协调下，促成桐昆集团精细化工项目成功落户海盐，南湖区中晶半导体硅片生产基地项目开工，南湖湖滨区域改造、市区快速路环线工程、南湖国际广场、沪嘉城际轨道、军民合用机场、有轨电车等重大项目建设有力推进。三是加大对重大活动的统筹协调。重点做好与市委、人大、政协办公室和各县（市、区）政府办公室、市级机关重点部门的沟通协调，做到提前谋划、提早介入，高标准做好第六届世界互联网大会·乌镇峰会、第六届全国残疾人职业技能大赛暨第三届全国残疾人展能节、2019 嘉兴国际马拉松、2019 中国　嘉兴国际水果大会、长三角全球科创项目集中路演等重大活动。

（二）调研信息有深度。坚持把调查研究和信息工作作为办公室的重要职能，创新工作机

制，深入基层一线，提高调查研究和信息工作的质量，努力当好市委市政府的“智囊团”“千里眼”“顺风耳”。一方面，深化调查研究。深入研判宏观经济形势，准确把握嘉兴经济社会发展阶段特点，广泛开展长三角一体化、科技创新、产业提升、城乡融合、城市品质提升等方面的调查研究，形成了一批具有前瞻性、针对性的决策咨询建议，为市委市政府重大决策提供了基础支撑。全年共完成调研报告 24 篇，开展重大课题调研 16 项，《加快布局 5G 产业，加速发展数字经济的对策建议》《嘉兴航空航天产业发展的战略研究》等 11 篇课题报告得到市领导批示 19 次，《加快建设全国城乡融合发展试验区的调研思考》《打造高能级城市平台的思路与对策举措》《关于在杭州湾北岸设立“湾北新区”的设想》等调研成果被吸收采纳。另一方面，深化信息服务。围绕全市中心工作，积极关注经济发展重点、社会舆论焦点、群众关心热点，吃透“上情”，摸准“下情”，及时、全面、准确报送政务信息。2019 年，共编发《政务信息》刊物 618 期，上报信息 881 条，被省政府办公厅采用信息 313 篇，获省以上领导批示 68 条，为领导知情决策提供了有力的信息参谋服务。

（三）政务督查有力度。把政务督查作为贯彻落实市委市政府决策部署的重要环节来抓，以市政府重点工作、会议议定事项、领导批示、省市长信箱留言、群众反映的热点难点问题等为督办重点，实行跟踪督查，确保中心工作开展到哪里，政务督查就跟进到哪里。注重对重点工作进行清单化梳理，形成省委省政府部署重点工作、张兵书记批示重点工作、市政府工作报告重点工作和县（市、区）重点督办工作“四张清单”，并实行“项目化对标、清单化销号、创造性落实、督查式管理”，有力促进了市委市政府重大决策和中心工作的落实。2019 年，共开展“民生实事”、“百年百项”、小微企业园等专项督查 19 次，承办省级以上领导批示 374 件、市政府领导批示 3479 件，编发市政府领导批示通报 24 期。

（四）政务保障有精度。一是写好文稿。坚持把写好文稿作为办公室工作的“主业”和“首页”，准确把握中央、省委省政府和市委的决策部署，始终紧贴理论前沿，紧跟政策形势，紧扣工作中心，切实将上级的大政方针与嘉兴经济社会发展高度统一起来，将领导工作思路、语言风格与嘉兴改革发展稳定任务紧密结合起来。2019 年，共起草领导讲话、汇报材料等各类文稿 493 篇。二是精心办文。坚持 24 小时值班制度，及时处理各类来文，确保第一时间办理，切实当好政府系统运转的“巩固后院”，全年共处理各类来文 5904 件。认真落实“基层减负年”要求，强化发文管理，全年以市政府或市政府办公室名义印发的三类重点精简文件压减 36%。大力精简市政府议事协调机构，降幅达 54.6%。三是细心办会。强化会议统筹管理，严格规范办会程序，注重会前准备、会中组织、会后落实，切实提高会议效果。2019 年，以市政府或市政府办公室名义召开会议数压缩 46%。创新办会方式，市政府会议无纸化系统上线运行。

二、着眼重点、完善机制，在优化服务上有提升

（一）政务公开逐步规范化。以《政府信息公开条例》修订实施为契机，坚持“公开为常态、不公开为例外”原则，持续深入推进政务公开规范化建设。结合机构改革要求，积极规范政务公开主体，确保各类政务公开主体适格。不断拓展主动公开内容，组织开展重大建设项目批准和实施、公共资源配置、社会公益事业建设、重点民生等领域信息公开，丰富完善行政规范性文件政策解读形式和内容。积极创新政务公开平台渠道，推进市政府门户网站“政务公开”栏目整体重塑，加强政务新媒体规范管理，2019 年通过多种途径向社会公开各类政府信息 6 万多条。健全依申请公开工作机制，完善申请前、中、后电话沟通、疑难问题会商、

共享联办制度，2019 年共依法办结政府信息依申请公开件 180 件。

（二）“最多跑一次”改革全面深化。坚持按程序办事、按规范操作，以机关内部“最多跑一次”改革为抓手，在全市率先梳理公布 11 项机关内部办事事项，并全部通过在线服务平台网上办理，实现了市政府办公室高频事项“最多跑一次”改革全覆盖。部门间一般性文件会签的时间不超过 3 个工作日，一般性办事事项不超过 5 个工作日，办事材料精简、办事时间压减均达 50%以上。自 2019 年 9 月底网上平台开通以来，共办理部门间“最多跑一次事项”59 项。

（三）反走私和口岸海防管理服务持续强化。组织开展全市查处“三无”船舶“清港行动”、经营无合法来源成品油和进口冻品专项整治等行动，开展联合执法行动 107 次，检查船舶、车辆 5367（艘、辆），案件 7 起，查获无合法来源成品油近 300 吨；开展市场整治专项检查 704 次，案件 555 起，查获无合法来源成品油约 2.25 吨、卷烟 16216.71 条；开展各类培训 141 场，发放宣传资料 2 万份。扎实做好各项海防工作，努力构筑多元化、系统化海防战略体系，着力加强海防基础设施建设和日常维护工作，进一步改善一线人员工作环境。

（四）滨海发展服务不断优化。坚持以港产城统筹发展为重点，深入贯彻全面融入长三角一体化、“大湾区”建设等重大战略部署，认真做好滨海新区主要经济指标数字量化、月度和季度经济统计分析等工作，着重在产业结构、投资结构、行业结构等方面进行科学分析，为滨海新区经济转型升级和领导科学决策提供高质量的统计服务。深入开展项目推进服务，注重新材料、新能源、智能制造、海洋装备、现代服务业项目和对未来发展有引领作用、支撑作用的重大项目的招商选址和落地推进，助力滨海新区经济高质量发展。

三、着眼长远、强基固本，在队伍建设上有成效

（一）全面加强政治建设。将党建工作摆在首位，扎实开展“不忘初心、牢记使命”主题教育，研究制定《市政府办公室开展“不忘初心、牢记使命”主题教育实施方案》，通过开展主题教育“周夜学”等活动，组织集中学习 10 次。成立市政府办公室读原著青年积极分子读书班，组织青年党员干部撰写习近平新时代中国特色社会主义思想学习体会，得到市政府领导的批示肯定。创新设计全市政府系统办公室“微调研”“平语摘录”“悟原理”体会交流等活动，形成“微调研报告”132 篇。坚持问题导向，针对征集到的 15 个问题，认真开展整改，以整改落实成果巩固主题教育实效。

（二）全面加强干部队伍建设。将“重品行、重实干、重公认”导向旗帜鲜明地贯穿于干部选任全过程，严格落实选人用人规定，强化人员选录，加强年轻干部培养，充实业务力量、优化干部队伍。2019 年，公开选调公务员 5 名、事业单位工作人员 2 名，选调“双一流”高校生 2 名，选派挂职干部 4 名。为充实办公室人员力量，选调 1 名科级领导干部到办公室挂职锻炼，新提拔了 5 名 80 后年轻干部到中层岗位上。切实加强干部监督管理，认真落实重大事项报告、领导干部个人事项报告、谈心谈话等制度，健全干部经常性提醒教育工作机制。

（三）全面加强机关文化建设。重视工青妇组织在干部职工中的桥梁纽带作用，支持机关工会、共青团和妇女组织的工作，强化党建带群建工作。开展“我爱中国”主题党日活动、“三微进行时”专题活动、“雏鹰展翅”培育活动、“扎紧笼子”专项活动、“三化”机关现代制度建设活动、“谋发展惠民生”服务品牌活动、“夕阳红”系列活动、“巾帼风采”活动、“多彩文体”系列活动等十大主题活动，关心干部职工身心健康，积极凝聚正能量，着力从思想政治、精神状态、工作作风方面进一步强化办公室干部队伍建设，确保办公室干部队伍保持定

力、把握大局，看清方向、站稳脚跟，更好地服务保障全市工作大局。

（四）全面加强党风廉政建设。落实办公室党组班子成员 “一岗双责”，切实承担好党组廉政建设分担责任，推动党风廉政建设工作向纵深推进。召开党风廉政建设大会，印发《2019年党风廉政建设工作要点》，层层签订《党风廉政建设和作风效能建设责任书》。完善党组议事规则和主任办公会议制度，坚持重大决策、干部任免、大额资金预决算和使用等重大事项集体讨论决策。开展廉政风险排查和防范化解，每位党员干部认真自查岗位及个人风险点。大力支持驻办公室纪检监察组履行职责，强化廉政纪律监督检查，运用好监督执纪“四种形态”，加强对权力运行的制约和监督，为依法履职提供纪律保障。从严执行中央八项规定精神，2019年，办公室公务接待费同比下降30%，会议费同比下降10%。

（选自浙江省嘉兴市人民政府官网，http://www.jiaxing.gov.cn/art/2020/6/2/art_1228921178_44602622.html）

评析：

这是一篇浙江省嘉兴市政府办公室的年度工作总结。全文从三个方面对政府办公室的工作进行了相关总结。第一部分从着眼全局、围绕中心，在参谋辅政上有作为总结，其中“综合协调有强度、调研信息有深度、政务督查有力度、政务保障有精度”的“四度”让人印象深刻。后面两部结合相应制度建设、队伍建设、优化服务等具体工作进行了总结。

这份总结的写作符合总结的要求：点面结合，突出典型；大小结合，写出了新意；事理结合，找出规律；是一篇合格的工作总结。

技能训练

完成一篇关于你大学一年级的个人学习、生活总结。

总结的内容应包括：① 学习情况及取得的成绩；参加学校组织的各种活动和社会实践活动的收获和感想；业余爱好及收获；思想方面的收获。② 大学生活中的失败经历及教训。③ 今后努力的方向。

要求：主题明确，中心突出；语言准确、简明，书写规范。不少于600字。

第四节　简　报

一、简报的含义

简报是机关内部向上反映情况，向下级或平级机关沟通信息时使用的一种简短的、带有一定新闻性质的文字材料。简报的名称很多，如“××简报”“内部参考”“××工作通讯”“互通情报”等都属简报的范畴。

简报在机关中使用的频率较高，基层单位印发的简报是向上级机关汇报工作、提供信息，使上级机关了解本单位情况的重要工具，也是争取上级机关对本单位工作及时指导和帮助的重要手段。在平级单位间互发的简报可促进相互了解，沟通有关情况。领导机关向下发的简报，则有传达指示、介绍经验、树立典型、推动工作的作用。

二、简报的特点

（一）简短性

简就是内容集中、篇幅短小、文字简要。内容集中，是指每份简报的内容要做到单一、集中、一事一报，不要在一份简报中写许多项内容。如果为了集中反映某种情况、某个问题，也可以把几个内容相关或有共同性的短文编在一期内。篇幅短小要求一份简报最好不超过一千字。大型会议可编写多期简报。

（二）真实性

简报的内容必须绝对真实。简报一个重要的目的是为领导机关反映情况，而领导机关有时可能根据简报所反映的情况做出决策。正是基于这个特点，简报所写的事例，包括时间、地点、人物（或单位）、事情的前因后果、来龙去脉，引用的数据、人物语言等，都必须准确无误。对上级既报喜也报忧；既不以偏概全，也不以面盖点，力求准确全面，真实地反映实际情况。

（三）快速性

快速性是对简报时间上的要求。简报的时限性很强，它必须及时地把工作中出现的新情况、新问题、新典型、新动向，报告给有关上级机关和业务部门。只有反映情况快，才能使新颖的内容不过时，对工作才有指导和参考作用。

（四）保密性

简报是机关单位传阅的内部文书，一般不公开发行，这是它与大众传播媒介的主要区别。不同内容的简报，其传阅的范围和机密程度也不相同。一般来说，简报的发行范围越广，机密程度越低；发行范围越窄，机密程度越高。越是级别高的机关编写的简报，机密程度也就越高。

三、简报的种类

根据不同标准，简报可以分为多种。目前最常用的简报分类方法主要有以下三种。

（一）按简报的时间特征划分

1. 定期简报

定期简报是按一定的时间周期定时编发，反映一个时间段内重要情况的简报，常见的有周报、旬报、月报等几种类型。

2. 不定期简报

不定期简报是一种随时反映新情况、新问题、新经验的简报，没有固定的编发时间，有值得报的内容就编发，没有值得报的内容就不编发。

（二）按简报的内容性质划分

1. 工作简报

工作简报也叫业务简报，为推动工作而编写，是一种反映本地区、本系统、本部门工作情况的经常性简报。它的任务是反映工作开展情况，介绍工作经验，汇报工作中出现的问题等，它常以定期或不定期的形式出现，在一定范围内发行。

【例文分析 1】

××税务工作简报

（第 9 期）

××市税务局　　　　　　　　　　　　　　　　　　二〇二〇年六月五日

全市税务发票专项检查情况表明事业单位发票管理亟待规范

5 月初以来，市税务局组织 6 个检查组，在全市范围内开展发票专项大检查。截止到 5 月底，共检查用票户××户，查处违章普通发票××份，违章增值税专用发票××份，补税××万元，罚款××万元，取得了显著成效。

检查情况表明，当前发票管理秩序比较混乱，事业单位使用、索取发票违章现象尤为突出，检查的×××户事业单位，都存在不同程度的违章现象，占被检查户数的××%，发现违章发票××××份，占违章发票总数的××%。事业单位发票违章行为主要表现在：

一是白条入账多，×××户事业单位中，白条入账的违章行为占违章情况的××%，造成大量的税收流失；二是自印收据代替发票入账，这种情况在有收费职能的医院、广播电视等事业单位和土地管理、城建等所属的事业单位表现比较突出；三是使用过期发票；四是跨行业填开，如将商品零售发票作酒席款入账，税务、地税发票混用；五是开具的发票不规范，大多数事业单位财会人员为图省事，项目填写不全，如有 1 份×××元的发票只有金额和日期，余下项目全部空白。

究其原因，至少有四点：一是部分事业单位税法观念淡薄，依法依规使用和索取发票的意识不强，单位负责人不能正确理解发票与税收的直接关系，个别单位甚至认为自己不是纳税人，逃避监管违章用票；二是事业单位财会人员疏于学习，对使用和管理发票的常识相当缺乏；三是税务部门在开展税法宣传活动中，对发票管理的宣传滞后，重视不够；四是税务部门平时对事业单位的发票使用检查不够，监督不力，有的事业单位甚至从未被查过。

针对发票检查中发现的问题，希望全市税务系统采取五条措施，推动发票管理工作扎实整改。一是各税务分局要转变观念，改变只管企业、个体户等纳税人，而不管事业单位发票使用的旧观念，明确事业单位不是“税收盲区”，对事业单位的发票使用情况同样要适时检查，定期辅导，与其他性质的纳税人一样严格管理。二是加强发票宣传工作，重点宣传《中华人民共和国发票管理办法》，使事业单位理解发票的意义、作用，增强依法规范用票、管票意识。三是大力争取地方党委、政府的重视与支持。目前，全市事业单位因发票使用而违章的情况较多，处罚金额较高，罚款和税款入库的阻力较大，各税务分局务必做好宣传工作，切实争取支持，坚决按政策办事，处罚到位，入库到位。四是严格发票审批，坚持实行“以票控税”制度，对发票领、用、存各个环节都加强控管，规范发票使用、管理。五是进一步加大发票违章查处力度，对违章使用发票屡教不改的事业单位，税务部门要顶住方方面面的压力，发现一个查处一个，必要时可在新闻媒体上公开曝光。

报：省局领导及有关处（室）

送：市局领导、市直有关单位

发：各分局、机关各科室

（例文来源：http://wenku.baidu.com/view/755dd06d81d049649b6648d7c1c708a1294a0a65.html）

评析：

该简报就“发票专项检查”发现的问题和情况进行了全面、概括性的反映，旨在引起各税务分局对发票使用情况检查工作的重视。这份简报有情况概述，有原因分析，还有整治措施，真正做到了以简洁的文字表现尽可能丰富的内容，堪称简报写作的典范。

2. 会议简报

会议简报是会议期间反映会议情况的简报。它是一种临时性的简报，内容包括会议中的情况、发言及会议决定等。规模较大、时间较长的会议常要编发多期简报，以起到及时交流情况、推动会议的作用。小型会议一般是一会一期简报，常常在会议结束后，写一期较全面的总结性的情况反映。

【例文分析 2】

中国人民政治协商会议

××市××区第三届委员会第二次会议简报

（第 5 期）

大会秘书处编　　　　　　　　　　　　　　2017 年 3 月 26 日

关注民生　促进××区社会和谐

3 月 26 日，出席政协××市××区第三届委员会第二次会议专题讨论的政协委员们就“关注民生促进××区社会和谐”主题进行了专题讨论。××市政府副秘书长、××区区委副书记、代区长李××出席会议。会议由区委常委、政协副主席张××主持。现将委员发言摘编如下：

徐××：推动青年创业具有重要意义。建议：1. 以正式合作为基本模型，形成工作合力。由××区劳动和社会保障部门牵头，联合科委、财政等政府职能部门，共青团、青联、青年商会等群众团体，以及高校、社会中介机构，广泛开展协作，统筹各项资源，鼓励扶持青年创办中小企业及民办非企业。2. 积极营造良好的舆论环境。通过大众传媒、公益广告、论坛研讨等形式，加大对青年创业的宣传，推动社会对青年创业的认可和支持，提升青年创业意识。

毛××：近年来，随着××区大量人口导入，幼儿教育需求同教育资源供给的矛盾日益突出。建议：1. 将另作他用的教育土地资源收归教育部门。2. 政府可通过租借小区会所等形式，开辟幼儿教学场所。3. 加强幼儿教育师资队伍建设，特别是加大对教师技能技巧的培训。

……

报：××××，××××，××××

送：××××，××××，××××

（共印 100 份）

（例文来源：http://www.diyifanwen.com）

评析：

该简报以摘录会议代表发言为主要内容，借此反映会议讨论的问题，以引起大家的关注。

3. 动态简报

动态简报着重反映与本单位工作有关的正反两方面的新情况、新动向、新问题，为领导和有关部门研究工作提供鲜活的第一手资料，向群众报告工作、学习、生产、思想的最新动态。这类简报的时效性、机密性较强，要求迅速编发，发送范围有一定限制，在某一个时期、某一阶段要保密。

（三）按简报内容所涉及的范围划分

1. 综合性简报

综合性简报是反映本部门、本系统各方面工作情况和问题的简报，也称情况简报。综合性简报主要报道本部门、本系统工作中发生的重大问题、重要情况以及新生事物、新经验、新办法等。综合性简报涉及面广，情况复杂，材料丰富，能给人们提供较全面的信息。

2. 专题性简报

专题性简报也叫中心工作简报，是一种阶段性的简报。其内容主要是人们关心的、重要的、专项工作的动态、进展、经验、问题等。其内容集中、单一，语言简洁，篇幅短小。这类简报往往是针对机关工作中某一时期的中心工作或专项工作而编发，中心工作完成，简报也就停办了。

四、简报的格式

1. 报头

简报的报头有些类似公文的“红头”，一般也是套红印刷，但又有一些不同之处。首页间隔横线以上称为报头，由简报名称、期数、编发机关、日期、保密提示等项目组成。

（1）简报除用“××简报”“××动态”“情况反映”等常用四字名称之外，还可加上单位名称、专项工作等内容，如《××大学学生思想教育简报》。简报名称用大号字套红印刷。

（2）期数位于简报名称下方正中，加括号。如果是综合工作简报，一般以年度为单位，统编顺序号；如果是专题简报，按本专题统编顺序号。如果是增刊，就标明“增刊”字样。

（3）编发机关一般是“××办公室”或“××秘书处”，位于期数下面、间隔横线上方左侧。

（4）日期位于编发机关右侧。

（5）如果需要保密，在首页报头左上角标明密级或“内部刊物”字样。确有必要，还可在首页报头右上角印上份数。

2. 报核

报头以下、报尾以上的部分都是报核。报核包括以下项目：

（1）目录。由于简报内容单纯，容易查找，目录一般不需标序码和页码，只需将编者按、各篇标题排列出来即可，为避免混淆，可以每项前加一个五星标志。

（2）编者按。必要时可加编者按，主要内容是工作任务来源、本期重点稿件的意义和价值、征稿通知、征求意见等。编者按不可过长，短者三五行，长者半页即可。

（3）报道。一期简报可以只有一篇报道，也可以有多篇报道，依次排列即可。

3. 报尾

报尾位于简报最后一页下方。一般在最后一页的下端用两条间距适度的平行横线画出，在两条平行横线之内写清简报的发送单位，包括：报（指上级单位）、送（指平行或不相隶属的单位）、发（指下级单位），并在平行横线内的右端注明共印份数。

五、简报的写作要求

1. 精心选材

无论是领导机关还是一般的工作单位，每天都要接触大量的情况和问题，但不能都上简报，而要有所选择。选择哪些材料上简报呢？总的来说是要选择那些有意义的材料。首先，要选择那些与党的方针政策密切相关或涉及本部门中心工作的重要情况、典型经验等材料。其次，要选择那些有倾向性的苗头问题或者带有普遍性的雏形经验。最后，不仅要选取那些正面的材料、成功的经验，也要选取那些反面的情况、失败的教训。因为正面情况可以公开报道或通过其他渠道向上反映，而一些反面情况有时则不宜公开报道，正适宜发挥简报这种内部材料的作用。

2. 材料要准确

简报是向领导机关反映情况的，领导机关很可能根据简报反映的情况做出决策，因此材料一定要可靠。写简报的同志应力求亲自调查研究，从时间、地点、参办人员到事情发生的来龙去脉、前因后果，特别是引用的数据、人物的语言等，一定要核实清楚、准确。如果是别人反映的，应加上“据××反映”“据××说”等。需要对工作的基本情况做出估价时，要适当、客观，既不夸张，也不缩小，要掌握好分寸，思想动态尤忌无限上纲或肆意美化。拿不准的宁可不反映，也不可想当然地贸然反映，以免造成不良后果。

3. 贵在迅速

简报的时间性很强，紧急情况必须立即反映，使领导机关及时掌握和处理，否则时间一过就没有意义了。要做到快，除了采写者精力集中、文思敏捷外，还要做好调查研究，抓住要害，紧追不放，了解情况具体而全面。这样写起来得心应手，出来就快了。

4. 篇幅短小、语言简练

每篇1000字上下，最多不超过2000字，使人能在短时间内读完。要使简报简短，一是要专，一事一报。如果内容较多，可分篇写，一篇突出一个问题。二是要注意文字简练，开门见山，直截了当，不用形容夸张之类语言。三是层次要清楚，段落要分明。意思不同的段落，可以加小标题。

5. 注意读者对象

有的简报是供下级或群众阅读，或者向他们传达的；有的是供内部阅读的；有的是供上级阅读的；还有的只供上级个别领导阅读的。它们的写法、反映问题的深度、字数的多少都有所不同，要区别开来。

【例文分析3】

教育部简报〔2018〕第66期

教育部办公厅编　　　　　　　　　　2018年12月27日

暨南大学全面实施“侨校＋名校”战略
着力推进“双一流”建设（节选）

暨南大学秉承“宏教泽而系侨情”的办学宗旨，贯彻“面向海外、面向港澳台”的办学方针，深入学习贯彻习近平总书记视察广东及暨南大学重要讲话精神，凸显侨校特色，提高办学质量，弘扬和传播中华优秀传统文化，为服务国家战略和促进区域经济社会发展作出独特贡献。

坚持立德树人，提高人才培养质量。倡导传承“忠信笃敬、知行合一、自强不息、和而不同”的暨南精神，形成独具特色、自成体系的招生、培养和管理模式。实施“海外生源拓展和提升计划”，扩大港澳台侨尤其是“一带一路”国家的生源规模，不断提升生源质量。构建内地、港澳台地区与华侨华人学生“分流教学、分类培养、同向融合”的育人模式，将港澳台学生培养成为自觉拥护祖国统一、为港澳台地区长期繁荣稳定作贡献的坚定爱国者，将华侨华人学生培养成为了解和热爱中华文化、对中国友好、主动担当中外交流的文化使者。构建“三三三本科教学治理体系”，即实抓教师、课程和学生三大要素，搭建本科教学核心团队、课程建设与管理中心、“‘卓越未来’创新人才教育计划”三个平台，实施教风学风分级预警与处置、教师教学绩效评测、课堂教学辅助三套系统，提升本科教育质量内涵。成立创业学院，面向学生开设“创业基础”“创新与创意”等课程，开展商业游学、新商业模型论坛、创业项目打磨会和项目路演等活动，为学生创新创业提供咨询、指导和孵化服务。

加强学科建设，打造世界一流学科。出台《“双一流”暨高水平大学建设实施方案》《一流学科建设与综合改革方案》等文件，实施“1234”学科和科研建设规划，即构建一个大科技格局，提升承担国家重大科技任务、为地方经济社会发展服务两种能力，完善科学评价考核、成果转化、技术实验支撑体系高效利用三个机制，把握大平台、大团队、大项目、大成果四大抓手，推进一流学科和一流大学建设。以建设“世界一流学科”生物医药学科群为核心，遴选和建设一流培育学科，打造攀峰学科和学科群，带动学校综合实力整体提升。目前，药学学科进入“世界一流学科”建设名单，8 个学科进入 ESI 世界排名前 1%。大力推进卓越智库建设，搭建高水平学术交流平台，华侨华人研究院、海国图智研究院入选首批中国智库索引（CTTI）。逐年增加科研经费投入，强化科研绩效考核，加强资金统筹和精细化预算管理。建构学科建设监测体系，建立常态化检测机制，为学科自我评估和外部质量评价提供支撑。

实施“人才强校”，加强师资队伍建设。加强人才引进工作，成立人才引进工作领导小组，构建“高层次人才引进绿色通道”，实施高层次人才“一站式服务”和联系人制度，帮助其解决困难问题，营造利于潜心治学的良好环境。引育并举加强师资队伍建设，多点发力引才引智，构建分层次、分阶段和全覆盖的师资培养体系。实施“准聘长聘制”，建立健全相关人事管理机制。实施“分类管理制”，区分不同类型人员设置岗位聘用条件、职称评审标准和聘期考核指标。实施“多元薪酬制”，构建岗位绩效工资、协议工资、项目工资、职务职级工资等多元分配体系，着力推动高水平师资队伍建设。

增进文化认同，弘扬中华优秀传统文化。面向港澳台侨和海外学生开设中国传统文化、中国国情、中国历史等课程。组织港澳台侨和海外学生广泛开展社会实践，深入了解中国历史、文化和发展成就。每年举办“国际文化聚暨南”活动，展示不同国家和地区特色文化，促进校园多元文化的融合与认同。成立文化遗产创意产业研究院，举办“一带一路文化遗产合作与交流国际高峰论坛”、“文化遗产创意与创新展”学术研讨会等，推动文化遗产与创意产业的国际交流与合作。培育建设华人华侨研究教育部人文社会科学重点研究基地，设立华侨华人研究数据库。加强华文教育国别教材体系建设，编写的《中文》教材在海外发行逾 4000 万册。制定推广“华文教师证书等级标准”和“海外华裔青少年华文水平”两项华文教育国家标准。建设中华才艺（武术、龙狮、书画）培训基地，承办世界华文文学研讨会，协助组建世界华文文学联盟，努力将中华优秀传统文化传播到五洲四海。

坚持开放办学，提升国际化办学水平。主动对接地方经济社会发展需求，与粤港澳大湾区广州、深圳、珠海等城市签订合作办学协议。积极落实创新驱动发展战略，立足学科优势在广东省设立八大地方研究院，支撑地方医疗卫生、环境保护、智能制造、网络安全、光电技术、材料研发等行业发展，助推地方经济社会发展。与南沙新区共建中国广东自贸区研究院，为自贸区制度和政策创新提供智力支撑。依托优质医疗资源，在广东、河南、海南、新疆等地设立 25 所附属医院，服务地方医疗需求。同 50 多个国家和港澳台地区的 355 家高等院校和文化、科研机构签订学术交流合作协议，与东南亚、欧美、拉丁美洲以及“一带一路”沿线国家开展深度交流与合作……不断提升国际化办学水平和海外影响力。

分送：中共中央办公厅、国务院办公厅

全国人大常委会办公厅、全国政协办公厅

中央和国务院各部委、各民主党派中央，各省、自治区、直辖市党委、人民政府

各省、自治区、直辖市党委教育工作部门、教育厅（教委）

各计划单列市教育局，新疆生产建设兵团教育局，部署各高等学校，有关省部共建、省部共同重点支持建设高校，有关新闻单位

2018 年 12 月××日印发

（选自中华人民共和国教育部网站，http://www.moe.gov.cn/jyb_sjzl/s3165/201812/t20181227_365127.html）

评析：

这篇简报集中体现了简报的写作格式和写作要求。首先，简报的报头有简报名称、期号、编印单位、编发日期等要素；其次，标题直接概括了简报的内容；再次，正文写得很简练，体现了简报“短”“简”的特点；最后，尾部有分送单位，按单位级别的高低作先后顺序排列。

技能训练

根据本学期以来，本校召开的相关会议、举办的活动，或学生中间普遍存在的问题，以学生会的名义编写一份简报。

第五节 调研报告

一、调研报告的含义

调研报告是人们对某一情况、事件、经验或问题，经过深入细致的调查研究而写成的书面报告，它要求将调查研究的结果客观、真实、及时地反映出来，对了解情况、制定总结或执行某项方针政策有重要意义，可以帮助我们比较全面地认识问题、解决问题，及时了解情况，推动和指导工作。要写好调研报告，前提是进行艰苦细致的调查研究工作。

二、调研报告的特点

（一）具有很强的针对性和明确的目的性

调研报告是为直接解决工作中的某个问题而写的，它总是针对需要弄清和解决的某个问题，先进行调查研究，然后将事实和结论写成报告，用于回答或解决大家关心的问题。调研报告的针对性和目的性越强，它的指导性就越大。

（二）用事实说话，观点明确并带有结论性

调研报告要坚持真实性原则，文中对事件背景的交代，对事件发生、发展、结局过程的叙述，以及对一些数据的介绍都必须准确无误，否则就失去了报告的参考和应用价值。调研报告的观点必须是从事实材料中得出的科学结论，观点必须明确并带有结论性，绝不可模棱两可，含糊其词。

（三）叙议结合，以叙为主

调研报告的写作，一般用第三人称进行叙述，一方面要求准确地叙述客观事实，另一方面还要对客观事实进行概括分析，形成自己的观点。调研报告主要是反映实际情况，因此要以叙事为主，但也不可光罗列现象，还要适当地进行分析议论，阐述作者的观点，以帮助读者加深认识。

三、调研报告的类型

（一）情况调研报告

情况调研报告主要用来反映某项工作进行的实际情况，为相关部门及责任人提供客观资料和事实依据，包括对社会政治、经济、文化等基本情况的调查。这种调研报告要反映在社会发展中出现的新生事物，揭示它们的发展规律，并阐明其意义和作用，以促进新生事物的进一步成长。

（二）经验调研报告

经验调研报告用来反映某地区、某单位或某些个人的典型经验，将他们的经验介绍、推广到更大的范围予以应用，以利于指导和促进全面工作的开展。这类调研报告要求写明开展工作的具体做法和实际效果。

（三）问题调研报告

问题调研报告主要揭露某个方面或某项工作中存在的问题和弊端，揭露社会上的不良倾向，并分析这些弊端和问题产生的原因以及造成的后果，指出它们的危害性，以引起相关部门与社会的高度重视和警惕，从而达到吸取教训、解决问题、教育群众的目的。

（四）学术调研报告

学术调研报告主要指就某学科领域中的课题开展调查，从而得到相应的数据和材料，并以此为依据写出的具有学术价值的调研报告。

四、调研报告的格式

（一）标题

调研报告的标题通常是用简要的语言表达全文的主题或论题，常见的有四种写法。

1. 类似总结的标题

一般是通过标题把调研单位、调研内容明确而具体地表现出来，如《北京市能源状况的调研报告》《福建沿海地区偷渡犯罪的调研报告》。

2. 文章标题的写法

这类标题比较吸引人，但读者不容易从题目中明确地看出调研对象和所要研究、探讨的问题，如《改进经营管理，提高经济效益》《扬长避短，发展地方工业》。

3. 提问式的标题

一般揭露矛盾和问题都用这种标题，但总结经验的调研报告也有用这种标题的，如《战士对业余文化生活有哪些小要求?》。

4. 正副标题的写法

正标题揭示调研报告的主题，副标题指明调研的地区、事件或范围，如《传统文化与现代文明相融合，建设有中国特色的社会主义企业文化——关于同仁堂文化状况的调研报告》《探索绿色低碳发展的镇江模式——全国第二批低碳试点城市镇江的实践与思考》。

（二）开头

开头概述基本情况。有的概括全篇的基本内容，有的简单介绍调研的目的、调研对象的有关情况和调研的经过等。这部分起提示正文的作用，力求简明概括。

（三）主体

主体主要是用材料来说明观点，说明具体做法、经验或问题。至于怎样组织，则要根据内容的需要和事物的内在联系来安排。有的按照问题的几个方面或几个部分并列安排，被称为“横式安排”，有的按照事物发展过程的顺序来写，被称为“纵式安排”。但这只是相对的，常常是纵横交错地安排。

（四）结尾

结尾指出规律或做出结论。有的单独写成一段；有的不单独成段，而是把规律或结论放在介绍或分析材料之中。另外，如果还有正文没有谈到而应该谈到的问题，也可以在结束时谈一下。总之，写好调研报告必须掌握三个要素：周密调查、深入研究、准确表达。

五、调研报告的写作要求

（一）深入实际，调查研究

撰写调研报告的首要目的和基本要求是做好调查研究工作。在调研时要尽量掌握第一手资料，同时要大量收集间接资料，必要时还要查阅有关的历史文献。只有进行深入细致的调查研究，才能掌握大量新鲜而生动的材料，才能得出正确的结论，写作调研报告时才能得心应手。可以通过召开座谈会、查阅资料、实地调查、蹲点等方式进行调查研究，并运用科学的世界观和方法论对调研所得资料进行综合分析，得出正确的判断和结论。

（二）认真分析，找出规律

通过调查研究掌握了大量材料之后，还必须善于从所有材料中归纳总结出具有共性的规律性的东西。调研报告不能停留在对表面的工作过程和对具体事实、经验的叙述上，而应当从具体的经验中找到事物之间的内在联系，从而揭示出事物的本质，概括出规律，这样才能对实际工作起到指导性作用。

（三）用事实说话，做到观点与材料的统一

客观事实是调研报告写作的基础，从调研对象的确定到开展调研活动，从对问题的分析研究到提出解决问题的途径，都要以充分确凿的事实作为调查研究的依据。同时，写作调研报告不能简单地堆积材料和罗列数字，必须既有材料，又有观点，让观点统帅材料，使材料说明观点，做到观点与材料的融合统一。

（四）叙议结合，有明确的针对性

调研报告的写作要采用叙议结合的方式，叙事要力求具体真实、简明扼要，议论务必严谨精当、恰到好处。调研报告的调查研究所针对的一般是在实际工作中迫切需要解决的问题，因此调研对象必须具有针对性和典型性，要能够反映问题的共性，有相当的代表性，同时也要能够最终促成问题的妥善解决。

【例文分析】

西部地区非中心城市本科高校科研平台建设调研报告

非中心城市是指直辖市、省会城市和国家计划单列城市以外的、政治经济文化以及对外交流等发展相对滞后的城市，处于这些地方的高校即是非中心城市高校。根据教育部2020年发布的《全国高等学校名单》统计，西部地区十二省市除直辖市重庆外，共有本科高校268所，其中分布在非中心城市的地方高校105所，占比39.2%。这些高校在推进高等教育大众化、提高国民素质、服务国家战略和区域经济社会发展方面发挥了不可或缺的重要作用。

高校科研平台主要是指以高校为依托单位或设立在高校的、以开展科学研究为目的的各

类型、各层次的科研机构，包括各类技术研究中心、人文社会科学研究基地、重点实验室等。科研平台作为推进高校学科建设、汇聚高端人才、催生标志性成果、促进产学研合作的重要基地，是学校科研综合实力的重要体现。大部分非中心城市高校由于办学思想、人才队伍、管理机制体制等方面的因素，在科研平台建设中往往存在着一些问题，影响了科研平台在国家科技创新体系和服务区域经济社会发展中发挥应有的作用。本文运用量化分析方法，通过抽样，对西部地区 24 所非中心城市本科高校调研和部分科研平台负责人访谈，力图揭示这类本科高校科研平台建设中存在的问题，提出解决思路。

一、科研平台的作用

（一）支撑科技创新

科研平台作为各高校科技创新的重要支柱，具备良好的科研实验条件，有一大批高素质科研人员，能够组建科研团队承担各级、各类研究项目，其研究成果具有科学性、创新性，在科技创新、社会服务和成果转化中发挥着不可替代的作用。

（二）支撑学科建设

通过引领教师利用科研平台资源开展科学研究，可以使其准确把握国内外科学研究发展趋势，了解自身学科专业面临的新问题，进而将研究成果反馈于教学过程，充实教学内容，丰富教学手段，有利于高校学科的快速发展。同时，现代经济社会的快速发展和产业链条的延伸，促使新兴学科不断涌现，通过共建、开放、共享科研平台，实现不同团队科研资源、科技信息、科研方法、科技人员的交流与互动，既有利于产出优秀的科研成果，也有利于学科的交叉、融合和发展。

（三）支撑人才培养

立德树人成效是检验学校一切工作的根本标准，科教资源集聚的科研平台更应该成为人才培养的基地。高校通过开放科研平台资源与项目，满足学生实习实践、创新创业、科研训练需求，可以极大地丰富他们的学习经验，提升探索创新的兴趣，形成逻辑思维和质疑论证的理性气质，培育其实践能力，全面提升适应就业岗位的素养。

（四）支撑社会服务

高校作为教学中心和科研中心，理应充分利用优质资源成为社会服务的中心，自觉地为国家战略和区域经济社会发展服务。高校依托各级科研平台人才、技术和资源优势，强化校地对接，打造社会服务团队、凝练社会服务方向，增强服务地方的能力，有的放矢地开展形式多样的社会服务，积极为地方发展提供人才、技术和智力支撑。

二、西部地区非中心城市高校科研平台建设的困境

（一）主动服务意识不强，难以满足区域经济社会发展需求

在高校推进转型发展的进程中，部分高校惯性思维沿袭了传统的办学方式，不能积极去了解、回应现代社会高速发展背景下区域经济发展的重大需求，主动服务意识不足。就以高等教育资源较为丰富的陕西省为例，非省会城市高校中没有国家级科研平台和重点实验室，省部级科研平台、重点实验室校均不足 6 个；这类科研平台大都依托重点或优势学科建设，建设时间不长，研究基础薄弱，研究成果以论文、著作为主，平台建设和地方经济社会发展需求契合度不高，校地、校企合作活力不强，在一定程度上无法满足地方经济社会发展对实用技术的需求。如陕南几个地市皆处于南水北调中线工程核心水源涵养区和水源地，承担着保护“南水北调”工程一江清水北上的重要使命，但该区域内的高校却没有相关的国家级科

研平台，已有的低层次科研平台对地方水资源保护与开发、生态补偿、绿色转型发展的研究还不够深入，缺少有影响力的研究成果，无法为地方政府提供切实可行的生态保护与发展措施。

（二）高层次人才匮乏，团队建设基础不牢

发展是第一要务，人才是第一资源。根据2019年全国及各省（市、区）居民收入统计，在人均可支配收入排名后15位的省份中，有10个省份属于西部地区；西部12省市平均人均可支配收入23660元，不足全国人均可支配收入的80%，更无法和东南沿海省份相比较。西部地区非中心城市高校大都位于集中连片特困地区，加之又大都为新升本院校，起步较晚，财政投入不足。学校区位、教师发展平台和收入水平的限制，导致很多科研平台缺乏水平高、思路清、学术视野宽广的学科学术带头人，科研平台和团队建设缺少有效引导，也难以吸引博士、教授等高层次人才来校工作。

（三）经费投入不足，管理机制不够健全

西部地区非中心城市高校科研平台建设经费大部分来自政府建设经费和学校配套经费。但由于省市政府和学校办学经费的限制，在钱、物的使用上，往往采取“撒胡椒面”的做法，平台建设效果不佳。在部分高校科研平台负责人的访谈中发现，对于省级科研平台，因为有政府主管部门的考核任务，学校大都配套有相应的建设经费，设有专门的实验室、办公室及专职管理人员，这类科研平台档案资料完备、运转正常、科研成果丰富。没有考核要求的平台，往往缺少独立的科研实验场地，教师主要依托二级学院教学实验室相关仪器设备进行科学研究，科研仪器设备购置、科学研究及日常管理经费不足。

在调研的24所西部地区非中心城市本科高校中，有79.2%的科研平台没有专职的管理和科研人员编制，科研平台主要依托二级学院（或系部）进行管理，平台负责人、研究人员、管理人员以学院兼职教师为主。同时，这些高校生师比平均达到21.7∶1，兼职人员需要承担繁重的教学任务，对科研工作重视不够，原创性科研成果不多，无法形成稳定的团队，从而导致科研平台管理比较松散，学科融合、部门协作、平台开放和资源共享十分有限。

（四）资源整合度不高，科技成果转化率低

很多高校已经意识到资源整合的重要性，积极推进校地、校企合作，以实现资源配置效益的最大化、最优化。但限于机制体制问题，一是校地、校企之间科研平台共建、共享缺少有效的资金投入、平台管理和成果收益分配机制，有些合作项目无法具体推进，部分共建协议停留在字面上；二是校内科研平台资源整合与共享管理不够，部分科研平台重复建设，院部之间、教师之间的资源共享、科技合作缺少有效管理，多数科研平台各自为战，追求短平快式小规模、零散研究，无法实现学科之间的充分融合和科研平台资源的全方位开放。

习近平总书记强调，科技成果只有同国家需要、人民要求、市场需求相结合，完成从科学研究、实验开发、推广应用的三级跳，才能真正实现创新价值、实现创新驱动发展。但限于教师、学校、地方的各方原因，科研平台研究成果转化率较低。一是这类高校的教师大都一直在校园内工作，与社会脱节，对于企业、市场的具体需求并不了解，导致科研成果天然带有实用性不足的缺陷；二是学校与政府、企业之间合作政策不完善，缺乏充分的技术合作和转化资金，没有转移转化平台，导致很多科研成果无“路”可以转化；三是大多西部地区非中心城市经济水平较差，市场以小微企业为主，服务型、劳动密集型产业较多，缺少高端技术需求，让科研平台的部分成果无法就地转移转化，这也打击了科研人员进行科学研究的积极性。

（五）教研分离，育人功能发挥不明显

中共中央、国务院《关于加强和改进新形势下高校思想政治工作的意见》中着重提出把思想价值引领贯穿教育教学全过程和各环节，形成教书育人、科研育人、实践育人、管理育人、服务育人、文化育人、组织育人长效机制。但在调研中发现，大多西部地区非中心城市高校还存在教学与科研分离的情况，高达 91.2%的本科生对本校的科研平台是“听说过”“偶尔参观过”；本科学生即便有幸能够参加科研平台相关活动，被安排最多的任务是“收集、整理资料”，占比 78.57%；其次是“做实验或调查数据”“撰写实验报告或论文”，占比分别为 64.29%和 44.29%；学生参与实质科研活动少、科研育人内容不充实、不丰富，育人功能发挥不明显。

三、西部地区非中心城市高校科研平台突破路径

（一）坚持需求导向，强化科研平台规划设计

高校是自主科技创新的重要原动力、创新人才培养的摇篮和重大创新成果的孵化器，对于提振区域经济、优化产业布局具有根源性影响，对于创新链整体结构具有重塑性作用。西部地区非中心城市本科高校要坚持需求导向，紧密对接区域经济社会发展需求，合理规划科研平台的设置与建设。一是积极开展校地对接，系统梳理区域经济社会发展需求，努力使科研平台的研究工作做到方向明、定位准、有特色、接地气，由自我封闭式的办学向融入社会的开放式办学转化，由单纯的教育功能向全面为区域社会服务的功能转化。二是结合各科研平台建设现状，进一步凝练研究方向，整合资源、构建团队、联合攻关，加强对区域社会现实问题和经济发展前沿课题的研究和探索，围绕地区经济和社会发展相关行业、领域中的关键技术问题或热点问题开展研究。

（二）坚持问题导向，强化科研平台团队建设

科学研究，优秀的人才和团队是基础。充分考虑西部地区非中心城市高校引进人才的困难，一是按照“按需引进”的原则，根据平台建设实际需要的人才类型，有计划、有步骤地引进首席专家、学科（学术）带头人和博士等高层次人才。二是构建人才柔性引进机制，实现与高水平院校、科研院所人才共享，达到“不求所有、但求所用”的目标。三是自身培养，注重科研平台人才梯队建设，积极培养现有中青年骨干，逐步形成合理的学术梯队；完善进修和培训制度，有计划地选派教师到省内外同类科研平台、研究基地进修、访问和开展学术交流，开阔学术视野，提高学术水平；鼓励青年教师继续攻读博士学位，提高科研平台研究队伍学历层次。

（三）坚持规则导向，强化科研平台科学管理

规范完善的管理机制有助于推动科研平台凝聚力量、产出成果。一是建立健全科研平台管理制度，探索设立科研平台专职科研和管理人员岗位，完善科研平台内部管理与运行机制，保障科研平台的良性运转。二是建立科研平台建设经费与资源优化配置机制，根据科研平台建设发展与科研平台考核评价情况，探索科研平台分类评价体系，投入资金，不断改善科研平台硬件条件。三是建立政府、行业、企业、高校共建、共享制度，打造多主体合作、优势互补、灵活运作的教育、科技、研发、转化一体化协同创新平台。通过政府为学校提供资金、政策支持，学校与行业企业之间实现经济利益共享、技术师资共用、责任风险共担、人才培养共管，积极促成高校科研平台服务社会格局的形成，形成沟通互动的长效合作机制。

（四）坚持创新导向，强化科研平台成果转化

“科技成果的创造和转化是科技管理工作的核心问题，不仅关系到科技是否能真正融入经济建设主战场，也关系到不同创新主体创新能力的提高。”一是建设“×主体一联合”新型科研平台，按照现代企业制度管理运行，由学校和企业共同出资建设，实行董事会领导下的院长负责制。新型平台将研究院建在学校，研究院按照企业需求开展技术攻关，成果由双方共同分享，完成“出成果”和“用成果”的有机统一，实现科技研发与企业技术需求的无缝对接。二是建立健全科技成果转移转化工作机制，因地制宜，制定符合地方学校实际的职称评审、人事分配改革办法，把科技成果转化作为考核的重要内容，加强对成果转化人员、管理者和中介机构的奖励，建立成果转化利益分配机制，引导教师开展应用技术研究，实现从项目到论文向从项目到技术、产品开发的转变。三是加强平台科技成果转移转化机构建设，充分发挥其在科技成果转化中的纽带、桥梁作用；加强高层次科技成果宣传，推动科研成果加快步伐转化为科技生产力。

（五）坚持育人导向，强化科教产教融合

第一，高校面向学生开放科研平台资源，主动发布科研平台项目和实验设备情况，让学生根据自身学科专业、兴趣特点参与项目研究或观摩学习，扩大课堂教学的外延，充分发挥科研平台资源的作用，提升学生实践动手能力。第二，借助科研平台高水平教师团队的优势进行创新人才培养，让学生充分融入团队文化，感受团队氛围，吸取团队精华，学习个体优点，提高学生综合素质、创新意识与创新能力。第三，构建校地、校企共建共享平台机制，可以通过高校教师、科研院所人员、企业技术骨干、学生共同参与技术攻关的形式联合培养应用型创新人才。

（例文来源：http://www.diyifanwen.com）

评析：

这是一篇西部地区非中心城市高校科研平台建设情况的调研报告，首先，调研报告选题独特新颖，有一定的实践价值；其次，调研资料详细，材料典型，有一定的说服力。本文主要从五个方面说明了科研平台建设的困境，论证观点的过程中，运用了大量的调研数据和实例，具有很强的说服力。此调研报告不但清楚展示了调研对象所面对的问题以及原因，还提出了相应的解决措施和建议。这篇调研报告的突出优点是主旨深刻，观点鲜明，表达方式较为灵活。篇幅虽然不长，却能很清楚地说明问题，并给读者留下深刻印象。

技能训练

请根据以下给出的材料，拟写一份关于银川市大学生就业情况的调查报告。

2020 年 6 月 20 日，银川市人才开发交流服务中心向北方民族大学 2020 年应届毕业生发放了 100 份大学生就业情况调查表，收回 98 份，下为统计数据。

一、你所期望的工作单位的性质：

行政机关 26 人；事业单位 43 人；国有企业 20 人；私营/民营企业 21 人；合资企业 15 人；外资企业 22 人；股份企业 9 人

二、你所期望的第一份工作（试用期后）的月薪是多少？

2800 以下 7 人；2800～3500 有 55 人；3500～4500 有 31 人；5000 以上 4 人

三、工作后你在多长时间内可胜任工作？

上岗即可 12 人；一个月 56 人；两个月 11 人；三个月 11 人；半年 8 人

四、你对现在就业形势的看法是：

乐观 6 人；一般 44 人；不乐观 34 人

五、你对求职就业渠道的选择：

人才网站 51 人；校园招聘会 26 人；社会招聘会 54 人；老师、亲戚朋友 17 人；电视、报纸媒体 2 人；其他 0 人

六、毕业后愿意留在银川工作或者创业吗？

打算回原籍 9 人；愿意留银工作或创业 84 人；希望去外省市寻求机会 10 人

七、你觉得自己目前所学专业在今后的求职过程中是否具有优势？

有 42 人；没有 42 人；不太清楚 14 人

八、你对自己所学专业的就业出路了解吗？

时常关注，并清楚银川市有专业需求的企业 61 人；不清楚 31 人

九、你觉得大学生就业面临最大的困境是：

社会人际关系窄 29 人；自身综合素质经验不足 59 人；就业方向不明 29 人

十、你觉得银川市的企业在吸纳毕业生就业过程中还存在什么问题？

自身信心不足，难以胜任工作 10 人；工作岗位要求过高，难以胜任 31 人；工资待遇较低 49 人；发展空间较小 31 人；其他 3 人

要求：主题明确，中心突出；语言准确、简明，书写规范。不少于 800 字。

第六节　会议记录

一、会议记录的含义

会议记录是由会议组织者指定专人，如实、准确地记录会议的组织情况和会议内容的一种机关应用性文书。会议记录一般用于比较重要的会议或正式的会议，它要求真实、全面地反映会议的本来面貌。

二、会议记录的作用

（一）依据作用

会议记录忠实地记录了会议的全貌。会议精神、会议形成的决定和决议、会议对重大问题做出的安排，如果在会议后期需要形成文件，要以会议记录为依据；如果不形成文件，与会者在会后传达贯彻会议精神和决定是否准确，也要以会议记录为依据进行检验。

（二）素材作用

会议进行过程中连续编发的会议简报，以及会议后期制作的会议纪要，都要以会议记录为重要素材。会议简报和纪要可以对会议记录进行一定的综合、提要，但不得对会议记录所确认的内容进行歪曲和篡改。可以说，会议记录是形成会议简报和纪要的基础。

（三）备忘作用

会议记录可以作为会议情况和会议内容的原始凭证。时过境迁，有关会议的内容和情况可能无法在记忆中复现了，甚至当时做出的重要决定可能也记不清了，这时就不妨查查会议记录。会议记录还可以成为一个部门和单位的历史资料，若干年后，通过大量会议记录可以了解这个单位的历史进程和发展状况。

三、会议记录的特点

（一）真实性

会议记录的执笔者与其他文章的写作者有一个重要的区别，那就是他只有记录权没有改造权，会议是什么样就记成什么样，与会者发言时说了些什么就记下什么，记录者不能进行加工、提炼，不能增添、删减，不能移花接木，不能张冠李戴。

（二）原态性

会议记录是会议情况和内容的原始化的记录。所谓原始，就是未经整理，未经综合。在这一点上，它跟会议简报、纪要有着很大不同。会议简报和纪要也是真实的，但不是原始的。虽然在内容上可能没有太大差别，但在存在形态上，会议记录跟会议简报和纪要的差异甚大。

（三）完整性

会议记录对会议的时间、地点、出席人员、主持人、议程等基本情况，对领导讲话、与会者的发言、讨论和争议、形成的决议和决定等内容，都要记录下来，一般没有太多的选择性。

四、会议记录的格式

（一）标题

标题由会议名称加文体名称组成，就是《××××会议记录》。如果使用的是专用的会议记录本，连“记录”二字也可省略，只写会议名称即可。

（二）会议组织概况

1. 会议时间

要写明年、月、日，上午、下午或晚上，×时×分至×时×分。

2. 开会地点

如："××会议室""××礼堂""××现场"等。

3. 主持人的职务，姓名

如："校党委书记×××""公司总经理×××"。

4. 出席人

根据会议的性质、规模和重要程度的不同，出席人一项的详略也会有所不同。

有时可以只显示身份和人数，如"各院系党总支书记和直属党支部书记 31 人""各部门经理""全体与会代表"等。

如果出席人身份复杂，如既有上级领导，又有本单位各部门的主要领导，还有各种有关人员，最好将主要人员的职务、姓名一一列出，其他有关人员则分类列出。

5. 列席人

包括列席人的身份、姓名，可参照出席人的记录方法。

6. 缺席人

如有重要人物缺席，应做出记录。

7. 记录人

包括记录人的姓名和部门，如：××（××办公室秘书）。

（三）会议内容

这部分随着会议的进展一步步完成，没有具体的固定模式。一般包含以下方面：

会议的议题、宗旨、目的，需要记录人做好详细全面的记录；会议议程；会议报告和讲话，这类讲话和报告是会议精神的集中体现，也是了解会议意图的主要依据；会议讨论和发言，要先写每个发言人的姓名，再记下其所说的话，并尽量记原话；会议的表决情况；会议决定和决议，要力争准确明白，并经会议主持人过目，或向大会宣读，如有错漏，要当即更正；会议的遗留问题。

这些是一般会议都有的项目，但侧重点会有所不同，先后次序会有所不同。

第一种摘要记录法。只记讲话、发言的要点，讨论的问题、结论，通过的决定、决议等中心内容，这是一般会议常用的记录法。

第二种详细记录法。有言必录，记下会议全部情况，即把演讲、报告、每个人的发言都详细地记录下来，甚至掌声、笑声、插话等也不漏掉。详记多用于重要会议。

第三种录音记录法。用录音机完整地录下原话，还可用摄像机配合，会后根据录音、录像进行整理。录音、录像也是重要的档案材料。

选择哪种方法记录，应根据实际情况与需要确定。会议议题较少，讨论的问题较简单，与会人员意见较一致的，可采用摘要记录法，而对其中重大议题、决定、决议等可辅以详细记录；议题较多，讨论的问题较复杂，与会人员意见有分歧、争论的，要做详细记录。

（四）结尾

可将主持人宣布散会一项记入，也可以将散会一项略去不记。

最后，由主持人和记录人对记录进行认真校核后，分别签上姓名，以示对此负责。

五、会议记录的写作要求

1. 会议记录必须真实、准确、完整

要真实地记录会议进行情况，决议的赞成、反对、弃权票数等，做到秉笔直书，不得随意增删改动；要客观地准确地记录发言原话，并尽可能保持发言者的语言特色，加强真实感；记录的内容要完整，不能改变或遗漏会议内容。

2. 会议记录必须通顺、连贯

会议记录应该语言流畅，意思明确，不能前言不搭后语。字迹应力求清楚，容易辨认。

3. 要掌握提高记录速度的技巧

快速记录的技巧主要有：（1）用简称。例如，“中国人民银行”简称“中行”。（2）用拆码。例如，用“礻 市”代称“社会主义市场经济”。（3）用符号来代替一个词组或一个句子。例如，用“价”代替“价格上扬”或“物价走高”。（4）在记录稿中进行各种语码的转换。例如用“TV”表示“电视”、用“WTO”表示“世界贸易组织”（中文码转为西文码）等。

4. 会议记录要及时整理

一般会议只需整理决议部分。某些会议记录根据需要可调整发言顺序，综合整理，突出中心。重要会议则要对每个人的发言依次分别整理，并在不影响原话表达的基础上做文字处理工作，删去重复多余的话，改正病句和错别字，补上漏字，调整句子结构，使之表述得更清楚、更完善。

【例文分析】

××市××区人民政府办公会议记录

时间：二〇××年×月×日下午

地点：第一会议室

主持人：阎×区长

出席人：李×、赵×、于××、钱××副区长

列席人：吴×（农办主任）、孙××（畜牧局局长）、王××（商委主任）、张××（粮食局局长）、常××（研究室主任）、金×（教育局局长）

记录人：王××

会议内容：

主持人阎×：今天研究三个问题。（一）请李×同志传达市商业工作会议精神，研究决定明年的商业工作重点。（二）请于××同志谈当前养奶牛中的主要问题，研究解决办法。（三）请钱××同志谈市人大代表视察我区教育工作时提出的意见，商定我们的解决办法。

李×：市里的商业工作会议是上月 15 日到 18 日开的。会议纪要和市领导同志的讲话已经印发给大家，就不重复讲了。这次会议主要解决两个问题，一是商业改革问题。会上介绍了一些商业服务业的门店实行租赁制的经验。二是增加商业网点，方便群众问题。全市新建小区不少，那里群众反映商业网点太少，生活很不方便。会议要求各区、县要设法解决这些问题。

咱们区今年商业工作进步很大，特别是在一些中小门店搞“四放开”试点以后，出现了一些新气象。过去亏损的门店扭亏为盈，服务态度也有了较大的改进。我们区的“城门前综合商店”还在会议上介绍了经验，受到与会者的重视。

赵×：这个店的经验很值得重视。这个店的地理位置不错，经营品种也不少，可过去年年亏损，群众反映很大。实行“四放开”后，大大改观了。我找一些商店经理谈过此事，他们认为“城门前店”的办法可以推广。

钱××：“四放开”可以进一步推广，但时间太短，经验不足，应当认真总结经验。

于××：中、小型门店可以实行，大型商店怎么搞，要在调查研究中充实完善它。

李×：我也认为可以在全行业推广这个办法（以下详细论述了“四放开”的具体作法及优缺点）。

阎×：搞“四放开”是个好办法，明年我们先在中、小型门店实行，不断总结经验，研究存在的问题，不断加以完善。大家是否都同意这个意见？（大家表示同意）这件事就这么定下来。下面是不是等三件事都谈完了，我们一并讨论，以节省时间。请李×同志接着讲。

李×：会上提出商业网点问题，咱们区，问题较大。这几年咱们这儿盖了许多楼房，形成了两个小区，几十栋高层建筑，几万人口。一下子增加这么多人，商业压力很大。群众也有意见。电台、晚报等新闻单位转来不少群众来信。我也收到一些提意见的信。看来必须尽快解决。我同商委的同志研究了一下，明年商业工作的重点是：加快小区商业网点建设，在楼群中开三至四个综合商店，再搞一些代销点，在中小型商业门店中，当然也包括服务、饮食、修理业，我们把这些都包含在商业中了，推行“四放开”，以这种改革，促进服务质量的提高，改进服务态度。具体工作计划在这次会议以后报道。明年初召开一次全区商业工作会议进行部署。讲完了。

阎×：请于××同志谈。

于××：市里召开的发展奶牛、改善牛奶供应会议以后，区里决定在山坡乡区办三个奶牛场，各乡也要发展集体或个体户养奶牛。经过近两年的努力，咱们区奶牛发展很快（以下介绍了奶牛发展的情况），给市里提供了新的奶源，受到市领导的表扬和群众的称赞。当前饲

料成了问题，特别是精饲料，粮食供应不足，各乡还可以自己想点办法，区办的三个场，困难更大。这三个场的牛奶产量占全区的1/2以上，因此，急需解决他们的问题，但目前还能维持，从现在抓起，不会产生大的影响。解决的办法我看还是需粮食局设法调拨，张局长、吴主任你们看怎么办好（张、吴表示可以帮助解决）。

阎×：老于讲完了吗？（答：完了）请钱××同志说。

钱××：本月1日、2日市人大代表一行8人来我区视察教育工作。他们走访、视察了16所小学，对各校工作的成绩给予了充分的肯定，对学校领导、老师、学生提出的一些问题做了解答。有的代表还接受了学校的邀请，抽时间给师生做报告。视察结束后，代表们提了一个很重要的意见，要求区里立即解决：前山、子母堡、洼地三个小学的危险教室的翻修问题。这三所小学各有二三间教室是危房，有倒塌的危险（以下谈了具体情况）。

阎×：金×同志，你立即给三个小学打电话，这些教室马上停止使用，并在周围设立屏障和危险标志，必须确保安全。具体办法过一会我们研究（金局长去打电话）。钱××同志接着讲。

钱××：解决这三个学校的危险教室问题已迫在眉睫。现在主要是经费不足，我的意见，无论怎么困难也得先翻修。修教室期间，学生们可以分二部制上课。我讲完了。

阎×：对这三件事，我讲以下意见，然后大家讨论。

（一）商业会议明年初开，同意商委意见，明年工作重点是：推行“四放开”，先在中、小型门店搞；加快网点建设，除了依靠我们自己的力量还要发动群众，多办些代销点，货源我们保证，形成一个网。

（二）奶牛场饲料问题，保证区办的三个场。请粮食、畜牧局同志协商解决。一定尽力优先解决这三个场的问题，保证一定量的牛奶供应。乡里要因地制宜，早做规划，尽快解决饲料供应问题，不要等到不能维持时才办。这件事情张局长、孙局长协助乡办好。

孙××：饲料问题我们一定尽力解决，饲料公司已有准备（下面谈了具体解决的办法）。

阎×：好，饲料公司还是有远见的，优先解决区办的三个奶牛场的问题。

（三）三所小学危险教室问题我应该检讨，这么严重的问题，不及时解决会出大乱子的。这种事的解决，先停止使用，教育局立即筹款请城建部门协助，找最好的施工队，在短期内翻修好。修房期间可以实行二部制，不要影响学生上课。过两天，请金×同志跟我到这三所学校看看。大家对这三件事这么办有什么意见，请发表。

（大家表示同意这么办，并补充了一些情况）

没有不同意见，就这么决定了。

散会。

（例文来源：http://www.diyifanwen.com）

评析：

这份“××市××区人民政府办公会议记录”写得完整规范。

此份记录如实地反映了会议的情况。从记录中我们了解到，会议讨论研究了三个问题：一是关于商业工作的重点，解决建立商业网点的问题；二是养奶牛中存在的问题及解决的办法；三是教育工作中必须及时解决三所小学的危房问题。参加会议的负责人各司其职、各负其责，主持人阎×掌握会议进程，恰当适度。其他各部门负责人的发言重点突出、各具特色。从记录中我们还可看出××区人民政府中各位负责人的工作作风及开会的质量。这份会议记录做到了内容清楚，中心明确，详略得当，语句连贯。

技能训练

以本宿舍同学为小组，召开“环境保护，从我做起”为题的讨论会，要求选出会议主持人和记录人，每个同学都发言。根据讨论会的情况，拟写会议记录。

第七节　声　明

一、声明的含义

声明是党政机关、企事业单位、社会团体以及公民个人针对有关事项或问题，表明自己的观点或态度，或者向侵害自身权益者发出书面警告，或者向社会公众说明有关情况时使用的一种事务文书。声明的发文主体没有限定，党政机关、企事业单位、社会团体以及公民个人均可发表声明。声明的发布途径广泛、发布形式灵活，可以在报刊登载，可以通过广播电台播发，也可以利用互联网发布，还可以进行张贴。

二、声明的特点

（一）严肃性

不论是表明自己的态度，对侵权行为发出警告，还是说明事件和问题的真相，都是一种严肃的行为，这就决定了声明这种文体在使用上的严肃性。声明文体措辞要严谨，事实要确凿，立场要鲜明，态度要坚决，语言要恰如其分。

（二）警示性

声明大多是为了防止侵权行为的发生或者制止侵权行为的继续发生而发表的，这类声明具有警示或警告的作用。

（三）说明性

声明一般是针对具体的行为或问题而发布的，在写作时指明具体的侵权行为或问题，用于澄清事实，消除公众对自己的误会，以此来说明事实的真相，具有说明性的特点。

三、声明的类型

（一）警示声明

警示声明是指自己的权益有可能受到侵害或已经遭到侵害时，为防止或制止侵害行为，维护自己的合法权益而发布的声明。这类声明的作用主要是对实施侵权者进行警示或警告，防止侵权行为的发生或制止已经发生的侵权行为。

（二）澄清声明

澄清声明是指与自己无关的行为或事件连累到自身的声誉或者影响到自身事业的正常开展的情况时发布的，意在澄清事实的声明。

（三）告启声明

告启声明是指在丢失了重要的证件、文件、印章等情况下，为防止他人或不法分子冒领、冒用等行为发生，用以提醒相关单位或个人注意而发布的声明。

四、声明写作的格式

（一）标题

声明的标题有三种写法：一是由单位名称、事由、文种名三个部分构成；二是由事由和文种名两个部分构成，如《遗失声明》；三是直接用文种名“声明”二字作为标题。

标题上有时加“严正”二字，如《××渊源文化传播有限公司严正声明》；有的声明单位授权××律师，在标题上也注明，如《高才作文网授权法律顾问××律师声明》。

（二）正文

声明的正文部分，一般由发表声明的缘由、声明事项和声明者的态度三部分构成。

1. 声明的缘由

这一部分简明扼要地交代发表声明的原因，如“近段时间以来，市场上出现了两种《怎样写好高考作文》的盗版书。盗版者严重侵害了原作者黄××先生和××大学出版社的合法权益。为此，黄××先生和××大学出版社共同授权律师××发表声明如下”。

2. 声明事项

简明扼要地交代发布声明的缘由和目的之后，紧接着直接陈述声明事项。

告启性的声明要交代清楚受文对象须知的各种具体事项，如关于遗失重要票据、证件一类的声明，既要写清楚遗失了什么，还要写清楚支票的号码和银行账号，证件、执照的签发机关和编号等重要信息，然后“声明作废”。

警示性的声明重在向侵权行为人提出警告，责令其停止侵权行为，如“责令盗版者停止侵权盗版行为，希望图书销售者停止购进和销售盗版书”。

澄清性的声明主要陈述清楚事实，使公众明白该事件或行为与声明人无关或并非声明人的真实意愿。

3. 声明者的态度

这一部分是在陈述声明事项的基础上，表明声明发布者的态度。如遗失类的声明在“声明作废”的同时，需提请受众注意有可能发生的他人冒领冒用的行为，并明确表示自本声明发布之日起，因声明作废的证件所发生的一切责任与自己无关。警示性的声明在向行为人发出警告的同时，表明将依法维权或保留追究责任权利的态度。澄清性的声明表明自己将针对相关事件做出怎样的反应。

（三）尾部

声明的尾部包括署名、时间和附项三项内容。署名是指发布声明的单位或个人签署自己的名称。时间是指发布日期。有的声明正文内容中写有希望公众检举揭发侵权者的意思，还应在署名项目的右下方附注自己单位的地址、电话、电传号码以及邮政编码等，以便公众联系。

五、声明的写作要求

写作声明时要注意语言分寸，措辞严谨，语气要坚定，不能言辞过激，更不能随意指责和谩骂；声明的写作要在简明扼要陈述事实的基础上，直截了当地就有关事项和问题发表自己的意见，表明自己的态度，力求言简意赅、层次清晰；声明的内容要素必须齐全，行为要规范，发表声明的缘由要交代清楚，声明事项要具体、明确、合理合法；声明的写作要有明确的针对性，要直接点出事实，明确指出行为后果。

【例文分析】

关于构筑全球网络安全保障体系的声明

作为全球领先的电信解决方案供应商，华为技术有限公司（以下简称“华为”）充分理解网络安全的重要性，同时我们也理解各国政府及客户对此的担忧与高度关注。随着电信网络和信息技术的不断演进与发展，网络安全面临的威胁和挑战将日益严重。我们也心存忧患。华为对此高度重视，并致力于采取切实有效的措施提升产品和服务的安全性，从而帮助客户规避和减少安全方面的风险，以赢得各利益相关者的信赖。华为认为，构建一个开放、透明、可视的安全问题解决框架，将有助于整个产业链持续健康发展，也将会促进通信技术创新和人类沟通交流。

鉴于上述认识，华为在此承诺：将构筑并全面实施端到端的全球网络安全保障体系作为公司的重要发展战略之一，在遵从所有适用的国家和地区安全法规、国际电信标准和参考行业最佳实践的基础上，从政策、组织、流程、管理、技术和规范等方面建立和完善可持续、可信赖的安全保障体系，并与有关政府、客户及行业伙伴以开放和透明的方式，共同应对安全方面的挑战，全面满足客户的网络安全需求。华为同时承诺：将公司对网络和业务安全性保障的责任置于公司的商业利益之上。

在组织方面，全球网络安全委员会作为华为公司的最高网络安全管理机构，负责决策和批准公司总体网络安全战略。全球网络安全官是全球网络安全委员会的重要成员，负责领导团队制定安全战略，统一规划、管理和监督研发、供应链、市场与销售、工程交付及技术服务等相关部门的安全组织和业务，确保网络安全保障体系在各体系、各区域、全流程的实施，积极推动与政府、客户、合作伙伴、员工等各利益相关方的沟通。全球网络安全官直接向公司 CEO 汇报。

在业务流程方面，安全保障活动融入研发、供应链、市场与销售、工程交付及技术服务等各环节中，作为质量管理体系的基本要求，通过管理制度和技术规范来确保其有效实施。华为通过内部审计和接受各国政府安全部门、第三方独立机构的安全认证和审计等来监督和改进各项业务流程。华为的安全管理体系自 2004 年起已通过 BS7799-2/ISO27001 认证。

在人员管理方面，华为全体员工以及合作伙伴、外部顾问都必须严格执行公司相关安全政策，接受安全培训，使安全理念融入整个组织之中。华为对积极参与网络安全保障的员工给予奖励，对违反网络安全保障政策的员工给予处罚，违反相关法律法规的员工，将依法承担法律责任。

华为愿意以开放、透明的态度真诚地与各国政府、客户、行业伙伴通过各种平台、组织、渠道开展安全交流与合作，共同应对全球网络的安全威胁和挑战。华为将根据需要设立区域安全认证中心，这些认证中心对当地政府和客户是高度透明的，由当地政府认可的机构和人员对相关产品的安全性进行审查，确保华为对当地客户的安全交付。同时，华为积极、持续地参与 ITU-T、3GPP、IETF 等国际电信标准组织中的安全标准制定，加入 FIRST 等安全组织，并通过和主流安全厂商紧密合作，为行业的健康发展作出自己的贡献，努力保障全球客户的网络安全。

本声明适用于深圳市华为投资控股有限公司及其全球范围内直接或间接控股子公司和分支机构。

本声明应符合所在国家的法律、法规，在与当地法律、法规发生冲突的情况下，以当地法律、法规为准。公司将每年进行一次本声明的审核，根据相关法律规定进行重新修订。

华为技术有限公司

（选自华为网站，https://www.huawei.com/cn/declarations/cyber-security）

评析：

这则声明标题由“事由+文种”构成。声明首先介绍发布声明的原因，阐述了华为重视构筑全球网络安全保障体系的态度；然后做出郑重承诺：愿意在遵从所有适用的国家和地区安全法规、国际电信标准和参考行业最佳实践的基础上，从政策、组织、流程、管理、技术和规范等方面建立和完善可持续、可信赖的安全保障体系；最后分别从组织方面、业务流程方面、人员管理方面说明了具体的措施。

技能训练

××年××月××日，一名成都用户上网发帖子称，自己刚刚购买的小米移动电源爆炸了。后经小米公司派出专业技术人员现场拆解，证实此电源为假货。为保障用户权益，维护公司品牌，小米公司发表声明，希望用户能够通过小米网等正规渠道购买商品，同时将对制假售假行为进行严厉的法律追责。请你代表小米公司拟写一份声明。

要求：主题明确，中心突出；语言准确、简明，书写规范。不少于500字。

4 第四章 日常文书

日常文书是人们在日常工作、学习和生活中，办理公务、处理私事时所使用的一种实用性文体。它是应用文系统中用途最广、最大众化的一部分文体的总称，是信息交流的传输器、人际交往的桥梁，在日常工作、学习和生活中发挥着重要作用。正如美国预测学家约翰·奈斯比特在《大趋势》中写道“在这个知识密集的社会，我们比以往任何时候都需要具有基本的阅读和写作能力”。

第一节 日常文书概述

日常文书是指人们在日常公务活动和私人活动中经常使用的具有惯用格式的实用文体，是应用文系统中用途最广、最大众化的一种一部分文体的总称。它通俗易懂，实用性强，是人们信息交流的传输器、人际交往的桥梁，发挥着沟通交流、凭证依据等重要作用。

一、日常文书的特点

（一）对象明确

日常文书的写作对象十分明确，都是以特定的读者为写作对象，如讲话类、启事类、申请类，对于写什么、写给谁、达到怎样的效果，作者都有比较明确的计划。就写作目的而言，日常应用文也是明确的，发文所希望达到什么样的结果也是明确的。

（二）格式固定

写作格式固定是应用文的显著特点。它是历史留传、人们习以为常、约定俗成的，任何人不可随意违反它惯用的格式。但是随着社会的发展和进步，为了适应现代生活和日常表达的需要，有的格式被简化甚至被废除。

（三）讲求时效

日常文书总是针对工作、学习和生活中所出现的具体事情而写。通常是问题即将发生，必须处理或者解决时才使用，如演讲要先写演讲稿、请假先写请假条。强调这种时效性是日常应用文的基本特征。

（四）语言规范

日常文书的语言要求符合日常表达的规范，要求语言朴实、简明、准确、严谨。表达清楚而不过于书面化，用语精炼而不拖泥带水，少用形容词或描述性句子，少用比拟、夸张等修辞手法。

二、日常文书的类型

（一）启事

启事是机关、企事业单位、群众团体或个人，向公众陈述某件事情、表达某种要求的一种专业文书，用于公开陈述事情。

（二）演讲稿

演讲稿是为演讲准备的文稿或演讲内容的记录，是一种直接面对听众，凭借口头表达，进行宣传、教育、鼓动或是思想交流的一种论说性文书，用于交流思想、感情，表达主张、见解，介绍学习、工作情况和经验等。

（三）开幕词

开幕词是党政机关、社会团体、企事业单位的领导人，在会议开幕时向大会全体代表发表的讲话，用于阐述会议的指导思想、宗旨、重要意义，向与会者提出要求并对会议的成功表示祝愿。

（四）闭幕词

闭幕词是党政机关、社会团体、企事业单位的领导人，在会议闭幕时所做的讲话，用来对会议或活动做出正确的评估和总结，激励有关人员，宣传会议或活动的精神实质，贯彻落实有关的决议或倡议。

（五）倡议书

倡议书是个人或者集体首先公开提出某些建议，以倡导完成某些任务，开展某些活动时使用的一种专业文书，用于推广某一行之有效的做法，宣传某一种精神。

（六）申请书

申请书是个人或者集体向组织表达愿望，向机关、单位领导或社会团体提出请求时使用的一种专业文书，是沟通个人与组织、个人与领导、上级与下级的一种重要手段。

（七）建议书

建议书是个人、组织或单位以及有关方面，为了开展工作、完成任务、进行某项活动而向上级机关或领导提出意见、建议时使用的一种专业文书。

三、日常文书的写作要求

（一）内容准确无误

准确是日常文书写作的首要要求，不能凭主观臆想、凭一时的热情，不能为了达到某种目的，随意地歪曲内容，甚至虚构内容。要求做到尊重客观事实，所讲事情要符合实际情况，数字要确实无误，办法要切实可行。写作时要反复核对有关数据、事例、引语，力求内容准确，观点正确，事实清楚。

（二）语言朴实简洁

日常应用文重在实用，语言力求平易朴实、明白晓畅、简洁明了，不堆砌辞藻，不浮夸艳丽，篇幅要短小精悍，切记不使用套话、空话、废话。

第二节　启　事

一、启事的概念和分类

启事是政府机关、企事业单位、群众团体或个人，向公众陈述某件事情、表达某种要求的一种专业文书。

启事的本意是公开陈述事情，从内容上一般可以分为：寻找类、征询类、招聘类、搬迁类、更改类等。

二、启事的结构和写法

（一）标题

可采用“启事”作标题；也可以采用“内容+文种”的方式；也可以采用“启事者、内容+文种”的形式。

（二）正文

1. 寻找类

所寻找的人或物品详细介绍+丢失时间、地点、原因+联系方式+酬谢方式。

2. 征询类

征招原因+征招事项+具体要求+注意事项。

3. 招聘类

招聘目的+对象条件+人数+待遇+办理办法+联系方式。

4. 搬迁类

搬迁原因+日期+迁至何处+联系方式。

5. 更改类

更改原因+更改后的情况介绍+联系方式。

（三）启事者和日期

启事者的落款和启事日期。

【例文分析】

（一）征文启事

2021 年是中国共产党成立 100 周年。100 年来，中国共产党团结和带领全国各族人民砥砺奋进，创造了一个又一个人类发展史上的伟大奇迹。

为纪念党的百年华诞，本报理论版拟开设“百年同心，百年辉煌——庆祝建党 100 周年”栏目，以建党 100 周年为背景，结合中共党史、统一战线史、人民政协史，紧紧围绕爱党爱国爱社会主义的主题，总结中国共产党的百年伟大历程、辉煌成就和宝贵精神，阐释中国共产党的领导是中国特色社会主义最本质的特征、是中国特色社会主义制度的最大优势；总结中国共产党 100 年的光辉历程和辉煌业绩与党领导的统一战线的紧密联系，总结统一战线的历史功绩，认识统一战线的发展规律和肩负的历史使命，研究阐释新型政党制度的制度优势；总结人民政协的历史演进，研究阐释人民政协作为专门协商机构的历史贡献和新时代的新使命。

一、征文时间

本次征文活动时间为登报之日起至 2021 年 9 月 30 日止。

二、征文对象

各级政协组织、政协各参加单位和广大政协委员，各民主党派中央和全国工商联，中央党校（国家行政学院）、中央社会主义学院、高等院校、哲学社会科学研究单位的专家学者，党政领导干部和统一战线工作者等。

三、征文要求

1. 来稿应注重理论概括和提炼，主题鲜明，观点正确，史论结合，有较高的理论价值和实践意义。文章字数请限4000字以内。

2. 来稿请注明“一百周年征文”字样，写明作者真实姓名、现任职务及通信地址、电话。（联系方式略）

（选自人民政协网，http://www.rmzxb.com.cn/c/2021-02-09/2783796.shtml）

（二）人民网浙江频道招聘启事

人民网是中共中央机关报《人民日报》建设的以新闻为主的大型网上信息交互平台，是国际互联网上最大的综合性网络媒体之一。人民网作为党和国家治国理政的重要资源和手段与“网上的人民日报”，恪守“权威、实力、源自人民”的初心，在网络舆论生态中努力发挥着“中流砥柱、定海神针”的作用。

人民网浙江频道是国家网信办批准、人民网派驻浙江的唯一合法机构，全权负责人民网在浙江的新闻宣传、品牌运营以及事业发展等事宜。依托“人民系”丰富的信息资源及权威品牌，具有卓著而独特的宣传优势和丰富的人脉资源。因事业发展需要，现面向社会公开招聘以下职位：

一、网站编辑（2人）

岗位职责：

1. 负责频道网站、视频直播的日常值班维护。实时关注突发热点，及时跟踪处理，制作专题；

2. 根据重大选题，定制内容运营计划，对总网内容和相关数据指标负责；

3. 负责日常内容运营的其他工作。

任职资格：

1. 良好的政治素质和思想品德；

2. 热爱党的新闻事业，恪守新闻工作者职业道德；

3. 遵纪守法，无不良从业行为记录；

4. 年龄35周岁以下，全日制本科及以上学历，有2年以上编辑、运营等相关工作经验。具备选题策划、创意、文案能力；

5. 熟悉社会、时政、生活等相关内容，其他行业也有涉猎更好；

6. 对数据敏感，能够通过数据产出分析和方法论沉淀，并调整优化运营策略；

7. 熟练使用Pr、PS等软件；熟悉互联网新闻传播机制，善于制造传播热点。

二、新媒体运营（1人）

岗位职责：

1. 负责运营人民网浙江频道社交媒体账号（微信、微博、快手、抖音等）；

2. 策划各类社交媒体线上活动，推进与各社交平台合作；

3. 跟踪各类热门事件，提炼热点，制定并推进相应的传播推广计划；

4. 分析数据，优化运营策略，能够完成既定增长目标。通过数据变化及时调整运营计划、内容方向等；

5. 参与短视频创作，提升原创短视频品质。

任职资格：

1. 年龄35周岁以下，全日制本科及以上学历，有2年以上社交媒体运营相关工作经验；

2. 熟悉各类社交媒体运营模式及操作方式，了解各类平台调性及用户喜好；

3. 对视频形式/内容有较高的敏感度，能够预判传播趋势。熟悉互联网语言，网感强，能紧跟热点输出创意；

4. 能承担一定的工作压力，自驱力强，有较好的沟通协调及文案驾驭能力；

5. 掌握 Photoshop、Premiere、finalcut 等软件的基本操作；

6. 个人社交媒体号粉丝 10w＋者优先考虑。

三、福利待遇

我们将提供前景广阔的发展空间，具有竞争力的薪酬，和睦融洽的工作环境以及“五险一金”等完备的社会保障。

四、报名方式

请将个人简历（含联系电话、出生年月、户籍、学历和工作经历等），主要作品或业绩，近照（半身或全身照一张）发到以下邮箱：daiqian@people.cn，邮件标题请注明应聘岗位。应聘视频岗位需提交作品一并发到邮箱。

报名截止时间：2020 年 6 月 30 日。

（联系方式略）

人民网浙江频道

2020 年 6 月 1 日

评析：

以上两则启事，一篇属于征文启事，一篇属于招聘启事。这两则启事都具备了启事的公开性、事项的单一性和告知性的特征。标题凝练，主旨鲜明；正文目的、原因、事项及要求齐全，联络方式清楚；格式规范，文字简洁、明晰，值得借鉴。

技能训练

根据以下材料，拟写一份寻物启事。

江南大学文学与传媒学院 2020 级秘书学专业的学生刘某，于 2021 年 5 月 12 日在操场锻炼时丢失了一个 SONY 黑色移动硬盘，硬盘内存有她大学期间所有的照片以及撰写的毕业论文初稿，她的联系电话：123456。请代为拟写一份寻物启事。

要求：主题明确，中心突出；语言准确，格式规范。不少于 300 字。

第三节　演讲稿

一、演讲稿的概念

演讲稿是为演讲准备的文稿或演讲内容的记录，是一种直接面对听众，凭借口头表达，进行宣传、教育、鼓动或是思想交流的一种论说性文书。可以用来交流思想、感情，表达主张、见解，也可以用来介绍自己的学习、工作情况和经验。

二、演讲稿的特点

演讲稿具有一般文章的共性，写作时要符合一般文章写作的共同要求，同时也要符合它自身的特点。

（一）针对性

根据听众所关心的问题、演讲的场合、听众的年龄及文化程度、演说者所处的地位、身份等具体情况设计不同的演讲内容。

（二）启发性

“晓之以理，动之以情”，让听众心悦诚服地接受演讲稿需要阐明的意见和观点。

（三）感染性

具有激发听众情绪、赢得好感的鼓动性。思想内容要丰富、深刻，有独到之处，发人深思，语言表达要形象、生动，富有感染力。

（四）口语性

演讲稿区别于其他书面表达文章和会议文书的重要一点就是口语性，要求讲起来通达流利，听起来非常顺畅，没有语言障碍，不会发生曲解。具体可以将书面语言改为口语、避免同音相混的语言、多用象声语言、把不常用语序改为常用语序、把长句改为短句，以便演讲内容能被听众快速、充分理解和接受。

三、演讲稿的分类

（1）按照演讲稿的表达分式，可分为以陈述自己或他人的思想、经历、事迹为主的叙述式的演讲稿；以摆事实、讲道理为主的议论式的演讲稿；以说明事理，通过解说某个道理或某一问题来达到树立观点的目的的说明式的演讲稿。

（2）按照使用场合，可分为以在竞聘时获得某一工作岗位或职位为目的的竞聘演讲稿，在各种庆祝、欢迎集会上或者其他礼仪场合所做的具有祝贺、祝福意味，表达良好祝愿，富有礼节性的演讲稿。

四、演讲稿的结构和写法

演讲稿的结构主要由开头、主体、结尾三部分构成。

（一）开头

开头要求先声夺人，富有吸引力。常见有开门见山式、提问式、悬念式、幽默式、引用式等开头方式。

（二）主体

主体要求层层展开，抽丝剥茧，步步推向高潮。在理论上要一步步说服听众，在内容上要一步步吸引听众，在感情上要一步步感染听众。主体与一般议论文区别不大。总体要求是结构严谨，层次清晰，可分别用几个层次加以展开。至于具体情况，则要视其内容与主题灵活确定，没有事前预定的“万能”框架。

（三）结尾

结尾或归纳、或升华、或希望、或号召、或抒情。要求干脆利落、言简意赅、余音绕梁，能够使听众精神振奋，并促使听众不断思考和回味。

【例文分析】

寒门贵子

在这个演讲开始之前，我先问问现场的大家一个问题，你们当中有谁觉得自己是家境普通，甚至出身贫寒，将来想要出人头地只能靠自己？你们当中又有谁觉得自己是有钱人家的小孩儿，起码在奋斗的时候可以从父母那里得到一点助力？

前些日子，有一个在银行工作了十年的 HR（人力资源管理师），他在网络上发了一篇帖子，叫作《寒门再难出贵子》。意思是说在当下，我们这个社会里面，寒门的小孩儿他想要出人头地，想要成功，比我们父辈的那一代更难了。这个帖子引起了特别广泛的讨论，你们觉得这句话有道理吗？

先拿我自己说，我们家就是出身寒门的，我们家都不算寒门，我们家都没有门。我现在想想我都不知道，当初我爸跟我妈那么普通的农村夫妇，他是怎么样把三个孩子，我跟我两个哥，从农村供出来上大学，上研究生。我一直都觉得自己特别幸运，我爸跟我妈都没怎么读过书，我妈连小学一年级都没上过，她居然觉得读书很重要，她吃再多的苦，也要让我们三个孩子上大学。

我一直也不会拿自己跟那些，比如家庭富裕的小孩儿去做计较，说我们之间会有什么不同，或者有什么不平等，但是我们必须要承认这个世界是有一些不平等的，他们有很多优越的条件，我们都没有，他们有很多的捷径我们也没有，可是我们不能抱怨，每一个人的人生都是不尽相同的，有些人出生就含着金钥匙，有些人出生连爸妈都没有。人生和人生是没有可比性的，我们的人生是怎么样，完全取决于自己的感受，你一辈子都在感受抱怨，那你的一生就是抱怨的一生，你一辈子都在感受感动，那你的一生就是感动的一生，你一辈子都立志于改变这个社会，那你的一生就是一个斗士的一生。

英国有一部纪录片，叫作《人生七年》，片中访问了十二个来自不同阶层的七岁小孩儿，节目组每七年再去重新访问这些小孩儿，到了影片的最后就发现，富人的孩子还是富人，穷人的孩子还是穷人，但是里面有一个叫尼克的贫穷的小孩儿，他到最后通过自己的奋斗变成了一名大学教授，可见命运的手掌里面是有漏网之鱼的。而且，现实生活中寒门子弟逆袭的例子更是数不胜数。所以当我们遭受失败的时候，我们不能把所有的原因都归结到出生上去，更不能抱怨自己的父母为什么不如别人的父母，因为家境不好，并没有斩断一个人他成功的所有的可能。

当我在人生终于遇到很大的困难的时候，我就会在北京的大街上走一走，看着人来人往，而那时候我就想，刘媛媛，你在这个城市里面真的是一无所依，你有的只是你自己，你什么都没有，你现在能做的就是单枪匹马的，在这个社会上杀出一条路来。

这段演讲到现在已经是最后一次了，其实在刚刚我问的时候就发现了，我们大部分人都不是出生豪门的，我们都要靠自己，所以你要相信，命运给你一个比别人低的起点，是想告诉你，让你用你的一生去奋斗出一个绝地反击的故事。这个故事关于独立，关于梦想，关于勇气，关于坚忍，它不是一个水到渠成的童话，没有一点人间疾苦，这个事故是有志者事竟成，破釜沉舟，百二秦关终属楚；这个故事是苦心人天不负，卧薪尝胆，三千越甲可吞吴。

（选自：瑞文网，http://www.ruiwen.com/yanjianggao/2356075.html）

评析：

这是一篇《超级演说家》冠军刘媛媛在决赛节目上的演讲稿。全文从结构上可以分为三大部分：第一，提问式的开头一下子调动了听众的积极性，进一步引导听众思考当下热点教育问题；第二，主体部分通过自身经历和纪录片《人生七年》来层层论证自己的观点：寒门可以出贵子；第三，结尾抒情，以诗文名言作结，振奋人心，给人鼓舞，给听众留下深刻的印象。整篇演讲稿行文有力地反驳了社会上流行的“寒门再难出贵子”这一流行论断，主旨鲜明、突出，结构清晰，论证充分，层层推进，语言简洁明了，富有鼓动性。

技能训练

请以“与_____有约”为题，撰写一篇主题演讲稿。

要求：中心明确，主题新颖；材料典型，说理形象；结构合理，思路清晰；语言生动、简练，不少于600字。

第四节　开幕词

一、开幕词的概念及作用

开幕词是党政机关、社会团体、企事业单位的领导人在会议开幕时向大会全体代表发表的讲话。开幕词的内容主要是阐述会议的指导思想、宗旨、重要意义，向与会者提出要求并对会议的成功表示祝愿。

开幕词通常要阐明会议或活动的性质、宗旨、任务、要求和议程安排等，集中体现大会或活动的指导思想，起着定调的作用，对引导会议或活动朝着既定的方向顺利进行，保证会议或活动的圆满成功，有着重要的意义。

二、开幕词的结构和写法

（一）标题

标题的写法主要有以下三种：

（1）由事由、文种两要素构成。

（2）由致词人、会议名称和文种三要素组成。

（3）双行标题，一主一副。主标题为文章式，副标题为文种式，如《我们的文学应该站在世界的前列——中国作家协会第四次会员代表大会开幕词》。

（二）正文

正文通常由称谓、前言、主体和结语构成。

（1）称谓。

（2）前言。宣布会议开幕，对与会嘉宾领导做相关介绍，并表示欢迎。

（3）主体。

① 介绍会议召开的背景、依据、指导思想、目的、意义。

② 介绍本次大会的任务、议程和相关安排。

③ 向与会者提出相应的要求。

（4）结语。预祝本次大会取得圆满成功。

【例文分析】

团结合作战胜疫情 共同构建人类卫生健康共同体

大会主席先生，世界卫生组织总干事先生，各位代表：

首先，我认为，在人类抗击新冠肺炎疫情的关键时刻举行这次世卫大会，具有十分重要的意义！

人类正在经历第二次世界大战结束以来最严重的全球公共卫生突发事件。新冠肺炎疫情突如其来，现在已波及 210 多个国家和地区，影响 70 多亿人口，夺走了 30 余万人的宝贵生命。在此，我谨向不幸罹难者表示哀悼!向他们的家属表示慰问!

人类文明史也是一部同疾病和灾难的斗争史。病毒没有国界，疫病不分种族。面对来势汹汹的新冠肺炎疫情，国际社会没有退缩，各国人民勇敢前行，守望相助、风雨同舟，展现了人间大爱，汇聚起同疫情斗争的磅礴之力。

经过艰苦卓绝努力，付出巨大代价，中国有力扭转了疫情局势，维护了人民生命安全和身体健康。中方始终本着公开、透明、负责任的态度，及时向世卫组织及相关国家通报疫情信息，第一时间发布病毒基因序列等信息，毫无保留同各方分享防控和救治经验，尽己所能为有需要的国家提供了大量支持和帮助。

主席先生！

现在，疫情还在蔓延，防控仍需努力。我愿提出以下建议。

第一，全力搞好疫情防控。这是当务之急。我们要坚持以民为本、生命至上，科学调配医疗力量和重要物资，在防护、隔离、检测、救治、追踪等重要领域采取有力举措，尽快遏制疫情在全球蔓延态势，尽力阻止疫情跨境传播。要加强信息分享，交流有益经验和做法，开展检测方法、临床救治、疫苗药物研发国际合作，并继续支持各国科学家们开展病毒源头和传播途径的全球科学研究。

第二，发挥世卫组织领导作用。在谭德塞总干事带领下，世卫组织为领导和推进国际抗疫合作作出了重大贡献，国际社会对此高度赞赏。当前，国际抗疫正处于关键阶段，支持世卫组织就是支持国际抗疫合作、支持挽救生命。中国呼吁国际社会加大对世卫组织政治支持和资金投入，调动全球资源，打赢疫情阻击战。

第三，加大对非洲国家支持。发展中国家特别是非洲国家公共卫生体系薄弱，帮助他们筑牢防线是国际抗疫斗争重中之重。我们应该向非洲国家提供更多物资、技术、人力支持。中国已向 50 多个非洲国家和非盟交付了大量医疗援助物资，专门派出了 5 个医疗专家组。在过去 70 年中，中国派往非洲的医疗队为两亿多人次非洲人民提供了医疗服务。目前，常驻非洲的 46 支中国医疗队正在投入当地的抗疫行动。

第四，加强全球公共卫生治理。人类终将战胜疫情，但重大公共卫生突发事件对人类来说不会是最后一次。要针对这次疫情暴露出来的短板和不足，完善公共卫生安全治理体系，提高突发公共卫生事件应急响应速度，建立全球和地区防疫物资储备中心。中国支持在全球疫情得到控制之后，全面评估全球应对疫情工作，总结经验，弥补不足。这项工作需要科学专业的态度，需要世卫组织主导，坚持客观公正原则。

第五，恢复经济社会发展。有条件的国家要在做好常态化疫情防控的前提下，遵照世卫组织专业建议，有序开展复工复产复学。要加强国际宏观经济政策协调，维护全球产业链供应链稳定畅通，尽力恢复世界经济。

第六，加强国际合作。人类是命运共同体，团结合作是战胜疫情最有力的武器。这是国际社会抗击艾滋病、埃博拉、禽流感、甲型 H1N1 流感等重大疫情取得的重要经验，是各国人民合作抗疫的人间正道。

主席先生！

中国始终秉持构建人类命运共同体理念，既对本国人民生命安全和身体健康负责，也对全球公共卫生事业尽责。为推进全球抗疫合作，我宣布：

——中国将在两年内提供 20 亿美元国际援助，用于支持受疫情影响的国家特别是发展中国家抗疫斗争以及经济社会恢复发展。

——中国将同联合国合作，在华设立全球人道主义应急仓库和枢纽，努力确保抗疫物资供应链，并建立运输和清关绿色通道。

——中国将建立 30 个中非对口医院合作机制，加快建设非洲疾控中心总部，助力非洲提升疾病防控能力。

——中国新冠疫苗研发完成并投入使用后，将作为全球公共产品，为实现疫苗在发展中国家的可及性和可担负性作出中国贡献。

——中国将同二十国集团成员一道落实“暂缓最贫困国家债务偿付倡议”，并愿同国际社会一道，加大对疫情特别重、压力特别大的国家的支持力度，帮助其克服当前困难。

我呼吁，让我们携起手来，共同佑护各国人民生命和健康，共同佑护人类共同的地球家园，共同构建人类卫生健康共同体！

谢谢大家。

（选自《人民日报》2020 年 5 月 19 日 02 版）

评析：

这是习近平总书记在第 73 届世界卫生大会视频会议开幕式上的致辞。开头便指出世卫大会在人类抗击新冠肺炎疫情关键时刻举办的重要意义，简要介绍新冠疫情的影响并对不幸罹难者和家属表示哀悼和慰问。同时指出我国抗击疫情所取得的成就；接着针对疫情实际，提出了全力搞好疫情防控、发挥世卫组织领导作用、加大对非洲国家支持、恢复经济社会发展、加强全球公共卫生治理、加强国际合作等六点具体建议；随后宣布中国对全球公共卫生事业的五项具体援助措施；最后发出“共同佑护各国人民生命和健康，共同佑护人类共同的地球家园，共同构建人类卫生健康共同体”的强烈呼吁。整篇开幕词简洁明了、短小精悍，阐明了主席关于抗击疫情的具体建议和中国对全球公共卫生事业的援助措施，彰显了中国在全球重大灾难面前的责任和担当。

技能训练

为了贯彻国家有关大学生就业的方针政策，落实省教育厅《关于做好全省普通高等学校毕业生就业创业工作的通知》精神，切实解决我校毕业生就业，经与江南市人力资源和社会保障局协商，现决定举办“江南市 2022 年春季人才交流洽谈会”。假设你是学校党政办公室秘书，请你为出席洽谈会的学校领导拟写一份开幕词。

要求：主题明确，中心突出；结构严谨、逻辑清晰；语言准确、简明，不少于 600 字。

第五节　闭幕词

一、闭幕词的概念

闭幕词是党政机关、社会团体、企事业单位的领导人在会议闭幕时所作的讲话，是会议圆满结束的标志。闭幕词通常要对会议做出正确的评估和总结，充分肯定会议所取得的成果，强调会议的主要精神和深远影响，激励有关人员，宣传会议的精神实质，贯彻落实有关的决议、倡议。

二、闭幕词的结构和写法

（一）标题

标题由单位名称、会议名称、文种三要素组成，如《××会议闭幕词》。

（二）正文

1. 称谓

根据会议性质和与会者的身份来确定，与开幕词保持一致。

2. 主体

（1）概括会议的进行情况，总结会议成果，包括经过会议统一认识，作出决定，归纳正确意见和建议，客观评价会议取得的成果。

（2）指出会议的重要性和深远意义，概括阐明会议精神，提出贯彻会议精神的具体措施。

（3）向与会者提出相关要求和希望。从贯彻会议精神和今后实施的长远眼光去激发与会代表和有关群众的积极性。

3. 结束语

对各方表示感谢，祝贺本次大会取得圆满成功，郑重宣布大会胜利闭幕。

【例文分析】

中国作家协会第九次全国代表大会闭幕词

各位代表，同志们、朋友们：

在党中央亲切关怀和领导下，在全体代表共同努力下，中国作家协会第九次全国代表大会圆满完成各项议程，就要胜利闭幕了。这是一次高举旗帜、催人奋进的大会。习近平总书记在开幕式上的重要讲话，闪耀着马克思主义真理的光辉，充满了中华民族朝气蓬勃开创未来的豪情壮志，充分体现了对文艺规律的深刻把握，充分体现了对广大文艺工作者的期待和信赖。全体代表认真学习习近平总书记重要讲话，围绕坚持中国特色社会主义文学发展道路，推动中国文学更大繁荣进行了热烈的讨论，凝聚起坚强的共识，汇集起磅礴的力量。本届代表大会取得的丰硕成果，必将对中国文学产生重大深远的影响。

大会审议通过了钱小芊同志代表中国作协第八届全国委员会所作的工作报告。过去五年，对中国作家来说，是潜心创作、硕果累累的五年，对中国作家协会来说，是热诚服务作家、服务社会，各项工作取得新进展的五年。特别值得铭记的是，习近平总书记在文艺工作座谈会上和文联十代会、作协九代会开幕式上发表重要讲话，中国社会主义文学方向更加明确，道路无限宽广。本次大会上，我们以高举旗帜、改革创新、激发文学创造活力、推出无愧于时代的优秀作品为主线和中心，深入规划未来五年中国文学的发展和中国作协的工作。我们的使命光荣而重大，我们的任务艰巨而繁重，我们对未来充满信心，全国广大作家和文学工作者团结奋进，中国社会主义文学事业必将迎来生机勃勃的崭新局面，中国文学必将迎来群峰耸峙、气象万千的壮阔景象。

本次大会选出了作协新一届领导机构。在此，我谨代表中国作家协会第九届主席团和全委会向大家表示诚挚的感谢。广大会员、广大作家的信任和期望，是巨大的鼓励，更是郑重的嘱托。我们深知肩上的责任，我们将兢兢业业、全力以赴，深化改革、加强引领、加强联络、增强本领、加强沟通，为文学服务，为广大作家和文学工作者服务，为人民大众服务，使中国作家协会成为更温馨更有效的纽带、桥梁和家园。

此时此刻，在即将别离的时候，我想用一个词与大家共勉，这个词就是：创造。这几天在讨论中、在交谈中，很多朋友反复谈到习近平总书记在大会开幕式上的一席话，总书记说："文运同国运相牵，文脉同国脉相连。实现中华民族伟大复兴，是一场震古烁今的伟大事业，需要坚韧不拔的伟大精神，也需要振奋人心的伟大作品。"我想，我们大家都会从总书记的讲话中更加强烈地意识到个人的写作与时代和人民的深切联系，更加强烈地意识到我们正在用笔参与着中华民族创造历史的宏伟事业。当重新回到书桌前的时候，我们领受着一份沉甸甸的责任，我们充满了前行的力量，这责任和力量来自中国文学的光辉传统，来自时代给予我们的丰盛机遇和深刻挑战，来自党和人民的殷切期待。我们所要做的，就是创造，以真挚的热爱、聚精会神的探索和日复一日的辛勤劳作，触摸人民生活最深处的心跳和脉搏，让中国故事和中国精神在卓越的艺术创造中焕发璀璨的光芒，跨越国界、跨越时空，不懈地追求当代的和永恒的价值，把追求光明和正义、美好和幸福的人们从精神上紧密地团结在一起。

本次代表大会就要结束了。我相信，同志们、朋友们都会想到下一次代表大会，那是2021年，是中国共产党建党一百周年，也是中国全面建成小康社会的一年。在那一年，当新老作家再次相聚时，"两个一百年"的第一个奋斗目标已经胜利实现。我们比历史上任何时期都更接近中华民族伟大复兴的目标，比历史上任何时期都更有信心、有能力实现这个目标。在这伟大征程中，中国作家在人民中间，和人民一道前进，让我们高举习近平总书记系列重要讲话的旗帜，坚持中国特色社会主义文学的前进方向，创造无愧于时代、无愧于人民的作品，共同书写中华民族伟大复兴中国梦的壮丽史诗！

现在，我宣布，中国作家协会第九次全国代表大会闭幕！

谢谢大家！祝大家创作丰收、健康吉祥！

（选自《文艺报》2016年12月4日）

评析：

这篇范文是中国作家协会主席铁凝在中国作家协会第九次全国代表大会上所致的闭幕词。本文共有七个段落，第一段到第二段明确指出会议已经完成预定任务，顺利闭幕，恰当地评价了会议的收获、意义和影响。第三段向与会人员提出贯彻会议精神的殷切希望。从第四段到第七段以坚定的语气发出了号召，提出了希望，宣布大会闭幕，表达良好的祝愿。全文结构严谨，层次清晰，语言简洁。

技能训练

江南大学第40届春季田径运动会经过三天竞争激励的比赛，今天就要闭幕了，假设你是学校办公室秘书科秘书，请你为出席大会闭幕式的张副校长拟写一份的闭幕词。

要求：主题明确，中心突出；结构严谨、逻辑清晰；语言准确、简明，不少于600字。

第六节　贺　信

一、贺信的概念

贺信是各级组织、行政机关、企事业单位或个人在节日、隆重集会和其他场合对喜庆事项表示真诚的褒扬和良好的祝愿，用以交流感情、密切关系的专用文书。也用于向其他集体或个人取得的成就、获得的某种职位、组织的成立、纪念日表示祝贺。

二、贺信的结构和写法

（一）标题

居中书写“贺信”。

（二）称谓

祝贺单位名称、个人的名称或姓名；写给个人的，要在姓名后加上相应的礼仪名称。

（三）正文

（1）结合当前的形势状况，说明对方取得成绩的大背景，或者某个重要活动开展的历史条件。

（2）概括说明对方都在哪些方面取得了成绩，分析其成功的主观、客观原因。这一部分是贺信的中心部分，一定要交代清楚祝贺的原因。

（3）表示热烈的祝贺。写出自己祝贺的心情，由衷地表达自己诚挚的慰问和祝福。

（四）结尾

“此致，敬礼”“祝争取更大的胜利”“祝您健康长寿”等祝福语。

（五）落款

写明发文的单位或个人的姓名、名称，并署上成文的时间。

【例文分析】

习近平致中国文联中国作协成立70周年的贺信

值此中国文联、中国作协成立70周年之际，我代表党中央，对此表示热烈的祝贺！向全国广大文艺工作者致以诚挚的问候！

文艺事业是党和人民的重要事业，文艺战线是党和人民的重要战线。新中国成立70年来，广大文艺工作者响应党的号召，积极投身社会主义革命和建设、改革开放伟大实践，创作出一批又一批脍炙人口的优秀文艺作品，塑造了一批又一批经典艺术形象。特别是党的十八大以来，广大文艺工作者坚持以人民为中心的工作导向，深入生活、扎根人民，不断增强脚力、眼力、脑力、笔力，推动我国文艺事业呈现出良好发展态势，文学、戏剧、电影、电视、音乐、舞蹈、美术、摄影、书法、曲艺、杂技、民间文艺、文艺评论等都取得了丰硕成果，弘扬了民族精神和时代精神，为实现国家富强、社会进步、人民幸福作出了十分重要的贡献。

中国特色社会主义新时代呼唤着杰出的文学家、艺术家。中国文联、中国作协是党和政府联系文艺界的桥梁和纽带，在团结引领文艺工作者、繁荣发展社会主义文艺事业方面肩负重要职责。希望中国文联、中国作协深入学习贯彻新时代中国特色社会主义思想和党的十九大精神，自觉承担起举旗帜、聚民心、育新人、兴文化、展形象的使命任务，认真履行团结引导、联络协调、服务管理、自律维权的职能，团结带领广大文艺工作者记录新时代、书写新时代、讴歌新时代，努力创作出无愧于时代、无愧于人民、无愧于民族的优秀作品，为繁荣发展社会主义文艺事业、建设社会主义文化强国，为实现"两个一百年"奋斗目标、实现中华民族伟大复兴中国梦作出新的更大的贡献。

习近平

2019年7月16日

（选自中华人民共和国中央人民政府网站，http://www.gov.cn/xinwen/2019-07/16/content_5410076.htm）

评析：

这是国家主席习近平祝贺中国文联、中国作协成立70周年的贺信。开头首先对中国文联、中国作协成立70周年表示祝贺，继而对全国广大文艺工作者表示诚挚的慰问。礼仪周到，言辞热情。主体部分肯定了中国文联、中国作协在新中国成立70年来取得的成就以及为实现国家富强、社会进步、人民幸福做出的重要贡献，接着对中国文联、中国作协提出了新的具体要求——继续为中华民族伟大复新中国梦做出更大贡献。该文主旨鲜明，层次分明，语言精练，篇幅紧凑。

技能训练

2021年10月，江北大学将隆重举办60周年校庆活动，兄弟院校江南大学听闻此事，表示要拟文祝贺，假设你是秘书工作人员，请你以江南大学的名义拟写一封贺信。

要求：主题明确，中心突出；语言准确、简明，书写规范。不少于500字。

第七节　申请书

一、申请书的概念及作用

申请书是个人或者集体向组织表达愿望，向机关、单位领导或社会团体提出请求时使用的一种专业文书。

申请书是沟通个人与组织、个人与领导、下级与上级的一种重要手段，它不仅可以把个人或单位的愿望、要求向组织或领导表达出来，让组织和领导加深对自己或下级的了解，争取组织和领导的批准，而且可以密切个人与组织、个人与领导、下级和上级之间的关系，使干群之间、个人与组织之间、个人与领导之间形成联系紧密、协调一致的整体。

二、申请书的结构和写法

（一）标题

可直接用“申请书”作标题，也可在“申请书”前加上事由（内容）。

（二）正文

1. 称谓

标题下空一行顶格书写接受申请的组织、机关、团体、单位名称或相关领导、负责人等。

2. 主体

（1）介绍申请人的基本情况，明确提出申请的具体事项。事项要清楚、简洁。
（2）说明申请的具体理由。理由陈述客观、充分，合情合理，有一定的说服力。
（3）说明申请事项的目的和意义，表明自己的决心、态度、要求或希望。

3. 结尾

致敬语，如“特此申请”“恳请领导帮助解决”“希望领导研究批准”等，也可用“此致”“敬礼”的礼貌用语。

4. 署名和日期

申请人姓名，单位申请写明单位名称并加盖公章，注明日期。

【例文分析】

生活困难补助申请书

尊敬的学校领导：

本人是汉语言文学专业2020级3班学生张某，因家庭经济困难，特申请贫困补助。

我来自贵州的一个偏僻山区。那是一个生活艰苦的村子，从我懂事开始就知道父母都是认为只有凭读书跳出山区，跳出农村。所以爸妈不辞辛苦地让我跟妹妹上学，在农村来讲，有两个儿女可以读书的真的是件很惊奇的事情，同龄的孩子都羡慕我们，可是又有谁知道背后的父母是多么的辛苦与劳累，尤其是交通不怎么方便的农村。妈妈是一个文盲，什么都不懂，就只会在家里种田，种一些可以换钱的农作物。由于山路不方便，有东西爸妈都得提前一天准备马车，将货物托运到市场。爸爸是一个给别人修房屋的建筑工，靠的是苦力，每当我小的时候放学回家在路上看到爸爸在给别人拌水泥浆，那汗水直往下流的时候，我那幼小的心灵就告诉我一定不要辜负爸妈的期望。爸爸虽然是做建筑，但收入很不稳定。在我大一的时候，更是雪上加霜，爸爸在外地做建筑，在送水泥浆的时候木架子突然断掉，爸爸就摔了下来。从此腿脚就开始行动不便，也就不能再去工作，但是他却还是要我坚持读书，不要就这样放弃。否则就浪费了他的一条腿。从此家里就只有妈妈了，妈妈比往常更累，而现在我妹妹正处于高考阶段，营养是最重要的，而我在学校里也是时常做兼职，赚取生活费。村子里看到我家这样的环境，都让我和妹妹不要读书了，我爸爸却是死都不同意。就这样村里没有办法，也只能每年补助一些口粮。

在校期间：我始终以“奉献学院，服务同学”为宗旨，真正做到为同学服务，代表同学们行使合法权益，工作中大胆创新，锐意进取，虚心向别人学习，做到有错就改，有好的意见就接受，同时坚持自己的原则；在学生利益的面前，我坚持以学校、大多数同学的利益为重，决不以公谋私。在班级，积极参与院里的各项活动。最终，我连续两年被授予“优秀团干部”荣誉称号，所在支部连续两年被授予“校先进团支部”荣誉称号。

我们班的贫困生是比较多的，我想有贫困生也不是什么坏事，贫困能更磨炼我们的意志。我是一名贫困生，我有我自己的经历，我的经历使我认识到，贫困不能给我们带来什么阻碍，我们最大的阻碍在我们心中，只有你克服了自己的贫困心理，你才能做得更好。“人穷志不穷”“穷且益坚”，这些古语已经告诉我们了，我想我自己不会被贫困击倒，反而会更加努力，改变我们的现状。因为只有这样我们才能摆脱贫困，否则我们会一直贫困下去。贫困不是我们的绊脚石，相反它是我们的动力。我会更努力！

此致

敬礼！

申请人：张　某

2021 年 4 月 10 日

评析：

这是一篇困难生活补助申请书。第一段写明了申请的事项。第二段详细叙述了自己家庭困难的原因。第三段重点展示“我”在学校和班级里的优秀表现，并且用具体获奖经历加以证明。第四段展示的是自己对贫困的理解以及对待贫困生活的积极态度。这篇申请书是在校大学生写困难补助的一个范本，结构完整，语言表述准确清晰。但是在写作过程中，还是要注意一些具体细节：第一，要考虑申请的事情是否符合申请条件、有无得到批准的可能性。第二，写申请理由、原因时，要突出合理性，要写得充分实在，要有说服力乃至感染力。第三，要考虑对象，申请书是要写给谁看，对书写的内容要斟酌裁定。第四，注意叙述的方式，切忌东拉西扯、有意渲染、弄虚作假。

技能训练

阅读下面的新闻，请你代符某拟写一份政府廉租房的申请书。

今年 51 岁的符某是个地地道道的海口人。家庭困难的符某和妻子、两个儿子，一家四口租住在解放路一出租屋内。符某没有固定工作，靠给人打零工挣钱，每个月的收入不到 2000 元。妻子因为患有心脏病，不能过度劳累，因此一家四口的生活费和两个儿子的学费压得符某喘不过气来。

据了解，符某的妻子患有心脏病 20 多年，妻子知道家庭生活困难，为了一家四口的生活不因她看病而受影响，为了省钱，她拒绝上医院做手术。前段时间，符某所租住的房子又涨价了，他已经负担不起房租。

要求：主题明确，中心突出；理由充分，结构完整，语言准确、简明，不少于 600 字。

第八节 倡议书

一、倡议书的概念及作用

倡议书是个人或者集体首先公开提出某些建议，以倡导完成某些任务、开展某些活动时使用的一种专业文书。

倡议书常推广某一行之有效的做法，宣传某一种精神，它带有对新生事物、先进经验的肯定，希望使之广泛实行，得到健康发展，是把创造性的建议、经验或有关部门的号召变为群众自觉行动的一种手段和重要途径。它作为日常应用写作中的一种常用文体，在现实社会中有着比较广泛的使用。

二、倡议书的结构和写法

（一）标题

直接用“倡议书”作标题；还可以用“倡议内容+文种”，如《创建文明城市倡议书》。

（二）正文

1. 称谓

可以根据倡议对象而选用适当的称谓，一般都是泛指，如“广大市民朋友们”。

2. 主体

（1）倡议书的缘由、背景、目的。倡议书的发出目的在于引起广泛的响应，只有交代清楚倡议活动的原因以及当时的各种背景事实，并申明发布倡议的目的，人们才会理解和信服，才会自觉行动。

（2）倡议的主要内容和具体措施。本部分是正文的重点内容。倡议的内容要具体化，可行性强。开展什么活动，需要做什么事情，具体要求是什么，都需要分条列项地逐条写出，让人一目了然。

（3）倡议者的决心和希望。呼吁更多的人参与进来，共同行动。

3. 署名和日期

倡议书右下方写明提出倡议的单位集体和个人，注明倡议日期。

【例文分析】

齐心抗疫　文明过节倡议书

广大市民朋友们：

笑语欢歌除旧岁，文明新风暖万家。春节临近，人员流动和聚集更加频繁。当前，境外新冠肺炎疫情仍在不断蔓延，国内多地和我省周边出现新增本土确诊病例及无症状感染者，疫情防控形势依然严峻。为扎实做好新冠肺炎疫情防控工作，弘扬中华优秀传统文化、树立移风易俗文明风尚，创建更高水平的文明城市，共同度过一个移风易俗、低碳环保、文明节俭、平安祥和的新春佳节，特发出如下倡议：

倡导文明过节。自觉遵守《运城市文明行为促进条例》，遵守文明规范，优化节日市场秩序，自觉规范自身行为准则，信守合约，履行承诺，共同营造温馨安全的节日购物环境。开展移风易俗，倡导文明娱乐，抵制封建迷信，拒绝黄、赌、毒活动，不通宵达旦玩乐扰民，争做文明有礼的运城人。在重大疫情面前，争做正面宣传的先锋，不传谣、不信谣，做好自身和家人防护宣传的志愿者、践行者，通过微信及时转发国家、省及我市发布的权威内容信息，有效发挥其连锁效应，共同营造坚定防控信心，形成人人自觉参与防控的良好社会氛围。

倡导就地过节。春节期间出行，人流量大，交通拥挤，传播风险极高，希望大家减少出行，非必要不返乡，尽可能不离运。鼓励在外的运城人就地过节，使用微信、网络、电话等方式拜年，见屏如面也是一种时尚，邮寄年货也是一种孝顺。倡导非必要不出运，更不要前往有疫情风险地区，建议大家就地过节。

倡导平安过节。要文明出行，外出尽量乘坐公共交通车辆，自觉遵守交通法规，践行文明礼让，做到开车不争道抢行、不闯红灯、不乱穿马路、不开快车、不车窗抛物、不酒后驾驶、不乱停乱放，共同营造“平安运城”的良好氛围；自觉遵守《运城市禁止燃放烟花爆竹规定》，不购买、不燃放烟花爆竹，养成采用电子爆竹、喜庆音乐、鲜花等安全、环保、低碳的方式来欢度佳节的习惯，减少空气污染、噪声污染和火灾伤人事故，保障公共安全和人身财产安全。

倡导健康过节。积极配合疫情防控各项工作要求，尽量不参与家庭私人聚会等各类群众性聚集活动，减少外出聚餐、避免非必要的社交活动，倡导红事缓办、白事简办、宴会不办，特殊时期，交往“有距离”，安全才有保障。外出要戴口罩、勤洗手，不扎堆、不聚集，自觉排队并保持“一米线”距离。营造以节约为荣、以浪费为耻的氛围，养成“够吃就好，剩余打包”的良好习惯，自觉使用公筷公勺，珍惜粮食，拒食野味，摒弃“野味滋补”的伪健康观念。放下手机，离开电脑，多在家陪陪老人、孩子，积极开展“立家规、传家训、树家风”活动，培育良好家风，在家做个好儿女、好父母，在岗做个好职工，在外做个好公民，让向上向善蔚然成风。

倡导志愿服务。各级文明单位干部职工和广大党员干部要率先垂范，积极参与疫情防控、春运暖程、邻里守望等志愿服务活动，各尽所能、各展所长，为春运旅客、出行群众等提供体温监测、人员登记、防疫知识宣传、秩序维护、咨询引导等服务；深入城乡社区与孤寡老人、空巢老人、残障人士做好结对帮扶，主动上门提供打扫卫生、置办年货、医疗保健、维修家电等服务；开展“情暖童心”关爱行动，为疫情期间受影响的孤残儿童、农村留守儿童、城市流动儿童提供生活照顾、学业辅导、亲情陪伴、自护教育等服务；传递党的温暖，维护社会和谐，为全市疫情防控贡献力量。

市民朋友们！新年新气象，新春新风尚。让我们积极行动起来，讲文明、树新风、共参与，欢度新春、共享美好，一起建设文明和谐、新风习习的幸福家园！

运城市创建全国文明城市工作领导组办公室

2021 年 1 月 26 日

（选自运城市人民政府网，https://www.yuncheng.gov.cn/doc/2021/01/28/112884.shtml）

评析：

这是运城市政府向全体市民发起的一次倡议。首先，写明了写倡议书的原因、背景和目的。其次，从第二段到第六段，从“文明过节、就地过节、平安过节、健康过节、志愿服务”等五个方面具体、详细写明了倡议的主要内容和措施，倡议的具体措施具有很强的可行性，并且是大多数市民都可以做到的。最后一个部分是倡议者向广大市民发出号召和希望。

技能训练

根据以下材料，拟写一份倡议书。

光盘行动由一群热心公益的人发起，光盘行动的宗旨：餐厅不多点、食堂不多打、厨房不多做。生活中养成珍惜粮食、厉行节约、反对浪费的习惯。不只是在餐厅吃饭打包，而是按需点菜，在食堂按需打饭，在家按需做饭。正在发起的光盘行动，提醒与告诫人们：饥饿距离我们并不遥远，即便时至今日，珍惜粮食、节约粮食仍是需要遵守的古老美德之一。请你以学生会的名义拟写一份面向全校学生的倡议书，倡导“厉行节约、反对浪费”，培养学生勤俭节约的良好美德。

要求：主题明确，中心突出；倡议具体、可行；语言简明，不少于 600 字。

第九节　建议书

一、建议书的概念及作用

建议书是个人、组织或单位以及有关方面，为了开展工作、完成任务、开展某项活动而向上级机关或领导提出意见、建议时使用的一种专业文书。

建议书是党和政府机关以及企业单位依靠群众、团结群众，贯彻群众路线的一种手段，也是加强党与群众的联系、密切政府机关和群众联系的重要纽带，是沟通党群、干群、上下级关系的重要渠道。

二、建议书的结构和写法

（一）标题

通常采用“建议书”作标题；为了突出建议的具体内容，可以采用“单位名称+事由+文种”的标题形式，如《×××关于×××的建议书》。

（二）正文

1. 称谓

接受建议书的单位名称或领导个人。前面可以加“尊敬的”。

2. 主体

（1）有理有据地写出建议的原因、目的，使受文单位或个人能从实际出发，考虑建议的合理性，为采纳建议打下基础。

（2）条理清楚地写出建议的主要内容，包括具体的主张、施行方法、预期效果。所提建议要具体明白、切实可行。

（3）恳切地提出自己的建议能得到采纳的愿望和想法。态度虚心、谨慎，注意礼貌。

3. 署名和日期

注明提出建议的单位名称或个人的姓名。在建议人姓名下方注明日期。

【例文分析】

壹基金关于保障自闭症儿童受教育权利的建议书

尊敬的教育部：

教育部召开自闭症者教育研讨会，这是对全国自闭症儿童教育发展的促进。现将我们壹基金关于提高自闭症儿童教育条件的建议书呈报贵部，希望中国自闭症儿童有一个更好的教育环境以实现更好更有尊严的发展，供贵部研究参考。

壹基金从2009年起，开始对自闭症教育服务机构进行资助。2011年10月开始，壹基金实施“壹基金海洋天堂计划”（服务于自闭症、脑瘫和罕见病儿童的康复和教育），共计投入资金2200万元，先后在全国资助114家以自闭症儿童为主的民间教育康复服务机构，建立起“海洋天堂计划服务网络”，组织倡导关爱自闭症儿童的公众广泛参与的“蓝色行动”，探索给自闭症儿童家庭发放“壹基金爱心券”资助形式，对全国近万名自闭症、脑瘫及罕见病儿童给予了实际的帮助。同时壹基金资助深圳自闭症研究会组织专家对自闭症家庭状态进行研究，完成了《华南地区自闭症者及其服务现状调研报告》(见附件，以下简称《调研报告》)，该报告可为贵部出台相关自闭症者教育提供决策参考。

经与壹基金海洋天堂计划自闭症服务伙伴商议，我们向贵部提出以下建议：

一、制订《特殊教育法》。为提高特殊教育的地位和更好保障特殊学生的权利和尊严，我们建议请教育部牵头，联合卫生、民政、残联等相关部门，向全国人民代表大会提出《中华人民共和国特殊教育法》(以下简称《特殊教育法》)的立法建议，用《特殊教育法》来切实保障特殊学生接受特殊义务教育的权利。

二、完善《义务教育法》。在《特殊教育法》出台之前，建议尽快提出《义务教育法》修改补充条款，明确将自闭症儿童定为法定特殊教育对象，将自闭症儿童纳入义务教育法系列。

三、学龄前教育对自闭症儿童的改善和成长具有特别重要的作用。建议将自闭症儿童学龄前教育纳入义务教育法范围。

四、设立普通学校特教班。根据自闭症学生教育需求，在部分普通学校建立自闭症特教班，配备定向资金及特教老师，帮助轻度自闭症学生融入普通教育系统。根据《调研报告》，目前有10.43%自闭症学龄儿童在普通学校随班就读，但有49.19%的家长希望孩子能够在普通学校随班就读，自闭症家庭的教育需求缺口很大。选择普通学校建立自闭症特教班，对自闭症学生融入社会有很大帮助。

五、建立和支持专门的自闭症学生学校发展。在各省支持专门的自闭症学生教育学校的建立和发展，将那些难以融入普通学校及普通学校自闭症班的学生，纳入专门的自闭症学校系统。目前华南有13.8%的自闭症儿童在特殊学校就读，学校的数量和质量远不能满足自闭症儿童教育发展的需求。

六、向自闭症学生发放教育券。将自闭症学生教育补贴纳入国家教育补贴计划。建议以教育券形式向自闭症学生家庭发放教育补贴，由家长和监护人自主选择合适的定点自闭症学生专门学校，接收到教育券的自闭症学生学校(学龄前及学龄中学生)凭教育券向政府教育部门兑换资金，以此保证自闭症学生的家长或监护人选择学校的权利。

七、遵循官助民办原则，政府在民间自闭症教育服务机构基础上建立专门的自闭症儿童学校，政府支持民间自闭症服务机构(学龄前及学龄中)发展为自闭症儿童训练及教育学校，给予政策指导和资金上的支持。目前从事学龄前教育的主导力量是民间服务机构，这是发展自闭症教育的重要社会基础。

八、遵循官督民办原则，由政府牵头发起，以服务于自闭症教育的基金会、学校派出代表，组建“中国自闭症学生教育联合会”(以下简称联合会)，政府资助“联合会”基本的管理成本，赋予“联合会”管理和指导自闭症教育的一定职能，负责制定自闭症教育的相关战略、推进自闭症教育的师资教育和培训，推进行业自律和规范管理。

九、政府出资支持“联合会”建立服务于自闭症学生教育的特殊师资培训和资格认证系统，扩大和提高针对自闭症儿童教育的师资队伍。根据《调研报告》，目前94.71%的特教人员希望获得培训及服务资格认证。

十、政府对从事自闭症教育的特教老师予以经济补助，使之达到平均收入水平。在华南这样的经济发展地区，57.27%民办特殊教育老师的薪酬低于2000元，仅相当于社会平均收入水平的一半，建议政府保障特教老师的收入不低于社会平均工资水平，吸引足够人才服务于特殊儿童。

我们提出上述一些建议，希望能进一步讨论和具体化。我们希望教育部能将这些问题纳入研究，使这些问题逐步得以呈现和解决。

教育部召开自闭症儿童教育工作会议，我们壹基金及“海洋天堂计划”114 多家合作伙伴及近万名自闭症学生及家长十分愿意配合教育部研究和出台推进自闭症学生教育的相关法律和政策，我们对教育部关注和推进中国特殊学生教育的行动表示支持，向教育部表达深深的感谢。

附：华南地区自闭症者及其服务现状调研报告（略）

深圳壹基金公益基金会

2012 年 9 月 16 日

（选自壹基金网站，http://www.onefoundation.cn/index.php?m=article&a=show&id=398）

评析：

这是深圳壹基金公益基金会写给教育部的一份建议书。首先，写明建议的背景以及建议的目的；其次，第二段重点介绍了壹基金实施的“壹基金海洋天堂计划”的具体安排、做法、成效，从这部分的介绍中，我们可以了解到，壹基金作为对中国特殊学生教育的帮助者，已经具备了一定的经验，并有了一定的成绩，所以可以向教育部提出相关的建议；再次，是壹基金向教育部提出的有关特殊儿童教育问题的具体建议；最后，希望建议被采纳，并向教育部出台的相关法规和政策表示支持以及感谢。

这份建议书写得最成功的地方在于：壹基金在向教育部提建议之前，对特殊儿童的教育问题已经有了很长时间的关注，并且有了很多实践经历，获得了相关经验和教训，所以，他们在向教育部提的建议中，多数都是迫切需要解决的问题，被教育部考虑或者采纳的可能性很大。

技能训练

根据以下材料，拟写一份建议书。

统计显示，目前中国城市生活垃圾中 50%来自厨余垃圾，采用填埋、焚烧都会对环境有一定的影响。在欧美等国家，普遍利用餐厨垃圾处理器进行处理。在北京、上海等大城市，垃圾处理器正在进行相应的推广。安康绿洁环保科技有限公司主要代理广州某电器有限公司研发生产的厨余垃圾处理系统，该系统主要包括餐厨垃圾粉碎机、餐厨垃圾固液分离机、餐厨垃圾粉碎脱水一体机、餐厨垃圾油水分离机、餐厨垃圾生化处理机等单独模块和一体设备，能够有效地解决餐厨垃圾无害化、减量化、资源利用的问题。

请代为拟制一份向江南市城管局提交的建议书，希望对该公司代理的餐厨垃圾处理设备在江南市的销售与推广给予相应的支持。

要求：主题明确，中心突出；建议具体，调理清楚；语言准确、简明，不少于 600 字。

第五章 职场文书

当今时代，用人机制相对灵活，人才与用人单位都可以在一定的条件下自主选择。从个人的角度讲，不论是求职、辞职、申请岗位调动，还是岗位竞聘、述职演说等，都需要用到相应的职场应用文。写作能力的高低是由人的思维能力及其人文素养决定的，个人所写的每一篇职场应用文都将是用人单位衡量个人素质的重要依据，直接关乎着个人的职场前途与命运。因此，每一个步入社会的人都应该具备良好的职场文书写作能力。

第一节　职场文书概述

一、职场文书的特点

（一）特定性

职场文书的含义十分明确，使用范围是特定的，一般限于求职、职位调整、岗位竞聘和职业生涯规划等方面。

（二）自我评价性

职场文书的一个共同特点是自我评价性，简历、求职信自不待言，竞聘演说词和述职报告都以自我评价为前提。

（三）自我推荐性

职场文书的写作在很多情况下是以自我推荐为目的的。无论是个人简历中写的自己干过什么，还是求职信中写的自己能干什么，抑或是竞聘演说词中对自己能力的阐述，都带有自我推荐的性质。从另一角度讲，职场文书的质量本身就是写作者的一张招牌——一份言辞优美、语言分寸十分恰当的简历或求职信可以使用人单位对求职者留下良好的第一印象。

（四）写实性

职场文书一般都如实地描述自己的基本情况，这不仅是对自己负责，也是对用人单位负责；既是诚信的表现，也是人品的体现。

（五）礼节性

职场文书绝大多数都是写给别人看的，具有交流思想、拉近感情距离的作用，因此，语言一般都很平和，措辞一般有理、有节。

二、职场文书的写作要求

（一）客观真实

职场文书写作的最大要求是客观真实。客观真实就是要如实地描述自己的基本情况，不夸大、不隐瞒，以便使受文者有一个正确的评判与选择，这样于人于己都有好处。

（二）条理清楚，重点突出

每一个人身上的闪光点很多，把这些闪光点都表现出来往往会使最大的“亮点”黯然失色，因此，职场文书写作中，要善于根据实际需要进行取舍，将自己身上所具备的，同时又是用人方感兴趣的东西凸显出来。

（三）不卑不亢，有理有节

由于现今职场竞争十分激烈，很多人在职场文书中表现出了不应有的谦卑，这些常常会使人觉得求职者平庸和缺乏自信。因此，职场文书的写作要不卑不亢，有礼有节。

（四）语言简洁、质朴，通俗易懂

职场文书的语言要语气委婉，言辞恳切，情真意切。与此同时，要简明、质朴，通俗易懂。

第二节　简历与求职信

一、简历与求职信的含义

（一）简历

简历是求职者在求职应聘时向用人单位提供的一份关于个人情况简要介绍的文书，它的主要内容包括自己的基本信息，如姓名、性别、出生年月、政治面貌、学历学位等，尤其要对自己的学历背景、技能专长、工作经验、工作业绩进行重点介绍，使用人单位对应聘者的基本情况有一个快速而全面的了解。一份良好的个人简历，对于获得面试机会而言至关重要。

（二）求职信

求职信又称为自荐信，是求职者用来表达求职意向的文书。求职者在求职信中简要地陈述自己的学历、才能和学习工作等相关经历，推荐自己适合担任某项工作或从事某项活动，以期获得对方的录用。写求职信的目的是激起招聘者对应聘者的兴趣，为自己争取到面试的机会，因此写好求职信是求职成功与否的关键。

二、简历与求职信的特点

（一）简历的特点

1. 简洁明了

简历即简洁的履历，因此切忌篇幅过长，浪费用人单位的阅读时间。简历要使人一目了然、印象深刻，因此语言要尽可能简练，重点突出，让用人单位在看到简历的时能够快速明确地掌握应聘者个人的特点和优势，切忌花大量的篇幅去描述与应聘无关的事项，通常简历的篇幅为 1 ~ 2 页 A4 纸版面，不宜过长。

2. 层次清晰

简历不同于求职信，不是进行翔实的叙述，而是用层次清晰、布局合理的几个方面综合表述自身的优势和特点。最重要的内容主要有以下几项：个人基本资料、工作经历、教育背景等；次重要的信息主要有：求职目标、个人核心技能、个人获得的奖励和荣誉等信息。其余的信息在简历中可不做展示，以避免破坏简历的逻辑性和连贯性。

3. 重点突出

简历中应该体现的是最重要、最有价值的内容，其他不重要的内容则不需要出现在简历中。简历中提到的重要信息应尽可能量化，比如获得几次奖学金、发表多少篇学术论文等；同时，还要尽可能列举能证明自己工作能力的成功经历，比如曾组织一项大型活动、曾拿下一个什么级别的项目等。特别要突出自己独有的工作和学习经历，以显示自己的核心竞争力和与工作岗位的高度适配性。

（二）求职信的特点

1. 针对性强

求职信要针对求职目标，针对用人单位的性质、特点和需求，突出自己某方面的特点和潜力，不说与求职无关的话。

2. 态度谦和

求职信要充分展示自己的才智，但不能给人高傲自大的印象，也要避免过分谦恭谨慎，给人信心不足的印象，要不卑不亢、大方得体。

3. 突出个性

求职信要力求具有个性特征。在能力方面，要突出特长，展示自己与众不同之处；在语言表达和构思上，要匠心独运，展示文采和个人魅力。

三、简历与求职信的结构

（一）简历的结构

1. 基本信息

这部分一般包括姓名、性别、出生年月、户籍、政治面貌、身体健康状况、学历、所学专业、联系方式等，这些信息不一定全部列出，而是根据招聘单位的性质和招聘要求，有针对性地提供个人基本信息即可。

2. 求职意向

这部分需要具体简洁地写清楚求职意向和求职岗位，如果没有写清楚所申请的求职岗位，招聘单位就无法从具体的职位要求出发对求职者的条件进行审查。

3. 教育经历

教育经历除了回溯自己的学习经历之外，还要重点突出自身学习能力，可根据岗位需要，重点展示与岗位密切相关的专业核心课程、学习成绩、发表论文、参与科研项目等情况，从而给招聘单位留下学习能力强的印象，让其知晓你能很好地适应新工作的环境和岗位要求。

4. 工作经历和社会实践

工作经历和社会实践是招聘单位非常看重的一项指标，也是求职者展示自我工作能力素质的重要内容。在撰写时应重点把握两个基本原则：一是尽量选择与招聘岗位和要求密切相关的工作经历与社会实践，二是善于运用关键词、事实或翔实的数据讲述自己的经历，让招聘单位能在短时间记住你的工作内容。

（二）求职信的结构

1. 内容要素

一份好的求职信能够给用人单位留下良好的第一印象，为求职者争取到面试的机会，那么什么样的求职信才算好的求职信呢？内容充实，中心突出，尤其是要把求职者的实力与优势充分地展示出来。一般来讲，求职信应包括下面几项主要内容。

（1）求职目标。

写求职信的目的是找一份自己满意的工作，因此求职目标必须明确。确定求职目标要从自身的实际出发，以使自己的专长能够得以发挥为原则。因为只有当你所做的工作能使自己的专长得以充分发挥时，你才有可能在工作中取得较大的成绩，也只有这样，你才能真正成为一个单位的骨干，受到用人单位的重用。职业目标确定不好，用非所学，尽管工作很卖力，也很难有所成就，这样不但得不到用人单位的肯定，而且会浪费自己的大好青春。从另一个方面讲，结合自身实际确定自己的求职目标，还可以提高求职的成功率。

（2）求职理由。

在明确求职目标的前提下，充分阐明自己之所以选择这一目标的理由。理由是否真实、充足，是决定能否被录用的关键，因此，陈述求职目标既要实事求是，又要机智灵活。所谓实事求是，就是既要从符合自己的专业特长、未来发展出发，同时也要从满足用人单位需求入手。所谓机智灵活，就是避免讲一些可能引起对方反感的话语，适当迎合对方自豪、自尊的情绪，争取收到“正效应”。

（3）求职条件。

求职条件是求职者在众多竞争者中脱颖而出的关键。一旦条件不能满足用人单位的要求，求职就只能成为泡影了。因此，在求职信中，必须特别重视这一部分内容的写作。要针对自己求职的目标，扬长避短，具体陈述自己的主要成绩、专业优势、技术特长、年龄优势，还可以讲明自己的有关爱好、业余兴趣，也不妨提及自己已取得的成果及所受奖励，对某些问题和难题的看法、解决办法或方案等。对于应届大学毕业生来讲，也可写与求职有关的其他有利条件，如参加过哪些有成就的社会工作等。总之，要力求“立体展示”，突出优势，引起用人单位的注意和考虑，促进求职愿望的实现。

当然，陈述自己的求职条件时要实事求是，恰如其分。既不夸夸其谈，漫无边际，也不卑怯谦恭，唯唯诺诺。这样做都不会起到好效果，甚至适得其反。

（4）附件。

由于受篇幅限制，求职信不可能把所有材料都写进去，但为了证明你的能力，可以另外准备一些材料，作为附加材料随求职信一起寄给对方。附加材料的内容有：① 学历证书复印件。② 职称证书复印件。③ 学术成果证明文件复印件。凡本人的著作、论文、译文、报纸杂志发表的短文，均应复印成集，并注明出版社、报刊的名称及题名、刊出时间，或虽未发表但有一定水平的论文及有关专家的评价材料。④ 科研成果证明。包括设计研究项目及新开发产品照片、简介、设计的图纸、发明专利证书等。

对于刚步出校门的学生，除了学历证书、报刊发表的文章外，校园内参加各类比赛的获奖证、得奖学金情况，评“三好学生”“优秀干部”的荣誉证书也同样可作为自荐资料。另外社会名流、导师、专家学者对你写过的评语亦可作为求职自荐材料。这些附件对于争取面试机会非常重要，但是要根据具体情况，有选择地提供，要选择最有代表性的、最能说明你的优势的材料，不一定每封信都附上全部材料。

2. 格式

求职信是针对特定的用人单位写的。写求职信要集中突出个人的特长与求职意向；书写要清晰、简明；态度要诚恳，用语要得当，要能打动招聘者的心。求职信的格式和一般书信大致相同，由开头、正文、结尾、落款四部分组成。

（1）称呼。

信的开头，要写明收信人的称呼。对于称呼不甚明确的收信人，可写成“人事处负责同志”“尊敬的某某公司领导”等；对于明确了用人单位负责人的，可以写出负责人的职务、职称，如“尊敬的赵教授”“尊敬的毛处长”“尊敬的朱经理”等。和一般书信一样，称呼在第一行顶格书写，以示尊重和有礼貌。称呼之后用冒号，然后另起一行，写上问候语“您好”，接着写正文。

（2）正文。

正文是求职信的主体部分，应写清楚三个方面的内容：① 求职意向；② 个人基本情况，如姓名、就读学校、专业名称、何时毕业等；③ 个人所具备的条件，这是求职信的核心。主体部分可分为两个部分来写：第一部分开宗明义，自报家门，直截了当地说明求职意图，使信的主旨明确、突出，引起对方注意，如“我是××大学即将毕业的学生，想在贵公司找一份工作”，一目了然，切记在开头客套问候，给对方留下矜持或莫名其妙之感。另外，表达力求简洁、生动，以便吸引对方读下去。

第二部分先讲自己求职的理由、目标。说明你愿意来所选单位效力的理由，理由要合乎情理，合乎实际，充足、可信；目标要具体明确。接着要重点介绍自己应聘、应征或寻求工作的条件。注意要突出自己的重要成绩、特长、优势，同时要有的放矢，阐明你对该单位的特殊价值，重申简历中已经提到的那些主要成就。在信中，你可以更详细地介绍某一专长和成绩。对于大学毕业生来讲，也可以多提一下有代表性的工作经历，但要具有吸引力和新鲜感。总之，根据自己的求职目标，这一部分只要做到告知情况，突出重点，言简意赅，语气自然就行了。

（3）结尾。

求职信的结尾主要是进一步强调求职的愿望。希望对方能给予考虑，给予明确答复；或者请求同意前往面谈，或希望试用，以供单位进一步考察，等等。无论如何表述，都要注意用语恰当、得体、掌握分寸，以免造成不良印象。

（4）落款。

落款包括署名和日期。署名应写在结尾祝词下一行的右后方；日期（××年××月××日）应写在名字下面。若有附件，可在信的左下角注明，例如“附 1：个人简历”“附 2：成绩表”等。

四、简历与求职信的写作要求

（一）简历的写作要求

1. 有的放矢

对不同的职位，招聘单位的侧重点是不同的，一定要根据应聘职位来制作简历，才能有的放矢充分发挥简历的作用。简历制作是否能吸引眼球，取决于应聘者对应聘职位的认识，如果一份简历能够对照招聘要求一一说明，那无疑最契合用人单位的要求。一般来讲，用人单位选人都是按预先设定的招聘条件来进行选择，因此在写简历时一定要关注对方的招聘条件，并在自己的简历中突出自己与对方所要求的条件相关的内容，与应聘职位无关的不要写。

2. 突出重点

了解招聘者的招聘重点，并在简历当中提炼突出这方面的内容，打造自己的核心竞争力，这样更容易给人留下清晰的印象。不要堆积太多无关紧要的内容，只写主要的能力水平，如专业技能、专业资格、英语水平、工作经历等，最好能让招聘者对应聘简历留下两三点核心印象。

3. 注意细节

教师业务招聘者更看重素质，教学能力招聘者更看重态度，素质和态度往往从简历的细节处体现出来，所以大部分招聘者会特别重视细节，往往一个错别字就会导致简历进入垃圾箱，因此简历中的每一个字都需要反复推敲，并安排好简历的布局。

（二）求职信的写作要求

1. 简明扼要，重点突出

写求职信一定要做到简明扼要，重点突出，点到为止。每一个用人单位收到的求职信都非常多，如果拖沓冗长，或是喋喋不休，无论哪个单位负责人都不会耐着性子看完，这样即使你再优秀，得到面试的机会也非常渺茫。

2. 格式规范，条理清晰

格式规范，条理清晰会使阅读者心情愉悦。确保条理清晰最有效的办法是将不同的内容用空行隔开，这样求职信的内容层次将会十分清晰。

3. 语言简洁、优美

语言是思维的外壳。一个人的语言表达能力可以反映出他的思维水平，而一个人思维水平的高下又决定着他创造能力的高下，因此，绝大多数用人单位都很重视应聘者的语言表达能力。写求职信时，应反复推敲词句，力求语言简洁、生动。

4.“自我推销”与谦虚应适当

写求职信就是为了推销自己，就应强调自己的专长与成就。谦虚是一种美德，一个谦虚的人可以使对方产生好感。但对于求职者来说，过分谦虚，又可能会使人觉得你能力欠佳。所以，写求职信应遵循“适度推销”的原则，将自己的优势凸显出来。

5. 富有个性，不落俗套

写一封求职信，正如精心策划一则广告，应不拘泥于成法，立意新颖，以独特的语言及多元化的思维方式，给对方留下强烈的印象、引起对方的注意、激起对方阅读的兴趣，才能最终达到求职的目的。

【例文分析 1】

大学生求职个人简历

一、个人基本情况

姓名：王××	性别：女
毕业院校：陕西师范大学	学历：本科
主修专业：汉语言文学	辅修专业：新闻学
年龄：22	身高：166 cm

政治面貌：中共党员

移动电话：139××××××××　　　　　电子邮箱：×××××××××

二、教育经历

2013.9—2017.7：陕西师范大学汉语言文学专业

三、知识与技能

（一）主修专业主干课程：文学理论、现代文学、古代文学、外国文学等

（二）辅修专业主干课程：新闻采访学、报纸编辑学等

（三）计算机能力：能熟练应用各类报刊排版和平面设计软件

（四）外语能力：具备较强的听说读写的能力，达到六级水平

（五）其他能力：有驾照

四、在校期间担任的职务

2014—2015 年　陕西师范大学文学院学生会宣传部　部长

2014—2017 年　陕西师范大学文学院本科党支部　　组织委员

五、社会实践及业绩

1. 在校期间兼任校报编辑，独立编辑报纸 15 期。

2. 参与学院卡拉 OK 大赛及演讲比赛的策划和组织。

3. 在各类报刊发表作品 26 篇

六、个人评价

具备团队合作精神，生活态度积极、乐观，有进取心和责任感，善于与人沟通交流，有一定的工作组织能力。

七、特长与爱好

读书　运动　音乐

（例文来源：http://www.diyifanwen.com）

评析：

这份求职简历内容要素齐全、重点突出。特别值得一提的是，本简历突出了较强的文字功力，这是中文专业学生最大的能力点，也是大部分用人单位十分看重的能力点。

【例文分析 2】

求职信

尊敬的领导：

您好！

我叫×××，是××学院金融专业的学生。感谢您在百忙之中抽出时间阅读我的求职信！贵公司的良好形象和员工素质吸引着我这位即将毕业的学生，我很期望能为贵公司贡献自己的一份微薄之力！多年的学习生活铸就了我坚韧不拔、敢拼敢闯的奋斗精神。大学期间，透过全面、系统的学习，我不仅仅理解和掌握了金融专业知识，而且还具备了必需的实际操作潜力。我担任过学生干部，有较强的管理及组织潜力。以下我对自己进行一个简单的介绍。

用心参加学校组织的各类活动，与老师同学和睦相处，能说一口流利的英语。在业余时间我通常会透过各种途径去找能够让自己得到锻炼的各种工作。

个人方面，因为本身我自己的性格是十分随和的，而且善于和人沟通，能够很快地融入新的环境与团队。由于本人个性喜欢学习新的知识并运用于实际，所以很擅长理解新事物并且善于钻研。对于新的挑战有很大的兴趣，并且不怕困难，能够很快在具有挑战与压力的环境中快速适应。在大学期间参加过几次实习工作，让我的工作及沟通技巧有很大的提升，加之自己的性格开朗，所以每次的实习中都能够与团队中的每一位成员融洽地相处，而且对于团队队友之间的摩擦还能够起到缓解的作用，所以我相信我能够很好地融入团队，并且协助团队更好地完成任务。

我很期望能到贵公司去工作，使自己所学的理论知识与实践相结合，让自己的人生能有一个质的飞跃。我相信你们的整体形象、管理方式、工作氛围会更加吸引我，是我心目中所追求的理想目标。我在此诚恳地请求您能够给我一次机会，让我展示我的潜力。

在众多的单位中，贵公司以良好的社会形象、社会信誉以及强大的发展前景深深地吸引了我。现呈上我的个人简历、证书及毕业推荐表等资料，以便您参考并做出决定。期望得到您的回复，谢谢！

此致

敬礼！

求职人：×××

2020 年 11 月 27 日

（例文来源：https://wenku.baidu.com/view/c504e124001ca300a6c30c22590102020740f2d2.html）

评析：

这封求职信对自己的基本情况进行了简明扼要的介绍，重点提到了自己团队合作和与人沟通的能力，表明了个人的性格特质，这也是用人单位在招聘时比较看重的。

技能训练

1. 根据所学内容，设计一封属于自己的简历。
2. 根据所学内容，写一封求职信。

第三节　竞聘演说词

一、竞聘演说词的含义

竞聘演说词是竞聘者为了获得某一工作岗位或职位，在竞聘前写成的用于口头表述的一种文稿。它具有明确的目标性和内容的竞争性。竞聘演说是竞聘者通过口头表达，让听众了解、认识竞聘者的相关优势、工作能力和工作设想，从而判定是否支持其获得某个职位的活动。竞聘演说词的写作正是这一活动之前的文字准备。

二、竞聘演说词的特点

（一）目标的明确性

目标的明确性是竞聘演说区别于其他演说的主要特征。这一方面表现在演说者要鲜明地亮出自己所要竞聘的目标岗位，另一方面，演说者所选用的一切材料和运用的一切手法都是为了实现一个目标——使自己竞聘成功。

（二）内容的竞争性

竞聘演说与其他演说的不同在于和他人的竞争性，它的全过程都是听众在候选人之间进行比较、筛选的过程。因此，竞聘者如果过于谦虚，不好意思说自己的长处，表示自己水平“一般般”，就不能战胜对手。因此，竞聘者要尽最大可能显出“人无我有”“人有我强”“人强我新”的胜他人一筹的优势来，提升自己的核心竞争力。

（三）材料的实用性

实用性是指所选材料既是符合实际的，又是对自己竞聘有利的。也就是说无论是讲自己所具备的条件，还是谈任职后的构想，都要从自我出发、从实际情况出发。竞聘演说是竞争，但不能不切实际地空谈，而要结合实际谈到自身的优势和就职后的构想。

三、竞聘演说词的格式

（一）标题

标题有三种写法。第一种是文种标题法，即只标“竞选演说”“竞聘词”；第二种是公文标题法，由竞聘人和文种构成或竞聘职务和文种构成，如《关于竞聘××公司××部主管的演讲》；第三种是文章标题法，可以采用单行标题形式，也可采用正副标题形式，如《根在矿大，情系中文系——在学生会主席竞选大会上的演讲》。

（二）称呼

称呼是指对评委或听众的称呼。

（三）正文

正文是竞聘词的重点和核心，应围绕以下几方面展开：

1. 开头

简单叙述竞聘的职务和竞聘的缘由。

2. 主体

先简介自己的年龄、政治面貌、学历、现任职务、工作经历等一些自然情况。再谈自己竞聘的优势，如政治素养、业务能力、工作水平等。最后提出自己任职后的工作目标、工作构想、工作措施等。

3. 结尾

结尾要表明竞聘的决心、信心和请求。竞聘词中介绍个人简历时要讲求真实性、简要性，突出特殊性；突出工作成绩、优化工作思路；提出的工作措施要目标明确、实在，语言上要做到情真意切。

四、竞聘演说词的写作要求

（一）开头要新颖

开头要新颖生动，富有号召力和吸引力，这样才能给人留下良好的第一印象，才能为自己在众多的竞争者中脱颖而出奠定良好的基础。

（二）自我介绍要有针对性

要简洁、直观地介绍自己的学历、经历、业务能力、个性特征、特长等，引导他人认识到这个岗位和你自身特点的适配性。做到有针对性的同时，还要言之有物，让他人相信你有能力胜任这个岗位和工作。

（三）应聘后的工作计划要有感召力

描述应聘后的工作计划和目标时措施要明确，对解决工作的热点、难点问题要提出明确和切实可行的解决办法，力求达到客观可行，做到目标难度适度、措施得当、令人信服。

（四）对自身的评价要客观

在竞聘时要多提及自己的优点，以及对目标岗位的高度适配性，但同时也要客观地描述自己的缺点，当然，对缺点和不足的描述不可过分详细，可适当提及，奉行点到为止的原则。

【例文分析】

竞聘演说词

尊敬的各位评委、各位同事：

大家好！

公开、公平、竞争、择优的人事制度改革给我们每个人都创造了一个公平竞争、展现自我的机会；抓住机遇、挑战自我是我参加这次竞聘的目的。我要竞聘的是人教科副科长职位。

首先，向大家简单介绍一下我自己，本人……

下面，我想先谈谈竞聘本职位的优势：

一是具有一定的人事工作经验。……

二是具备一定的组织能力。……

三是能坚持原则，秉公办事。……

同时，我在工作中也存在一定的不足之处：……

如果能得到局党组的信任和同志们的大力支持，竞聘本职位成功，我将在科长的领导下着重做好以下几项工作：

一是当好科长的参谋与助手，认真贯彻执行人事工作的路线、方针、政策……

二是通过调查研究，听取群众意见……

三是在培训工作中认真听取基层单位的意见和建议……

四是加强人事工作信息化建设……

以上是我开展本职位工作的基本思路和工作目标，无论竞聘结果如何，我都会保持一颗平常心，坦然地面对未来。成功对我来说，争来的是一分信任，一副重担，在以后的日子里，我会增添一分拼搏向上的信心，不辜负局党组和同志们对我的希望，戒骄戒躁、努力工作；如果落聘，说明我同组织上的要求还有一定的差距，我也会积累一份经验，找出差距与不足，在今后的工作中，加倍努力，迎头赶上，通过学习不断完善自己。

最后，祝愿大家在这次机构改革中，成功地走向适合自己发展的岗位，祝愿我局机构改革工作圆满成功！

（例文来源：http://www.diyifanwen.com）

评析：

这是一篇竞聘类的演说词。

全文从结构上可以分为三大部分：第一，应聘的基本条件介绍。第二，主要介绍了竞聘者的自身长处及竞聘优势。同时对自身的不足之处，也能实事求是地陈述。第三，涉及竞聘成功后的自我打算，充分显示自己的工作能力与胆识气魄。

这篇竞聘演讲稿不但格式规范，而且布局合理，尤其在以下三方面值得借鉴：一是结构清晰。行文能紧紧围绕竞聘主题来写，不枝不蔓，主旨鲜明、突出。二是表达方式上，合乎礼仪。如在开头和结尾部分，适当使用礼仪用语，表示感谢、祝福的语言都是很好的表达方式。三是采用表态式结尾，竞聘态度显得不卑不亢，自信而不自负。

技能训练

假如你要竞争我校文传学院学生会主席一职，请结合竞聘演讲稿的基本结构和要求以及自身的实际，写一篇有新意、有竞争力的演讲稿。

要求：主题明确，中心突出；语言准确、简明，书写规范。不少于 800 字。

第四节　述职报告

一、述职报告的含义

述职报告是党政机关、社会团体、企事业单位的领导干部或者业务部门负责人，向上级机关、主管领导或本单位的群众陈述自己在一定时间内的任职情况，评议自己的任职能力，接受上级领导考核和群众监督的一种文体。述职报告是对干部进行考评和聘用的依据之一，也是述职者对自我工作的一种回顾与检查。

二、述职报告的特点

（一）自述性

自述性是指述职者使用第一人称，本着对个人、对组织负责的态度，采用自述的方式，面对听众或读者述说自己在一定时期内履行岗位职责的情况，向有关方面报告自己的工作业绩。即个人在一定时期内按照岗位职责的要求完成了哪些事情，达成了怎样的目标，取得了什么成绩等。

（二）自评性

自评性就是述职者根据岗位规范和职责目标，对自己在一定任期内的“德”“能”“勤”“绩”“廉”等方面的情况进行综合的自我评估、自我鉴定和自我定性，是一种对自己工作的全面反思、回顾和评价。

（三）客观性

述职报告作为考核干部评优晋升的一个重要依据，要求述职者必须客观地陈述自己履行岗位职责的情况，不可随意夸大事实，也不可虚构事实，更不可刻意掩盖工作中的问题和失误。

三、述职报告的格式

（一）标题

标题的写法主要有以下两种：

（1）直接使用文种“述职报告”四个字，或者“我的述职报告”。

（2）由单位、职务、姓名和文种四要素组成。

（二）正文

1. 报告对象

述职的对象，有时可以省略。

2. 前言

述职人的基本情况介绍，如在某段时间内担任某项职务，在此基础上还可以对任职期间的工作做出宏观评价。

3. 主体

主体部分有两种写法：

（1）从“德”“能”“勤”“绩”“廉”等方面展开介绍。德：政治思想、职业道德等方面。能：在工作中体现出来的工作能力、才干。勤：在工作中的工作态度、工作姿态、工作作风等。绩：在工作中取得的工作业绩或者相关政绩。廉：指在工作中廉洁奉公、严格自律的工作态度。

（2）围绕职责，突出一个“我”字。“我”做了什么工作，怎么做的，取得了哪些成绩，成绩的获得与谁有关，工作中有什么创新，有什么新的见地，效果如何。摆正“我”在集体中的位置。实事求是，一分为二地看问题，既有成绩也有不足以及今后努力的方向。

4. 结语

可采用概括式结尾，也可以采用表态式结尾。

四、述职报告的写作要求

（一）实事求是

述职报告写作时应当将工作中的业绩和问题进行如实汇报。面对工作业绩不谦虚，如实罗列，同时也不可回避问题。无论讲成绩还是讲问题都应客观真实，用事实说话，必要时列出数据以及案例加以说明。只有做到实事求是、有一说一，考核者才能对述职者做出客观公允的评价。

（二）突出重点

述职报告的内容，涉及“德”“能”“勤”“绩”“廉”等多个方面，面面俱到必定会使文章冗长，让考核者无法抓住重点。因此写作时要重点突出“绩”，与此同时“述绩”也要抓住主要之点，精心选择，对其中的重点部分要详细、具体、全面地展开，次要部分则可约略提及，一笔带过。

（三）突出个性

不同的岗位有不同的职责要求，即使是相同的岗位，也由于述职者个人的差异，工作方法、工作内容和工作业绩也不尽相同，因此每个述职者都应该重点突出自己的工作实际，结合自身情况写出自己特有的做法和独有的贡献。同时，不同时期或阶段的述职报告要在之前的基础上有所突破，每次述职要写出一些新意，这是衡量述职人是否具有工作创新意识、进取精神和开拓能力的一项重要内容。

【例文分析】

2020年个人述职述廉报告

仿佛就是一转眼的事情，一年的时光就在我们的努力、奋斗、欣喜、感慨、难舍中如水滴般答答地过去了。一年来，在学校党政的正确领导下，在科研处全体同事的支持协助下，我恪守职责，开拓创新，廉洁自律，各项工作进展顺利，较好完成了预期的各项科研目标任务，现就过去一年来个人有关情况报告如下：

一、在德方面：加强学习，自觉强化党性修养

能够认真学习贯彻习近平新时代中国特色社会主义思想，做到学而信、学而思、学而行，不断提高自己思想素质和政治理论水平。特别是通过“以案促改”警示教育学习，对党的理论和习近平总书记来陕考察重要讲话等有了较为系统的学习，个人思想政治受到了洗礼；参加学校学习习近平总书记来陕考察重要讲话——弘扬延安精神，净化政治生态专题研讨班，切实领会中国共产党人艰苦奋斗、始终为民的崇高品格，牢记中国共产党人的初心和使命。“四个意识”“四个自信”更加坚定，行动更加自觉，“两个维护”更加坚决；自觉践行党的根本宗旨，把群众观点、群众路线深植于思想中，具体落实到行动上。担任支部书记，能够切实负起责任，组织支部学习，给支部党员讲党课2次，组织线上、线下主题党日活动3次，与党员、群众谈心谈话10余次。

二、在能方面：求真务实，不断提高自身能力

经过不断努力学习和积累，已经具备一定的管理能力，能够从容地处理日常工作中出现的各种各类基本问题，个人在组织能力、协调能力、沟通能力和分析能力等方面均得到较大幅度的提高。科研处事务繁杂，更加深刻理解自己岗位的重要性，切实担当起责任，工作中改进作风，强化大局观念，提升全局工作能力，参与学校硕士授权单位、科研平台、新型智库申报及向教育部推荐科技成果、联合培养研究生示范工作站验收工作，取得了一定的成绩。深刻领会中省文件精神，持续推进开展清理“唯论文、唯职称、唯学历、唯奖项”的相关工作，取得了一定的成效。

三、在勤方面：牢记宗旨，勇于担当作为

作为一名中国共产党党员，时刻牢记全心全意为教师科研服务的宗旨，以“撸起袖子加油干、扑下身子抓落实”的工作作风和弘扬“献身、负责、求实”的精神，勇于创新探索，敢于担当作为；追求精益求精，在工作中，细心做事、快捷做事、踏实做事，时刻保持严谨的工作态度，关注细节、把握细节，尽其所能把工作做细、做实、做好。提升服务质量，不断加强与教师“零距离”面对面的沟通交流，为教师国家发明专利的转移转化多方努力促使转化成功等。

四、在绩方面：恪尽职守，认真踏实开展工作

能结合具体业务工作，按照科研处年度任务清单要求，完成分管的年度工作任务，取得

了一定的成绩。

1. 学科建设有序推进。完成新增硕士授权单位建设的相关材料，配合学校工作参与写作了《新增硕士学位授予单位申请报告》《新增硕士学位授予单位需求论证报告》《申请新增硕士学位授予单位简况表》等材料。为持续做好后续申硕工作，配合学校制定了《新增硕士学位授予单位建设实施方案（2021—2023 年）》，以便进一步优化学科结构与布局、拓宽硕士学位授权点建设范围、提升学校办学层次。组织开展了第四批学科、学术带头人的遴选工作，为提升学校学科建设的整体实力和水平储备人才力量。

2. 科研平台建设成绩显著。2020 年，学校申报成功两个省级科研平台，学校省级科研平台数量达到了 13 个，创历史新高。认真思考科研平台内涵建设的途径，修订了《科研平台建设管理办法》，制定了《科研平台整合方案》，将原有 35 个科研平台调整为 25 个，凝练了学科方向，集聚了优势资源，以便更好地发挥科研平台在学科建设、团队打造、科学研究、社会服务等方面的引领作用。

3. 高层次、高水平科研成果产出稳步提升。我校全年共发表核心及以上级别论文近 200 篇，出版著作 13 本。学校全年授权专利 54 项，其中发明专利授权 9 项，实用新型专利授权 45 项，专利授权较去年增长 38.5%，创造了历史最好纪录。

4. 科研奖励取得重大突破。“魔芋大田健身栽培与林下种植技术推广”获全国农牧渔业丰收奖一等奖，这是我校在该领域获得的最高级别奖励，实现了历史突破。××教授的科研成果“基于作物养分需求的‘猪沼园’循环农业模式研究与示范”获得陕西省教育厅高校科学技术奖二等奖。

5. 强化成果对接，认真落实《科研服务地方行动计划》。努力探索地方高校服务区域经济社会发展的路径，认真落实《科研服务地方行动计划》科技子规划，对社会服务管理更加规范。参与、协调学校与科技局等政企单位的成果对接活动，落地了一批项目，取得一定的成绩。认真组织暑期“百名专家下基层”活动，增强了学校服务地方的能力。

6. 结合区域经济社会发展需求，成果转移转化取得突破。组织遴选农学类科研成果向教育部推介，××教授团队科技成果“基于作物养分需求的猪沼园循环农业模式研究与示范”被教育部科技发展中心选用后，从高校助力脱贫攻坚的使命感、责任感和紧迫感出发，高度重视此项工作，积极联系企业拍摄宣传视频，面向全国 52 个未摘帽贫困县涉农科技成果予以发布，希望通过科技成果的示范效应，促进成果转移转化，加大对尚未脱贫地区脱贫攻坚帮扶工作的力度，也为推动学校科研成果转移转化工作起到良好的促进和示范效果。

7. 科研人才队伍建设卓有成效。积极组织教师参与各项人才项目的申报，××博士荣获 2021 年度“陕西省青年科技新星”称号；××等 36 人被认定为陕西省自然人科技特派员，占全市科技特派员数量的 72%；39 人被聘为陕西省“三区”人才，××等 5 人被评为安康市“三区”人才工作先进个人，展示了学校服务区域经济社会发展的实力。

五、在廉方面，廉洁自律，清白做人，干净做事

通过对《党章》《廉洁自律准则》《关于新形势下党内政治生活若干准则》等党内重要法规汇编的学习，进一步深刻理解了“始终把纪律规矩挺在前面”、廉洁从政拒腐防变、反对形式主义官僚主义等重要意义，纪律规矩和廉政意识进一步增强，真正让纪律和规矩入脑入心、形成自觉。始终牢记要以服务全校科研工作人员为核心目标，不管做什么事情，都要坚守原则，努力做到公平公正。严于律己，严格遵守执行廉洁自律的各项规章制度，不谋私利、不

做有损党员和单位形象的事。如在近年的职称评审与年终成果统计中，能够坚持原则，清白做人，干净做事，自己的工作也得到了广大教师的认可。

一年来，虽然取得了一些进步和成绩，但回顾检查自身，感觉自己仍然存在一些问题。一是工作部署的多，但真正核查的少、检查的少、督促的少、发现解决问题的少；二是冲劲有余，谨慎不够，在工作中，往往想着把工作干好，思考能否运用新的思路来解决问题，导致有时候不够谨慎；第三，成果转移转化力度还不够，后期还需要加大校地、校企合作的力度，将教师的科研和服务地方紧密结合，真正实现科技发展服务地方、地方支撑科技发展的双赢局面。

“征程正未有穷期，不待扬鞭自奋蹄。”新的 2021 年，我一定端正态度，坚持务实创新，努力学习，不断提升个人素养，提高工作能力，更加努力成为一名优秀的中层干部，为学校快速实现转型发展、提升办学层次作出自己得贡献。“莫道今年春将尽，明年春色倍还人”！

述职人：××

评析：

这是一篇领导干部的个人述职述廉情况的报告。从“德”“能”“勤”“绩”“廉”五个方面对自己在工作岗位上的表现具体说明，其中给人印象最为深刻的就是工作业绩方面，分别在管理职责、技术岗位职责、学校服务地方职责等方面都做出了一定的成绩。最后一个方面谈到了自己在岗位上的不足。本文充分反映了作者在自己职位上的工作实绩，实事求是地评价自己，并且重点突出，有着作者自己的鲜明个性，是一篇从内容到形式都很完整且富有特色的述职报告。

技能训练

假如你是高一年级班主任，年终需要你写作一份相关的述职报告，向校领导汇报，请你结合平时所学知识和生活经历，拟写一份规范的述职报告。

要求：主题明确，中心突出；语言准确、简明，书写规范。不少于 800 字。

第六章
新闻文书

新闻宣传是党政机关、企事业单位日常工作中很重要的一个环节。新闻宣传有多种形式，比如召开专题会议、刊登相关广告等，诸多形式中最快捷方便的是通过新闻文书来进行宣传报道。新闻文书是一种满足人们的信息需求，真实、快捷地反映社会生活中有价值的事实的实用类文体。新闻文书有多种体裁，最常见的有消息、通讯、短评以及新媒体文书等形式。

第一节　新闻文书概述

一、新闻文书的特点

（一）事实性

新闻文书的写作对象是新近发生或发现的客观事实，事实是第一性的，新闻是第二性的。新闻文书的“五要素”便是从“事实”角度着眼，即何人（Who）、何地（Where）、何时（When）、何事（What）、何因（Why），简称“五W”。

（二）真实性

真实是新闻的生命。新闻文书如果出现信息失真、信息误导等现象会给相关单位带来严重后果。

可以从两个方面全面把握新闻的真实性。新闻的真实一方面指客观的、具体事实的真实，既要求所写事实涉及的诸多层面必须完全真实，又要求引用的数据以及背景资料的准确可靠；另一方面指有些事实孤立地看，它的确是真实的，但若从整体来看，它又是失实的。因此，写作新闻文书时要将整体与个体联系起来。

（三）新鲜性

新闻文书的新鲜性体现在时间新鲜和内容新鲜两方面。首先是时间新鲜。“今天的新闻是金子，昨天的新闻是银子，前天的新闻是垃圾。”新闻文书要体现出较强的时效性，时间新鲜是最基本的保障。其次是内容新鲜。陆定一先生认为新闻是新近发生的事实的报道，但并非所有“新近发生的事实”均可成为新闻，只有内容也具有“新鲜性”的才可能成为新闻。

二、新闻文书的类型

一般而言，常见的新闻文书有以下几类。

（一）消息

消息是以简明的文字迅速及时地报道最新事实的短篇新闻宣传文书，也是最常见、最经常采用的新闻体裁。它篇幅短小，讲求时效，一般由标题、导语、主体、背景和结语组成，消息的写作要求真实、及时、简明。

（二）通讯

通讯是运用记叙、描写、抒情、议论等多种手法，具体、生动、形象地反映新闻事件或典型人物的一种新闻报道形式。它和消息同为主要的新闻报道形式，最常见的是人物通讯和事件通讯。它是应用写作研究的重要文体之一。

（三）短评

短评是对人和事物进行的简短评论，属于评论的一种，它篇幅短小、内容单一、分析扼要，是运用便捷的评论体裁。短评在运用时有两种形式：一是针对某一事物或问题发表的独立成篇的简短评论；二是为配合新闻报道就实论虚、就事论理的短小评论。其中，配发式短评的运用更为经常和普遍。

（四）新媒体文书

20 世纪后期，以互联网和手机为代表的新媒体出现在人们的生活中，改变了人们的思维模式、生活习惯、工作方式，同时也改变了人们的写作方式，宣告了“新媒体写作时代”的到来。博客、电子邮件、手机短信、帖子等新媒体文书已经和人们的现实生活紧密联系在一起，在当代人的工作与生活中扮演着越来越重要的角色。因此，要跟上时代的步伐，就必须了解新媒体文书的写作规律，掌握新媒体文书的写作技巧。

三、新闻文书的写作要求

（一）叙述讲究技巧

新闻文书写的是事实，但同样要讲究技巧。由于新闻是叙述性文体，所以需要在不违背事实的基础上设法吸引读者，前文已经说过，新闻叙述有“五 W”要素，但不能僵化，要根据叙述对象和表述主题的需要确定，有时并非每个要素都必须出现。

（二）主题鲜明集中

新闻文书的主题是通过事实来表述的，因此要认真组织材料，尽量做到围绕主题选取材料，而且新闻的主题不能隐晦，不能让读者不明所以反复猜想。

（三）语言准确通俗

新闻语言在叙述中最讲究准确，这是因为新闻报道以真实为要求，用词要特别注意精确。同时语言要通俗，这是由新闻的性质所决定的，新闻要给大众看就必须通俗易懂，便于大众接受传播信息。

第二节　消　息

一、消息的含义

《新闻学大词典》对消息文体给出的定义是：以最直接、最简练的方式报道新闻事实的一种新闻文体，是最经常、最大量运用的报道体裁。

结合工作实际情况，我们认为消息是用概括性的叙述方式，客观迅速地报道新近发生的、有报道价值的、能引起人们广泛兴趣的事实的一种新闻文体。消息是新闻体裁中应用最广泛的一种体裁，是政府部门和企事业单位发布新闻、联系群众、表扬先进、指导工作的重要手段。消息体现了新闻文体的一般特点，掌握消息写作可以为其他新闻文体的写作打下坚实的基础。

二、消息的特点

（一）真实

真实是消息的生命，也是消息写作的基本原则。真实的具体要求主要包括两个方面：第一，构成消息的五要素（即 5W）必须绝对真实准确；第二，消息中引用的资料，包括细节、数字等必须准确无误。消息的写作，要严格遵循新闻真实性原则，杜绝所谓“合理想象”、道听途说、以讹传讹的做法，更不能主观地随意捏造。

（二）迅速

迅速是消息的第二生命。新闻讲求时效性，只有快速报道客观事实，才能提高新闻的价值，如果耽误了新闻发布的时效，就会使消息贬值甚至失去意义。通常所说的“抢新闻”指的就是抢占时效的先机，对当前工作中出现的新形势、新动向、新问题，必须准确发现、全面把握、迅速反应，否则成了旧闻便失去了价值。

（三）简短

短小精悍是消息区别于其他新闻体裁的鲜明特色，消息是用尽可能简洁、生动、概括的文字来摆事实、讲道理。篇幅短小、简短精悍是提高消息质量的关键，一方面便于及时发布增加媒体的信息容量，另一方面，便于读者阅读，适应现代快节奏的生活需求。

（四）一事一报

一事一报是指一篇消息通常只报道一个有意义的新闻事件，或者事物发展的某一侧面。消息文体主题集中而鲜明、表述直接而朴实。消息写作必须坚持“一事一报”，这是消息写作的底线，不容突破，这就要求写作消息文体时要围绕一个最有价值的事件展开，不要面面俱到，应尽量细化、具体化，突出最有价值的新闻要素。

三、消息的类型

（一）动态消息

动态消息是迅速、准确、简洁地报道正在发生或新近发生的重大事件，反映一个单位、行业或领域的新成就、新动向的一种新闻报道形式。动态消息是消息文体中使用频率最高、时效性最强的一种新闻体裁。按照题材的性质，动态消息通常可分为硬新闻和软新闻，其中，硬新闻通常指报道政治、经济等关系国计民生的重大事件的消息，软新闻的时效性并不强，但却可以丰富人们的知识、开拓人们的视野。动态消息的特点是内容集中而又单一，报道风格简洁明快，一般采用概括叙述的方法，只交代新闻事实，不进行解释和评论。动态消息的时效性最强，要求作者关注正在发展变化的情况，并随时将最新动态报道出来。

（二）综合消息

综合消息也称综合新闻，是围绕一个中心全面反映国际国内全局或某一方面情况的新闻报道形式，一般都涉及重大主题。综合消息的特点是具有高度概括性，同时报道面广，因此写作难度较高。写作综合消息，要注意对全面性的概括材料和代表性的具体事实二者的结合，多层面多维度地反映客观事实的全貌。综合消息所报道的新闻事实发生的时间地点可能不是相同的，原因、结果和过程也各有差异，因此综合消息在时效性上要弱于动态消息，但材料组织上相对灵活一点。

（三）经验消息

经验消息又称典型报道，是介绍某一地区、某一领域、某一单位在工作上取得的成功经验或典型经验的消息类型。经验消息的特点是：第一，目的性。经验消息的目的性十分明显，那就是要将具有可操作性、可借鉴性的经验推而广之。经验可以是贯彻党和国家方针、政策的典型经验，也可以是某一方面工作的成功做法，只要是在实践中积累起来的行之有效的新做法、新思路、新知识和新技能都可以。第二，新闻性。经验消息是用消息的形式传播经验，要求用新闻的眼光对那些经验再加工、再创作，要把典型经验写成新闻，坚持寓经验于新闻事实之中，因此要考虑到时效性、客观性、可读性。经验消息的写作要点主要表现在捕捉新鲜的经验、写出有意义的典型经验、用事实说话、自然呈现经验这几个方面。

（四）述评消息

述评消息也称新闻述评，是一种既报道新闻事实，又对新闻事实进行适当分析评论的新闻报道形式。它介于新闻报道和新闻评论之间，兼具消息和评论两种新闻文体的功能。具体写法是用夹叙夹议的方式写作新闻事实，叙述事实要概括、扼要、有说服力，分析事实要中肯、深入、有针对性。写作述评消息要求作者具有较高的理论水平和政策水平，能针对新闻事实分析背后的深层问题，揭示新闻事件的本质意义，以帮助读者更好地认识理解。

四、消息的写作

（一）标题

消息标题是在新闻正文内容之前，用以对消息内容加以概括或评价的简短文字，起引出、揭示、评价、提要新闻内容和吸引读者的作用。标题又分为以下几种形式：

1. 单行标题

只有主题，一般是一句话，也可以是两句话。要求突出消息的核心事实，做到用词准确、文字简洁，以吸引读者。

2. 复式标题

一般由两个或者两个以上的新闻标题按照一定规律排列组合而成。有三种常见的类型：引题+主题、主题+副题、引题+主题+副题。

（1）引题，位置在主题之上，字号小于主题，主要作用在于引出主题，或交代形势、或说明背景、或烘托气氛、或揭示意义。引题说理，一般虚写而不实写。

（2）主题，准确提炼、简要概括消息最主要事实和内容的文字，是标题必不可少的组成部分，字号要求大而醒目。主题叙事，一般实写而不虚写。

（3）副题，其位置在主题之下，字号小于主题，副题是对主题的补充说明。或说明来源、或点出依据、或阐明意义、或展示效果，起提要的作用。

【例1】

曹雪芹卒年何妨一辩　大观园遗址有迹可寻

评析：标题只有主题，是典型的单行标题形式。运用对偶的修辞手法，使标题形式优美，看起来赏心悦目、读起来朗朗上口，同时富有文化气息。

（来源：《文汇报》，1962 年 4 月 29 日 2 版）

【例 2】

商品房市场清淡　保障性住房申购火爆（引题）

海南楼市进入有价无市僵持期（主题）

评析：引题+主题式标题。引题是为了交代背景，更好地引出主题表达的内容和新闻的核心事实。

（来源：《中国青年报》，2010 年 6 月 21 日 10 版）

【例 3】

党的群众教育实践活动取得实实在在成效（主题）

形式主义、官僚主义、享乐主义和奢靡之风得到有效整治（副题）

评析：主题+副题式标题。主题朴实无华地阐明了新闻的核心内容，副题补充回答了主题关于"党的群众教育实践活动取得哪些实实在在成效"的问题。

（来源：《人民日报》，2014 年 10 月 8 日 1 版）

【例 4】

征地造房为啥等煞人（引题）

一道公文背着 39 颗印章旅行（主题）

希望有关部门舍繁就简，多办实事、加快住宅建设步伐（副题）

评析：引题+主题+副题式标题。形式完备，主题突出，运用拟人的修辞手法使新闻标题生动形象、感染力强，也更加吸引读者。

（来源：《文汇报》，1980 年 9 月 19 日 2 版）

（二）导语

导语是消息的起始段落，也就是消息的第一自然段或第一句话，是消息特有的概念和标志。往往用简明生动的语言，写出消息中最主要、最新鲜的事实，直接反映新闻事实的要点和精华。发挥着帮助读者快速了解新闻事实、引起读者注意、确定新闻表述基调的作用。

1. 导语写作的基本要求

（1）需有实质性内容。所谓实质性内容是指新闻事实中的要点或最核心的内容。

（2）需写出最有新闻价值、最有吸引力的事实。必须将新闻事实中的精华挑选出来。

（3）需写出最重要、最有影响力的材料。可以分解材料，比较选出最有资格充当导语的材料，然后加以提炼。

（4）需使用简洁、生动的语言。导语字数不可太长，太长则会淹没亮点，读来沉闷无趣。要用简短的文字叙述新闻事件的要害。

2. 导语的主要类型和写法

（1）概括型。开门见山地直接叙述新闻事实中最主要、最精华的内容。

（2）结论型。先从新闻事实中得出的结论写起，再进一步阐述。

（3）提问型。为引起好奇，增强阅读兴趣，首句就提出读者关心的问题。

（4）评论型。明确表明对新闻事实的态度、立场、倾向。

（5）对比型。对比过去与现在、彼地与此地的现状以显示新闻价值。

（6）引语型。直接引用名言、警句、格言、人物对话、诗词等作为开头，引出新闻事实。

【例5】

《公交地铁调价今起征集意见》：从今天开始至本月20日，市发改委与市交通委联合开展公交和地铁票价调整意见征集活动。这也是本市首次在价格方案形成前公开听取社会意见。

（来源：《北京晚报》，2014年7月3日2版）

评析：概括型导语。这是导语最常用的类型。本则导语开门见山地道出了新闻事实最主要的内容：公交地铁调价征集意见开始的时间、部门和重要意义。“首次”一词显示了新闻的价值和意义。

【例6】

《云南晋宁否认超2500万征地补偿款去向不明》：据昆明市晋宁县委、县政府官方微博消息，晋城镇政府通报，近日，有个别媒体报道“云南晋宁超2500万征地补偿款去向不明”，对泛亚工业品商贸物流中心项目征地款分配提出质疑。晋城镇政府高度重视，迅速核查，个别媒体新闻报道说法不实，补偿款均已全额发放到位，不存在被侵占和挪用的情况。

评析：评论型导语。本则导语针对媒体关于“云南晋宁超2500万征地补偿款去向不明”的报道，旗帜鲜明地表明了自己的态度：个别媒体新闻报道说法不实，补偿款均已全额发放到位，不存在被侵占和挪用的情况，有力地回答了社会公众最关心的问题。

【例7】

《2014“华山论剑”将为读者解析新常态下的中国经济——见面不再问“你买房了吗”——实体店成网店“试衣间”》：煤炭、钢铁价格下跌；房子销售明显没有前些年火爆；网店生意火，而实体店却成了“试衣间”……2011年以来，普通老百姓都有这样的感受。为什么中国经济出现了这样的变化？2014“华山论剑”强势回归，为你解析近年来中国经济出现的这些新变化、新面貌、新趋势，也就是所谓新常态下的中国经济。

（来源：《华商报》，2014年10月11日4版）

评析：提问型导语。本则导语首先就当下人们关心一些经济话题提出问题：2011年以来，普通老百姓都有这样的感受。为什么中国经济出现了这样的变化？这会吸引读者的阅读兴趣。紧接着用十分简练的文字告诉大家：2014“华山论剑”强势回归，并指出论坛重点关注和解析的问题。

【例8】

《北京计划3年基本完成四环内棚改》:“2014年北京市计划对205个项目进行棚户区改造，力争让3万至4万户家庭因此改善居住条件。”北京市住房和城乡建设委员会相关负责人日前表示，到2017年底前，北京市将基本完成四环以内棚户区改造工作。

评析：引语型导语。本则导语直接引用北京市住房和城乡建设委员会相关负责人的原话，体现了新闻的真实性、来源的可靠性，很好地抓住了读者的好奇心。随后指出了四环以内棚户区改造工作的截止时间，为正文做好铺垫。

（三）主体

消息主体担负陈述新闻事实的主要任务，需要具体的报道和说明新闻的内容，给受众提供足够的信息以展开导语部分浓缩了的事实。主体事实应精当翔实、典型有力，可用不同的手法，如白描、叙述、议论等具体写出事件的时间、地点、人物、经过和原因。筛选什么样的材料，从什么角度筛选，包括新闻事实各要素之间如何组织，段落层次如何安排，也是写作主体对新闻事实及价值评判的表现。在写作消息主体时，要注意合理布局、条理清晰、表述准确、严谨生动。

（四）背景

背景是对消息主体进行解释、说明的，并不一定每一条消息都有，也不一定单独成为一个部分，根据实际情况可灵活安排在导语、主体、结尾处。它的主要作用是介绍相关情况，帮助阐释事物的意义，烘托和深化主题，加深读者的理解。消息涉及的内容相当广泛，可以是自然环境，也可以是社会环境，可以是新闻事实的纵向或横向联系等。背景材料又可分为对比性材料和说明性材料。对比性材料是对人物或事物正反、左右、今夕的对比，从而突出人物或事情的重要意义。说明性材料是对消息中提到的人和事以及有关的背景做些说明和注释，帮助读者理解。背景材料的运用要简洁、恰当、适可而止，不可喧宾夺主。

（五）结尾

消息的结尾往往简短有力、发人深省，是消息的一个基本组成部分。新闻事件的发生有始有终，报道新闻事实的消息文体也应自足完整。有的结尾是对报道内容做概括性的小结，从而使读者加深印象。有的结尾是对报道的事物进一步发展做出展望，有的提出问题让人思考。

五、消息的结构

消息结构一般是指消息的结构形式，也就是作者对已掌握新闻材料进行总体性布局或安排的方式。除此之外还指包含标题、导语、主体、结尾等内容的消息在内容上的构成。

1. 倒金字塔式结构

倒金字塔式结构强调把最重要的新闻材料放在开头，然后从导语到结尾，按照材料的重要程度递减的顺序依次组织、安排新闻材料，最不重要的材料放在最后。倒金字塔式结构是消息最常用的结构形式。倒金字塔式结构适宜写时效性、事件单一的突发性新闻事件。这种结构有利于受众快速了解新闻的事实和精华内容。

2. 时间顺序式结构

时间顺序式结构强调按照新闻事件发生的先后顺序来安排新闻材料，先发生的放在前边，后发生的则放在后面。采用时间顺序式结构，叙事条理清晰、现场感强，适宜写情节曲折、故事性强的新闻事实。缺点是开头稍显平淡、很难一下子调动读者的兴趣。

3. 悬念式结构

悬念式结构是把倒金字塔式结构和时间顺序结构相结合，进而取长补短而产生的一种新的结构形式。开头设置疑团、布下悬念，随着时间的推移、新闻事件的发展，逐步释消疑团与悬念，揭示真相。采用此种结构，注意瞻前顾后，前后呼应，保证悬念结构的完整、统一。悬念式结构适宜新闻故事、亲历记等以戏剧性见长的新闻事件。优点在于叙事重点突出、条理清楚，使读者容易理解、接受新闻信息。

4. 并列式结构

并列式结构的开头有一个总括性的导语，随后几个自然段所涉及的内容基本上呈并列关系。并列式结构适用于经验式、公报式的新闻报道。

【例文分析】

法国人梯若尔独中诺贝尔经济学奖 动摇美国学者垄断地位（节选）

诺贝尔奖中的重头戏——诺贝尔经济学奖终于揭晓。

北京时间10月13日19点，该奖项被授予法国经济学家让·梯若尔，理由是他对具有强大市场力量的企业的分析，帮助阐明了核心的政策问题，例如政府如何应对合并或卡特尔垄断问题，或者说是如何监管垄断企业。

瑞典皇家科学院当天对外宣布这一消息，并赞扬现年61岁的梯若尔是“我们所处时代中最具影响力的经济学家之一”。他在经济学很多方面都取得了理论研究成果，其中最重要的就是如何理解与规范存在少数大企业的行业。

在获知自己得奖的消息后，身在图卢兹的梯若尔对记者说，这是一个“巨大的惊喜”，他“感觉不错”。他随后向媒体表示，他对获奖感到极为惊讶，并立即与妻子和母亲分享了好消息。“她（梯若尔的母亲）90岁了。我告诉她这个消息之前，得先请她坐下来。”梯若尔说。

法新社认为，作为法国人，梯若尔获得诺贝尔经济学奖动摇了美国在这一奖项上的垄断地位。

过去10年，共有20人获得诺贝尔经济学奖，其中18人来自美国。

美联社指出，今年是自1999年以来首次没有美国人获得诺贝尔经济学奖。

梯若尔也成为自2008年克鲁格曼获奖以来，唯一一名独中诺贝尔经济学奖的经济学家。

今年的诺贝尔经济学奖奖金为 800 万瑞典克朗（约合 111 万美元）。

（选自《东方早报》，2014 年 10 月 14 日 谢涓 欧昌梅）

评析：

这则消息采用了单行标题，倒金字塔式的结构形式。第一段交代了新闻事件中最具新闻价值的内容：诺贝尔经济学奖终于揭晓。语言凝练，重点突出，故意没有透露得奖人，客观上起到了吸引读者的作用；第二段点明了时间、人物及获奖的原因，有效地补充了新闻内容；第三段交代瑞典皇家科学院对它的评价及主要研究成果，进一步丰富了人物信息，增加了新闻的权威性；第四段则是经济学家得知自己获奖后的反应、行动，一位平易近人的生动人物跃然纸上，大大拉近了与读者的距离；第五段到第八段引用法新社和美联社的社论，说明了让·梯若尔获得诺贝尔经济学奖的重大意义。纵观整篇报道，每一段落的新闻价值明显呈现依次递减态势，从后往前删去某一段落都不会有太大影响，前面段落依然可以传达新闻的主要内容。

技能训练

阅读下列材料，按要求撰写一则消息。

1. 陕西作家李春平的中篇小说《郎在对门唱山歌》，最初发表于《小说月报（中篇小说）》2007 年第 1 期。小说发表后在全国引起了广泛关注，有媒体称“这是作家为自己的家乡打出的一个大广告”。

2. 小说发表后，李春平又有了拍电影的想法。“我觉得，小说流传的范围不大，想来想去想到了拍电影。”后来请来曾获首届韩国釜山国际电影节新浪潮奖和国际影评人费比西奖等的著名导演章明来担任编剧，五易其稿拿出满意剧本。

3. 电影故事以安康紫阳为环境背景，以青年男女刘小漾、冯冈、张学锋等的爱情遭遇为主线，以对于紫阳民歌的弘扬和开掘为辅线，表现了当代青年在人生转折时期、面对社会和事业、情感与婚姻的艰难选择，弘扬了真善美，鞭挞了假丑恶，是一部具有良好精神导向和艺术价值的电影剧作。

4. 2011 年第 14 届上海国际电影节最佳编剧（章明）、最佳女主角（吕星辰）、最佳音乐奖（文子）。

5. 10 月 22 日，由紫阳县委、县政府与陕西一路阳光文化传播有限公司携手打造的影片全程在紫阳拍摄完成，展现陕南地域文化的电影《郎在对门唱山歌》在美丽的山城紫阳举行首映式。

要求：以《郎在对门唱山歌》在紫阳举行首映为主题；标题、导语适当；采用倒金字塔式结构；语言精练，书写规范；不少于 600 字。

第三节　通　讯

一、通讯的含义

通讯是我国新闻文书中特有的文体，它是一种生动详细地报道新近发生的重要事件或涌现的新人物的文体，集叙述、描写、抒情、议论等多种手法于一体，感染力强。与消息文体相比，通讯的时效性较弱，内容更加深入丰满。

二、通讯的特点

（一）生动性

通讯尤其是人物通讯具有一定的文学色彩。消息在表达上主要是平面的叙述，语言追求简洁、明快、准确。通讯则较多借用文学手段，可以描写、抒情、对话，可以用比喻、象征、拟人等修辞。因此通讯在语言和表达方法上都具有一定的文学性，它在报道真实的人和事的过程中，善于再现情景，平添许多生动和形象，给人以立体感、现场感。

此外，通讯虽然一般以第三人称叙述为主，但在“见闻”“采访记”一类的通讯中，也采用第一人称。不过其中的“我”主要起见证人或采访线索的作用。在效果上，第一人称的使用也增加了一些亲切感。

（二）完整性

通讯须相对完整、具体地报道人物或事物的过程。消息侧重写事，叙述简明扼要，一般不展开情节。通讯可写人物也可写事件，其材料比消息丰富、全面，其容量比消息厚实、充足。它要求详尽、具体地报告事件的经过、演绎人物的命运，充分展开情节，甚至描写细节和场面。

（三）评论性

通讯须运用夹叙夹议的方法对人或事做出直接的评论。消息是以事实说话，除述评消息一般不允许作者直接发表议论。通讯则要求在报道人物或事件的同时，表露记者的感情与倾向。然而通讯的评论不同于议论性文体的论证，它须时时紧扣人物或事件，依傍事实做适时的、恰到好处的评价点拨。因此这是一种通过描写、叙述、抒情等表达手段进行的议论，它的特点是以情感人、理在情中。

三、通讯的类型

（一）人物通讯

人物通讯是一种着重揭示人物品质、性格和精神面貌，以报道社会生活和工作中的先进人物为主的通讯，常常起到传递正能量、宣传榜样的教育作用。

1. 人物通讯的分类

人物通讯中的人物也要求具有新闻性，大致可分为四类：

（1）英雄人物或模范人物，如全国师德楷模陈斌强、20 年来坚持每周出诊 6 天的百岁仁医胡佩兰等。

（2）杰出人物。人们普遍关注的社会名流，如著名科学家、运动员、慈善家、文艺界人士、演艺明星等。

（3）特色人物。在平凡生活、工作中体现某种人生价值，或为大众做出贡献的普通人。最近几年，此类人物通讯较为常见，成为通讯题材发展的一个新趋向，如拾荒高龄助学老人刘盛兰等。

（4）反面人物。某些能对普通人起到警示作用的反面人物，如腐败分子、罪犯等。

2. 人物通讯的写法

（1）标题。形式方面，通常采用单行标题，即主标题。也可加副标题，用破折号附加在主标题之后，用来说明或解释主标题。基本不使用引题，不采用三行标题的形式。写法方面，标题力求准确、简洁、吸引人，可直接点出主题，写出主要内容，也可提问、设问启发读者理解主题。

（2）开头。可采用灵活多变的开头，不一定像消息通常把最重要的内容放在第一段。可直接刻画人物形象，也可先行铺垫，引入正题。

（3）主体。围绕主题加工、取舍新闻材料，选择合适的结构方式处理材料。写作之前，要问自己，要报道一个什么样的人？他的特别之处在哪？他究竟是什么样的人？他是怎样做到的？他有过挫折吗？他为什么这样做？他最不寻常的、最令人感兴趣的心灵上的东西是什么？是怎样形成的？这样，写作的方向就会明晰起来。

（4）结尾。可自然收束，可卒章显志，揭示主题思想或写作目的，也可补充交代某些新闻事实。

【例文分析 1】

狱医陈忠良：刀锋上行走 28 年

省十里丰监狱从前年开始开展了“十佳忠诚卫士”“十佳青年之星”“十佳文明职工”的“三十佳”评选活动。昨天晚上，省十里丰监狱为“三十佳”举办了颁奖晚会，获得“十佳文明职工”称号的陈忠良就是其中一位。

28 年如一日

他干这份工作已有 28 年了。

陈忠良在监狱医院的检验上班，负责筛查初入监服刑人员的血样，并检查他们是否携带 HIV 病毒抗体。

见到陈忠良时，他正在医务检验室内的仪器前给服刑人员做 HIV 血样检测，一边调试仪器，一边又迅速在电脑上作着记录。当他站起来要把检测记录报告放到桌上的档案袋时，记者吃了一惊：他从椅子上站起来显得很吃力，脸色略微蜡黄。

同科室的同事童建国说：“老陈可是我们监狱职工的楷模，他是二等甲级革命伤残军人，右腿高位截肢，20 多年来一直在默默无闻地从事监狱医检工作。虽然前年又被查出患有肝癌，监狱领导也都劝他多休息，但他就是放不下手里的工作。”

手指意外划破

2006年10月的一天，老陈像往常一样戴着橡皮手套，用左手正要打开装有血样的玻璃试管橡皮塞。“没想到存放血样的玻璃试管意外破碎了，尖锐的玻璃碎片一下就刺入我左手大拇指。我拔出碎片，当场就流血了。”老陈说：“当时脑袋‘嗡’一下大了，头脑里一片空白。”提起那次HIV血样检测的意外，老陈至今仍心有余悸。

“还好，边上同事看到后，立刻帮我脱掉手套，并且用手捏紧我的大拇指，一边用力挤压污血流出，一边拼命地甩我手指上的血，随后又赶紧往手指上倒酒精反复清洗伤口……”讲述时，老陈表情激动，右手紧捏左手大拇指用力甩动，试图还原当时的紧张场景。

老陈说：“我当时直感到不计其数的小虫子正顺着大拇指往我身体里钻……”说话时，老陈一直紧握着拳头。

痛快哭一场

一连几天，等待初次化验报告的老陈都在痛苦煎熬中度过，吃不下饭，又睡不着觉，一下憔悴了许多。“我最担心的倒不是个人安危，主要是家庭责任啊，当时女儿又小，老婆一个人拉扯太难了……”说到这时，老陈有些哽咽了。

老陈说，他连去医院拿检测报告的勇气都没有，是让老婆去取的。“那天，看到‘阴性’的《HIV抗体初筛表》，我抱着他们母女俩痛痛快快地哭了一场……”

“这只是初期检查，艾滋病潜伏观察期至少得一年时间，最后一次检验才真正决定命运。”接下来，老陈先后接受过4次血液化验，直到看到最后一次检测报告，心中悬了一年的巨石终于落地了，紧绷了一年的神经终于放松了。

老陈说，他和老婆约定好了，自己患肝癌的消息直到现在也没告诉在外地读书的女儿；老陈说，他爱自己的小家，更爱十里丰监狱这个大家，并且愿意用有限的生命去演绎十里丰人的情怀。

（选自《浙江法制报》，2013年1月31日12版 见习记者 张国亭 通讯员 戴子忠 毛拥军）

这是一篇优秀的“特色人物”通讯，还原了狱医陈忠良检验工作和生活的侧面，凸显了他爱岗敬业、乐于奉献的优秀品质、高尚道德，读来令人深受感染、教育。

例文有以下几点值得学习：一是运用比喻的修辞手法，含蓄点明主题，标题形象生动。狱医为什么、又是怎样在神秘的监狱里如同在刀锋上行走了28年？令人好奇。二是细节描写细致，情节生动，叙述详细。主体第一部分描写了右腿高位截肢的伤残医陈忠良“28年如一日”地为服刑人员做HIV血样检测的工作状态：行动吃力，脸色略微蜡黄，患有肝癌，不放下手中工作。第二、三部分则是细致描述了“手指意外划破”事件的经过和老陈的事后反应。整个事件如同故事一般有明显的情节悬念，适合大众阅读口味，且富感染力。三是叙述角度选取适当。近年来，人物通讯中主角不再追求“高大全”，而是着重表现主角生活、内心真实的一面。此文把狱医陈忠良当作有血有肉的普通人来写，不一味写他的无私无畏，也写他的担心恐惧、喜怒哀乐：因为顾及家庭责任，手指意外划破，他极度紧张，吃不下，睡不着，担心自己感染艾滋病，甚至没有勇气自己取化验单。这些普通人都会有的反应使得本文读来更加可信、感人。

（二）事件通讯

事件通讯是主要报道典型新闻事件发展过程的通讯类型。可以报道社会生活中重大事件、突发事件和特色事件，也可以从某一新闻事件截取若干片段进行详细报道。常常帮助大众了解事件真相，揭示事件深刻意义，发挥着普遍教育的作用。

1. 事件通讯的分类

（1）歌颂型事件通讯。用新闻事件来展现人们高尚的道德、良好的社会风气和时代精神。

（2）警示型事件通讯。用新闻事件来指出人们工作生活中的弊病，起到教育大众的作用。

（3）客观型事件通讯。介于上述二者之间，客观记述、评说，起到启迪思想的作用。

2. 事件通讯的写法

（1）标题。

一般采用单行标题，要求精当概括、引人阅读。

（2）开头。

没有消息明显标志，可灵活处理。可引经据典，也可直接叙述事件。

（3）主体。

详略得当地写出新闻事件发生的原因、开端、发展、高潮和结局，要让读者清楚地理解事件发生的来龙去脉。

① 要选择好题材，揭示深层意义。事件通讯尽量选择那些重大的、典型的、突发的和特色的题材，这样才能产生较大影响和具有较强感染力。

② 要组织好情节，生动再现场景。在巧妙组织好新闻事件情节的基础上，要具体描述事件的过程。在不损害生活真实的前提下，可以综合运用记叙、说明、抒情、议论等多种表现手法再现事件发生时的情景。

③ 要安排好结构，合理配置人事。精心安排结构，只要能交代清楚事件发生的来龙去脉，可顺叙、可倒叙、可插叙，也可以补叙，借以增强吸引力和可读性，最大程度表现主题。

（4）结尾。

结尾可总结全文，也可补充交代。

【例文分析 2】

万里跨国大追凶

这是万里之外的斗智斗勇！

这是牵动国内外无数人心弦的生死较量！

2012 年 7 月，公安部特派工作组远赴安哥拉，与安哥拉警方联合行动，一举摧毁了盘踞在安哥拉的一批实施绑架、抢劫、敲诈勒索、拐骗妇女强迫卖淫等犯罪的团伙，保障了在安哥拉的中国公民生命财产安全。

案发：接连发生侵害中国公民恶性案件

2011 年 10 月 23 日，安哥拉首都罗安达。

当地时间上午10时，浙江金华人楼某同往常一样驾驶着一辆红色三菱皮卡车前往某工地运送材料。车辆行驶至一条偏僻的小路时，一辆黑色小轿车突然挡在前面。楼某还未做出反应，就被一名不明身份的匪徒用冲锋枪打死。这是当年发生的第14起袭击中国人恶性案件。

不久前，在安哥拉经商的民营企业家宫某被入室抢劫的劫匪开枪击中头部，送到医院后不治身亡；当年8月，当地某公司一名中国员工林某被绑架杀害后惨遭焚尸；当年9月初，当地某集团公司一名华人自卸车驾驶员被劫匪乱刀捅死，另一名驾驶员被捅成重伤。

据了解，从2010年起，在安哥拉华商被中国籍犯罪嫌疑人绑架作案达20余起。2011年，发生针对中国人的绑架案14起，共造成8人重伤、5人死亡。2012年第一季度就发生持枪抢劫案9起、绑架案3起。一时间，在安哥拉的中国个体商家和私营企业家人人自危，不少商家选择关门歇业。这是一群华人内部的害群之马。

伴随犯罪一次次得手，这伙中国籍犯罪嫌疑人开始逐渐由松散结合向有组织犯罪团伙转型，内部分工明确，配备车辆枪支，甚至招收当地不法人员加入，隐蔽性更强、危害性更大。

“我们将何去何从？”今年年初，《安哥拉华人报》用这样的标题来表达在安哥拉中国人内心的愤怒与彷徨。

“我们守望相助，希望祖国安排警务人员为我们提供强有力的支持和帮助，清除这群为非作歹的害群之马，还我们安定的生活。”在安哥拉的中国人在网上发出这样的求助。

决策：维护在安中国公民合法权益

2012年4月25日，中国北京。

国务委员、公安部部长孟建柱会见了远道而来的安哥拉内政部部长马丁斯。双方共同签署了《关于维护公共安全和社会秩序的合作协议》，同意进一步加强业务交流，促进务实合作，共同打击跨国犯罪。

会谈中，孟建柱专门向马丁斯提出希望安哥拉内政执法部门继续采取有效措施，严厉打击针对中国公民的犯罪活动，切实保护在安哥拉中国公民和机构的安全与合法权益。

马丁斯表示，安哥拉政府十分重视与中国的友好合作，希望与中国警方共同努力打击犯罪和维护社会治安。

马丁斯的建议让人眼前一亮。

决策在公安部领导层迅速酝酿：必须尽快将这伙在安哥拉的害群之马彻底打掉，保障在安哥拉中国公民合法权益！

5月11日，由公安部刑侦局打拐办主任陈士渠担任组长的一支先遣组受命赶赴安哥拉，走访受害人与知情人，对在安哥拉侵害中国公民权益犯罪案件进行调查。

经过调查，先遣组发现情况极其严峻：共发现侵害中国公民权益案件57起，涉嫌绑架勒索、杀人、持枪抢劫、拐卖等犯罪，一些犯罪团伙依旧在疯狂作案。

出征：公安部工作组远赴安哥拉

刻不容缓！

公安部刑侦局直接指挥，抽调福建、安徽、辽宁等省精干警力组成一支工作组。7月19日，经过先期国内缜密侦查，30余名公安民警组成的公安部工作组经过20多个小时的长途跋涉，顺利抵达安哥拉首都罗安达。

没有片刻休息，工作组第一时间开会部署工作。“我们的任务是摸清犯罪团伙的组织结构、成员名单，搜集相关证据，这是今后所有工作开展的基础。”赴安哥拉先遣组负责人陈士渠在会上说。

这次办案之旅可谓艰辛异常。

安哥拉与中国相距万里之遥，两国语言、文化差异很大，办案理念、执法程序迥然不同，尽管临行前工作组制定了翔实的应对方案，但到达安哥拉后，办案的复杂性还是超乎了所有人的预料。

但同时大家都相信，再大的困难终会克服，再复杂的案情终会水落石出！

先遣组一行开始抓紧约见受害人，会见重要知情人，从中发现蛛丝马迹。经过将近一周的明察暗访，初步掌握了数个犯罪分子可能藏匿的窝点及涉嫌拐骗、强迫中国妇女卖淫的场所。

合作：中安警方成立联合指挥部

为进一步加快案件侦办进度，7 月 23 日，先遣组会同我国驻安哥拉使馆人员共同约见了安哥拉内政部国际合作局、刑事侦查局等部门负责人，并就案件侦办合作、移交遣返犯罪嫌疑人和解救送返受害妇女等事宜进行磋商。只有争取安哥拉警方支持才能让工作组如虎添翼。

7 月 27 日，由中安两国警方合署办公的联合指挥部正式成立。在两国警方通力合作下，案件侦破工作势如破竹。

7 月 29 日，专案总指挥、公安部刑侦局局长刘安成抵达罗安达，指挥最后决战。就在当天，中安两国警方达成一致，于 7 月 31 日凌晨开展统一行动，将这伙犯罪嫌疑人一网打尽。

然而事情再生波澜，就在距离行动开始不到 24 小时的时候，工作组突然接到安方通知，因为第二天安哥拉将举行总统大选活动，统一行动必须推迟。

而此刻，所有的警力布置都已准备就绪，倘若犯罪嫌疑人在此刻得到风声，后果将不堪设想。必须采取紧急应对措施！工作组立刻做出紧急部署，在严密对外封锁消息的同时，迅速通知工作组成员任务有变。工作组领导成员紧急磋商应对措施。经过和安哥拉警方的紧急沟通，最终确定行动推迟一天。

行动：给犯罪团伙致命一击

8 月 1 日凌晨，罗安达开始下起今年旱季的第一场雨。

中安警方所有警力全部到位。

4 时 30 分，罗安达圣保罗区一条小巷内，全副武装的安哥拉特警与中方观察员一拥而上，将涉嫌故意伤害的犯罪嫌疑人庄氏兄弟当场控制。

城市另一角，本非嘴区的一间被反锁的屋子里，同样涉嫌故意伤害的犯罪嫌疑人王某、张某被抓获，警方在其躲藏的屋子里搜查到大量犯罪证据。

迅速、精确的抓捕行动令犯罪嫌疑人措手不及。

“艾登花园”“中非大酒店”“K 歌之王”，一个个涉嫌拐骗、强迫中国妇女卖淫的黑窝点同时被端掉。在现场缴获的记录本上，记者看到密密麻麻的账单，上面详细罗列着这些犯罪窝点每天的“收支情况”。

这是一个让所有工作组成员兴奋不已的不眠之夜。但事情并未就此止步。

伴随战果不断扩大，专案组顺藤摸瓜，对已经抓捕的犯罪嫌疑人立刻开展讯问，以求更大的突破。

好消息很快从四面八方传来：涉嫌绑架勒索的犯罪嫌疑人马某迫于工作组强大的攻势投案自首；涉嫌参与多起绑架勒索案件的犯罪团伙骨干成员“老黄”被抓捕归案；远离首都罗安达 600 余公里之外的本格拉市洛比托区的一处拐骗、强迫中国妇女卖淫窝点被铲除……

凯旋：中安警方打出完美组合拳

“这是公安部部署开展打击侵害境外中国公民权益犯罪专项行动的首场战役，打出了声威、打出了实效!”刘安成这样总结此次行动的重要意义。此次行动成为中安两国警方继去年11月联手摧毁一个特大拐骗中国妇女至安哥拉强迫卖淫犯罪团伙后的第二次成功合作。

截至记者发稿时，此次中安两国警方联合行动成功摧毁针对在安哥拉中国公民实施绑架、抢劫、敲诈勒索、拐骗妇女强迫卖淫等犯罪团伙12个，国内外共抓获犯罪嫌疑人61名，破获各类重特大刑事案件48起，解救中国籍受害人14名。

在工作组努力下，安哥拉警方依照两国签署的《关于维护公共安全和社会秩序的合作协议》，将此次行动抓捕的犯罪嫌疑人予以遣返。

正如安哥拉内政部部长马丁斯在总结此次行动时所说：“这次行动开创了国际警务合作的新模式，具有重大意义。”中安两国警方成功牵手正如划破长空的一道彩虹，在这道彩虹的照耀下，任何罪恶都将无处遁形。

（选自《中国公安报》，2013年8月26日 记者 郭坤泽）

评析：

这是一篇获得第23届中国新闻奖的事件通讯。全文讲述了中国公安部派遣工作组远赴安哥拉成功逮捕中国籍犯罪分子并押解回国的历程。

本篇通讯在主题反映、典型情节叙述和细节描写方面都值得我们学习。一是通过大量独家材料，全景式地展示出此次跨国远征从酝酿出征、海外办案、行动执行、收兵回国的整个追凶过程。读完文章，不畏艰难、英勇无畏的人民公安形象便浮现脑海，新时期“人民公安为人民”的主题自然呈现。二是读者最想看到的追凶过程——从案发、决策、出征、合作、行动到凯旋等六个典型情节，在文中得到细致生动的描写，这非常符合大众阅读口味。三是通过细节描写，将犯罪分子的穷凶恶极很好地展现出来，如“浙江金华人楼某同往常一样驾驶着一辆红色三菱皮卡车前往某工地运送材料。车辆行驶至一条偏僻的小路时，一辆黑色小轿车突然挡在前面。楼某还未做出反应，就被一名不明身份的匪徒用冲锋枪打死”。

（三）工作通讯

工作通讯是对各个领域和行业中，某项具有代表性、典型性的工作进行报道。它具有调查研究性质，通过提出问题、分析问题来介绍各行各业的新情况、新发展、新矛盾、新经验等，对当前及将来实际工作的开展有极强的指导性作用。工作通讯的特点一是把介绍工作经验和分析问题作为主旨；二是凭借事实，深入分析；三是生动活泼，讲究文采；四是不拘一格，形式多样。随笔、散记、侧记、札记、记事均可。

【例文分析3】

群星闪耀西子湖畔

——浙江大学建设世界一流大学纪实（有删减）

2014年5月4日，习近平总书记在北京大学师生座谈会上说：“世界上不会有第二个哈佛、牛津、斯坦福、麻省理工、剑桥，但会有第一个北大、清华、浙大、复旦、南大等中国著名学府。”

总书记充满信任、期待的谆谆话语，让所有的浙大人意识到：成为中国的著名学府，建设世界一流大学，任重道远。

“必须一以贯之地高度重视人才队伍建设，广聚天下英才。”浙江大学党委书记金德水说，人才是浙大成为中国著名学府、建设世界一流大学进程中的核心内容。

人才辈出

站在浙江大学 120 周年校庆这个时间节点上，回首历史，曾被英国科学史专家李约瑟誉为“东方剑桥”的浙大，在其历史发展上，可谓群星璀璨，交相辉映。

林启、陈独秀、蒋梦麟、竺可桢、马一浮、李政道、谈家桢、苏步青、王淦昌、钱三强、程开甲、谷超豪、叶笃正、路甬祥……他们怀抱科技救国、教育强国的信念，为民族的进步和国家的强盛作出了巨大贡献。

国内第一台高速摄影机、第一台高纯硅烷气及多晶硅生产装置、第一台双水内冷汽轮发电机、第一台中频感应加热电源……伴随着新中国的成立，为解经济社会发展的燃眉之急，浙大人创造了一项又一项第一。

回望历史，作为中国人自己最早创办的新式高等学校之一，浙江大学正是因为广聚天下英才，才实现了百年传承发展。

广聚英才

浙江大学吹响了人才集结号。

一系列人才“新政”紧锣密鼓出台：实施“求是讲席教授”“求是特聘学者”制度，发挥资源组合和激励效应；推出“百人计划”，建设高层次人才后备梯队引进与培育制度，试行教师长聘制；对接国家人才计划体系，合理调整人才薪酬结构和水平；针对“引进”与“本土”人才待遇不平衡问题，出台高水平人才支持和培育计划；针对学术评价简单机械的“数论文”现象，建立“质量优先、内涵发展”的评价导向，在职称评定中以标志性成果、国际影响力、社会贡献度等水平描述为主要考量……

正是由于这些措施，国际一流人才纷纷加盟浙大。

2016 年 9 月，在“浙大欢迎您”的仪式上，60 多岁的翻译家许钧教授说：“我一直在思考，到了这个年龄为什么要换新的工作单位，我想除了家乡情之外，更重要的是来浙大‘创业’。”

更上层楼

近年来，浙大不断刷新历史：诞生了第一套悬浮三维成像系统、第一条大型飞机数字化装配生产线、第一次实现可见光波段的生物隐形、第一次实现燃煤电厂超低排放……

电液驱动和控制系统是盾构隧道施工中出现“失稳、失准、失效”三大国际难题的关键所在。在国家“863”和“973”计划的支持下，浙江大学攻关团队与企业的技术人员经过数年的攻关，发明了密封舱压力动态平衡控制系统，首次提出盾构掘进系统载荷顺应性设计方法等，突破了盾构国产化的技术瓶颈。

能源清洁利用创新团队提高煤炭能源利用效率、开发废弃物和生物质等低碳能源、降低能源利用过程的污染物排放，引领该领域的理论创新与技术突破，是国内外公认的领先团队。

人才带来科学成就的同时，也带动学科建设，浙江大学一些学科已形成较大国际影响，被誉为中国高等教育“改革的先锋、发展的典范”。

在ESI学科排行榜上，浙大的18个学科进入ESI世界学术机构前1%，7个学科进入世界前100位，4个学科进入世界前50位。浙江大学还发起成立了“一带一路”合作与发展协同创新中心，建起重大交叉研究平台、中国西部发展研究院、中国农村发展研究院、公共政策研究院等一批高水平智库，人文、社会学科呈现良好发展势头。

（选自《光明日报》，2017年5月21日 记者 严红枫 陆健）

这篇工作通讯从多个角度介绍了浙江大学建设一流大学的过程，语言生动形象，事迹翔实具体，从“人才辈出”“广聚英才”“更上层楼”这几个板块介绍了浙江大学在育人和办学过程中所取得的骄人成绩，详细介绍了浙大之所以办学成功的经验，是工作通讯的写作典范。

（四）风貌通讯

风貌通讯又称概貌通讯，着重记述社会变化、风土人情和建设情况。一般是反映一个地区、部门、单位的全面情况或通过某个片段反映全貌，可以介绍今昔变化，也可以介绍地方特色、风土人情等。这类通讯不要求有很强的时效性，但要写出特色，写出全“貌”。它题材广泛，融纪实、写景、抒情、议论于一体，给读者身临其境之感并形成整体性印象，兼具知识性和趣味性。

【例文分析4】

篁村：“文房四宝”呈现的意象（中国最美古村）

公路通到了江西婺源篁村，却只与村口擦了个边，从村后绕过去了，丝毫没有影响村庄文房四宝呈现的意象。篁村开村始祖余道潜骨子里是文人墨客的境界，篁村村前对着的是笔架山，村前的半月池为砚池，以开垦叠起的田畈为纸，植下一株红豆杉为巨椽之笔。如此，“文房四宝”一应俱全，村中房舍纵横，形成了一篇字字玑珠的文章。让山水人文相通，自然就有了诗画的意境，就有了村庄的经典。

篁村的记忆从980多年前开始，读书人余道潜从安徽桐城过吴楚分源的浙岭，蓦然看到沱川一片茂林修竹的幽境，便悠然其中乐不知返。唐代诗人王维“独坐幽篁里，弹琴复长啸。深林人不知，明月来相照”的绝句，正好应合了余道潜身处的境遇。沿着王维《竹里馆》的诗意，就可以寻到篁村村名的由来。

篁村村口樟树、枫树、槠树高耸，青石小径随篁溪蜿蜒，大夫桥架在篁溪之上。桥廊古旧，瓦顶失修，有雨水渗过的漏痕。木质的桥板、桥凳、桥柱，沧桑、古朴，裸露着时间的斑纹。“廊引篁溪水，桥渡有缘人”。在大夫桥的竖联里，有环境的使然，有人的祈愿。尤其是桥两端门额上分别题有“凤鸣篁墅”、“鹤和松林”横联，简洁、凝练，油然而生一分古雅。

“面前有案值千金，远喜齐眉近应心。”在篁村建设过程中，余道潜及其后人对传统风水学应用得淋漓尽致，让余氏宗祠正对笔架山。笔架山也就成了篁村的案山。

“人物思三代，文章祖六经”“兄弟文武登科”“金殿传胪”……这是篁村发达的文脉，带给篁村历史上的荣光。篁村人余棐嘉靖二年（1523年）考取进士，才情横溢。篁村人余煌，

1798 年中举，成为清代天文学家。他精于天文历算，曾预推 1814 年以后 10 年日月交食，分秒时刻皆准。

我去篁村，正值桃李次第开花的雨日，在村中退休老师余松茂的引领下，仿佛走进了“远上寒山石径斜，白云深处有人家”的山村。远山、田园、村落，沉浸在缥缈的雨雾之中。

无论是走到篁村水口赏大夫桥，还是行至篁村村尾一路看民居，篁村的建筑呈现给我的都是时间淘洗的颜色，感觉有一种黑白沉淀的深邃。其中隐含的历史符号和民间文化意象，却成了我走进篁村苦苦的寻访与久久的期盼。

再从大夫桥出发，当我沿着石板路进村，再次去看村庄文房四宝布局时，蓦然发现，篁村的先人在久远的年代里，对文化的崇拜超过了对世俗的神祇崇拜。他们把文化理想建立在了山水田园之上，自然、淡远、安宁。

（例文来源：http://finance.sina.com.cn/hy/20140606/082919333891.shtml）

这篇风貌通讯用散文化的语言向读者描绘了婺源篁村的诗情画意，如诗如画的风景如在眼前，虽时效性不强，但却充分体现了风貌通讯的写作手法和写作特点，把作者的所见所闻、历史事实以及传说等巧妙地糅合在一起，组成一个整体，形成一幅幅画面，引人入胜，使人有如临其境之感，是一篇优美的风貌通讯。

四、通讯的写作要求

1. 选好典型，确立主题

典型是通讯的筋骨，主题是通讯的灵魂。选好典型、确立主题对通讯来说十分重要。要选择那些具有代表性、具有普遍意义、具有宣传价值和教育意义的人和事，选择那些在一定时期内人们所关注的问题。要确立体现时代精神，表现时代风尚的主题，确立反映人物和事物、本质和规律的主题。

2. 写好人物

写好人物是通讯写作的重要任务。不论是人物通讯还是事件通讯，都要把人物写好。写人物自己所做的事，写能揭示人物内心世界的事。写人物还要用人物自己的语言、行为、活动来表现人物；人物要写得有血有肉，有音容笑貌，有内心活动；写事要具体形象，有原委，有情节。

3. 安排好结构

纵式结构，是按时间顺序、事物发展的顺序或作者对报道事物认识发展的顺序来安排结构。在这种结构里，时间发展的顺序、情节展开的顺序、作者认识事物的顺序成为行文的线索。在采用这种结构时，要详略得当，布局巧妙，富有变化，避免平铺直叙。横式结构，是指用空间变换或按照事物性质来安排材料。这种结构概括面广，要注意不同空间的变换，恰当地安排通讯所涉及的各方面的问题。采用空间变换的方法组织结构时，要用地点的变化组织段落；按事物性质安排结构时，要围绕主题，并列地写出不同的几个侧面。纵横结合式结构，是以时间顺序为经，以空间变化为纬，把两者结合起来运用。采用这种形式，要以时空的变化组织结构。

【例文分析】

铁人张定宇

无疑，在这次武汉抗击疫情战斗中，金银潭医院始终引人关注。

这里，累计收治了2220名新冠肺炎确诊患者，其中包括武汉市大多数危重症患者。

这里，还因此曝光了一个备受关注的人物。

他，就是身患渐冻症的“铁人院长”张定宇。

铁人，并非仅仅形容他的意志刚强如铁，还因为他的身体状况。由于病情日益加重，他双腿僵硬，犹如铁具……

山雨欲来

2019年12月27日晚7时。

像往常一样，张定宇滞留办公室。

每个傍晚，都是属于他的黄金时间。大家都下班了，再没有人来人往，再没有电话喧闹，整个楼层，像空山一样静谧。沏上一杯茶，静心地处理文件、细心地翻阅报纸、安心地回复微信，既处理了当天事务，又避开了堵车高峰。晚上7时半，大街空敞了，开车回家，回归自己的小生活。那里，是妻子热腾腾的饭菜和甜蜜蜜的微笑。

秋冬交替之后，是呼吸道疾病和常见传染病高发期，可今年格外稀少。虽是好事，却也有些不正常。因为暖冬？还是别的原因？张定宇的心里隐隐有一丝不安。今天，他邀了业务副院长黄朝林留下，想聊一聊。

两人刚刚打开话题，手机响了，本市同济医院的一位专家。

对方语气急迫，有一位不明原因肺炎患者，肺部呈磨玻璃状，疑似一种新型传染病。对方还说，第三方基因检测公司已在病例样本中检测出冠状病毒RNA，但该结论并未在检测报告中正式提及。鉴于这种情况，询问是否可以将病人转诊过来。

心底，一道闪电掠过。

张定宇所在单位是武汉市唯一的传染病专科医院。相关法律规定，传染病要定点集中治疗。

“你们做好准备，我马上通知值班医生，带车接人！”

可，一会儿后，对方又打来电话，病人不愿转院。

又是这样，总有患者因忌讳“传染病”三个字，对金银潭医院避忌有加。

他叹息一声：“那就做好隔离，密切观察吧。”

虽然患者没有过来，但张定宇的内心，已经风起浪涌。

当即联系那家第三方检测公司。反复沟通，由对方将未曾公开的相关基因检测数据发送本院合作单位——中科院武汉病毒研究所，进行验证。

几个小时后，初步基因比对结果提示：一种类似SARS的冠状病毒！

12月29日下午，湖北省疾控中心来电，省中西医结合医院出现7名奇怪的发烧患者，所述病状与同济医院的那名患者类似。

心头，一阵惊雷震响。

张定宇马上安排黄朝林副院长亲自带队，前往会诊，并叮嘱务必做好二级防护，出动专用负压救护车。最后，又严正强调：每名患者单独接送，一人一车，不要怕麻烦！

就这样，小心翼翼、战战兢兢，直到深夜12时左右，才把患者陆陆续续接入金银潭医院南七楼重症病区。

他的双腿，禁不住颤抖起来。

他隐隐约约意识到，考验来临了。

这是一场战役，一场新中国历史上规模空前的抗疫战斗。

我本医生

张定宇，1963年12月出生于武汉市汉正街。小时候，他跟着哥哥，跑遍了那里的每一条街巷，体味着老汉口的繁华。1981年，他考入华中科技大学同济医学院医疗系。

大学期间，最亲爱的哥哥患病而亡。凶手，是一种名叫流行性出血热的传染病。

这，是他生命中永远的痛。

医学院毕业，张定宇进入武汉市第四医院，成为一名麻醉科医生。

个头不高、浓眉大眼、身材清瘦、医术精湛，说话办事风风火火，严肃认真从不服输，这是他留给所有人的印象。

出色的表现，使他成为组织重点培养对象，从医生、副主任、主任、院长助理，直到副院长。

在这里，他还邂逅了爱情。妻子程琳，武汉卫校毕业，本院护士。贤惠的妻子，无微不至地照料着他和全家人。父亲病故后，母亲跟随他生活。婆媳亲好，宛若母女。

2013年12月，张定宇调任金银潭医院院长。

金银潭医院，几年前由本市三家具有传染病业务的医疗单位合并而成。相比许多综合型医院，业务比较单调。

虽然如此，他却没有灰心。

别人不知道，因为当年哥哥的早逝，他与传染病，一直较着劲呢。

针对医院的不景气状况，他开始尝试各种探索、多方突破。

专科医院？综合医院？创伤中心？肝移植技术？后来，思路逐渐清晰：还是立足传染病业务，这才是正路。

于是，下定决心，在原有基础上加强管理、全面提升、重点突破。

第一个突破点，便是把艾滋病防控工作争取回来。法律规定，法定传染病由各地传染病医院负责。但是，由于种种原因，原来这方面业务大都挂靠在别的部门，颇不顺畅。张定宇多方努力，终于捋顺关系，进一步确立了金银潭医院在区域传染病界的影响和地位。

同时，针对传染病治疗的关键难点，引进一系列先进设备，全面提高治疗水平，吸引广大患者。

最精妙一步，是费尽千辛万苦，建立GCP平台。

什么是GCP呢？

简言之，就是新药试验平台，即在国家支持下，对所有预上市新药进行系统且缜密的试验确证。这是庞大的系统工程，需要专业团队和设备，还有结构合理、人数众多的志愿者队伍。当然，在整个过程中，如果表现良好，自有经费补贴。而他们打造的平台，在全国评比中，名列第二。

年近六十。就这样再干几年，光荣退休，享受生活，无悔无憾，此生足矣。

他万万没有想到，一场突如其来的疫情，打乱了他的生活……

新冠肺炎

12月30日，市疾控中心相关人员来到金银潭医院。他们反馈，已收治的7名患者的检测结果显示，所有已知病原微生物，均为阴性。

张定宇大吃一惊。

“你们取什么检测的？”

“咽拭子。”

咽拭子取样是在上呼吸道，而肺炎病人的感染已经抵达肺叶。

“不行，马上做肺泡灌洗！”

张定宇通知纤支镜室主任，采集患者的肺泡灌洗液样本，火速分送省疾控中心、中科院武汉病毒研究所检测。

当天下午5时，标本采集完毕。

三个小时后，初步结果出来了：病原体均呈阳性！

第二天清晨，国家卫健委派出的工作组和专家组，乘坐第一班飞机，抵达武汉。

专家组来到金银潭医院，会诊病人和查看相关影像资料。同时，相关人员进行传染病流行病学调查。

当晚，武汉市卫健委10楼会议室，灯火通明。

专家组向国家卫健委派驻武汉市工作组汇报临床观察意见。

这次会议一个最为紧要的任务，就是分析新发疾病，抓紧商议制订一个诊疗方案。会议开到第二天凌晨3时。

真正的跨年会议！

1月1日早晨8时，检测人员紧急采集环境样本515份。

2020年1月3日，4家权威科研单位对病例样本进行实验室平行检测，初步评估判定为不明原因病毒性肺炎病原体。

1月10日，紧急研发的PCR核酸检测试剂运抵武汉，用于现有患者的检测确诊。

12日，这种全新疾病被正式命名为“新型冠状病毒感染的肺炎”。

别无选择

1月3日，金银潭医院新开两个病区，转入50多名新冠肺炎患者。

同时，紧急采购呼吸机、监护仪、输液泵、体外除颤和心肺复苏设备。每个楼层，大致准备25台呼吸机和25个输液泵。

1月5日，患者已达100余位。

查房时，张定宇猛然发现一个问题：病人自费用餐，非但标准不高、营养不全，而且任由剩饭剩菜裸放床头。保洁员束手无策，不便清理。

这是一个巨大隐患。

他马上下令，即日起，所有病员餐饮费用由本院负担，标准与本院干部职工相同。且全部统一送餐，统一保洁！

有人表示不解，这会额外增加医院的经济压力。

张定宇说，特殊时期，不算小账！

形势越来越紧张。

正在这时，金银潭医院的50多名保洁员不辞而别。

怎么办？

护士和行政人员顶上！

第二天，18名保安也全部离岗。

怎么办？

生死关头，不能回头！

所有党员、后勤人员，全部上前线！送餐、保洁、保卫……

在此期间，张定宇紧急招聘多家外部工程队，聚合院内所有人力物力，日夜苦战，用最快速度将全院21个病区全部改造完毕、消毒完毕、布置完毕。

大战之前，这是多么艰巨的工程！

事后证明，这是多么及时的工程！

关键时刻，张定宇身边两位最重要人物，先后感染。

妻子在武汉市第四医院门诊部负责接诊，虽然小心注意，还是感染了。听到确诊消息，张定宇眼前一黑，瘫倒在地。

他已经好多天没有回家了，现在更是分身无术，不能前往探视。

仅仅几天之后，他在工作上最倚重的战友——业务副院长黄朝林，也不幸感染，且是重症。

无奈的张定宇，愤怒的张定宇，疲惫已极的张定宇，眼泪夺眶而出。

此中悲痛，此中心焦，如坐针毡，如火焚烧！

别无选择，别无选择，只有拼命地工作，拼命地工作，把所有的措施补防到位，把所有的预案准备到位。

每天晚上，他都要闭眼、面壁，单腿直立半小时。

是在祈祷吗？

当然不是！

除夕夜

大年三十。傍晚7时，办公室。

吃过饭，张定宇突然想起，要与病房里的妻子视频，说几句安慰话。这个可怜的女人啊，为我付出了一切，现在身染重病、生死未卜，不仅没有得到我的探望和照顾，连暖心的问候也少之又少。想到这里，张定宇心如刀割。

他擦擦眼泪，使劲摇晃麻木的脑仁，想出了几句温柔话。可刚刚酝酿好情绪，电话响了。

紧急通知，解放军陆海空3支医疗队共450人，已乘军机星夜驰援，3小时后降落。其中，陆军军医大学150人医疗队，将直接奔赴金银潭医院。

少顷，电话再响：上海医疗队136名医护人员也将进驻，凌晨2时抵达！

“好！好！马上布置，马上迎接！”他挺直身体，一下子来了精神。

放下电话，急速召集人马，分头行动，再次冲锋。

真是武汉有幸、天道垂青。前些天，他已经抢在大疫来临之前，把全部病区规划改造完毕。这个“提前量”，在这个节骨眼上帮了他的大忙。

想到这里，心底涌上一阵职业的自豪。他伸出大拇指，狠狠地为自己点一个赞！

的确，张定宇提前完成的这一系列改造工程，太果断了，太给力了。

这，才是一个优秀管理者真正的责任感！

日历翻至1月25日，大年初一。

这是全国人民万家团圆的欢乐之夜，人们看完春节联欢晚会之后，大都进入了甜美的梦乡。

可张定宇和他的战友们，却不能停下。他们要立即清洁消毒、摆放物品，为即将进驻的医疗队能最快投入战斗做好准备。

1月26日下午1时，陆军军医大学医疗队接管两个病区。

下午2时，上海医疗队入驻另外两个病区。

截至当晚11时，金银潭医院已累计收治重症患者657人。

火线48小时，张定宇兵不解甲、马不停蹄！

铁与冻

金银潭医院的空气中，溢满了浓浓的消毒水味道，像硝烟，似雾霾。

楼道里，大家时时看到张定宇跛行的身影，常常听到他的大嗓门。

只是，他的嗓门越来越大，脚步却越来越迟缓了，特别是双腿僵硬，如假肢般愈发不灵便。

上楼时，必须用双手紧握栏杆，用力地拉、拉。有一次，走着走着，居然趴倒在地，好久站不起来。

1月28日早上8时，全体病区主任见面会。

简短地汇报完工作后，大家准备四散而去、各就各位。但这一次，张定宇破例要求大家留下，似有话说。

人们颇感意外。

而他，却又吞吞吐吐，足足一分钟。

众人纳闷了。这完全不是张院长的作风啊，从来没有见他如此局促啊。

他停顿一下，慢慢张口。

“兄弟姐妹们，事到如今，我不得不说。再不说，可能要耽误大事。”

大伙儿瞪大眼，眼神里翻动着惊疑的问号。这些年来，单位由乱到治，由弱到强，发生了太多太多细细碎碎而又轰轰烈烈的事情。对于这些，大家都已经习惯了，只要有张院长在，便没有什么大事。就像现在，天大的事，不也是他在硬挺挺地支撑着吗。

“我的身体出了问题……”

大家一惊，会场一片寂静。

“我是……渐冻症！”

什么？什么！大伙儿不敢相信，不愿相信。

“是的，渐冻症，前年确诊。”他缓缓地却是平静地说，“医生告诉我，或许还有六七年的寿命。现在，我的双腿已经开始萎缩……”

渐冻症，即运动神经元病，属于人类罕见病。此病多为进行性发展，其病变过程如同活人被渐渐“冻”住，直至身体僵硬、失去生命。更重要的是，这种病，无法医治。

在座都是医生，谁不明白呢。

联想他这些天来的异常行动，大家恍然大悟。

张定宇沉默少许，接着说：“我向各位兄弟姐妹道歉啊。这两年，我脾气不好，批评你们太多，你们都受委屈了！现在，我的时间不多了。在这最后的日子里，我必须跑得更快，才能跑赢时间；我必须跑得更快，才能抢回更多患者；我必须跑得更快，才能和大家一起，跑出病毒的魔掌。现在，形势万分危急。我们要用自己的生命，保卫武汉！”

说完，他用尽全身力气，站起来，一跛一拐地走向前台，双手抱拳，深鞠一躬：“拜托大家了！”

泪水模糊了大家的眼睛……

白衣执甲，冒死前行！

最疲惫的时候，最痛苦的时候，张定宇就仰躺在办公室沙发上，与妻子视频聊天。一是问候，二是排解压力。

“疫情过后，我陪着你，好好休息。”

“咱俩相差5岁，正好可以一起退休。到时候，我给你一个人当护士，你给我一个人当院长。”

“只是我脾气不好、急躁、不服周，老毛病改不了。”

“这才是武汉人。一代代都是犟脾气，好像会传染一样。”

“别提传染。我不想听！”

“好吧。张院长英明，张院长能干。在张院长领导下，汉正街永远正，长江水永远清，金银潭永远风平浪静。”

“哈哈哈哈……”

笑着笑着，却没有声音了。

再听，却是一串串呼噜声。

他睡着了。

灵丹妙药

如何提高治愈率、降低死亡率？

在张定宇主导下，金银潭医院采取了多种治疗方法，比如大量补充氧疗设备，在病房里尽量多地匹配氧气面罩、高流量氧疗、体外膜肺氧合等手段。

但仅有这些常规武器，还不行啊。

探讨新路！

他们在国家专家组指导下，根据病情给予鼻导管氧疗、高流量湿化氧疗、无创通气治疗、气管插管呼吸机辅助通气等疗法，同时酌情给予抗病毒、抗感染、抗炎、抗休克，纠正内环境紊乱、纠正酸碱平衡失调等治疗。

还有血浆疗法。

大部分患者康复后，体内都会产生一种特异性抗体。这种抗体可有效杀灭病毒。目前，在缺乏疫苗和特效药物的前提下，采用这种特免血浆制品治疗，可以增加重症患者存活的机会，也可为医生的救治争取更多时间。

张定宇妻子康复后，经过身体检查，符合捐献血浆的条件。2月中旬，她来到丈夫所在的金银潭医院，捐献400毫升血浆。

很快，在国家卫健委印发的《新型冠状病毒肺炎诊疗方案（试行第六版）》中，赫然增加“康复者血浆治疗”一项。

遗体解剖，无疑是寻找致死根源的最直接途径。

目前，医学对新冠病毒感染、致死的病理机制认识不够，也没有对症特效药。通过遗体解剖，可以最快地掌握和判断其传染性和致病性变化规律。

金银潭医院的第一个死亡病例出现在1月6日。

在ICU病房外，张定宇耐心地与患者家属沟通将近一个小时，试图说服对方同意对逝者尸体进行解剖，但是，没有成功。

后来，凡有可能，他都会走上前，真诚哀悼之后，苦口婆心地劝说：我们知道凶手是谁，但它到底如何行凶，我们需要知道。只有这样，才能挽救生者。请您理解，请您支持啊……

终于，有家属同意了。

2月16日，第一例、第二例患者遗体解剖工作在金银潭医院完成。十天之内，共完成12例。

由解剖获得的直接数据，有望给未来的临床治疗提供有力依据！

疫情发生后，科技部紧急启动针对该病毒的应急科研攻关。

金银潭医院承担的多个临床研究项目也陆续上马，涵盖优化临床治疗方案、抗病毒药物筛选、激素使用等急需解决的问题。张定宇当初建造的GCP新药平台，此时发挥了大作用。

在武汉前线的几位院士、教授和相关科技人员，迅速在这个平台上展开了克力芝、枸橼酸铋钾、瑞德西韦等药物的临床研究。

各种武器，一齐开火。瞄准新冠，精准射击。

最后的战斗

2月9日，已经超负荷运转43天的金银潭医院，再次接到收治一批危重症患者的紧急任务。

21个病区，每层楼都在走廊添加10至14张病床。

这天晚上，这里又吃力地接纳了256名危重症患者！

那段时间，每天都是如此节奏。

而调动整个医院运转的张定宇，无疑是其中最忙碌、最劳心而又最坚定的那个人。

一天天在萎缩的双腿，时时疼痛，好似抽筋。最痛苦的时候，必须单腿站立，把全身重心压迫到一条腿上，连续站立半小时左右，才能缓解。满头大汗、浑身颤抖、咬牙切齿、气喘如牛。

当然，还有他的战友，这些可敬的勇士们。在那些漫长的日子里，他们有家不能回，大都寄宿在自己的汽车里。

“汽车宾馆”就是他们战火中的家！

魔高一尺，道高一丈！

整个武汉市，战斗都是如此激烈。

在党中央的统一指挥下，来自全国各地的十多万医务工作者、志愿者和各界爱心人士，和武汉人民并肩作战，共同筑起一道道血肉长城，抗击疫魔！

日日夜夜、风风火火、铿铿锵锵。

希望之光、胜利之光，就这样吃力地从最初的慌乱和暗淡中走出，走向黎明、走向日出、走向满天朝霞……

2月21日，金银潭医院收治患者13人，出院56人。出院人数首次超过入院人数。

黄朝林副院长的病情也稳住了。最终，他获得了新生，并于3月2日回归医护队伍。

截至战疫尾声，金银潭医院的820张病床，累计收治2220名新冠肺炎患者，其中大多数为危重症患者。

而金银潭医院的勇士们，在与病魔决斗的同时，最大程度地保护了自身。作为战斗最激烈的一个主战场，这里只有9名医护人员感染，且全部治愈。

这，堪称奇迹！

张定宇和他的战友，用最大努力和最小牺牲，为保护这座城市尽了全力！

肺腑之言

一场大战，正在收兵。

张定宇，已近三个月没有休息了。

3 月下旬之后，他偶尔回归原来的节奏：晚上 7 时下班。

他，终于可以回家了。家里，有妻子热腾腾的饭菜和甜蜜蜜的微笑。

生活，如此美好；生命，如此温馨。

只是这样的美好和温馨，对他来说，太有限了！太有限了！

但是，无论如何，现在的他，已经释然，足以欣慰。

因为，他问心无愧。

作为传染病专家，他想通过这场新冠肺炎之战说出自己的肺腑之言——

未来世界，重大传染病将是人类面临的最大敌人。人类，必须改变生存方式，进一步与自然和谐相处。

我的祖国、我的武汉、我的亲人，我爱你们，祝你们康宁恒好！

（选自《人民日报》，2020 年 4 月 1 日 20 版）

评析：

这篇通讯属于人物通讯，通过细致的描写和叙述，向读者呈现了身患渐冻症的张定宇在面对疫情时的作为和担当。张定宇长期从事医疗一线工作，面对此次肺炎疫情，在身患重疾的情况下冲锋在前，身先士卒，团结带领全院干部职工夜以继日战斗在抗击疫病最前沿，始终坚守在急难险重岗位上，以实际行动书写了对党和人民的忠诚。这篇通讯刻画了张定宇面对家人时细腻的心理活动，以及在工作时冲锋陷阵的精神，是人物通讯写作的典范。

技能训练

请自行收集材料，选取一位我校毕业的行业先进人物，拟写一篇人物通讯。

要求：人物典型，事迹感人；结构合理；语言精练，书写规范；不少于 1000 字。

第四节 短　评

一、短评的含义

短评是针对某一新闻事件进行的简短评论。其内容短小精悍、视角独特、分析扼要，是报纸、广播、电视等媒体中常见的新闻评论文体。它可以独立成篇，也可以配合新闻报道同时发表。

二、短评的特点

（一）短小精悍

这首先体现在篇幅的短小上，一般来说，短评的字数多在 500 字左右。短评的短小精悍还体现在评析内容的具体、立论角度的集中、结构的简约和文字的精练上。短评不是社论或评论员文章的缩写形式，它抓住新闻报道或所评析事物的某一点进行议论，力求行文精粹、不蔓不枝。

（二）新鲜独到

短评的“新”，首先表现在选题新鲜、及时，抓住最具时效性的新闻报道或新鲜事实做出分析和评价；其次表现在立论角度的新颖和观点的独到上，能够从新的视角观察事物，做出与众不同的分析并得出具有个性的见解和结论；此外还表现在引入新的论据，采用新的表述方式，使评论给人以新的信息和新的启迪等。

（三）生动活泼

首先，短评的分析说理应该生动、吸引人，运用多种议论手法使文章富有生气；其次，短评的结构方式应灵活多样，依据不同的评析对象变换文章开头、结尾与谋篇布局；最后，短评的语言文字也应生动活泼，使文章在言之有物的同时短而有趣。

（四）就实论虚

短评要“短”更要“深”。作为依托报道而发的短评，应注意依据报道中的新闻事实，或揭示其意义，或挖掘其根源，或剖析其本质，或预测其影响，就实论虚，依托个别，指导一般。

三、短评的分类

短评在发表时有署名与不署名两种。署名短评以个人身份发表，形式自由、手法多样，不署名短评一般代表媒介编辑部进行态度和言论的表达。短评在运用时有两种形式：一是针对某一问题或事物发表的独立成篇的短评；二是为配合新闻报道而发表的短小评论。有时记者在写完一篇新闻报道时，往往会加上一段按语，抑或编后语、短评等，这类评论不是独立地见诸报端，而是配合某篇消息和通讯而写成的，这种配发式短评的运用更为经常和普遍。

四、短评的格式

（一）标题

短评的标题要力求彰显主旨，最好让读者一看便知作者的态度、立场或观点。

（二）正文

1. 开头

采用叙述的手法，简明扼要地引述新闻事件，提取观点，三言两语，直接点题。

2. 正文

围绕论点展开精到、深刻的分析评论。抓住新闻事件某一点，可以揭示其本质，可以分析发生的原因，也可以谈带来的正、负面影响，也可以兼而有之。

3. 结尾

收束全文，呼告建议，起到归纳、点睛、升华的作用。

五、短评的写作要求

（一）开门见山

由于篇幅限制，短评写作需要密切联系新闻报道，旗帜鲜明地在文章开头就发表针对新闻事实的评论，让受众一目了然。开门见山的手法，避免了迂回婉转的铺垫，有助于紧紧抓住受众眼球，也符合短评“短”的特点。

（二）短小精悍

短评要做到篇幅上短小精悍，在文字表达上就必须有所控制，力求长话短说。为此，有必要打破大中型评论文章惯用的写作模式，重在表达观点，画龙点睛，不必过多地进行举例论证。

（三）观点新颖

短评的观点要求新求变，在对新闻事实进行深刻了解的基础之上，仔细观察、深刻思考，从而提炼出新颖和独到的观点。短评必须摆脱人云亦云的窠臼，令读者在阅读时觉得耳目一新。

（四）深化内涵

短评立论既要以材料事实为依托，也要在深化思想上下功夫，要学会透过新闻现象挖掘新闻背后的深刻意义，这有助于就事论理、有的放矢、避免泛论，也有助于引起读者深层次的思考。

【例文分析】

朋友圈就该传递正能量

国家互联网信息办公室7日出台《即时通信工具公众信息服务发展管理暂行规定》，以十条规定规范以微信为代表的即时通信工具公众信息服务，意在治理朋友圈和公众号等公众信息服务中的某些乱象。

以微信为代表的即时通信工具中，朋友圈是朋友亲密互动的阵地，兼具“大喇叭”的媒体属性，能迅速产生一传十、十传百的传播效果。然而，微信朋友圈里信息杂芜，随手转等社交心理习惯，助长了不负责任的谣言散播，还被强媒体属性的部分微信公众号广为传播。用户不堪其扰，通过运营平台投诉，却发现往往石沉大海。

微信有超 6 亿用户，其中约 4 亿活跃用户，是当前中国使用人数最多、活跃度最高的移动即时通信工具。一起起谣言事件，破坏了正常的网络传播秩序，严重危害了公共利益；一起起用户隐私泄露事件，警示着用户的生命财产安全正面临威胁。

己所不欲勿施于人。不希望自己成为谣言的受害者，就应当充当网络空间秩序的构建者和使用者，避免成为造谣者和传谣者。

朋友圈就该传播正能量。我们不仅应加强对谣言的甄别能力，规范发言，还应努力成为真相的传播者，用理智遏制谣言的传播，用真相击碎造谣者的不良企图。这样，朋友圈就能够传递正能量。

（选自人民网：http://culture.people.com.cn/n/2014/0812/c172318-25450516.html）

评析：

这则短评主要针对国家互联网信息办公室《即时通信工具公众信息服务发展管理暂行规定》的出台。第一段引述了“政策出台”这一“材料”，直接点明了政策出台的目的在于“治理朋友圈和公众号等公众信息服务中的某些乱象”。第二段简要分析了以微信为代表的即时通信工具的朋友圈“能迅速产生一传十、十传百”传播效果的原因：“微信朋友圈里信息杂芜，随手转等社交心理习惯，助长了不负责任的谣言散播，还被强媒体属性的部分微信公众号广为传播。”与此同时，指出随意转发朋友圈的表层危害：用户不堪其扰，通过运营平台投诉，却发现往往石沉大海。第三段进一步深入、具体剖析微信朋友圈传谣的危害：一起起谣言事件，破坏了正常的网络传播秩序，严重危害了公共利益；一起起用户隐私泄露事件，警示着用户的生命财产安全正面临威胁。最后两段主要是提出建议。

从标题到结尾，这篇短评结构完整，形式完备。一是标题简短，表明观点。开头引述政策，点明政策出台目的。正文由表及里地分析随手转发朋友圈和传谣的原因、危害。结尾卒章显志，主要是呼告建议，起到了归纳、深化主题的作用。二是文章仅仅抓住以微信为代表的即时通信工具朋友圈的危害展开论述，没有贪大求全。抓住一点进行议论，力求行文精粹，不蔓不枝，不旁逸斜出，不纵谈漫议，这是短评的突出特点。

技能训练

请结合下面提供的材料，为某地方党报撰写一则短评。

1. 随着社会的不断进步和发展，广场文化越来越受到人们的关注。由于广场舞蹈艺术的特殊性，在娱乐中能起到意想不到的健身作用，使广场舞成为融娱乐、健身为一体的城市舞蹈。在全国各地从早到晚，都能看到广场舞的影子。但同时，广场舞也带了干扰居民正常生活、占用商业用地等问题。

2. 6 月 28 日傍晚，陕西省某市汉江公园内上演了一场广场舞大妈们与烧烤摊商家之间展开的地盘“争夺战”。据大妈们介绍，沿汉江河而建的公园内一块空地一直是广大市民休闲玩耍的地方，从今年四月开始，随着广场舞的火爆，逐渐吸引了大妈、大叔们转战到这里跳舞，并渐成气候。但数日前，这块空地被管理部门层层租给了四家烧烤摊商家，从而引发了大家的不满，并从 26 日开始连续三天傍晚时分上演了两者之间的地盘“争夺战”。

3. 某地一群广场舞爱好者在滨江大道一处观景台上跳舞时，与附近一处娱乐场所上班的老大爷发生争执后，竟被他泼了一身“尿”。据跳舞的老人们反映，眼前这名看管小卖部的老大爷就是刚才的泼尿者。据悉小卖部老大爷觉得跳舞太过吵闹，影响休息。

4. 某市法制办发布《西安市环境噪音污染防治条例（草案）》（征求意见稿），拟规定：晚 10 点至次日 7 点，居民区不得进行广场舞等产生噪音的活动。如果严重扰民，单位将面临 1 万元、个人将面临 1 千元的罚款。

要求：观点明确，中心突出；分析深入，论述概括；语言精练，书写规范；不少于 400 字。

第五节　新媒体文书

一、新媒体文书的含义

新媒体是相对于传统媒体而言的，指利用数字技术、网络技术，通过互联网等渠道，以电脑、手机、数字电视为终端，向受众提供信息和娱乐服务的传播形态。新媒体也被形象地称为“第五媒体”。

新媒体文书是相对于传统写作而言的，具体着眼于写作工具的不同。传统写作的工具就是纸和笔，而新媒体文书写作的工具则是电脑、手机、平板电脑、鼠标和键盘，有时也可以用手写板或语音输入代替鼠标和键盘等。新媒体文书主要指在新媒体时代下，发表于各种新媒体平台的新闻文书。

二、新媒体文书的特点

（一）互动性强

新媒体文书能够有效地提升用户与作者之间的互动，拉近用户与作者之间的距离，通过在网络平台留言、私信的形式，实现实时互动。作者也可以通过用户的留言，及时地收到用户的反馈。

（二）发布及时

新媒体运营者在编辑完文章之后，在公众号或者平台推送，用户订阅后立刻就能进行浏览阅读。在文章阅读以后，还能够快速地留下自己的感受。

（三）换位思考

新媒体运营的最终目的是给用户推广有价值的内容，所以在写新媒体文书的时候，要站在用户的角度去考虑进行构思，而不是根据自吹自娱的形式去进行写作。

三、新媒体文书与传统新闻文书的一致性

与传统新闻文书相比，新媒体文书大致呈现出互动性强、发布及时、换位思考等基本特点，但从本质上来看，新媒体文书并没有根本性的变化。

（一）写作的本质没变

无论是传统写作还是新媒体文书写作，本质都是运用语言文字表达思想感情，是心灵与世界对话的一种方式。

（二）写作的目的没变

传统写作也好，新媒体文书写作也罢，写作的目的都是交流与沟通。

（三）写作要求的基本素养和能力没变

无论传统写作还是新媒体文书写作，都要求写作主体具备一定的品质素养、学识修养和能力结构。品质素养指道德品质等；学识修养包含作者的生活阅历、知识素养和审美修养等；能力结构包含如提炼主题能力、材料定向取舍能力、篇章的组织结构能力，以及观察能力、感知能力、思维能力、记忆能力、表达能力等，这些都没变。

（四）写作题材的范围和限制没变

传统写作和新媒体文书写作在题材上都有一定的基本范围，也都有一定的限制，这是不能突破的，比如涉及国家机密、商业机密和个人隐私的内容是不能写的，有违社会主义核心价值观的也不能写。

（五）写作的基本方法没变

写作的基本词汇、语法、修辞和表达方式没变，写作所采用的现实主义、浪漫主义、现代主义、后现代主义、结构主义、解构主义等创作方法也没变，写作采用的叙述、描写、抒情、议论、说明等表达方式没变。

四、新媒体文书的主要类型

（一）电子邮件

电子邮件是一种用电子手段提供信息交换的通信方式，是互联网应用最广的服务，电子

邮件的特点是使用广泛、传递便捷、成本低廉。电子邮件的基本内容通常由三部分组成，分别是主题、正文、附件。

1. 主题

电子邮件的主题要突出邮件的主旨，让收件人一目了然，如“关于……的安排”“针对……的建议”，意思明确、简明扼要。切忌不写电子邮件主题，也不要使用自动生成的主题，一封电子邮件应尽可能只针对一个主题，不要杂糅。

2. 正文

首先要有称呼，应该拿捏尺度，恰当地称呼收件者。也可使用敬称，如“尊敬的领导”“亲爱的老师”等。其次要有问候语，如“您好”或者“你好”。再次是正文，内容要主次分明地传达信息，可分条描述并标上序号。最后以祝福语结尾，并附上发件人姓名和发件日期。

3. 附件

附件是发送电子邮件时附加的一个文件。如果邮件带有附件，应在正文里提示收件人查看附件，正文中应对附件内容做简要说明，特别是带有多个附件时，附件文件也应命名。附件不易过大，数目不宜超过 4 个，数目较多时应打包压缩成一个文件。如果附件是特殊格式文件，应在正文中说明打开方式，以免影响使用。

【例文分析 1】

尊敬的××老师：

你好！冒昧给您发了这封邮件，打扰您了。我是××大学 2020 级古代文学专业的硕士研究生新生××。通过研究生院的网站，我了解了各位导师的信息，我对您研究的方向特别感兴趣，我也很喜欢阅读中国古代的小说，我之前拜读过您的大作《××××》，对您非常钦佩，我很希望能够成为您门下的学生，但是不知道有没有这个机会和荣幸。

我本科毕业于××大学文学院。本科的毕业论文是《××××××》，我的初试分数是 372 分，其中英语 65 分，政治 60 分，专业一 120 分，专业二 129 分，初试排第 12 名，最后总成绩排在第 10 名。

非常抱歉，这封邮件占用了您宝贵的时间，恳请您考虑一下我，感谢老师。附件是我的一份简历，如果老师愿意的话可以看一看。

此致

敬礼！

学生：×××

2020 年 9 月 1 日

评析：

这封电子邮件第一段正文开门见山，直接交代来信目的，清楚简洁。第二段和第三段介绍了自己对老师研究方向的兴趣和自身的情况。最后一段再次点评并非常礼貌地告诉老师自己的诚意，其写作方式值得学习。

【例文分析 2】

××同学：

你好！

非常感谢你参加了本次同济大学暑期优秀文哲人才夏令营的申报。你的材料非常优秀，给我们留下了深刻的印象。但非常遗憾的是，在与其他申报同学的竞争中，你的材料还有一些地方不完全符合本次夏令营选材的要求，所以你未能进入本次夏令营活动。

同济大学是一所百年名校，在最新 2020 年世界权威大学排名 QS 中，名列全国第 9。学校近年来还在不断飞速进步，因此在同济大学攻读研究生是一项非常好的选择。本次研究生夏令营选拔限于仅有的 20 个名额，由于各种原因未能将你录取，我们也感到非常可惜，希望你能继续将同济大学人文学院中文系作为攻读研究生的第一选择，在推免或者考研的同时选择同济中文，我们会优先考虑矢志报考我们学院系科的学生，同时在后面的竞争中，通过我们对你材料的考察，相信你仍然是具备很大竞争优势的。

再次感谢你对同济大学人文学院中文系的信任，希望在新一届研究生新生中见到你愉快的面庞！

祝学业顺利！

同济大学人文学院中文系
上海市杨浦区四平路 1239 号同济大学人文学院

评析：

拒绝邮件最重要的要求就是礼貌委婉，这封邮件就具备这个特征，礼貌婉转地将这个消息传达给收件人，语言简洁而富有情感。

（二）微博

微博即微型博客，是一种基于用户关系的信息分享，用户可以通过 PC、手机等多种移动终端接入，以文字、图片、视频等多媒体形式，实现信息的即时分享和传播互动。微博字数较少，是博客的浓缩版。

微博的特点：便捷性、传播性、更新性。

1. 便捷性

微博用户既可以作为发布者，在微博上发布内容供他人浏览，也可以作为观众，在微博上浏览自己感兴趣的信息，十分便捷。

2. 传播性

微博信息共享便捷迅速。可以通过各种连接网络的平台，在任何时间、任何地点即时发布信息。假如你是有几百万粉丝的“大 V”，你发布的信息就会在一瞬间传播给几百万人，其信息发布速度是传统纸媒及其他网络媒体难以企及的。

3. 更新性

微博更新的速度很快，这种更新可以及时记录个人的行为、动态与思想，保证微博的新鲜度与吸引力，如果长时间没更新会导致受众群体的流失。

微博的行文没有严格规定，一般表现为纯文字、文字+图片、文字+视频、文字+音乐等形式。此外，还可以刻意转发他人微博并加以评论。

【例文分析 3】

毕业快乐！（文字+视频）

人民日报

5-30 13:29 来自 微博视频号

330万 阅读

【毕业快乐！#高校为7000多毕业生拍毕业大合照#】27日，华中师范大学举行2021届毕业生全家福合影。4459名本科生和3163名研究生分别围成两个大圆，用毕业照为自己的大学时光画上圆满句号。据了解，自2014年以来该校每年都会为毕业生拍大合影，去年因疫情暂停了一年，今年师生们都格外珍惜。荔枝新闻的微博视频

社会资讯频道 社会综合 · 80.5万次观看

【例文分析 4】

中国共产党成立 100 周年（文字+图片）

精选　微博　视频　文章　相

央视新闻

原创 7-1 来自 微博 weibo.com

【此刻，一起转发！#中国共产党成立100周年#❤】筚路蓝缕创伟业，初心不忘再出发！我们永远跟党走！转起，祝福伟大的党！祝福伟大的祖国！#建党100周年庆祝大会#

8456人

4069万　50.4万　326万

【例文分析5】

转发他人微博并评论

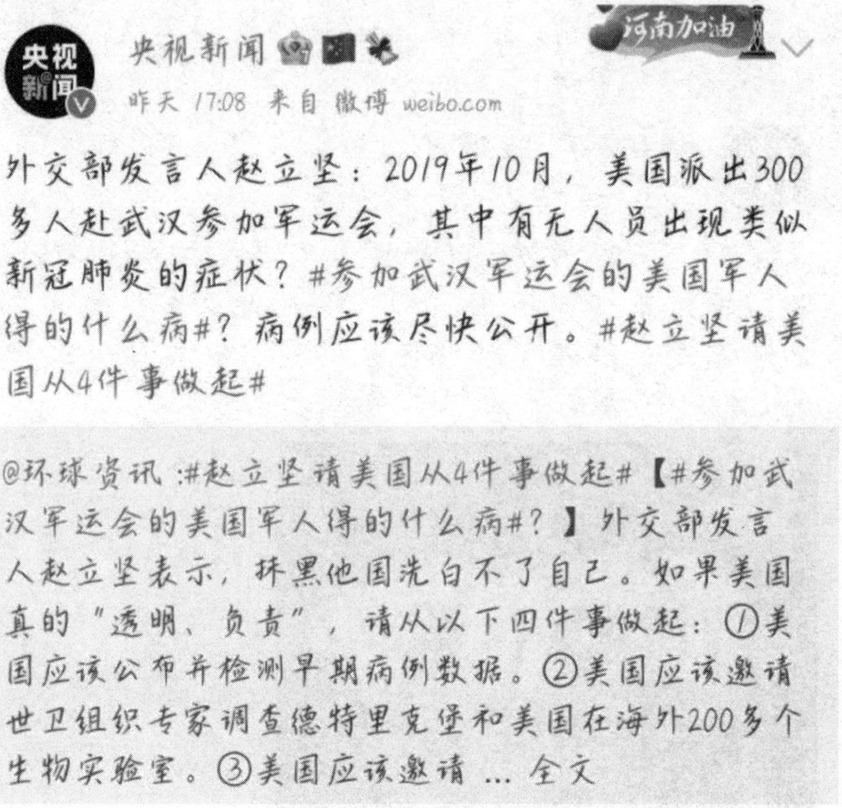

（三）微信朋友圈及公众号

微信是一款应用社交软件，通过微信可以快速发送语音、短信、视频、图片和文字，微信的写作集中表现在朋友圈以及公众号。朋友圈指的是微信中的一个社交功能，用户可以通过朋友圈发表文字、图片和视频，同时可通过其他软件将文章或音乐分享到朋友圈。公众号也是一种自媒体，简单来说就是进行一对多的媒体行为，媒体、单位或个人可以通过申请公众号，并在公众号上发表纯文字、文字+图片、文字+视频、文字+音乐等形式多样的内容。

朋友圈写作一般没有严格要求，是个人心灵的流露，依据个人写作风格编写。内容由图片、文字、表情、视频等组成，即时发布，及时分享，相当于微信版本的微博。公众号文章则根据文章类型灵活应用。

【例文分析1】

《人民日报》微信公众号

【例文分析2】

“火起来”的雪糕，“贵起来”的价签

炎炎夏日，何以消暑？雪糕，必定占有一席之地。每年的这个时候，也是雪糕新品种、新口味登台亮相之时。你钟情的是哪个？有人已经跃跃欲试，“好想每个都尝尝”，也有人看到价格，心里“凉”了一截。是物有所值，还是贵得离谱？今天，我们来聊聊吃雪糕的事儿。

从期盼载着棒冰箱的商贩吆喝声，到在小卖部的冰柜前纠结该选哪支，再到暑假里缠着父母批发一箱囤在冰箱，吃雪糕总能勾起不少人的儿时记忆。近年来，关于雪糕的风潮不时刮起。吃雪糕的打开方式，可能是在冰天雪地，拍照留念；可能是在景区，边吃边逛；也可能是守着直播，抢购新口味……真正让雪糕更“热”的，不再只是夏天的炎热，也不再只是垂涎的小孩子。

远的不说，今年五一假期，三星堆博物馆推出了以青铜面具为原型打造的雪糕，1200 多支一上午就销售一空。其实，在此之前，一些景点的“雪糕大战”就已拉开了架势，各种造型可谓“神仙打架”。

数据显示，2014 年到 2019 年我国冰激凌市场规模从 708 亿元迅速增至 1380 亿元，预计 2021 年有望超过 1600 亿元。从消暑解渴佳品，到老少皆宜爆品，雪糕这门生意连年走俏。

盘点“火起来”的雪糕，大多走这样几种路线。一种是复古怀旧，一些上了“年头”的品牌，即便口味单一、包装简单，但打的就是“童年味道”的招牌，靠的就是“回忆杀”、回头客。一种是层出不穷的联名款，各大景区推出的文创雪糕，可谓是将此做到了极致。除此还有“跨界”的，比如不久前，某教辅材料推出的一款外表神似辅导试卷包装的雪糕，引得网友直呼：“我吃的是雪糕吗，我吃的是青春！”再有，就是冰激凌知名品牌在健康赛道上早早布局，比如打出低脂肪、0 蔗糖的卖点，看似中规中矩，不时也有“黑马”闯出。当然，也有一种“反向的火”，是对价格的吐槽。不少雪糕“出圈”，往往也伴随着价格“出其不意”。动辄几十元一支的定价，让不少人犹豫不决。

雪糕出圈的方式“画风迥异”，但实际上，刷新消费者体验、寻找情感共鸣的玩法也好，冲着满足健康生活、引领品质生活的需求也罢，老品牌的翻红、新品牌的兴起，雪糕“火”起来的思路，在某种程度上却是“不约而同”——精准捕捉细分群体的诉求。市场细化、消费分级、需求变化，本身就孕育着无限机遇。小时候最爱的酸酸甜甜，一根简单的冰棍就能满足，而如今更追求口感和健康，也更在乎好看和有趣。商家盯住这个需求，瞄准目标消费者，用料更足、更讲究，造型更多、更丰富，包装更新、更好看，物流更快、更用心，审美体验、情感价值的附加值越来越高，既有“好看的皮囊”，还有“有趣的灵魂”，这样的产品自然拉大了消费者对于价格的宽容度。从这个角度看，贵，各有贵的道理；买，也自有买的理由。

事实上，贵不贵的背后，关键还是值不值。毕竟，热度归热度，应景归应景，排队购买、打卡拍照、发朋友圈，一通操作之后，雪糕的宿命还是要入口走胃。如果好看是真好看，难吃也是真难吃，一口就足以败掉所有好感。始于颜值，爆单并不难，难的是忠于品质、留住口碑，跟风一阵、昙花一现，伤了消费者，对品牌、景区来说，都是得不偿失。消费升级并不等于产品卖得越来越贵，也不等于越贵越有吸引力，而是能用合适的价钱，买到性能更好、质量更高、期待更能得到回应和满足的产品，简单说就是性价比。

因此，雪糕如何定价，不应只着眼于利润的考虑，更应基于产品本身质量的体现，毕竟，真材实料的商品才对得起消费者的付出。立足性价比，才能让雪糕不只收获一个季节的爱，而成为随时皆可的“心头好”。

这正是：

爆单并不难，难的是走心。

贵得有道理，买得才开心。

（选自《人民日报》2021 年 5 月 27 日 评论微信公众号）

【例文分析 3】

不能对“论文查重”“黑市”听之任之

最近，论文查重引发了舆论的密集关注。5 月 26 日，新京报的一篇报道再度掀开了论文查重“黑市”的一角。

据报道，现在网络上有大量提供论文查重服务的网站与店铺，然而很多店铺系盗用学生的查重账号，导致学生无缘无故失去查重机会，更有甚者用山寨网站来欺骗学生。此外，在这种非正规渠道的查重服务中，论文安全也无从保障，存在被剽窃的可能。

其实查重服务并不难找到，几乎是公开的，在平台上一搜随处都是，从数元到上千的都有。然而，这些服务很多都是非正规的。根据知网法务部工作人员回应称，“知网不对个人提供检测服务，网上售卖的知网论文检测基本都是违规的”。可见，网络上的一些查重服务，本质上是一种黑色产业。

更应该深挖的是，这种产业为何存在？根据报道，其实很多学生都发现了查重账号被盗的情况，学校在下发查重账号时很多也都提示“立即修改初始密码”。饶是如此，因为账号密码多和学号相关，盗用者可以根据编号规则挨个尝试，故而被盗情况频发。

而另一个现象更值得警惕，根据查重商家以及知网工作人员的说法，部分账号管理人员可能会将多余的账号拿出去售卖。这个性质可就大不一样了，相当于是高校工作人员成了“内鬼”，和外部商家合谋，利用查重牟利。

应当明确，查重是保证学术纪律的必要之举，重复率是检验论文独创性最基础的标准，查重作为一种论文审核的机制性存在，必须坚持。

如今论文查重已经成了几乎所有高校论文审核、学生毕业必须经历的一关，因而必须保证查重的纯粹性。社会不能容许查重黑产的存在，绝不能容许少数人将学术规范的保障机制变成牟利的工具，侵吞学生的利益。

无论是对于网络上广泛存在的商家，还是高校里可能出现的“内鬼”，甚至是用山寨网站进行诈骗，事实上都应当有个系统性的调查。从网络上查重服务泛滥情况可知，这已经不是个案，而是具有普遍性的“常态操作”，查重乱象已到了不能再听之任之的地步了。

追根溯源，黑产之所以出现，本质上也意味着巨大的“市场需求”，这种需求也应当被正视，纳入“治理查重黑产”的视野之中。

从报道以及网络反馈的情况看，有些学校不提供或提供的查重机会较少，导致学生不得不求助于网络查重服务。也有学生反映，查重系统有时并不精准，例如将学校、专业、公式等信息通通标为重复内容，安全起见，学生只能一遍遍修改、一遍遍查重，无形中推高了查重需求。

既然查重已经是论文评价不可逾越的环节，那么就应当保证查重的普惠与规范，降低查重的经济门槛。如果不解决好查重供需之间、正规路径和地下产业之间的矛盾，查重也可能“变味”，变成一种对学生的折腾，甚至被有些人钉上“形式主义”的标签。

论文查重本是个大数据背景下的技术升级，它应该体现一种科技赋能的属性：高效、便利、精准、透明。而这，也应当是治理查重乱象、完善查重系统必须坚持的方向。

（选自《新京报》2021 年 5 月 26 日评论微信公众号）

评析：

文章以论文查重乱象作为论述对象发布在微信公众号上，一方面符合新媒体的传播特点，另一方面，也符合新闻评论的写作特点，是新媒体形式和传统新闻写作方式的融合。

技能训练

1. 即将毕业的你要去一家国企应聘，请你拟写一封电子求职信，相关信息可自拟。
2. 请创办一个个人微信公众号，并且定期进行更新。

第七章 经济文书

经济文书是经济管理部门、企事业单位，为处理经济事务、反映经济情况、规范经营管理、协调经济活动而撰写的具有实用价值和固定格式的文书。它服务于社会的经贸活动，服务于物质资料的生产、流通及管理，这类文书在当下社会经济活动中用途广泛，作用明显。

第一节　经济文书概述

经济文书在经济活动中形成，以实用为原则，以经济活动为内容，以经济利益为目的，包括了大量有关经济活动的调查研究、经营决策、计划安排等相关文本，是现代经济活动中记录、交流、沟通经济信息，处理各种经济事务时撰写的应用文章。

一、经济文书的特点

经济文书因横跨经济学和写作学两个领域，具有鲜明的特征。

（一）政策性

社会主义市场经济本身就是法制经济。经济文书是为了处理经济活动中的各种事务，经济活动的开展必须遵循国家的各种法律、法规和规章制度，贯彻落实国家的经济方针和政策，与相关法律、法规保持一致，不能违背最基本的政策。

（二）专业性

经济文书涉及经济、金融、贸易、市场、法律、统计等专业领域的知识，要求写作者具备相应专业知识，懂得现代经济管理的基本理论，了解经济管理的对象、方法和技术。

（三）规范性

经济文书有其特定的语言习惯，尤其是涉及经济学类的专业术语，必须要求规范、正确。

经济文书的文体格式要求规范，甚至由主管部门做出统一、具体的规定。这既方便读者阅读、理解和执行，也有利于提高经济工作的质量和效率。

（四）实效性

大多数经济文书只是在规定的时限内发生效力、作用，否则就会失去现实效用。作为信息载体的经济文书，必须及时、准确地反映急速变化的经济活动情况，否则时过境迁，文章就会失去其现实效用和实用价值。

二、经济文书的类型

（一）经济合同

合同是平等主体的自然人、法人、其他组织之间设立、变更、终止民事权利义务的协议。合同多用于经济活动，又称为“经济合同”。

（二）招标书

招标书是招标人为了征招承包者或合作者而对招标的有关事项、要求做出的解释和说明，利用招投标者之间的竞争而达到优选招标人的一种告知性文书。

（三）投标书

投标书是指投标单位按照招标书的条件和要求，在规定时间内向招标单位递送招标人的承诺性文书。

（四）意向书

意向书指双方或多方就某一问题在进入实质性谈判之前进行初步洽谈后形成的表达某种合作意向的带有原则性、方向性的意向性文书。意向书主要是为了达到某种目的而表达的基本意图和愿望，多用于经济技术合作领域。

（五）市场预测报告

市场预测报告是通过对市场的调查研究，运用科学的分析方法，通过大量翔实的调查资料和统计数据，对目标市场的历史和现状做系统、周密的考察、分析和研究，运用科学的预测方法和手段对市场前景进行分析、判断，从而预见其发展趋势的书面报告。

（六）市场调查报告

市场调查报告是运用科学方法，对市场各方面情况进行有目的、有计划的收集整理、分析研究、归纳结论，提出合理化建议的书面材料。用于增强企业在市场经济活动中的应变能力和竞争能力。

（七）可行性研究报告

可行性研究报告是有关企业、部门或专家组，对拟出台的决策、拟上马的项目，经过全面调查、分析、论证，写出的实施该决策或项目的可行性、有效性的文书。

（八）商业广告策划书

商业广告策划书是广告策划者根据广告策划结果撰写，提供给广告主审核认可的有关广告决策及实施过程的总体表述，是向广告主陈述广告策划的文字材料，也是指导广告活动具体实施的操作蓝本。

三、经济文书的写作要求

（一）主旨单一明确

经济文书的写作必须符合党和国家的方针政策和经济业务的实际，事实如何，观点是什么，态度鲜明，作者的意图和主张要使读者一看便知，不必费心思考。一篇经济文书只能表达一种主要意图或一个主要观点，围绕一个主题把问题讲清、讲透。

（二）材料真实有力

经济文书所使用的数据、事例、引文等材料必须真实准确，符合实际。这就要求写作者能深入经济活动的实际，收集经济活动中的真实情况、数据和典型人物、事件等最能反映经济活动本质规律、最能突出主旨的材料，不随意编造、想象，不虚构、夸张。要求所用材料是主旨表达所需要的，有较强的说服力和表现力的，提高文章的质量。

（三）格式规范合理

根据主旨表达的需要和不同文种，选择相应的结构模式和规格式规范，结构的安排符合客观事物的构成和发展规律，服从主旨表达的需要，便于读者理解文章内容，有效发挥实际效用。

（四）语言准确简明

语言准确要求在遣词造句方面恰当、贴切、得体。有时使用专业术语和行业术语，能增强经济文书语言的准确性。语言简明要求用尽可能少的语言材料，把尽可能多的信息明明白白地传递给读者。

第二节　经济合同

一、合同的概念及作用

《中华人民共和国民法典》规定：“合同是民事主体之间设立、变更、终止民事法律关系的协议。”合同多用于经济活动，又称为“经济合同”。

合同的确立有利于稳定社会经济秩序，促进市场经济健康发展。对生产者来说，经济合同是促进企业加强经济核算、改善经营管理的有效手段，对签订合同的双方来说，能促进交易的安全。

二、订立合同的原则

（一）平等原则

合同当事人的法律地位平等，一方不得将自己的意志强加给另一方，一方以胁迫手段订立的合同无效。

（二）自愿原则

当事人依法享有自愿订立合同的权利。任何单位和个人不得非法干预，一方以欺诈胁迫的手段或者乘人之危，使对方在违背真实意愿的情况下订立的合同无效，受损方有权请求人民法院或仲裁机构变更或者撤销合同。

（三）公平原则

当事人应当遵循公平原则确定各方的权利和义务，因重大误解订立的合同，或在订立合同时显失公平的，当事人一方有权请求人民法院或仲裁机构变更或撤销合同。

（四）诚实守信原则

当事人行使权利、履行义务，应当遵循诚实守信的原则，讲信用，讲信誉，信守承诺，忠实于自己承担的义务。

（五）守法原则

当事人订立、履行合同应当遵守法律行政法规，不得扰乱社会经济秩序，损害社会公共利益。订立本身属于法律行为，因此守法是当事人必须遵守的基本原则，凡是恶意串通损害国家、集体或者他人利益的合同，以合法形式掩盖非法目的的合同都是无效合同。

三、合同的结构和写法

（一）标题

一般使用文种式标题，即由合同事由和文种两要素组成。

（二）约首

合同当事人名称：准确写出签约单位或个人的全称、全名，并在后面注明双方约定的固定指代，一般用“甲方”“乙方”等。

（三）正文

1. 前言

写明订立合同的原因、目的、依据。

2. 主体

应该包括以下几个要素：（1）标的，合同双方当事人权利义务共同所指向的对象；（2）数量和质量要求；（3）价款或报酬；（4）履行期限、地点和方式；（5）违约责任；（6）不可抗拒力条款；（7）解决争议的方法；（8）其他未尽事宜。

（四）结尾

合同的有效期限和文本保存。

（五）约尾

签订合同的双方当事人名称、签章、法定通信地址、法人代表、银行账号、签约地点、签订日期。

【例文分析】

购销合同

需方（甲方）：________________

供方（乙方）：________________

甲、乙双方根据《中华人民共和国民法典》及相关的法律法规之规定，本着友好合作、协商一致、共同发展的原则，就甲方向乙方采购办公用品及耗材事宜达成协议，自愿签定本合同且共同遵守。

一、合作方式

甲方向乙方购买办公用品及耗材，甲方可以任意选择订单或传真订购方式，乙方应向甲方免费提供产品的送货及售后退换等服务。

二、价格条款

1. 乙方应根据报价单（标书）价格提供产品给甲方，按照报价单中所提出的达到一定采购量后享受优惠价格执行。

2. 每个月结束前两个工作日内，乙方可对采购清单根据市场情况进行一次价格更新，个别产品价格调整浮动时即可进行更新（包括误报的错误价格）以书面方式通知，预期通知将计为下一个月（个别产品除外）。

3. 甲方在接到乙方的价格调整通知后五个工作日内，给予最终确认（以书面确认单为准），如在规定时间内未接到确认单将视为已确认，更新价格确认即日起执行新的价格。

4. 本合同货款单价已包括货物移交至甲方所需的一切税费。

三、支付方式

1. 货到甲方指定地点，甲、乙双方共同进行验收，每个月结束前五个工作日内，乙方需提供甲方本月所需产品对账清单及发票，经甲方核实后，按实际货款付清。

2. 甲方可选择用现金、支票或转账的方式来支付乙方的货款，乙方结算人员需持加盖乙方公章的结算委托书进行结算，甲方在未确认上门收款人员身份之前可拒绝付款。

四、交货方式

1. 自本合同生效之日起，一般送货时间为两个工作日或以订单甲方要求时间为准，如遇采购方有急用商品订单，则当日以最短时间针对甲方所订货物送到指定地点（特殊商品除外）。

2. 货到甲方后，甲方按送货单内容收货，确认产品符合要求后甲方在验收单上签字确认，月末结款时以验收单上产品数量价格为准，对于更换的产品需在验收单上注明，对于增加产品或价格有变动的产品，需另外填写验收单。

3. 乙方应保证所提供产品为报价单中所规定之原厂产品，质量要符合报价单中规定的标准，如甲方发现乙方所售产品存在任何瑕疵，有权要求乙方进行换货。

五、违约责任

1. 甲、乙双方如有一方违约，由违约方承担由此给守约方造成的经济损失，且守约方有权解除本合同。

2. 甲方未按合同规定时间付款，每延期一日应向乙方支付总货款千分之三的违约金，但总计不超过总价的百分之五。

3. 乙方未规定送货，甲方有权退货。

六、其他说明

1. 本合同的任何修改或补充，只有在双方授权代表签字后生效，并成为本合同不可分割的组成部分，与本合同具有同等法律效力。

2. 除非遇到不可抗力因素导致本合同不能履行，未经甲、乙双方一致书面同意，任何单方无权变更合同内容。

3. 本合同一式两份，甲、乙双方各执一份，双方签字盖章之日起生效，有效期____年，到期后若双方未书面提出终止则合同顺延，继续生效。

4. 本合同未尽事宜由甲、乙双方协调解决，甲、乙双方如有任何争议，应由双方自愿提交法律仲裁委员会给予解决。

甲　　方：　　　　　　　　　　乙　　方：

开户银行：　　　　　　　　　　开户银行：

账　　号：　　　　　　　　　　　　　　账　　号：
开户行地址：　　　　　　　　　　　　　开户行地址
签订日期：_______年_______月_______日

评析：

这是一则较为简单的购销合同模板，主要由六个大的部分组成：合作方式、价格条款、支付方式、交货方式、违约条款、其他说明。从内容上来看，合同中合作方式、双方的权利义务等条款齐全，体现了双方平等互利、协商一致的基本态度；从结构上看，合同的名称、约首、正文、约尾构成要素都完备，主体部分条项清楚、有序，语言表述明确、具体，这为今后双方顺利履行合同奠定了基础。

技能训练

合理扩充下面提供的材料，拟写一份马铃薯购销合同。

××学院（法人代表：古××。地址：陕西省汉江市××路 190 号。开户银行：中国建设银行汉江分行，银行账号：42588888888）与镇坪土特产公司（法人代表：柳××。地址：陕西省汉江市镇坪县×××121 号。开户银行：中国工商银行汉江分行，账号：316316316888888）拟于 2021 年 9 月 15 日签订一份马铃薯购销合同，品种：系薯 1 号，数量 20000 公斤，价格为 2 元/公斤。合同签订起 30 日内于供货方仓库验货，网袋包装，每袋 10 公斤。2021 年 10 月 20 日于××学院前操场交货，包装费、运费由供货方负责。如遇特殊情况不能供货，则提前 10 天通知对方。产品交货后，需货方 7 日内通过银行转账支付货款。如双方不履行合约，在正常情况下拒不交货或拒付款都需处以货款 30%的违约金，迟交货或迟付款，则每天支付 1%的滞纳金。

要求：格式规范，内容完善；语言准确、简明，不少于 800 字。

第三节　招标书

一、招标书的概念

招标书是招标人为了征招承包者或合作者而对招标的有关事项、要求做出的解释和说明，利用招投标者之间的竞争而达到优选招标人的一种告知性文书。

《中华人民共和国招标投标法》第十六条规定：“招标人采用公开招标方式的，应当发布招标公告。依法必须进行招标的项目的招标公告，应当通过国家指定的报刊、信息网络或者其他媒介发布。招标公告应当载明招标人的名称和地址、招标项目的性质、数量、实施地点和时间以及获取招标文件的办法等事项。”招标书一般都通过官方网站、专门招标网站、报刊等公开传播媒介发表。在整个招标过程中，它是属于首次使用的公开性文件，也是唯一具有周知性的文件。

二、招标书的结构和写法

招标书一般由标题、正文和结尾三部分组成。

（一）标题

标题通常由招标单位名称、招标项目名称和文种三部分组成，如《江南大学图书馆建设工程招标书》。也可以省略招标单位名称或者招标项目名称。

（二）正文

1. 前言

简要介绍招标项目的基本情况，包括招标项目的名称、招标单位名称、招标的依据、目的、范围等，以便有意投标者明确努力的方向和目标，按照招标文件的要求编制投标文件。

2. 主体

主体是招标书的核心部分，具体交代招标的方式和招标程序等。一般要写明以下内容：标的的性质、数量、技术规格和要求；投标价格的要求和计算方式；完成标的或者提供服务的时间；招标人应该提供有关资料和资信证明；提供招标文件的方式、地点和截止日期；开标的时间和地点。主体部分可采用条文式、表格式、条文表格式，语言应准确、周密、简洁，便于投标单位阅读及定夺。

3. 尾部

为了便于投标人与招标人及时联系，应写清以下内容：招标单位全称、详细地址、通讯号码（电话、邮编、网址）、行文日期。

【例文分析】

江南市政府公开招标书

根据《中华人民共和国政府采购法》《政府采购货物和服务招标投标管理办法》等规定，经财政部门批准（审批编号：〔2021〕NCCW463/8），现就江南市现代教育技术中心普教仪器采购项目进行公开招标采购，欢迎符合条件的供应商前来投标：

一、项目名称：江南市现代教育技术中心普教仪器采购

二、项目编号：NNZC2021-1861A

三、采购组织类型：集中采购

四、采购方式：公开招标

五、采购内容及预算金额

标号	采购名称	预算金额
A 分标	教学设备	147.1 万元
B 分标	液晶电视机	156.6 万元
C 分标	视频及电脑	196.9 万元
D 分标	电钢琴、电子琴、手风琴等	143.2 万元
E 分标	钢琴	184.8 万元

六、合格投标人的资格要求

具有国内法人资格，注册经营范围满足所投分标采购内容的供应商。

七、报名要求

供应商应在江南政府采购网上报名并到江南市政府集中采购中心填写报名表和购买纸质招标文件后，方可参与投标。

八、招标文件的发售

1. 发售时间：2021 年 12 月 1 日至 2021 年 12 月 30 日（正常工作时间）。

2. 发售地点：江南市金湖路 59-1 号江南建设大厦 8 楼 808 室

3. 售价：招标文件工本费每套 200 元，售后不退。

九、投标保证金

投标保证金人民币 20000.0 元。

投标人应于投标截止时间前一工作日下班前将投标保证金以电汇、转账、现金缴存银行等形式交至江南市政府集中采购中心账户，开户名称：江南市政府集中采购中心，开户银行：中国建设银行江南市嘉宾路支行，银行账号：45001604667059666666。

十、投标截止时间和地点

投标人应于 2021 年 12 月 31 日前将投标文件密封送交到江南市金湖路 59-1 号江南建设大厦 7 楼，逾期送达或未密封将予以拒收（或作无效投标文件处理）。

十一、开标时间及地点

本次招标将于 2022 年 1 月 30 日 9 时 00 分在江南市金湖路 59-1 号江南建设大厦 7 楼（具体安排详见 7 楼电子显示屏）开标，投标人可以派授权代表出席开标会议（授权代表应当是投标人的在职在册职工，并携带身份证、社保缴费证等有效证明出席）。

十二、网上查询地址

www.ccgp.gov.cn（中国政府采购网），www.gxcz.gov.cn（广西财政网），www.purchase.gov.cn（江南政府采购网）。

十三、业务咨询

（联系方式略）

江南市政府集中采购中心
2021 年 12 月 1 日

评析：

这是一篇政府采购招标书。先后介绍了项目名称、项目编号、采购组织类型、采购内容以及预算、合格投标人的资格要求、招标文件的发售。投标保证金、投标截止时间和地点、开标时间及地点、网上查询地址、业务咨询等内容，内容表述清楚，便于招标工作的开展。全文内容明确，语言简洁，符合招标书写作的规范要求。

技能训练

江南大学文学与传媒学院拟新建一个网络与新媒体实训室，需要采购多项设备。项目由江南大学建设委员会批准，实行公开招标，如果你是国有资产管理处办公室秘书，请代为撰写一份招标书。

要求：内容明确，中心突出；语言准确、简明；不少于 800 字。

第四节　投标书

一、投标书的概念

投标书是指投标单位按照招标书的条件和要求，在规定时间内向招标单位递送招标人的承诺性文书。它是投标单位在充分领会招标文件，进行现场实地考察和调查的基础上所编制的投标文书，也是招标人组织开展评标、决标等一系列活动的依据。

《中华人民共和国招标投标法》第二十七条规定："投标人应当按照招标文件的要求编制投标文件。投标文件应当对招标文件提出的实质性要求和条件作出响应。"

二、投标书的结构和写法

投标书一般由标题、主送单位、正文、附件和结尾五部分组成。

（一）标题

标题通常由投标单位名称、招标项目名称和文种三部分组成，如《江南建筑公司承包江南大学图书馆建筑工程投标书》。也可以省略项目名称货或者投标单位名称，或者直接使用"投标书"。

（二）称呼

顶格书写招标单位的名称。

（三）正文

1. 引言

表明投标意愿，点名投标的项目和内容。也可简要介绍投标单位的现状和情况。

2. 主体

投标书的正文应具体写明本次投标的项目名称、数量、规格、技术要求、报价、交货的日期、质量保证等内容。投标书的内容应该真实、详细，注意突出本单位的优势，但不得夸大其词，虚构或瞒报本单位的基本情况。

3. 有关证明（附件）

为了保证招标单位的利益和招标工作的顺利进行，投标单位应在投标书中出具有关资格证明文件，证明投标单位是合格的，而且中标后有能力履行合同，同时还要证明投标人提供的货物及其辅助服务是合格的货物和服务。

4. 尾部

写明投标单位的全称、地址、联系方式、联系人，以便联系。

【例文分析】

投标书

江南高桥造船有限公司：

根据已收到江南高桥造船有限公司二期工程海洋工程平台（一）项目工程的招标文件，遵照《江南市建设工程招标投标管理暂行办法》的规定，我单位经考察现场和研究上述工程招标文件的投标须知、技术规范、图纸、工程量清单和其他有关文件后，我方愿以人民币35441300.0 元（大写：叁仟伍佰肆拾肆万壹仟叁佰元）的总价，按上述技术规范、图纸等的条件承包上述工程的施工、竣工和保修。

一旦我方中标，我方保证在 2021 年 12 月 26 日开工，并于 2022 年 3 月 24 日竣工，并移交整个工程。除非另外达成协议并生效，你方的中标通知书及本投标文件将构成约束我们双方合同。我们明白发包方不一定要接纳最低的投标价的投标或收到的任何投标，也不会解释选择否决任何投标的原因与理由。我方金额为人民币柒拾万元的投标保证金在接受招标文件时已同时递交。我们确定本投标已考虑发包方或其招标代理单位已向我方发出的关于招标文件的修改通知。

附件：（略）

投标单位：江南建筑集团（盖章）

单位地址：江南市育才路××号国安大厦××室

法定代表人：×××（签字、盖章）

电话：×××××××××××

开户银行名称：××××××××××××

开户行地址：×××××××××××

银行账号：×××××××××××

投标日期：2021 年 11 月 15 日

评析：

这是一篇建筑工程承包投标书。全文从投标意愿、投标承诺、投标声明等方面进行说明，清楚明白，结构完整，内容虽然比较简略，但依然是一篇符合规范要求的投标书。

技能训练

请根据以下设备招标采购公告，代为撰写一份投标书。

江南大学模拟企业管理综合实训中心（实验室）设备实行招标采购，欢迎有一定能力的生产厂家或供货商参加投标。

1. 采购项目编号：JNXY2021－113 号

2. 项目内容：本次招标采购的设备名称、型号规格、数量等详见附件：《模拟企业管理综合实训中心（实验室）设备招标采购清单》（付款方式详见招标文件），软件和硬件设备分为两个标段独立招标。

3. 领取招标文件时间：2021 年 12 月 16 日下午 17:30 前（节假日除外）

上班时间：上午 8:00-12:00，下午 14:10-17:30

4. 领取招标文件地点：国有资产与后勤管理处（东校区南院 6 号教学楼 1 楼 6101 室）

5. 投标截止时间和拆封时间及地点：

截止时间：2021 年 12 月 19 日上午 8:50

拆封时间：2021 年 12 月 19 日上午 9:00

拆封地点：学院东校区礼堂一楼会议室

6. 签订合同的时间：2021 年 12 月 20 日上午 9:00；地点：国有资产与后勤管理处。

7. 领取招标文件时须持单位介绍信，并提供法人营业执照、税务登记证、机构代码证、产品代理证等有效证件复印件（须加盖企业公章），软件须提供自主知识产权证明。

8. 招标文件必须在我院领取，不传真、不邮寄。领取标书时，须交标书成本费，具体金额按投标项目而定，无论中标与否不予退还。

联系电话：123456789

联系人：王老师 张老师

附件：模拟企业管理综合实训中心（实验室）设备招标采购清单（第一、第二标段）

要求：内容明确，中心突出；语言准确、简明，格式规范；不少于 800 字。

第五节 意向书

一、意向书的概念及作用

意向书指双方或多方就某一问题在进入实质性谈判之前、进行初步洽谈后形成的表达某种合作意向的带有原则性、方向性的一种文书。

意向书是一种临时性的协商性文件，不具有法律效力，主要是为日后签订协议书或者合同做准备，为项目立项和对项目进行可行性研究奠定基础。一般用于就某事项初次发生联系的当事人之间，主要是为了达到某种目的而表达的基本意图和愿望，多用于经济技术合作领域。

二、意向书的结构和写法

（一）标题

意向书的标题，可以是由合作双方名称、合作项目和文种三部分组成的完整标题；也可以是由合作项目、文种组成的简明标题；还可以只写“意向书”。

（二）正文

1. 导语

写明签订意向书的双方单位名称和法人代表名称、项目实施目的、主要内容、合作意向的形成过程和遵循原则、最终达成的目标等概括性内容。然后用“现达成以下意向”或“经友好协商，签订本意向书”等过渡性文字，转到正文部分。

2. 主体

一般是分条列项写明双方或多方达成的意向性共识，如合作的项目、合作的方式、合作的程序、双方的义务等。意向书的正文在写作时要注意其措辞和用语的准确性，既要充分表达双方的合作意愿，又要注意分寸，不能出现一些行政命令式或者过于肯定的文字。

3. 结尾

一般写明“本意向书一式几份，各执一份备查”或“未尽事宜，双方另行协商”之类语句。

4. 落款

写明签订意向书的单位名称、代表人签名、加盖印章，同时注明签订意向书的时间、地点。

【例文分析】

校企合作协议（联合培养型）

甲方：　　　　　（学校）

乙方：　　　　　（企业）

为充分发挥校企双方的优势，提升高等职业教育为社会、行业、企业服务的能力，为企业培养更多高素质技能型人才，同时也为学生实习、实训、就业提高供更大空间，甲、乙双方经友好协商，达成如下合作协议：

一、合作总则

甲、乙双方本着“优势互补、资源共享、互利互惠、共同发展”的原则，全面建立校企产学研合作关系。通过学校与企业的深度融合、实现教学与生产科研的无缝对接，提升甲、乙双方为行业发展和区域经济建设服务的能力。

二、合作内容

1. 共建基地

（1）甲方依托乙方的人才和技术优势，在乙方挂牌建立生产实训基地、毕业生就业基地和“双师”素质教师培训基地。

（2）甲方作为乙方的一线技术人员继续教育培训基地，定期或不定期地为其提供培训服务，提升生产一线技术人员的技术素质。

2. 共建工作室

（1）由甲方提供校内场地，乙方投资建设软硬件设备，共同建立符合行业工作要求、具备乙方企业文化的工作室。

（2）工作室由双方共同管理，既是乙方的工作场所，又是甲方现代学徒制的校内实训基地，甲方教师和学生共同承接与专业教学有关的乙方工作任务。

3. 互聘专家

（1）根据甲方教学改革需要，由乙方选派，甲方聘请乙方管理人员、工程技术人员担任专业带头人或兼职教师，参与甲方人才培养过程；参与甲方人才培养方案的制定、教学改革、教材编写等工作，成果归双方共同所有。

（2）甲方聘请乙方专家为客座教授，为甲方师生开展讲座，传授一线工作的新技术、新方法、新手段。

（3）乙方聘请甲方教师参与生产技术管理工作，指导技术、生产设计和管理，参与生产技术研究工作。

4. 订单培养

通过“订单”或“准订单”方式，建立稳定的人才培养合作关系，根据乙方需要，双方协商设置相关专业方向，进行上岗前培训，增加与乙方实际工作的相关课程。

5. 项目合作

（1）乙方提供相关生产项目供甲方独立承担或共同合作承担，委派相关技术人员指导甲方师生开展工作。

（2）甲、乙双方根据需要，进行横向课题研究和技术开发合作。

6. 设置冠名班

设置若干冠名班，冠名为“××班”，企业从招生阶段开始介入，招聘的学生作为订单式输送进企业，签订实习及就业协议，毕业后定向输送至公司进行服务。

7. 设立企业奖学金

乙方在甲方设立“××公司奖学金”专项奖学金，奖励品学兼优的学生，增强企业在学校的影响力。奖金总额每年共计 5 万元（奖学金具体支付时间由双方另行协商确定）。

8. 赞助学校活动

（1）捐赠仪器设备。

（2）文化建设。

三、组织架构

1. 成立校企合作工作小组，负责校企合作的组织、管理和协调工作。工作小组成员由双方领导、技术专家和任课教师组成。

2. 甲、乙双方各确定一人担任联络员，具体负责相关事宜的沟通和联系。

四、双方权责

1. 甲方权责

（1）学生实习期间，甲方需根据教学要求，与乙方共同制定科学合理、切实可行的实习实训计划，保证实习实训的规范，为实习实训工作开展奠定良好的基础。

（2）学生实习实训期间，甲方派带队教师协助乙方对学生进行管理。

（3）在承接乙方生产任务时，为确保生产项目保质保量按期完成，甲方应根据乙方要求调整教学计划，并对学生进行针对性的岗前技能培训，并保证组建一支高素质的师生实训队伍。

（4）根据“项目导向”原则，双方共同确定合作生产或科研项目；甲方根据乙方要求，安排师生组成项目组，承接生产科研项目，实现生产与教学零距零对接。

（5）甲方有权在合作协议有效期内，以校企联合、产学结合的名义，用作对外宣传。

2. 乙方权责

（1）甲方学生在乙方实习实训期间，乙方应根据实践教学要求，安排技术专家担任实训教师（师傅），指导学生的生产实践，悉心培养学生的职业道德、技术素质和专业技能，并对学生给出科学的考核和评价。

（2）甲方的专任教师到乙方顶岗实习，乙方应按照合作协议安排指导教师指导帮助其顺利完成顶岗实习任务，并在生活上提供方便。

（3）甲方参与乙方的生产项目或受乙方委托独立承接生产任务，乙方应给予技术指导，确保生产项目的顺利开展如期完成。

五、附则

1. 本协议有效期五年，协议期满前六个月内，双方协商是否延期签订事项。

2. 本协议执行过程中的未尽事宜，双方应本着实事求是友好协商的态度加以解决。双方协商一致的，签订补充协议。补充协议与本协议具有同等效力。

3. 本协议壹式肆份，甲、乙双方各执贰份，双方签字盖章生效。

甲方代表：　　　　乙方代表：

单位盖章：　　　　单位盖章：

年　月　日　　　　年　月　日

（选自江西应用技术职业学院网站，http://www.jxyyxy.com/xqhz/info/1026/1280.htm）

评析：

这是高校联合培养人才意向书的范本。标题之下写明了校企双方的名称。导语部分简要阐明了双发合作目的和意义。主体部分分别从合作原则、合作内容、组织构架、双方权责等方面将协商一致的条款按照逻辑顺序分条罗列。内容周全、明确，层次清晰，表述清楚，语言精练，是一份值得借鉴的意向书范文。

技能训练

根据以下材料，拟写一份意向书。

江南鼎兴集团（以下简称甲方）和江南市国家公园管理局（以下简称乙方），为发展江南市国家公园旅游事业，双方经过多次协商，愿意携手合作，并表示下列共同意向：甲方愿意以经商旅游业的经验和财力，协助乙方进一步开发云山风景区，以促进该地区旅游业的发展。乙方亦愿意真诚合作，从各方面协助甲方开展工作。

要求：内容明确，逻辑清晰；语言准确，书写规范，不少于 800 字。

第六节　市场预测报告

一、市场预测报告的概念及作用

市场预测报告是通过对市场的调查研究，运用科学的分析方法，通过大量翔实的调查资料和统计数据，对目标市场的历史和现状做系统周密的考察、分析和研究，运用科学的预测方法和手段对市场前景进行分析、判断，从而预见其发展趋势的书面报告。

市场预测报告在经济领域中作用重大，它是制定和调整计划、经营决策的重要依据，是加强经营管理、提高经济效益的重要手段，对企业的生产经营活动，产品的改进、减少或者扩大生产提供可靠的信息保障，提高企业在市场上的竞争力，避免盲目生产带来的损失。

二、市场预测报告的结构和写法

（一）标题

（1）文种式标题。由预测时间、预测区域、预测对象和文种等要素组成，如《2021—2025年陕西市场家用汽车销售市场预测报告》。

（2）文章式标题，如《国产手机市场占有率将持续上升》。

（二）正文

1. 前言

介绍基本情况，一般介绍预测的对象、时间、目的、基本情况等方面的内容。

2. 主体

主体包括历史与现状、预测分析、对策建议三个部分。

（1）历史与现状：对经济活动的历史和现状做简要的回顾和说明。

（2）预测分析：在掌握预测对象基本情况的基础上，对数据和资料进行定性定量分析，通过科学的原理预测市场未来的发展趋势和规律，从而形成预测对象未来前景的正确估计，作为市场决策的主要依据。

（3）对策建议：

根据预测分析，提出切实可行的对策和建议，以解决现实问题。对策、建议应该具体可行，操作性强，有指导性，避免笼统、抽象。

（三）落款

署名一般位于标题之下。

【例文分析】

2021年湖北省小麦市场分析预测报告

一、生产情况

据相关部门初步调查，今年我省小麦播种面积较去年有所扩大，单产持平或略减，预计总产仍高于去年。目前，我省小麦已进入收获期，据市场反应，近期部分地区早熟新麦恰遇降水天气，加上赤霉病影响，新收小麦水分大、不完善粒超标、呕吐毒素较高，致使小麦质量不佳。随着收割的大面积展开，后期天气情况仍将是决定小麦产情的关键因素。

从全国来看，今年冬小麦播种面积恢复性增加，主产区一、二类苗比例大多超过90%，比上年同期提高5～10个百分点，丰产有较好的基础。新麦收获期只要不出现极端恶劣天气，今年小麦将再获丰收，面积、单产和总产量有望实现“三增”。从我们实地调研走访河南、安徽、江苏、山东四省产情情况来看，产区3～5月积温普遍偏低，湿度大，病虫害相对增多，对小麦质量产生不利影响。但总体来看，近三年来，2019年产量、质量最好，2020年属于正常丰收年景，2021年略次于去年。

二、前期市场走势特点分析

（一）麦价走势先涨后稳。今年来，我省小麦价格持续高位运行。春节前，市场总体表现强势，受玉米价格上涨带动，加之疫情散发使得各流通环节囤积粮源氛围浓厚，小麦需求量增加明显，推动麦价大幅上涨。监测显示，截至1月末，国标三等小麦收购均价达2539元/吨，同比上涨229元/吨，增幅达10%。节后，一方面，为稳定市场，国家适时提高交易准入门槛，有效遏制麦价的上涨势头；另一方面，企业库存充裕，而终端需求持续疲软，市场购销清淡，加上玉米行情转淡，饲用替代预期减弱，麦价小幅下跌后持续稳中偏弱运行至2485元/吨附近，上下波动幅度不超过10元/吨。

（二）饲用消费激增，供需紧平衡局面加剧。据国家粮油信息中心5月对小麦2020/21年度供需平衡表的预测显示，全国小麦产量为13 425万吨，比2019年增加65.5万吨，增幅0.49%。预计2020/21年度国内小麦消费总量为14 727万吨，比上年度增加2559万吨，其中：饲料消费及损耗为3800万吨，比上年度增加2250万吨，增幅145.2%。年度供需缺口304万吨，比上年度的结余1607万吨减少1911万吨。

去年以来，玉米价格上涨迅猛，玉米/小麦价差快速扩大，庞大的政策性小麦有效填补了玉米饲用缺口。这一情况类似玉米临储高企时的2017—2019年，天量的政策性玉米库存补充市场，从而掩盖了市场新增供应与需求间的缺口。临储小麦在经过去年四季度和今年前两个月的规模性成交，结转库存快速下降，托市小麦调节市场的能力明显减弱。据统计，2021年以来，国家临储小麦累计投放6787.7万吨，实际成交2756.3万吨，同比增加2217.9万吨。截至5月中旬，国家临储小麦剩余库存4900万吨左右，同比下降4000万吨。考虑到近年来玉米加工业（饲料加工、深加工等）产能的迅速扩张推动玉米价格本年内仍将继续保持强势，使得玉米和小麦价差修复短期内难以完成，预计今年新麦流入饲用领域仍较为可观，2021/22年度我国小麦供需出现缺口情况料将持续。不过受稻谷去库存力度加大，进口玉米及高粱、大麦等玉米替代品供应充足影响，本年度饲料企业使用小麦的数量可能有所减少。

（三）省内加工企业商业库存处于历史高位。受国内玉米供需缺口凸显影响，小麦作为替代性粮食品种价格随之跟涨。在市场普遍看涨后市的强烈预期下，我省多元化市场主体纷纷入市争抢粮源，建库囤粮惜售心理较强，形成了以市场为主导的活跃的购销氛围。在此大背景下，与往年相比，无论是粉企还是小麦市场的新主力军饲料企业，亦或大小贸易商普遍拉长建库周期，加大了原粮库存量。据统计数据显示，截至 4 月末，我省规模以上加工企业小麦商业库存 24.15 万吨，较去年同期增加 11.5 万吨，增幅 90.9%。

三、后期市场展望

市场预期已成共识，新麦高开、托市难以启动已无悬念。但后期走势充满变量因素且相互交织影响，使得今夏小麦市场化特征凸显。其中，影响未来麦价走势的主要因素包括北方麦区产情、多元市场主体间博弈、政策调控介入时机及玉米/小麦价差变化。

（一）北方产情决定了年内小麦供需基本面，进而影响麦价起伏。2021 年，国内小麦种植面积的稳中有增使得总产还是有保证的，即使当前南方部分产区小麦受前期雨水影响质量较差，但仍可流入饲用领域，而这本身就是在预期内的，不会对总体格局造成颠覆性影响，仅仅推高了区域内达标粮源采购成本。考虑到去年年末以来，政策性粮源库存向企业商业库存大量转移而非完全消化，供需面并未达到市场分析的紧张程度。若北方小麦产情乐观，当可有效缓解市场情绪，麦价快速上涨的势头或将受到压制。若收获期主产区出现大范围灾害天气，小麦数、质量受到较大影响，市场焦虑情绪蔓延，加之炒作资金推波助澜，麦价将保持当前快速上涨势头。从前期北方产区调研情况看，尽管部分地区存在小麦扬花分蘖期低温寡照、积温不够及病虫害等问题，但在防治工作到位的情况下，整体形势较好，丰年可期。

（二）多元市场主体间博弈更趋“白热化”，将推动麦价阶段性波动频繁。市场收购主体主要包括各级储备企业、面粉加工企业、饲料加工企业。销售主体则包括贸易商、农户。在麦粉价差收缩至较为极端的状况时，不排除部分粉企业务向贸易端转移。当前，随着北方麦区产情不断涌现，各地收储企业陈粮拍卖高溢价成交及新粮采购竞价不断刷新高点，粉企陈麦收购价格攀升，在市场信息叠加影响下，多元主体对后期麦市走向普遍持乐观态度，追高情绪不断发酵。

储备企业：有刚性的轮换需求，部分地区还有一定量的增储计划，因而对价格上涨的容忍度较高。据了解，为避免出现收粮难的情况发生，部分收储企业已与当地种粮大户签订收购协议，提前锁定粮源。

制粉企业：主要根据自身现有库存状况及麦价走势决定后期收购策略，但对新麦仍存一定程度的刚需。从实地调研情况看，部分规模以上企业已通过在上市前库存建立前置、新麦上市期后置收购需求而规避收购价格峰值。

饲料企业：相对粉企，因其利润空间更大，对麦价上涨接受程度会更高。据调研，资金雄厚的大型饲企前期已建立了 3-6 个月的库存，后期还将积极通过配资手段委托产区代购代储吸纳粮源。

贸易商：作为整个流通环节中最大的变量，资金、库容均较为充裕，主要以赚取购销差价为目的，对价格上涨接受程度最高。特别是收购许可放开后，对小麦炒作的热情难以估量，容易造成小麦流通的“肠梗阻”，使得阶段性供需趋紧，进而推动麦价非理性上涨，并因此形成越涨越紧、越近越涨的局面。

农户：除少量自留自用外，受收储条件所限，囤粮待涨概率不大，一旦收割将第一时间流入贸易商、经纪人手中。

（三）政策调控料将适时出台，确保麦价在合理区间运行。从去年以来政策面动作看，小麦温和适度上涨符合政府预期。但麦价在囤积居奇、投机炒作的资金操控下大幅背离基本面，扭曲供求关系，不利于市场稳定健康运行，显然违背了政府调控的初衷。在口粮市场，政策面并不缺乏调控筹码。小麦、玉米甚至稻谷可采取多点联动、多措并举的手段：加大储备投放力度，大力打击囤积居奇、哄抬价格的投机行为，从而稳定市场预期，为过热的麦市降温。

（四）玉米小麦价差的变化，直接影响小麦未来价格走势。纵观去年新麦上市至今不难发现，麦价几次上涨至高点的节点也都是玉米暴涨之时。玉米与小麦的高度替代性致使两者的价格联动性极强，价差只有处在一个合理的区间内，才能达到一个相对的平衡。一旦平衡被打破，一方价格会随着另一方价格正向变化。目前，新麦价格表现较为强势，但玉米市场行情正处于弱势下跌，预计将一定程度制约麦价的持续上涨。远期看，我国玉米供需缺口短期内难以弥补和扭转，玉米价格仍将长期高于小麦价格，小麦饲用需求量将很大程度取决于未来我国玉米市场的行情走势并直接影响麦价。

目前，我省部分早熟新季小麦已零星上市，国标三等小麦的开秤价格在 1.18 元/斤左右，比去年同期大概高 0.09 元/斤。上市初期，各方主体入市采购意愿普遍较强，加上上量有限、部分基层粮商存在一定的惜售心理，短期内价格料将保持较强走势。受极端雷暴雨天气影响，部分区域新麦质量不容乐观。品质较差而价格不低，性价比总体不高，随着后期新麦上量的不断增加，麦价不排除会出现小幅调整的可能。另外，雨后麦必须经过烘干方能使用，无疑对小麦的品质造成较大影响的同时增加了企业收购的成本。本省小麦进入饲企的数量将较大，尤其不达标无法进入储备企业及粉企的这部分小麦议价能力不高，整体收购价格较低。预计今年我省夏收小麦优质优价的市场效应会充分体现，高质量小麦因其稀缺性而更受市场追捧，品质间价差分化也将更为明显。

（选自湖北省粮食协会网站，http://www.hblx.org.cn/qhblx/vip_doc/20547216.html）

评析：

报告在介绍 2021 年湖北省小麦生产情况的基础上，分别从麦价走势、饲用消费、省内加工企业商业库存三方面对湖北省小麦前期市场走势特点进行细致的分析、阐述，并对后期市场展开了有理有据的展望：北方产情决定了年内小麦供需基本面，进而影响麦价起伏；多元市场主体间博弈更趋“白热化”，将推动麦价阶段性波动频繁；政策调控料将适时出台，确保麦价在合理区间运行；玉米小麦价差的变化，直接影响小麦未来价格走势。全文资料充分，论述有力，有较强的说服力，最后得出的结论也令人信服。

技能训练

根据以下材料，拟写一份市场预测报告。

请你以小组为单位，收集有关大学生手机使用情况的调查资料，结合当下智能手机发展的现状，科学大胆地预测，收集小组成员的基本想法，形成一份合理的对未来大学生智能手机发展情况的预测报告。

要求：主题明确，中心突出；内容具体，结论可靠；语言准确、简明，不少于 1000 字。

第七节　市场调查报告

一、市场调查报告的概念

市场调查报告是运用科学方法，对市场各方面情况进行有目的、有计划的收集整理、分析研究、归纳结论，提出合理化建议的书面材料。

市场调查报告的主要作用在于帮助企业了解、掌握市场的状况和可能的发展趋势，正确估计潜在市场的需求，有预见性地做出计划和经营决策，增强企业在市场经济活动中的应变能力和竞争能力。

二、市场调查报告的类型

（一）按照所涉及的内容多少划分

按照所涉及的内容多少划分，可分为综合性市场调查报告和专题性市场调查报告。

（二）按照调查对象的不同划分

按照调查对象的不同划分，可分为关于市场供求情况的市场调查报告、关于产品情况的市场调查报告、关于消费者情况的市场调查报告、关于消费情况的市场调查报告以及关于市场竞争情况的市场调查报告。

（三）按照表述手法的不同划分

按照表述手法的不同划分，可分为陈述型市场调查报告和分析型市场调查报告。

二、市场调查报告的结构和写法

（一）标题

标题必须准确体现调查报告的主题思想，要简单明了、高度概括、题文相符。标题一般由负责调查的单位名称、调查的范围和内容、文种名称构成，如《××市居民消费情况的调查报告》《青少年互联网使用状况及影响的调查报告》

（二）正文

1. 前言

用概述方式介绍调查的目的、时间、地点、内容、对象以及调查所采用的方法、方式和调查主旨。

2. 正文

客观全面地阐述市场调查所获得的材料，用它们来说明有关问题，得出有关结论。善于运用客观材料来表现调查的主旨，主要包括：情况叙述，详尽地叙述市场调查的具体情况；分析归纳（问题与结论），宏观分析问题产生的内因和外因，选择具体的角度进行微观的分析和归纳，最终得出问题的主要结论；提出建议，在原因分析的基础上，提出面对市场现状的对策、理念、措施。

3. 结尾

结尾一般有概括式结尾、期望式结尾、预测式结尾。

三、市场调查报告的写作要求

（一）用客观事实说话，数据必须真实可靠

市场调查报告必须符合客观实际，数据必须真实可靠，不能主观臆造。

（二）调查资料与观点相统一

市场调查报告要以调查资料为依据，善于运用资料说明，用观点概括资料。

（三）要突出市场调查的目的

市场调查报告的撰写必须做到目的明确，围绕调查的目的认真分析、研究得出有规律性的认识或结论。

【例文分析】

陕西水果在武汉市场销售情况的调查报告

为了进一步扩大陕西水果在武汉市场的占有份额，今年 8 月，我们对陕西水果在武汉的销售情况进行了专题调查。

我们先后走访了湖北省和武汉市的有关主管部门和武汉市的两个主要水果批发市场及部分零售商。通过调查，对陕西水果在武汉的销售情况有了初步的了解。

一、陕西水果在武汉市场销售现状

（一）销售的主要品种。目前，陕西水果在武汉市场销售的品种主要有苹果、梨和猕猴桃

和少量的石榴、柿子、桃、大枣等。其中苹果占销售量和销售额的大部分，以红富士为主，有一定数量的秦冠；近两年嘎拉苹果也开始进入市场。

（二）销售的数量。从我们在武汉华中、沙湖两个主要水果批发市场的调查看，年水果总交易量约为 30 万吨。加上其他零星市场的交易量和直销量，保守估计，武汉市场年水果销售量在 50 万吨以上，其中苹果所占比例将近一半，约为 25 万吨。陕西苹果目前所占市场份额约为 35%，大约有 9 万吨，占陕西 2002 年苹果产量的 23%。陕西的梨、猕猴桃等其他水果销量约为 2 万吨。总计陕西水果在武汉市场年销量达 11 万吨，占陕西 2002 年水果总产量的 21%。

（三）质量状况反映。陕西水果总体来说，在武汉普遍受到欢迎和好评。红富士苹果因味甜、水分足、色泽好及较其他省份的苹果更耐储存而受到经销商和消费者的喜爱，尤其是陕西洛川苹果最受欢迎；陕西的酥梨因口感好也颇受好评；武汉市场猕猴桃总体销量虽然不大，但陕西猕猴桃在武汉市场占有绝对优势；大荔西瓜在武汉市场也有一定名气，较好地补充了武汉西瓜市场的淡季；其他的水果如石榴、大枣等也有一定影响。

（四）主要产地和销售对象。目前陕西在武汉销售的苹果主要产自礼泉、白水、洛川、旬邑等地；酥梨以蒲城居多；猕猴桃主要来自周至；石榴、柿子则主要产自临潼等地；西瓜以大荔最多；枣以延安等地为主。销售对象主要是武汉各批发市场的果行批发商，有一小部分直销团体单位，还有一部分经武汉中转后销往周边的市县。供货商以陕西水果产地的果商和果农为主。

（五）主要的销售方式。陕西水果在武汉市场的销售方式主要是代销。一般由供货商将水果交武汉果行批发商经销。价格根据市场情况由双方议定，售后结算，果行批发商提取一定比例的行费。另外陕西也有一些果商在武汉开果行自营水果批发业务，供销业务全部独自承担，但这种情况目前在武汉较少，尚未形成一定规模。

二、陕西水果在武汉销售中存在的问题

（一）质量标准不严格。一是表现在不同质量规模的水果混装。包装箱中上层装质优等级高的，下面装质次等级低的，质量分级把关不严，既影响了声誉，也影响了销售价格和销量，这一现象在苹果销售中表现尤为突出；二是装箱数量不足。水果装箱报告重量与实际重量不符，是各省都存在的普遍现象，陕西也不例外。在竞争激烈、大力提倡商业诚信的今天，这一问题对陕西今后水果销售的影响也是不容忽视的。

（二）包装整体水平较低，不能适应市场要求。近年来，陕西水果包装水平整体有了较大提高，但与山东、河北等地相比，仍存在一些问题。一是彩箱比例较低，且图案设计不够美观和新颖，黄板箱和袋装等低档包装仍然占较大比例。二是不同等级品质的水果在包装上缺少明显的分级分类标识。三是在适应市场不同消费对象、不同消费季节对包装的要求上还有较大差距。比如，零售商、超市和不同层次的消费群体均对包装有不同的要求，节日与平时销售在包装的大小、印制质量、方便性等方面上也有较大差异。四是相当部分的包装箱没有印制明确的原产地，如产地大量标为“西北优质果品基地生产”等，既不利于宣传陕西原产水果品牌的质量和特色，也给冒牌货以可乘之机。

（三）销售方式单一，产品档次较低，经营各自为政，规模较小。陕西水果进入武汉市场主要通过当地果行批发商代销，销售价格偏低，利润较薄，产供销一条龙的经营模式在武汉远没有形成气候。供货主要是产地的小果商和果农，有一定规模的专业经营公司较少，产品也以中低档为主，难以直接进入大型超市和连锁店销售。直销团体单位的数量也微乎其微。

各供货商分散在不同的果行中，各自为政，互不联合，没有形成陕西水果营销合力，缺少有效的宣传活动，不利于陕西水果做大做强。

三、陕西水果在武汉市场销售前景分析与建议

武汉地区人口有 800 多万，是华中地区水陆交通的枢纽，素有“九省通衢”之称，其市场辐射力极强。目前武汉正在建设和规划建设武汉中心批发市场、八达通果品批发市场、华南水果批发市场等几个大的水果交易市场，将进一步扩大武汉的水果交易量和武汉水果市场对周边地区的辐射能力。这为陕西水果更大规模进入武汉市场提供了更为广阔的平台和更有利条件。

从武汉水果市场销售看，武汉市区内水果品种主要是梨、桃、葡萄等，产量较少，所占市场份额低，几乎对武汉水果市场不构成影响。湖北省水果以柑桔、梨、桃为主，2002 年全省水果总产量为 223 万吨，其中柑桔占四成。湖北省年人均水果占有量为 38 公斤，低于全国 68 公斤的水平，更是大大低于陕西 143 公斤的水平。湖北水果除部分自销以外，大部分销往外地，而湖北省的群众消费的水果绝大部分靠外地供应，这就是湖北省及武汉市水果流通的特点。陕西水果在品种和季节差上对武汉有补充作用，在数量和质量上有绝对优势，这为陕西水果扩大在武汉的销售提供了可能的市场空间。

在这次调查中我们发现，与山东、河北等水果大省比较，陕西水果在武汉市场上虽然有不少优势，但也存在一些劣势。以苹果为例，从优势上看，陕西苹果品质好，知名度高，几乎在武汉家喻户晓。市场占有份额高，特别是九十年代初，陕西秦冠的招牌大街小巷比比皆是。

九十年代中期以后，各省都加大调整农业产业结构力度，加快了苹果品种的优化和更新换代，引进和移植了许多水果新品种。而陕西果商的整体市场意识与其他省份也存在着较大差距，致使陕西水果在武汉市场面临的形势更为严峻。

面对挑战和机遇，要在稳住现有市场的基础上进一步扩大陕西水果在武汉市场的销售，我们建议要加强以下几方面工作：

一是努力加快新品种的更新换代速度和规模，适度扩大培植早熟水果品种的栽培面积，同时做到优质高产，尽可能地抢先占据淡季水果市场。

二是强化果商、果农质量等级意识，严格按等级标准分装，定级销售，确保质量标准。

三是适应市场不同销售对象和节日的多种需要，大力改进包装技术，在水果主要生产基地建立一批有一定规模、有较高设计生产水准的专业包装箱厂，实行规范化管理。

四是引进有一定经营规模的水果专业销售商和水果生产龙头企业，建立起供销或产供销一条龙销售链，在武汉水果市场开展集团化、规模化经营。对分散的陕西果商，实行联合经营，形成合力，打出整体优势。如利用陕西水果已有的知名度，在武汉水果批发市场中建立陕西水果批发中心或批发一条街等。

五是在努力实现集团规模经营和发挥整体优势的同时，加大宣传力度。水果销售旺季集中组织开展一些力度较大的宣传促销活动，真正打造出陕西地域水果的品牌，使陕西水果的形象真正深入湖北人心，提高其在武汉市场的占有份额，并在武汉市场保持其长盛不衰的生命力。

（选自《陕西省政府公报》2008 年 6 月 26 日）

评析：

这篇市场调查报告是关于陕西水果在武汉市场销售情况的调查报告。前言部分主要介绍了调查目的、调查时间、地点、调查对象、调查方法。正文部分从三个方面展开：销售现状、销售中存在的问题、改进措施及建议。层次清晰，逻辑严密。在行文过程中，为了使观点显得有理有据，采用了大量的经过调查得来的相关数据。在对论点的分析说明中，从各个方面展开论述，例如：对销售问题的说明中，从质量到包装到销售方式都有详尽的介绍，最后的建议措施也都是针对具体问题提出的，对市场调查报告的阅读者来说，有着很高的参考价值。

技能训练

根据以下材料，拟写一份市场调查报告。

以小组为单位，先设计一份有关“大学生消费情况的调查问卷”，然后在全校范围内发放问卷，在合理填写后收回问卷，统计调查问卷的结果，根据结果写一份江南大学学生消费情况的调查报告。

要求：调查问卷设计合理，能全面涵盖大学生的消费情况。调查报告写作中，对调查问卷中发现的问题要提出有针对性的建议，不少于1000字。

第八节　可行性研究报告

一、可行性研究报告的概念及作用

可行性研究报告是有关企业、部门或专家组，对拟出台的决策、拟上马的项目，经过全面调查、分析、论证，写出的实施该决策或项目的可行性、有效性的文书。需要从经济、技术、生产、供销直到社会各种环境、法律等各种因素进行具体调查、研究、分析，确定有利和不利的因素、项目是否可行，估计成功率大小、经济效益和社会效果程度，从而为决策者和主管机关审批提供重要依据。

可行性研究报告是编制、设计任务书的依据和基础，也是避免投资失误、提高投资经济效益的重要手段，为工程项目的决策和上级主管部门对该项目的审批提供依据，为银行或其他金融机构对该项目的投资提供决策依据。

二、可行性研究报告的结构和写法

（一）标题

一般由项目单位、项目名称、文种三要素组成，如《江南大学关于老校区置换的可行性研究报告》。也可以省略项目单位，强调项目名称，如《新校区建设项目可行性研究报告》。

（二）前言

一般介绍立项的依据、原则、背景、目的以及实施该项目的意义，承担可行性研究的单位、项目负责人、实施单位的简要情况等。

（三）正文

要求以大量的数据和资料为依据，以经济效益和社会效益为中心，对项目的可行性展开论证和分析。主要包括：

（1）市场需求与建设规模。

（2）资源能源、原材料、厂址、交通运输条件以及外部协作条件。

（3）项目设计方面。

（4）企业组织与建设计划方面。

（5）资金筹集、财务和经济评价方面。

（6）环境保护方面。

（四）结尾

对项目是否可行做出明确答复，也可以指出存在的问题，提出建议。

（五）附件

附上有关材料和说明性文件，一般包括：可行性研究委托书、项目建议批准书，有关协议、意向书，地址选择报告书，环境影响报告等。

（六）落款及时间

【例文分析】

城市台开设纪录片栏目的可行性分析

2012 年，随着法国纪录片导演雅克·贝汉的《海洋》在国内各大电影院线与观众接触，以及央视纪录片《舌尖上的中国》在国内甚至海外的热播，纪录片成为电视业内人士和观众的热门话题。城市台曾经是这一影像艺术热衷的生产者和创作者。十多年前的城市台，几乎每一家都有专题部或国际部之类的部门，专事各类纪录片的制作和播出。但随着电视收视市场的急速变化，城市台黄金时段的荧屏，逐渐被本土新闻、电视剧和少量的综艺节目填满。偶尔还保持纪录片生产的一些电视台，也只是零星地有一些作品问世。城市台几乎都取消了定期播出的自制类的纪录片栏目。纪录片能否摆脱长期以来给人“高投入、低产出”的固有看法？城市台开设纪录片栏目的可行性到底怎样？本文从城市台开设纪录片栏目的优势和可操作性两个方面进行分析。

一、纪录片应成为城市台竞争的重要内容

1. 丰富城市台的节目类型

经过激烈的市场竞争和定型，城市台在中国电视收视市场逐渐形成了优势品种：本土新闻、电视剧和少量的自制综艺类节目。很多城市台将其主频道黄金时段的电视剧场作为栏目来进行品牌塑造和推广，得到了本地观众的认可。通过这三类节目，城市台本土化的落地优势得以很好体现，形成了稳定的收视市场份额。随着竞争的进一步加剧，本土新闻的同质化和琐碎化弊端限制其在外延上的扩张，城市台的电视剧更是被卫视的“独播剧”、“自制剧”以及重金哄抬的“大剧”所压倒，综艺类节目在卫视动辄数千万甚至上亿元投入的综艺节目的挤压下也只能是小打小闹。面对强敌，城市台只能高举本土化大旗，把这一独家优势发挥到极致。在内容和题材上本土化优势都很突出的纪录片，无疑是可以重点打造的节目类型。

2. 吸引本地的高端受众

本地高端受众对民生新闻和电视剧不太感兴趣，他们往往更关注有关这个城市的文化、历史以及时代变迁等深度解说题材的节目，以真实记录和深度描述见长的纪录片，往往能和他们的兴奋点产生共振，满足他们的收视需求。而且，城市台纪录片的采制过程，往往也能把本地相关领域的精英纳入进来，邀请他们参与创作，形成口口相传的传播效应，产生影响力和美誉度。

3. 培养精良的节目团队

很多城市台的节目制作人员都在参与“短、平、快”的新闻节目采制，这对从业者迅速熟悉业务、融入栏目团队是很好的锻炼机会。但长此以往，如果仅仅满足于每天完成一两条快餐式电视作品，从业者的业务水平提升会受到限制。短的电视新闻片注重“拍得到，说得清”，对画面质量、谋篇布局以及内容深度等往往无暇顾及。如果有一个常年固定播出的纪录片栏目平台，电视新闻从业人员可以去这个平台进行一定时间的轮训和磨炼，他们在题材把握、画面要求、细节捕捉以及深度挖掘等方面的专业水准将会得到明显提升。

4. 助推城市外宣

城市台承担着为本地进行电视外宣的任务，除了向省台、央视发送电视新闻片外，精心制作的城市纪录片也是外宣的重要手段。城市台纪录片可以从容表现城市独特而丰富的文化历史资源，往往受到央视甚或海外电视媒体的青睐。三年来，苏州台精心择取了苏州虎丘、各大古镇以及苏帮菜等题材别拍摄、制作了六集《话说虎丘》、三集《苏州古镇系列》以及《苏式菜肴》等纪录片，在央视 4 套和凤凰卫视播放，取得了较好的城市外宣效应。

5. 打造稳定的广告经营承载平台

纪录片栏目的收视率一般不会很高，但由于其观众的高端化和稳定性，以及节目的美誉度和影响力，其广告价值不容小觑。广告商近年来对纪录片栏目青睐有加。去年央视的广告招标会上，《舌尖上的中国》第二季承纳了 8000 多万元的广告，上海纪实频道早几年就实现了近两亿元的广告收入。纪录片的内容之广，使之能够在精心选择后巧妙实现植入式广告。纪录片不像电视新闻片那样大多只能一次性播出，它可以实现节目内容的再销售，国内日渐成熟的纪录片市场说明了优秀的纪录片大受欢迎。

二、城市台纪录片栏目的可操作性

许多城市台担心纪录片栏目投入大、产出小，偶尔组建临时团队拍个几集还能应付，一旦实现栏目化播出后，就会非常困难。其实，按照目前纪录片的广泛定义和生产周期，城市台可以在人手、物力投入和产出效益等方面取得平衡，实现栏目化播出，满足周播一次或两次的定期播出需求。

1. 本土题材的广泛性和丰富性

中国的城市大都历史悠久，本土的文化资源十分丰富。名人往事、历史风云、自然形胜、地方美食乃至现代生活中的时代风采和社会、经济大事等，都可作为纪录片取之不尽的题材。十年来，苏州台拍摄了《苏园六记》《苏州水》《水天堂》《烟波太湖》和《话说虎丘》等表现本地园林文化、水文化、古城文化等悠久历史和独特文化的优秀纪录片；杭州台反映改革开放后城市巨变和心路历程的十集纪录片《跨越 1978—2008》，播后好评如潮。纪录片题材本无所谓古今先后或不同领域之分，只要紧扣所在城市，去发现、再现、记录，就会有源源不断的题材。苏州台曾在民生新闻栏目《新闻夜班车》里连续六年开设小型纪录型子栏目《故事连载》，每天以 5、6 分钟的时长，长则 5、6 天，短则 3、4 天，真实记录并讲述一个故事或一个事件，收视率很高，原来担心的题材枯竭问题从未出现。

2. 与新闻栏目在人力、技术及播出上实现统一管理

城市台新闻栏目是采编人才和各类资源投入最多的生产单元。很多城市台的民生新闻长达一个小时甚至一个半小时，这样大容量的新闻栏目，其中的部分子栏目已经不纯粹是新闻性的内容，而是小型的人物或事件纪录片。如果一时还不能直接开设固定播出的纪录片栏目，城市台可以利用这些大新闻栏目的采制力量，进行统一管理和安排。既能定期生产一定数量的纪录片，又能满足这类杂志型新闻栏目的高质量片源要求。苏州台在《新闻夜班车》《前沿930》等新闻栏目中，开设了《故事连载》《社会能见度》和《解码》等固定子栏目，几年来采制了一批可看性强、收视率高的纪录片，这些片子还成为各类奖项评选的重要片源。

3. 与同行尤其是全国城市台的交流与合作

全国城市台面临共同的竞争环境和突破难题，播出区域上又互不覆盖，可以联合起来，有效整合各自优势共抗“强敌”。由广州台作为理事长台的全国城市台联盟已经吸引各大城市台的参与，但目前它的主要功能还是集中在电视新闻短片的互相传送和使用上。如果能把这个平台利用起来，各城市台制作的纪录片也能互相传送和播出，可以有效解决纪录片栏目片源不足的问题。不同城市不同题材的纪录片，可以满足观众差异化的欣赏需求。各大城市台还可以利用这一联盟，事先策划一些热门主题（如环境、旅游、美食及各类达人等），拍摄这类主题在不同城市的体现，交换后播出能丰富城市台的节目内容。

4. 充分利用社会力量

随着自媒体时代的到来，各类“拍客”和影像爱好者层出不穷。他们有创作热情和深入不同类型生活的“在场”优势，电视台只要通过合适方式把他们充分利用起来，给予适当指导和后期加工，其作品会成为难得的纪实类电视精品。城市台也可以与一些制作公司合作。据不完全统计，仅苏州地区有影像作品制作能力的社会公司就不下 200 家。电视台只要在题材内容、导向观点及后期质量等方面把好关，在纪录片采制上可做到“不求所有，但求所用”。

（选自人民网：http://media.people.com.cn/n/2013/0723/c367048-22292043.html）

评析：

这是一篇有关城市台开设纪录片栏目的可行性分析报告，结构较为简单，论述的问题也较为独立。本文第一个部分主要是分析了城市台开设纪录片栏目的背景及现状；第二个部分主要从两个大的方面来论述其可行性：栏目的优势与其可操作性。论述过程严谨、分析透彻、推论客观，再加上文章的写作者又是具有丰富工作经验的从业者，因而这篇可行性研究分析

具有很高的理论参考价值。

技能训练

根据以下材料，拟写一份小型项目可行性研究报告。

在国家大力提倡创业的今天，众多大学生愿意积极投身到创业队伍中去，但是创业作为一项有风险的活动，如何避免风险，争取创业成功，创业之前的调查研究和科学合理的可行性研究报告是必不可少的。请结合你的创业项目和创业理念，认真调查、收集材料，拟写一份小型的创业项目可行性研究报告。

要求：主题明确，中心突出；分析透彻，论证充分；语言准确、简明，不少于 1000 字。

第九节　商业广告策划书

一、商业广告策划书的概念

商业广告策划书是广告策划者根据广告策划结果撰写，提供给广告主审核认可的有关广告决策及实施过程的总体表述，是向广告主陈述广告策划的文字材料，也是指导广告活动具体实施的操作蓝本。

二、商业广告策划书的结构和写法

（一）标题

一般由商品名（服务名）、广告策划案两部分组成。

（二）前言

概述整个广告策划的要点，简要说明企业、产品（服务）概况，策划需要解决的问题，策划的总体构想。

（三）正文

1. 市场分析

说明广告决策的现实依据，一般简短分析和叙述企业经营情况、产品（服务）情况、消费者情况和竞争对手情况等内容。

2. 广告战略与策略

广告战略部分是广告策划案的重点，要阐明广告活动中广告宣传分析、目标市场分析、传播目标、创意策略、广告表现、执行制作等特定事项；广告策略部分要详细指明广告活动实施的具体细节。

3. 媒介策略

结合广告目标、对象与媒介自身特点选择最佳的媒介，描述媒介的选择与组合、覆盖地区、传播频次、位置与时间等基本信息。

4. 广告费用预算

可单独列入广告预算书中。

5. 广告效果预测

阐明广告策划可以达到的目标或效果反馈。

（四）结论

说明选择本广告策划的基本理由，肯定其合理性、适用性和可行性。

【例文分析】

××牙膏广告策划案

一、前言

始创于××××年的××公司，是世界最大的日用消费品公司之一。××公司全球雇员近10万，在全球80多个国家设有工厂及分公司，所经营的300多个品牌的产品畅销160多个国家和地区，其中包括洗发、护发、护肤用品、化妆品、婴儿护理产品、妇女卫生用品、医药、食品、饮料、织物、家居护理及个人清洁用品。

××牙膏是××公司推出的新产品，为配合××公司的牙膏市场推进计划，特进行本次广告策划，本次策划将为××牙膏塑造独特的市场形象，并以全新的方式推向市场。

二、市场分析

1. 牙膏中国市场品牌发展历程（略）

20××年，全国牙膏产量达到28.07亿支，比1949年增长了133.6倍，2000年产量达到了36亿支，年人均使用量提高到了2.8支，有关专家预计，20××年中国牙膏产量将达到45亿支，20××年将达到54亿支。

2. 现有市场竞争格局发展

（1）第一梯队优势明显：××牙膏品牌稳居榜首，××牙膏品牌紧随其后，这两个品牌占据了市场份额大部。在人们的心目中，××牙膏品牌、××牙膏品牌几乎成了牙膏的代名词。短短的几年中，这两个品牌已将国产老品牌远远抛离，成为中国牙膏市场的主导品牌。而老品牌××品牌经过了联合利华重新品牌定位和包装之后，重焕光彩……

（2）二线品牌竞争激烈：×××、××、××等老品牌虽已风光不再，但凭借原有的品牌优势依然占据了一席之地，而不少国外品牌如××、××也开始瞄准中国市场大力推广，由此造成了二线品牌的激烈竞争态势。从成长指标来看，新兴国外品牌可谓是后劲十足，发展前景良好。

3. 消费者分析

牙膏虽然是一种家庭消费品，但随着国外品牌的进入，国内与国外品牌之间在消费群结构上开始出现差异。

（1）消费人群分析。（略）

（2）消费区域特征分析。（略）

4. 市场发展趋势分析

目前，彩电、空调等的价格战正打得如火如荼。其实国内牙膏的市场竞争一点也不亚于一些大件商品的竞争。×××牙膏突然降价的消息在牙膏同行内就已掀起了风波。但面对×××此次的降价行动，业内人士称牙膏市场暗战激烈，但整体价格却难波动。

有关人士指出，在消费层次多元化，消费观念国际化的今天，会有越来越多的人接受价高质优的观念，国内品牌在以优质价廉稳住广大实惠消费群体的同时，也不要把高消费群体市场消极放弃。

5. 未来产品发展趋势

几年前，国外品牌的进入从根本上改变了中国牙膏市场的竞争格局，今天，这些已经奠定了坚固市场根基的国际品牌依然保持着旺盛的生命力，而又一批国外品牌也来到了中国，准备掀起新一轮的竞争。相比之下，国产品牌则显得后势不足。在今后的牙膏市场中，上演的应该是国外品牌之间的争夺，市场份额将被重新划分。

三、产品分析

1. ××牙膏分析

我公司为回报广大消费者，特生产出一款牙膏，外形设计独特设计，牙膏口是其他产品的 1 倍，牙膏是液体，愿意粘在牙刷上，这样的设计为了便于消费者使用，也便于消费者养成节俭的作风，我们的这款牙膏有水果香型、薄荷型，能 24 小时全天为您服务，白天让您口气清新，散发自信的魅力，夜晚它会为您消灭牙齿中的病菌，维护您牙齿的健康，有各种克数的牙膏为您服务。

2. 竞争对手产品分析

（1）××牙膏。（略）

（2）××牙膏。（略）

（3）××牙膏。（略）

四、媒体策略

1. 电视：（全国性）CCTV-1、CCTV-5、CCTV-6、CCTV-8；

（地方性）北京电视台、青岛电视台、哈尔滨电视台。

2. 报纸：（专业类）《中国经济报》《少儿导报》等；

（综合类）《青年报》、地区性日报、地区性晚报等。

3. 杂志：（专业类）《销售与市场》等；

（综合类）《读者》《青年文摘》等。

4. 媒体广告预算（略）

五、广告活动策略

1. 目的

最终目的是提高企业效益；最高目的服务公众，贡献社会；具体目的是让公众了解公司，让公司了解公众，了解他们的真正需要，公众对产品的意见反馈和建议。

2. 市场策略

（1）产品定位：让消费者节俭，从产品出发让消费者能做到节俭。

（2）诉求对象：青、少年消费群体。

3. 活动策划

（1）产品上市新闻发布会（以提倡节约新起点为主题进行，向公众宣布一种新起点的诞生）；

（2）牙膏试用（向目标市场的消费者发放 10 000 管牙膏，并记录下使用者的数据，宣传提倡“节约新起点为”主题。

六、效果预测与评估（略）

评析：

广告策划案核心部分是广告市场调查与产品分析、广告战略制定、广告创意与实施（主题创意、媒体创意等）、广告效果预测与评估、广告预算与公关。其中广告预算和公关可单独列出。这份广告策划案主要也是从上述方面展开叙述的。前言部分概要式点出公司概况和广告策划的目的。然后分析了目标市场的情况、本公司产品和竞争对手产品的特性。紧接着重点叙述了这则牙膏广告的媒体创意、活动策划。媒体选择符合媒体特性和产品市场定位，直达目标消费群体。策划的活动相对简单可行，适用于知名度和美誉度不高的产品，如此才能迅速树立产品形象，开拓和占领市场。最后作为广告主最为关心的问题之一的广告活动的效果预测和评估的内容自然也必不可少。整篇策划中规中矩，简洁朴实。

技能训练

请自行查阅材料，为某茶叶品牌撰写一份广告策划案。

要求：目标明确，主题突出；策划详细、严密，与实际相结合；语言准确、简洁；不少于 1000 字。

8 第八章 申 论

“申论”简言之“申而论之”。从字面来理解，“申”为引申、申述，“论”为议论、论证，“申论”则指针对特定话题提出自己观点，并展开论述。申论是测验从事机关工作应当具备的基本能力的考试科目，主要测查报考者的阅读理解能力、综合分析能力、提出问题和解决问题能力、贯彻执行能力、文字表达能力，具有模拟公务员日常工作的功能。

第一节 申论概述

申论是针对给定材料或者特定话题而引申开来、展开议论的一种文体，是随着公务员录用考试制度而出现、推行的一种新兴文体。作为公务员考试的必考科目，主要考查报考者的阅读理解能力、综合分析能力、提出问题和解决问题能力、贯彻执行能力、文字表达能力。从考试大纲规定及历年实际出题情况来看，申论考试为考生提供了一系列反映特定实际问题的文字材料，要求考生仔细阅读这些材料，概括出它们反映的主要问题，并提出解决此类问题的实际方案，最后再对自己的观点进行较详细的阐述和论证。

一、申论的特点

（一）立足材料

申论材料是申论的重要组成部分，其所提供的信息是申论作答的基础和依据。从内容上看，申论主要以政府职能为选择范围，围绕当前的时政热点和重大方针政策选择和组织，每次考试突出一到两个主题，以资料汇编的形式将不同的材料组合起来。因此，只有读懂、读透所给材料，才能充分结合起来完成答卷。

（二）针对性强

申论测试考查的目的明确，针对性强，主要考查考生阅读、分析、概括、解决问题的能力。这些能力主要通过对背景材料的分析、概括、论述体现出来，从所提出的方案对策是否具有针对性和可行性体现出来。

（三）政府角度

申论考试本质上属于虚拟性质的行政行为。从某种意义上讲，它是公务员日常公务活动和日常工作的体现，主要表现为获取信息和处理具体事务。突出政府角度，要求考生一要符合行政机关人员身份，以准工作人员的身份参与考试，坚持正确的政治立场。二要符合行政机关的工作要求，坚持理论和观点要符合政策法规、工作思路要体现依法行政的原则。三要符合行政机关行文规范。语言表达准确、精炼，简明扼要。

二、申论考试的主要题型

（一）归纳概括题

归纳概括题要求考生用简洁的语言、扼要的叙述提炼出材料反映的某一共同问题。申论材料都是围绕某一问题、现象而设置的。归纳、概括能力不仅直接关系到归纳概括题的作答，同时还间接影响到综合分析题、论证写作题等其他类型题目的作答。

（二）综合分析题

综合分析题要求考生在概括相关问题的基础上进行进一步分析提炼，从而得出有关问题的结论。这类题型通常要求考生谈论对某一句话、某一种现象、某一做法的理解、评价、启示、阐释。

（三）提出对策题

提出对策题要求考生能够从限定的角度，或者站在特定的身份立场上针对某一问题、情况提出可行的解决方案。

（四）写作论证题

写作论证题要求考生针对特定社会现象或社会问题，在分析的基础上提出对策建议，全面阐述、论证自己的观点。

三、申论的答题要求

（一）研究材料

申论的给定材料是一个统一的整体，没有任何一则材料是脱离这个整体的。所以在申论的作答时，首先要通过仔细阅读来把握材料的核心思想和整体脉络，而且要掌握它的规律，不能脱离材料。给定材料就是申论考试作答的依据，贯穿于申论作答的始终。

（二）跨越模板

不生搬硬套那些所谓的高分模板和答题套路，要有新意，要有自己的的思考、感悟和观点。模板或套路会让阅卷老师觉得枯燥无味，那么文章获取高分的可能性就几乎不存在了。所以要跨越这个模板和套路才能获得高分。

（三）语言规范

文字表达能力是申论考查的能力之一，大纲明确要求考生熟练运用说明、陈述、议论等方式，准确规范、简明畅达地表述思想观点。这就要求申论的语言朴实、规范、严谨、简练。

第二节　归纳概括题

一、归纳概括题的概念

归纳概括题要求用简洁的语言、扼要的叙述提炼出材料反映的某一共同问题。申论材料都是围绕某一问题、现象而设置的。归纳、概括能力不仅直接关系到归纳概括题的作答，同时还间接影响到综合分析题、论证写作题等其他类型题目的作答。此类题明确要求考生结合给定材料或全部材料概括出材料所反映的有关原因、意义、经验、做法、启示、特征、优势等内容。

二、归纳概括题的作答

（1）阅读题干和给定材料，提取要点。不脱离材料泛泛而谈，所有概括出来的内容都要求在材料中，但不能简单照搬材料。

（2）不掺杂自己的情感态度，有一说一、有二说二，客观总结、复述出材料反映的共同问题。

（3）在书写答案前，打好腹稿，不能遗漏答题要点，全面概括内容的相关要点。要点越全面，采点给分就越高。

（4）使用准确、简洁的概括性语言，在规定的字数范围内，有条有理地罗列信息点。

【例文分析】

根据“给定资料”，概括改革开放以来，赵家村发生的主要变化。（15 分）

要求：准确、全面、有条理，概括性强；150 ~ 200 字。

给定材料：

丰收的季节，陕北高原到处是红彤彤的苹果。63 岁的赵家村村民老赵看着果实，满眼的喜悦。借助改革开放的东风，四十年来他用劳动创造了财富，改变了全家的生活状况，也见证了他们村乃至黄土高原翻天覆地的变化。

1987 年，来自远方的“包产到户”消息传遍了黄土高原的每个乡间田野，大家都期待的分田到户，让老赵看到了希望。“把地分到户以后，村民干劲十足啊！天不亮全家有劳动力的都上山劳动，直到晚上看不见才回家。山地上全部种的是小麦、高粱、谷子等粮食作物，平地上家家户户都种白菜、萝卜等时令蔬菜，不到三个年头，交过公粮后自家的粮仓再也没有空过。”老赵说，从那时起，孩提时代憧憬的顿顿吃白面，成为家常便饭。“早上吃白面馒头，下午吃白面面条，招待亲戚客人再也不用问邻居家借了，肉也不再是过年的奢侈品。”老赵回想着过往脱口而出。

经过几年勤劳奋斗，老赵家里吃的穿的都解决了，口袋里也有些余钱，他就开始着手住的问题。在村里，盖新房不止是老赵一家，在解决温饱问题后，农村开始兴建住所，改善居住环境。手表、自行车、缝纫机、收音机“三转一响”早已是陈年往事，冰箱、洗衣机、彩色电视机成了普及品，网络、汽车和智能设备走进农户家中，生活水平发生了巨大的变化。

在政府的宣传引导和自己思想转变下，他开始放弃种植小麦转而种植苹果，这在当时引起了不小的轰动。“不种麦子你吃啥呀？”“咱祖祖辈辈都是种地的好把式，种苹果能行吗？”当初许多村民劝他的声音依旧耳旁环绕，然而“一根筋”的他并不为所动，坚持走自己的路。

“种苹果也是辛苦，但是钱袋子鼓起来了呀！”老赵说，现在十亩苹果每年可收入八九万元，尝到种植苹果甜头的他继续扩大种植规模，还添置了许多果园农业机械。他指着远处的山峁说，那边有他新建的十亩果园，等新园挂果，他的收入可以再翻一番，即使将来老的干不动了，二十亩果园流转给他人坐收流转金，也是一笔不菲的收入。

站在老赵家门口，大门左右角上的两只洁白陶瓷鸽子造型栩栩如生，枣红色瓷砖上写着“吉祥如意步步高，一帆风顺年年好，家和万事兴”。走进院内，硬化过的院落再也不怕雨天泥泞不堪，水龙头一拧白花花的自来水流个不停，干净整洁的玻璃替代了过去糊窗用的麻纸，院子一旁新建的果库也即将投入使用，整个院内散发着勃勃生机。站在村口往村里看，一排排窑洞跟城里的小区一样，整整齐齐。

“真是没想到我现在也能过上这样的日子，”老赵感慨道，“想跟老伙伴唠几句，手机拿起来就打。想看看新鲜事，微信上多着呐。想到县里买东西，村口一天有好几辆班车。村里还建了一个图书室，摆上了科学种养殖的有关书籍。晚上，大伙自发集合在村民广场，交流交流各自的想法，也有了休闲的好去处。这两年，大家还结成团，到北京、内蒙转了转，可开心啦。”

2016 年，老赵被推选为乡贤，从此他的劲头更足了，不但循循善诱地教育人，还耐心地帮助村民调解邻里纠纷和家庭矛盾。2017 年 11 月，村里一户人家的 3 个儿子因为照顾老人发生了纠纷，老赵和其他 5 名乡贤凌晨 2 时还在劝说。他回忆说：“坐在一起说不通就分头说，给他们讲道理，想解决办法。”最终，经济条件好的三儿子出钱，给照顾老人的二儿子经济补偿，大儿子每天来陪老人 2 小时，纠纷就此化解。

“改革开放富百姓，党的政策暖人心；发展是条致富路，奔向小康永不停。”这是老赵经常念叨的一首打油诗，也是改革开放四十年来在党的政策引领下群众脱贫致富的心声。

（选自 2019 年陕西省公务员《申论》B 卷试题）

评析：

题干要求全面、准确地概括“改革开放以来，赵家村发生的主要变化”。给定材料分别介绍了陕北赵家村改革开放后在吃住、消费水平、休闲活动、发展思想、矛盾化解方面的翻天覆地的变化：一是吃住明显改善。温饱问题解决，白面、肉成为日常饮食；居住环境改善，新建住房，院落硬化，通自来水，玻璃代替麻纸。二是消费水平提高。家电、网络、汽车、智能设备普及。三是休闲活动丰富。手机促进交流，拓展视野，公交出行购物，图书室学习养殖，广场休闲娱乐，还可结伴旅游。四是发展思想转变。种粮改为种苹果，添置机械，扩大规模，流转果园增加收入。五是矛盾更易化解。推选乡贤调解纠纷。考生需要紧紧围绕材料，直接从中概括、提炼、加工出符合要求的答案，不遗漏要点并符合字数要求。

技能训练

请认真阅读所给材料，概括我国在文化软实力建设过程中存在的主要问题。

1. 我国文化产业的发展相对滞后，导致我国软实力与硬实力相比落差较大。我国文化产业在国内生产总值中所占的比例不足4%，西方发达国家已经平均达到10%以上，美国则达到25%。美国的文化产业在世界文化市场当中占43%，欧盟占34%，而整个亚太地区只占19%，我国所占世界文化产业市场的份额低于3%。我国文化产业集约化程度低、文化出口能力弱，文化贸易逆差严重，以图书出版为例，累计逆差竟达 6 倍之多。另外，我国文化发展很不平衡，东部地区和中西部文化发展不平衡、民族地区与其他地区文化发展不平衡。其中最突出的是城乡文化发展不平衡。在文化支出方面，2009 年，城市居民人均教育文化娱乐服务支出为 1733.6 元，农村居民人均文化教育娱乐消费支出仅为 378 元。在公共文化服务投入和设施方面，城乡二元机制使我国公共文化投入长期向城市倾斜，优质教育资源、公共图书馆、公共博物馆、体育设施集中在城市，广大乡村地区公共文化服务设施严重稀缺，文化、教育发展水平远远落后于城市。没有占全国总人口 70%的农村人口文化水准的大幅提升，就没有中国文化软实力的大幅提升。

2. 某报刊载了题为《大城市人口严重“超载”，专家呼吁适当限制流入》的文章，指出流动人口过度集中在大城市的问题非常突出，不少城市已感到不堪重负。文章说，近几年，北京市外来人口迅速增加。据估算，北京外来人口已由过去的500多万迅速突破1000万，加上本地人口，总人达到 2200 万，已大大突破了北京市政府提出的“2010 年将常住人口控制为1600万左右的目标”。人口剧增，给北京市的土地、水资源、环境、交通等资源以及人口管理和公共服务带来巨大压力。据中国人民大学人口与发展研究中心调查，北京市加上南水北调的供应量，未来自有水资源供水能力约为35.6亿至37.1亿立方米。而以现在人口增长趋势看，未来十年内，北京市人均水资源量将不足 300 立方米，而 300 立方米是国际上公认的不应突破的底线。文章指出，一些专家建议，目前北京甚至全国的市场调节机制还不完善，没有足够的能力解决人口过多和资源稀缺之间的矛盾，“这种情况下，通过政府政策控制人口规模，非常必要”。

3. 在漫长的现代化进程中，城市曾被视为“文明”的代表。与农村相对保守的精神相比，城市有着更为开化而明朗的习俗和制度，为追求新生活的人们提供了广阔的空间；城市是文化发达的地方，为人们的精神生活提供了多种多样的满足方式。但是，20 世纪下半叶以来，世界城市化进程加快，涌现了很多特大城市，世界上愈来愈多的人们居住在城市中。城市化的快速发展，带来了很多的“城市病”（如环境恶化、交通堵塞、住房狭小、噪音污染严重等），开始让人们对城市的先进性出现怀疑。在西方，很多人开始将家安在乡村，每天白天在城市工作，晚上回乡村居住。这种情况，带来了乡村的极大发展，也带来了城市中心城区的衰落，形成了市中心的“空心化”。如何吸引更多的居民居住，变成很多大城市管理面临的问题。

4. 城市公共空间是指城市或城市群中，在建筑实体之间存在的开放空间体，是城市居民进行公共交往，举行各种活动的开放性场所。有人曾经这样说过，城市公共空间是城市实质环境的精华、多元文化的载体和独特魅力的源泉。

当前，各地政府纷纷提出文化立市、文化兴市、文化强市的宣传口号，文化街区、文化广场、文化中心（网上文化中心）、文化产业带、文化创意园及博物馆、展览馆、美术馆、剧院等，皆大干快上。这种形势，本是值得我们期待的。但是，在此过程中，也出现了一些值得争议的现象，如贪新求大，将建筑外形和规模作为主要追求；一些文化场馆建设热衷于“和国际接轨”，处处模仿外国。

要求：准确、全面、有条理，概括性强；200～300 字。

第三节　综合分析题

一、综合分析题的概念

综合分析题要求在概括相关问题的基础上进行进一步分析提炼，从而得出有关问题的结论。这类题型通常要求考生谈论对某一句话、某一种现象、某一做法的理解、评价、启示、阐释。从标准答案的设置来看，“言之成理，可酌情给分”。重点考查考生论述的观点是否正确，阐述是否合乎逻辑，是否能站在政府的角度思考问题、解决问题。

二、综合分析题的作答

阅读题目，审清题意，找准指定材料。

阅读材料，提炼要点，针对不同分析题型，加工要点，组织答案。

1. 启示型分析题

通常要求考生说明、谈论，总结从材料中得到的启示。作答时，要立足材料，无需过多引申。有时从正反两个方面展开论述。最后分条、合理阐述、总结出来普遍适用的经验、教训。

2. 阐述型分析题

通常要求考生就社会热点问题谈认识，分析其本质，阐述材料中的具体观点。作答时，一要回应材料，适度阐述问题的本质，表明自己的观点。二要根据已经阐释的核心内容，适当引申，指导实践。

3. 评论型分析题

通常要求考生针对某一观点、现象进行评论，或是针对几种不同的观点或做法发表意见。

第一种要直接就问题、现象表明态度，阐述肯定或否定的原因，在分析论证后适当提出一两点启示或对策。第二种要先概括出不同的观点或做法，分别统筹论述，肯定正面的，否定负面的，从而得出自己的观点并加以阐述。

【例文分析】

如何做好基层文化建设工作，直接关系到中华民族传统文化的继承与弘扬，请你谈谈“给定资料 1-3”对做好这方面工作有哪些启示。要求：紧扣给定材料，条理清晰，不超过 300 字。

给定材料：

1. 退休职工满师傅是回民，家住北城。他每周都要去一次改建后的牛街，先是转着古老而年轻的清真寺漫步一遭，然后再到牛街清真食品超市采购，“那儿的牛羊肉都是按穆斯林规矩宰杀出来的。”满师傅赞不绝口，“牛肉炖着吃可以挑‘肋条’‘腰窝’，酱着吃有‘腱子’。切好片的‘小肥牛’小包装，红里透白勾人馋虫；涮羊肉讲究‘三叉’‘黄瓜条’，那儿的货又多又新鲜。”牛街给满师傅家节假日三代人聚餐带来了方便和欢愉。

有千年历史的北京市南城牛街地区是北京最大的穆斯林聚居区，目前，这里仅回族居民就有 1 万多人。改建前，街巷狭窄，市政基础设施落后，低矮破旧的危房连街成片，人均住房面积只有 5.1 平方米，1997 年牛街地区危改工程起动，这是北京市政府，在全市最先实施的危改面积最大、拆迁户数量多，少数民族比例最高的危改小区。2004 年两期工程胜利完成。

迁入新居的老住户居住条件得到了极大改善。住户们最满意的是新房里有了浴室，每天进寺礼拜前可在家中沐浴。改建后的牛街，具有浓郁的民族风情，住宅无论高矮均采用穆斯林习用的黄色加绿边装饰。始建于公元 996 年的辽代千年古寺——牛街清真寺周围环境也焕然一新。寺院周圈出现了万米绿地，原来门前 8 米宽的道路拓宽到 40 多米，门前那座历史悠久的“大影壁”整修后巧妙地横亘在主干路之间的绿化隔离带上，既保持了清真寺建筑布局的完整性，更成为一道独特的景观。全长 670 多米的街道两侧分布着商住房，经营民族服饰、工艺品、清真副食，多家回民老字号餐馆和小吃店里的正宗清真菜肴、各种地道的牛街小吃令人怀旧，吸引着京城、外埠乃至海外的穆斯林食客。晚上处处灯火辉煌，流光溢彩，牛街老住户白奶奶常说：“如今在咱牛街走走，跟上长安街差不多。”

牛街街道工委干部告诉采访记者，牛街不仅是“民生一条街”，也是“民族文化一条街”。通过利用现有条件和历史文物资源，修缮了牛街礼拜寺，扩建了回民幼儿园、回民小学，改造了民族敬老院，设立回民殡葬处、社会保障事务所和社区卫生站等服务场所，社区数字化管理日趋完善。牛街还是白猿通臂拳的诞生地，而今在小区里经常能看见白猿通臂拳第六代传人钟教练指导孩子们习武练拳的场景。因其具备“历史性”和“传承性”等文化遗产的条件，目前有关部门已将白猿通臂拳列入区级非物质文化遗产推荐项目，这也是让牛街人足以自豪的事儿。

2. 某报报道了乡村放映员王其伟的事迹，他从 1976 年参加工作至今，用一台放映机、一张大银幕为家乡 61 个村庄的农民送去欢声笑语。累计行程达 25 万千米，放映电影近万场。

王其伟高中毕业时面临两个择业选择：当中学老师或者乡村电影放映员，从小爱看电影的他毫不犹豫地选择了后者。那时候，农村几乎没有什么文化生活，乡亲们看场电影就像过年一样，一个村庄放电影，附近村庄的群众也都会早早赶过来占座位，银幕两面的空地上围得满满当当，还有人爬到了房顶和树上。然而到了 80 年代后期，随着生活水平的提高，电视在农村越来越普及，农村电影放映跌进了低谷，但为了心爱的电影，也为了那些喜欢看电影的乡亲们，王其伟最终还是坚持了下来。

说起放电影，老王印象最深的还是帮助村民学习农业科技事。姜家村有 100 多亩果园，品种老化，坐果率低。村支书找到王其伟，请他去放点苹果管理的影片，接到委托后，老王精挑细选了《苹果树的修剪》《果树嫁接》等十几部科教影片为果农们放映。结果果园当年便获得了大丰收。到了秋天，王其伟再到这个村放电影的时候，果农们一下子把他围了起来，纷纷拿来大个的苹果让他吃，他们说："老王尝尝这苹果甜不甜?这里面可有你的功劳啊!"看到乡亲们发自内心的笑容，王其伟有说不出的高兴。

和尚庄村有养猪的传统，但前几年村民不懂防疫，猪长到五六十斤常常病死，损失很大。王其伟就找来 20 多部生猪养殖方面的影片，连续给村民放了一星期，还自己掏钱买资料赠送，把兽医站的技术员请来讲课示范，帮助村民掌握养猪技术。现在这个不到 200 户的村庄已经发展养殖户 120 多个，每户年收入 4 万多元。因为这事，王其伟在这个村里的威信很高，每次去，村民都拉着的老王去参观他们的养殖场，争着请他吃饭，乡亲们都说："老王可不光是电影放映员，他都成我们的科技顾问了!"

3. 菜市文化管理部门召开了一个座谈会，与会者交流农村和社区基层文化建设的心得，提出相关意见和建议。以下是几位与会者的发言摘要：

A（大学生村干部）：要提高乡亲们的文化素质，培养积极向上的村风民风，我觉得鼓励他们把花在打牌、闲聊上的时间，用在读书上很重要，也有很有效。我到村里后积极地提议和向上争取。创办了全县第一家农家书屋，我们帮助购买图书，筹集资金，添置设施，动员群众参加读书活动，有空还给他们上课，有时还请农业大学老师、农科院技术员来开讲座。现在，农家书屋已成为我们村一大亮点，省市县领导多次来视察和调研。如今村民们有空就到书屋来看看书、读读报，打牌的少了，闲聊的少了，文化生活丰富多了。

B（大学生村干部）、我们村本来就有一个文化站，里面也有不少图书，但是利用率不高，钥匙别在村支书的腰里，哪个农民提出要看书什么的，村支书就去开门，要是没有人提，那个门就天天锁着。我去了以后，主动向村支书提出保管钥匙，将文化站重新布置了一下，办了墙报宣传栏，里面摆上茶水，添加了不少新书，制订了文化站管理制度，按时开放，按章管理。现在，我们那个文化站天天村民络绎不绝，有时候里面坐不下，有人捧着书坐到门外的空地上看。

C（社区工作者）：社区街道文化站的建设是一个重要问题，也是难题。我们那文化站备有不少图书，但没有什么人来读。我做过调查，我们街道很多人平时没事，要么凑桌人打麻将、打扑克，要么守在家里看电视，不愿与人交往。不过我发现早晚在小区里散步、锻炼身体、跳舞的人倒不少。我就动了脑筋，在小区的路边，健身场地旁边，竖起很多宣传栏，里面内容定期更换，除了宣传国家大事，介绍社区里的好人好事，普及防火防盗卫生常识，还用来传播一些传统文化，比如《弟子规》《论语》《二十四孝》等，配上漫画和导读文字。人们在散步和锻炼的时候顺便就可以看到，慢慢引起他们读书的兴趣，现在到文化站来读书的人越来越多。

参考范文：所述资料对做好基层文化建设工作的启示有四点：① 一是修缮文物街区。坚持布局完整性和突出民族风情原则，利用现有条件和历史文物资源，保护和修缮历史文物；完善文化街区的基础设施建设和社区数字化管理系统。② 二是注重文物传承和申遗。给予文化遗产继承人以支持，加大对文化遗产的传承并积极推进对具备申报非遗条件的文物的申报和保护。③ 三是注重提高村民文化素质。动员群众多读书，以喜闻乐见的方式，如播放农业科技电影、开展农家书屋读书活动、在社区宣传栏宣传《论语》等传统文化，来丰富村民文化生活，提高其文化素质。④ 四是加强社区文化设施建设。由专人专职负责村文化站的日常管理，制定文化站管理制度，提高村文化站利用率。

（选自 2013 年国家公务员考试《申论》（地市级）试题）

评析：

此题属于启示型分析题。材料 1 对南城牛街地区实施危改工程前后的情况进行阐述、对比，主要有以下几点做法值得注意："保持了清真寺建筑布局的完整性""利用现有条件和文物资源"，具备申报"非物质文化遗产的条件"。材料 2 主要介绍了乡村放映员王其伟以电影的形式帮助村民学习农业科技的事迹，将电影文化与农业的实际结合起来，做到了寓教于乐。资料 3 是座谈会的发言摘要，记述了 ABC 三人有关基层文化建设较好做法的发言。

答案对从给定的三则材料中提取出来的要点进行加工，分别从合理修缮文物街区、注重文物传承和申遗、丰富群众文化生活以提高其文化素质、加强社区文化站等文化设施建设这四个方面组织答案，符合立足材料、条理阐述的具体做题要求。

技能训练

亚当·斯密说，"一个懂得自己真正利益所在的人，不盼望从一件交易契约来图非分的利得，宁可在各次交易中诚实守约。"请结合以下给定资料，谈谈你对这一观点的看法。

给定材料：21 世纪的世界关注中国的经济，更关注中国的电子商务。中国社会要以创新的精神，让诚信的阳光照亮中国电子商务发展的道路。合力打造诚信网购，是艰巨的使命，也是更大发展的契机。因为诚信是道坎，网购跨过这道坎，未来必定是光明的。

网购成为现代都市生活中司空见惯的现象。人们享受着互联网发展带来的购物便利，但也深深地企盼有一个良好的网购环境，不要为网络上的"伪劣假冒"商品而烦恼。打造诚信网购是人心所向，也是网购健康发展的基础。

诚信是"帝王法则"，维系着社会生活的正常运转和人与人之间的和谐。在互联网日益发达的今天，我们从"熟人社会"走向了"陌生人社会"。那种面对面的商品交换模式受到了猛烈的冲击。足不出户就能通过网上冲浪，买到自己心仪的商品，这开创了商业模式的一个新时代。商家和消费者在网上谈判、交易，不直接照面，诚信就成为突出的问题，并对诚信建设提出了更高的要求。

尽管有些经济主体可以在网上一次交易中通过欺诈获利，但从长期来看，这种欺诈往往是得不偿失的。正如亚当·斯密所说，"一个懂得自己真正利益所在的人，不盼望从一件交易契约来图非分的利得，宁可在各次交易中诚实守约。”“诚实是最好的策略”，应该成为商家的座右铭。当然，打造网购诚信还需要方方面面的努力，才能真正获得实效。

政府有关部门对于网络交易平台必须进行有效监管，更好地规范和促进网络经济的健康发展，社会各方也应该给予更多的支持。但监管方式、内容的科学性与合法性，要经得起有关企业和公众的质疑。对于企业的信息披露，需要慎重。在媒体高度发达、信息高速传播的现代社会，一些信息可能会成就一家企业的成功，也可能会将一家企业推入深渊，甚至对中国的整个经济发展产生影响。为了科学地、准确地打假，必须对一些最基本的概念进行明确的界定，并达成共识。例如，什么是“正品”？“正品”与伪劣假冒商品的根本区别是什么？在互联网飞速发展、电子商务如火如荼的形势下，商品交易情况呈现出复杂的情况。原来的“正品”概念是否需要讨论，并进一步修订和完善，都是必须提到议事日程上来的基础性工作。

打造诚信网购需要法律规范，也需要道德自律。成千上万的商家在网络交易中获得了丰厚的经济效益，他们用自己的智慧和勤劳打开了创业的天地，但其中也有一些无良商家昧着良心卖假货，欺骗消费者，激起了社会极大的义愤。消费者在网购中处于弱势地位，要鼓励消费者依法依规维权，但同时也要提醒消费者建立正确的消费伦理观念。消费者对低价的过度追求会产生“价格倒逼”机制，不利于网购的诚信建设。

要求：紧扣给定材料，观点明确，条理清晰，不超过 300 字。

第四节　提出对策题

一、提出对策题的概念

提出对策题要求考生能够从限定的角度，或者站在特定的身份立场上针对某一问题、情况提出可行的解决方案。有的题还要求分析问题出现的原因，或者要求分析给定对策，给出自己的修改意见，以此来考查考生提出对策能力和综合分析能力。

二、提出对策题的作答

（1）有针对性地从材料中发现需要解决的具体问题。这些问题一般都是材料中反映的社会现象所表现出来的种种矛盾冲突、消极影响、负面因素。

（2）明确主要问题、矛盾后，分析其背后的原因，有针对性地提出符合国家政策法规、能够在实践中具体落实的解决方案。坚持“问什么答什么”的原则，要求考生明确题目的核心问题，是直接提出切实可行的对策建议，还是简要概括材料中反映的问题，并提出切实可行的对策建议。除认真阅读题干外，还要注意是否存在特殊要求。

（3）对策的来源要坚持从材料中阅读得出，切忌漫无目的地书写。建议考生按照“所有要点都在材料中”的原则，找全直接对策表述；若无直接对策，即“要”“应该”“建议”等直接对策词、中央政策文件、领导人讲话等表述，则需要考生找全材料内出现的所有跟题干内容相关的问题、原因、经验、教训等表述，进行反推，形成对策。

（4）这些对策的答案往往以各种不同的形式隐藏在给定材料中。有的对策可以直接引用材料原文，有的对策则需要从材料信息中梳理、整合、筛选。如有的对策在材料中表现为各地解决某一问题的有益做法，有的则表现为专家学者、行业代表的建议。这就要求考生细致阅读材料，抓住主要问题，从而有针对性地提出解决的办法。有时，当给定材料中的对策不足以解决存在问题时，还需要考生结合具体问题和实践经验分析补充答案要点。

【例文分析】

根据下列给定材料中的媒体报道，概括H区爆发狂犬病疫情以及“屠狗”行动的前前后后所暴露的问题，并针对这些问题提出你的解决建议。要求：对存在问题的概括要准确、扼要；所提建议要具体、简明、有针对性；不超过500字。

给定材料：

法制报报道了某市H区暴发狂犬病疫情以及随后的处理情况。具体报道如下：

进入3月以来，某市H区暴发狂犬病疫情，截至目前，有11人患狂犬病死亡，6200多人被狗咬伤，这些数字还有继续增加的趋势。随后，当地政府部门为控制疫情，捕杀了三万多只狗，遭到众多爱狗人士的激烈批评，使H区一度陷入“屠狗风波”的舆论漩涡。

H区许多群众有养犬的习惯。全区拥有各类犬37万多只，这意味着平均每10人就拥有一只狗。部分群众认识不足、管理不善，随意遗弃造成大量流浪犬，犬只随意流动是导致狂犬病疫情蔓延的主要原因。

H区连续召开狂犬病防控紧急会议，指出狂犬病已严重危害到群众的身体健康和生活安全。一场为期30天的集中整治犬类活动在全区紧急开展。

政府强调：所有犬只必须进行免疫并办理相关证件，一律实行拴养和圈养。严禁携犬进入商场、市场、学校、公园等公共场合，一经发现一律予以强制捕杀。记者在政府发布的通告上看到如下条文：“各乡镇实施组织由公安、农业、城管等部门组成的专业队伍对未免疫的犬只进行捕杀，犬主不得进行阻拦、不得要求赔偿，群众也可自行组织捕杀犬只。”

许多养狗人惶恐不安：以前H区对犬类实行挂牌管理实施并不完善，大部分养狗者都没有主动进行免疫、办理证件。这就意味着，禁令期间，如果不及时主动检疫或没有办理证件，这些狗将在劫难逃。

5月23日，“禁犬令”实施，“打狗队”开始出现在H区的大街小巷，村镇市集，随着行动成果的不断扩大，一些现场捕狗、杀狗的视频开始在网上传播。对流浪狗的围剿，引来潮水般的争议质疑声。

“H区一直是狂犬病的老疫区，只是今年比往年要厉害些。如果及早加强管理，哪有今天这些事？”H区街头，一位执勤的民警向记者坦承他并不赞同以“杀狗”代“防疫”。

“人的利益至高无上，狂犬病疫情严重，为了保证人的安全为何不能杀！”也有一些支持政府行动的声音，认为人和狗的生命同样值得尊重，但是当两者发生冲突时，当然应该以人为重。

H区当地网友认为，狗是可以养的，但一定要纳入日常管理，要建立档案，发放狗证，对应当进行免疫而不愿免疫的狗的主人，可以发出警告限期免疫。

“当我们换位思考一下，如果有公民患流感，肯定要采取有效的隔离并积极治疗。狂犬病的传染速度和危险性与当前的流感相比要小得多，对于没有攻击性的狗和看护好的狗，即使携带病毒，也应该是治疗，而不是将其杀死。现在，屠刀伸向了没有确定携带病毒的狗！”动物救助中心的一位女士对记者说。

随着时间的推移，打狗行动出现扩大化。

疫情重灾区之一的 H 区 Y 乡政府发出通知，要求凡是家养犬 5 月底前一律自觉送到社区，由社区捕杀队统一进行捕杀和尸体处理，凡阻挡灭犬和藏匿犬只的将严肃处理，3 年内不得再养犬只。

“我们山里人平时出门干农活，让狗看家很放心，待它也像家里人一样。现在为了完成任务残忍地把它处死，全家人都难受得很。”Y 乡的一位村民告诉记者，村干部组织起来的打狗队，挨家搜查，见狗就杀，不少狗即使打过了狂犬疫苗，也被强行拉出处理。

“狂犬病疫情严重如果是事实，那么依照传染病防治法和动物卫生防疫法采取必要的紧急措施无可厚非。”某大学行政法学院教授表示，但是，政府日常就应该加强犬类的管理，等到情况失控才紧急处理，这就造成了许多养狗者的痛苦。政府的行政行为应当把握平衡原则，尽最大努力在社会利益与个人权利之前寻求合理界限。该教授认为：“毕竟狗是个人财产，公民面对社会公共利益的需要，有时应当付出代价。不过考虑政府行为的必要性，是不是一定要通过大范围捕杀来实现防治疫情的目的？对那些有主人且本可以通过严格检疫、限制活动范围等方式实现管理的狗采取非常措施，其合理性就值得思考。”

某政法大学动物保护法研究中心主任认为，全国各地政府出面捕杀狗的事件一再发生，根源是我国动物保护立法的缺失和立法的不完善造成的，此外政府和民众的动物保护意识也至关重要。“这些被捕杀的宠物是无辜的，我国虽然还没有对驯养动物进行全面保护的法律，但目前我国对家养动物检疫防疫的法律规定还是有的。之所以出现狂犬病，是因为饲主没有尽到对所饲养伴侣动物的义务，政府动物行政主管部门监管不力，关于伴侣动物登记、年检制度、防疫制度执行不彻底造成的。”H 区屠狗事件中很多网友称要保护的“狗权”，就指的是动物福利。而且很多人已经感受到了动物福利层面立法的缺失给社会发展带来的压力，这是社会文明进步的表现。”

参考范文：

主要问题有：一是政府和民众的认识不足。民众在养犬过程中对犬只的证件办理及免疫意识欠缺，未尽到防疫义务，并随意遗弃造成流浪犬只随意流动，造成狂犬病疫情的产生与蔓延；政府部门在“屠狗”行动中对动物的保护意识远远不足。二是相关部门在对犬类的日常管理上并不完善，未能做好及时对饲主进行免疫和证件办理等监督和管理工作。三是政府在政策制定和执行方面过于偏激，不够科学合理。四是我国在动物保护立法方面缺失和不够完善，缺乏法律上的保障。应采取措施：一是加强宣传，强化防范意识。通过媒体推广、发放宣传手册等手段和途径，提高民众的日常防范意识以及政府的动物保护意识。二是政府加强动物饲养管理工作。在管理过程中要有预见性地加强对饲主的监督，按照规定使饲主对犬类进行必要的免疫并办理相关证件。三是合理制定和执行政策。政府的行政行为要把握平衡原则，协调社会利益和个人利益，保证政策的合理性和科学性。四是加快出台并完善相关立法事项。设立并完善保护动物的相关法律法规，保证各类情况全面、标准细化到位。

（选自 2012 年陕西省公务员《申论》试题）

评析：

审题清楚，作答有条理。答案分两个部分，一部分概括出了H区爆发狂犬病疫情以及“屠狗”行动中暴露的问题，一部分根据这些问题，提出了有针对性的对策，并给出建议。问题概括得当，对策有针对性。题目限定为“给定材料”，便需在其中找答案。第三段提到“部分群众认识不足、管理不善”，以及最后一段提到“此外政府和民众的动物保护意识也至关重要”，由此概括出疫情和“屠狗行动中政府和民众的认识不足”问题，并相应提出“加强宣传，强化防范意识”的对策。第六段提到“以前H区对犬类实行挂牌管理实施并不完善”，可以得出，相关部门在对犬类的日常管理上并不完善，未能做好及时对饲主进行免疫和证件办理等监督、管理工作的问题。由此提出“政府加强动物饲养管理工作”的对策。从第五至十五段的具体描述中，我们可以总结出政府在政策制定和执行方面过于偏激，不够科学合理的问题。从中可以推出对策：合理制定政策和执行行政措施。最后一段提到，“根源是我国动物保护立法的缺失和立法的不完善造成的”，直接指出了问题所在，由此提出“加快出台并完善相关立法事项”的对策。每条对策没有流于表面，而是有切实可行的具体实施措施。如第一点对策中的“媒体推广、发放宣传手册等手段和途径”。

技能训练

根据背景材料，就如何化解“就业矛盾”提出你的解决建议。

背景材料：2021年是中国历史上极不寻常的一年，世纪疫情和百年变局交织，严峻挑战和重大困难并存。面对这样的形势，以习近平同志为核心的党中央高度重视就业工作，把就业摆在做好“六稳”工作、落实“六保”任务的首位，实施就业优先的政策，多措并举促就业、拓岗位，推动就业形势持续改善。

要求：建议具体简明、有针对性，不超过400字。

第五节　写作论证题

一、写作论证题的概念

写作论证题要求考生针对特定社会现象或社会问题，在分析的基础上提出对策建议，全面阐述、论证自己的观点。这类题一般是申论的最后一题，分值高、字数多、难度大，考查能力全面，在申论试卷中占据着举足轻重的地位。申论文章写作一般步骤为明确主题、拟定标题、草拟提纲、精心结构、丰富提纲、下笔成文。

二、写作论证题的常见题型

1. 给出题目型

通常要求以“××××”为题目，自选角度，写一篇文章。

2. 给出主题型

通常要求围绕给定材料的主题（主旨），联系实际，自拟题目，写一篇文章。

3. 给出话题型

通常要求根据给定材料，结合实际，以“××××”为话题，自拟题目，写一篇文章。

4. 给出素材型

通常要求结合给定材料中的一个观点、一段话，联系当前社会实际和自身体会，写一篇文章。

三、写作论证题的立意

第一步，分析、概括出给定材料的主题，确保主题正确；

第二步，综合确立文章的总论点，观点明确是基本要求，支持或反对都要旗帜鲜明地表达出来；

第三步，围绕总论点，确立能充分支撑总论点的分论点。分论点控制在 2 ~ 3 个，要点出深层问题，提出有针对性的措施。分论点也要得到具体、充分的论证，不能笼统论述，平时应积累中央领导讲话、会议报告、社会生活中的实例等素材以充实分论点。

四、写作论证题的标题

申论标题常用于提示论题范围，体现论点，表明态度，或吸引注意。要求鲜明、具体、生动、贴切、精炼。可开门见山，可化用名句，可仿写、可提问。

五、写作论证题的开头

要高度重视文章的开头，一个好的开头应为文章总论点服务，并且尽量避免平铺直叙。在围绕文章主题的前提下，做到文笔优美，文采盎然。一般常见开头都是看门见山地提出总论点，并对各分论点进行简要阐述。开头交代当前现状、主要问题、重要影响、解决问题的重要性和必要性等背景材料，或以具体实例引出主题，引用名言警句或领导讲话也能成为漂亮的开头。

六、写作论证题的论述

在分论点的论证上，要求论述充分、严密，可综合运用举例论证、引用论证、比喻论证、类比论证、正反论证等多种论证方法增强说服力，以理服人。

七、写作论证题的表达

围绕论题，使用比喻、排比、拟人等修辞手法，使用反问、设问、长句、短句等句式，不用套话官话，不套用模板、写作套路，表达观点不肤浅、空洞，尽可能使语言丰富，表达生动，观点深刻。

八、写作论证题的结尾

申论文章的结尾要求简洁明快，照应开头，且要与文章总论点相关联。可以升华主题，也可以总结、强调论点，但绝不能摘抄、照搬开头。可以展望未来，激励进步，也可以发出号召，鼓舞斗志，但绝不能空喊口号。

【例文分析】

请根据下列给定资料，自选角度，自拟题目，联系实际，写一篇文章。

要求：角度新颖，观点明确，结构完整，思路清晰，论证充分，语言流畅；1000～1200字。

给定材料：2017年，党的十九大报告首次提出“实施乡村振兴战略”，明确提出：“要坚持在农业农村优先发展，用产业兴旺、生态宜居、乡风文明、治理有效、生活富裕的总要求，建立健全城乡融合发展体制机制和政策体系，加快推进农业农村现代化”。2018年，党中央一号文件进一步明确了乡村振兴的目标、原则、路径和举措。一系列政策文件为加快构建新型乡村共同体提供了契机。2018年12月，某市围绕乡村振兴问题，举办了一次学术研讨会，部分专家的观点如下：

专家A：治理是有效振兴乡村的一个重要保证，但从家庭联产责任承包制实施以后，农村社会组织化程度在一定程度上有所弱化，凝聚力、吸引力都有所下降。农民的公共参与意识有所弱化，对政府依赖程度升高。因此，在激发农民主体意识方面要下点功夫，唤醒农民在推进或参与乡村振兴的过程中自己想、自己做、自己管的意识。农民自己不动手，美丽家园不长久。

专家B：乡村振兴战略要让农民的钱袋子鼓起来，只有这样，他们的生活才能得到改善，农村的发展才有保障，农民的问题才有解决的基础。要把农民收入是否增加、城乡差别是否缩小，作为衡量一个地区和各有关部门在推动实施乡村振兴战略工作中的一个指标，要实现目标管理。要分析农民收入的构成，精准拓宽农民增收的渠道，完善收入渠道，从而增强农民的获得感。

专家C：推进乡村振兴战略面临着不少突出问题：农业产业定位不清晰，都市型农业功能不强，乡村一二三业产融合度还较低；城乡体制性障碍，二元结构依然比较突出，农村公共服务和社会保障水平偏低；乡村缺乏“造血”功能，农民增收困难等。既要关注和解决农民最为关心的问题，更要解决阻碍推进乡村振兴战略的突出问题。要把解决农民切身利益问题融入推进乡村振兴战略中，与城市乡村功能定位有机统一起来，逐步统筹解决。

专家D：坚持将农村基层党组织建设作为引领乡村振兴的战斗堡垒，把选优配强农村基层党组织带头人队伍作为一个首要任务，应该从党政机关、企事业单位选派更多优秀党员干部担任村组织的第一书记。要因地制宜有计划多形式地培养大量高素质、高文化、高技能的乡土实用人才。

参考范文：推进乡村振兴 实现协调发展

中国发展的最大潜力在乡村，只有实现乡村的发展才能为我国经济社会发展注入强大活力。然而，在改革开放40年，广大乡村发展却进入了停滞期，农村不断衰败，农业基础性地位仍然薄弱，农村收入与大城市相比，相差较大。让农村更美、农业更强、农民更富，成为遥不可及的梦想。如何破除城乡二元结构、缩小城乡差距，成为不可回避的问题。党中央适时开展乡村振兴，为协调发展，实现城乡统筹，指明了方向。

乡村振兴必须要做到治理有效。从枫桥经验到朝阳群众，从舟山探索的治理模式到曾厝垵多元共治的协同配合……这一则则成功典型案例无不闪烁着群众的身影。让群众参与社会治理，发挥群众主人翁意识，是习近平总书记对治理有效的要求。要在乡村振兴过程中唤醒百姓自己想，自己做，自己管的意识。面对农村强化程度不断弱化，对政府依赖程度升高的问题，必须进一步加强农村治理，才能实现美丽的农村梦想。

乡村振兴必须做到生活富裕。习近平总书记强调，小康不小康，关键靠老乡。衡量小康的重要标准，收入是不可或缺的。在四川大凉山，在陕西黄土高原，在甘肃戈壁沙漠……在人民不断增收的同时，仍有对美好生活的追求。贫穷群众仍然面临着吃不饱、穿不暖的现实问题，仍然为满足物质生活而忙碌。2013 年中央明确提出推进收入分配制度改革，进一步加大对农民等特殊群众的倾斜力度。精准分析，精准拓宽农民增收渠道。增加发展收入，缩小城乡差距，提升农民获得感。

乡村振兴必须做到组织有力。组织有力要切实发挥好党组织的战斗堡垒作用。在三严三实的要求中，党员干部要做到谋事要实、创业要实、做人要实。在乡村振兴过程中，每一个村特色不一、产业不一、优势不一，要发挥党员干部谋事要实作风，为乡村谋对策，为农村谋出路。坚决整治错误方式和思想。只有充分发挥党组织作用，乡村振兴才有希望。

中央一号文件连续十几年将“三农”提在突出位置，聚焦于民，关注“三农”，一直是党和政府工作的重中之重。十九大又首次提出乡村振兴战略，可见只有乡村振兴才能真正实现协调发展理念，才能真正补上城乡发展这一最大短板。

（选自 2019 陕西省公务员《申论》B 卷试题）

评析：

此题要求结合材料写一篇文章，属于“给出素材型”写作论证题。审题清楚，立意明确。给定材料都围绕“乡村振兴”，答案立意紧紧围绕“如何实现乡村振兴”展开；标题开门见山，一目了然，很好地反映了所给材料主题。首段介绍背景，引出主题，点明乡村振兴的意义。接下来，分别从有效治理、生活富裕、组织有力这三个方面阐述、论证乡村振兴的具体措施。末段照应开头，结合中央文件精神，再次点明主题；文章观点明确，论证充分，所提措施切实可行，结构完整，层次清晰，语言规范准确，表达自然流畅。

技能训练

围绕下列给定材料的主旨，联系实际，自选角度，自拟题目，写一篇文章。

给定材料：近年来党和国家领导人多次对制止餐饮浪费行为做出重要指示，从群众反映强烈的公款餐饮浪费行为得到有效遏制，到后来大力整治奢靡之风，不少领域的浪费现象明显减少。经过几年的努力，逐步在社会上形成了“厉行节约、反对浪费”的社会风尚。但是今年新冠疫情以来，还是能够看到不少浪费现象，有些还比较触目惊心，尤其是直播行业的兴起，一些直播中的浪费令人心痛，这必将会在某种程度上在社会上引起效仿。这警示我们厉行节约、反对浪费这根弦，必须常抓不懈。

要求：中心明确，思想深刻；结构完整，内容充实；语言流畅，字数控制在800~1000字。

附件 1 《党政机关公文处理工作条例》

《党政机关公文处理工作条例》经党中央、国务院同意，由中央办公厅、国务院办公厅于2012 年 4 月 16 日印发，自 2012 年 7 月 1 日正式施行。

第一章 总 则

第一条 为了适应中国共产党机关和国家行政机关（以下简称党政机关）工作需要，推进党政机关公文处理工作科学化、制度化、规范化，制定本条例。

第二条 本条例适用于各级党政机关公文处理工作。

第三条 党政机关公文是党政机关实施领导、履行职能、处理公务的具有特定效力和规范体式的文书，是传达贯彻党和国家的方针政策，公布法规和规章，指导、布置和商洽工作，请示和答复问题，报告、通报和交流情况等的重要工具。

第四条 公文处理工作是指公文拟制、办理、管理等一系列相互关联、衔接有序的工作。

第五条 公文处理工作应当坚持实事求是、准确规范、精简高效、安全保密的原则。

第六条 各级党政机关应当高度重视公文处理工作，加强组织领导，强化队伍建设，设立文秘部门或者由专人负责公文处理工作。

第七条 各级党政机关办公厅（室）主管本机关的公文处理工作，并对下级机关的公文处理工作进行业务指导和督促检查。

第二章 公文种类

第八条 公文种类主要有：

（一）决议。适用于会议讨论通过的重大决策事项。

（二）决定。适用于对重要事项作出决策和部署、奖惩有关单位和人员、变更或者撤销下级机关不适当的决定事项。

（三）命令（令）。适用于公布行政法规和规章、宣布施行重大强制性措施、批准授予和晋升衔级、嘉奖有关单位和人员。

（四）公报。适用于公布重要决定或者重大事项。

（五）公告。适用于向国内外宣布重要事项或者法定事项。

（六）通告。适用于在一定范围内公布应当遵守或者周知的事项。

（七）意见。适用于对重要问题提出见解和处理办法。

（八）通知。适用于发布、传达要求下级机关执行和有关单位周知或者执行的事项，批转、转发公文。

（九）通报。适用于表彰先进、批评错误、传达重要精神和告知重要情况。

（十）报告。适用于向上级机关汇报工作、反映情况，回复上级机关的询问。

（十一）请示。适用于向上级机关请求指示、批准。

（十二）批复。适用于答复下级机关请示事项。

（十三）议案。适用于各级人民政府按照法律程序向同级人民代表大会或者人民代表大会常务委员会提请审议事项。

（十四）函。适用于不相隶属机关之间商洽工作、询问和答复问题、请求批准和答复审批事项。

（十五）纪要。适用于记载会议主要情况和议定事项。

第三章 公文格式

第九条 公文一般由份号、密级和保密期限、紧急程度、发文机关标志、发文字号、签发人、标题、主送机关、正文、附件说明、发文机关署名、成文日期、印章、附注、附件、抄送机关、印发机关和印发日期、页码等组成。

（一）份号。公文印制份数的顺序号。涉密公文应当标注份号。

（二）密级和保密期限。公文的秘密等级和保密的期限。涉密公文应当根据涉密程度分别标注“绝密”“机密”“秘密”和保密期限。

（三）紧急程度。公文送达和办理的时限要求。根据紧急程度，紧急公文应当分别标注“特急”“加急”，电报应当分别标注“特提”“特急”“加急”“平急”。

（四）发文机关标志。由发文机关全称或者规范化简称加“文件”二字组成，也可以使用发文机关全称或者规范化简称。联合行文时，发文机关标志可以并用联合发文机关名称，也可以单独用主办机关名称。

（五）发文字号。由发文机关代字、年份、发文顺序号组成。联合行文时，使用主办机关的发文字号。

（六）签发人。上行文应当标注签发人姓名。

（七）标题。由发文机关名称、事由和文种组成。

（八）主送机关。公文的主要受理机关，应当使用机关全称、规范化简称或者同类型机关统称。

（九）正文。公文的主体，用来表述公文的内容。

（十）附件说明。公文附件的顺序号和名称。

（十一）发文机关署名。署发文机关全称或者规范化简称。

（十二）成文日期。署会议通过或者发文机关负责人签发的日期。联合行文时，署最后签发机关负责人签发的日期。

（十三）印章。公文中有发文机关署名的，应当加盖发文机关印章，并与署名机关相符。有特定发文机关标志的普发性公文和电报可以不加盖印章。

（十四）附注。公文印发传达范围等需要说明的事项。

（十五）附件。公文正文的说明、补充或者参考资料。

（十六）抄送机关。除主送机关外需要执行或者知晓公文内容的其他机关，应当使用机关全称、规范化简称或者同类型机关统称。

（十七）印发机关和印发日期。公文的送印机关和送印日期。

（十八）页码。公文页数顺序号。

第十条 公文的版式按照《党政机关公文格式》国家标准执行。

第十一条 公文使用的汉字、数字、外文字符、计量单位和标点符号等，按照有关国家标准和规定执行。民族自治地方的公文，可以并用汉字和当地通用的少数民族文字。

第十二条　公文用纸幅面采用国际标准 A4 型。特殊形式的公文用纸幅面，根据实际需要确定。

第四章　行文规则

第十三条　行文应当确有必要，讲求实效，注重针对性和可操作性。

第十四条　行文关系根据隶属关系和职权范围确定。一般不得越级行文，特殊情况需要越级行文的，应当同时抄送被越过的机关。

第十五条　向上级机关行文，应当遵循以下规则：

（一）原则上主送一个上级机关，根据需要同时抄送相关上级机关和同级机关，不抄送下级机关。

（二）党委、政府的部门向上级主管部门请示、报告重大事项，应当经本级党委、政府同意或者授权；属于部门职权范围内的事项应当直接报送上级主管部门。

（三）下级机关的请示事项，如需以本机关名义向上级机关请示，应当提出倾向性意见后上报，不得原文转报上级机关。

（四）请示应当一文一事。不得在报告等非请示性公文中夹带请示事项。

（五）除上级机关负责人直接交办事项外，不得以本机关名义向上级机关负责人报送公文，不得以本机关负责人名义向上级机关报送公文。

（六）受双重领导的机关向一个上级机关行文，必要时抄送另一个上级机关。

第十六条　向下级机关行文，应当遵循以下规则：

（一）主送受理机关，根据需要抄送相关机关。重要行文应当同时抄送发文机关的直接上级机关。

（二）党委、政府的办公厅（室）根据本级党委、政府授权，可以向下级党委、政府行文，其他部门和单位不得向下级党委、政府发布指令性公文或者在公文中向下级党委、政府提出指令性要求。需经政府审批的具体事项，经政府同意后可以由政府职能部门行文，文中须注明已经政府同意。

（三）党委、政府的部门在各自职权范围内可以向下级党委、政府的相关部门行文。

（四）涉及多个部门职权范围内的事务，部门之间未协商一致的，不得向下行文；擅自行文的，上级机关应当责令其纠正或者撤销。

（五）上级机关向受双重领导的下级机关行文，必要时抄送该下级机关的另一个上级机关。

第十七条　同级党政机关、党政机关与其他同级机关必要时可以联合行文。属于党委、政府各自职权范围内的工作，不得联合行文。

党委、政府的部门依据职权可以相互行文。

部门内设机构除办公厅（室）外不得对外正式行文。

第五章　公文拟制

第十八条　公文拟制包括公文的起草、审核、签发等程序。

第十九条　公文起草应当做到：

（一）符合国家法律法规和党的路线方针政策，完整准确体现发文机关意图，并同现行有关公文相衔接。

（二）一切从实际出发，分析问题实事求是，所提政策措施和办法切实可行。

（三）内容简洁，主题突出，观点鲜明，结构严谨，表述准确，文字精练。

（四）文种正确，格式规范。

（五）深入调查研究，充分进行论证，广泛听取意见。

（六）公文涉及其他地区或者部门职权范围内的事项，起草单位必须征求相关地区或者部门意见，力求达成一致。

（七）机关负责人应当主持、指导重要公文起草工作。

第二十条　公文文稿签发前，应当由发文机关办公厅（室）进行审核。审核的重点是：

（一）行文理由是否充分，行文依据是否准确。

（二）内容是否符合国家法律法规和党的路线方针政策；是否完整准确体现发文机关意图；是否同现行有关公文相衔接；所提政策措施和办法是否切实可行。

（三）涉及有关地区或者部门职权范围内的事项是否经过充分协商并达成一致意见。

（四）文种是否正确，格式是否规范；人名、地名、时间、数字、段落顺序、引文等是否准确；文字、数字、计量单位和标点符号等用法是否规范。

（五）其他内容是否符合公文起草的有关要求。

需要发文机关审议的重要公文文稿，审议前由发文机关办公厅（室）进行初核。

第二十一条　经审核不宜发文的公文文稿，应当退回起草单位并说明理由；符合发文条件但内容需作进一步研究和修改的，由起草单位修改后重新报送。

第二十二条　公文应当经本机关负责人审批签发。重要公文和上行文由机关主要负责人签发。党委、政府的办公厅（室）根据党委、政府授权制发的公文，由受权机关主要负责人签发或者按照有关规定签发。签发人签发公文，应当签署意见、姓名和完整日期；圈阅或者签名的，视为同意。联合发文由所有联署机关的负责人会签。

第六章　公文办理

第二十三条　公文办理包括收文办理、发文办理和整理归档。

第二十四条　收文办理主要程序是：

（一）签收。对收到的公文应当逐件清点，核对无误后签字或者盖章，并注明签收时间。

（二）登记。对公文的主要信息和办理情况应当详细记载。

（三）初审。对收到的公文应当进行初审。初审的重点是：是否应当由本机关办理，是否符合行文规则，文种、格式是否符合要求，涉及其他地区或者部门职权范围内的事项是否已经协商、会签，是否符合公文起草的其他要求。经初审不符合规定的公文，应当及时退回来文单位并说明理由。

（四）承办。阅知性公文应当根据公文内容、要求和工作需要确定范围后分送。批办性公文应当提出拟办意见报本机关负责人批示或者转有关部门办理；需要两个以上部门办理的，应当明确主办部门。紧急公文应当明确办理时限。承办部门对交办的公文应当及时办理，有明确办理时限要求的应当在规定时限内办理完毕。

（五）传阅。根据领导批示和工作需要将公文及时送传阅对象阅知或者批示。办理公文传阅应当随时掌握公文去向，不得漏传、误传、延误。

（六）催办。及时了解掌握公文的办理进展情况，督促承办部门按期办结。紧急公文或者重要公文应当由专人负责催办。

（七）答复。公文的办理结果应当及时答复来文单位，并根据需要告知相关单位。

第二十五条　发文办理主要程序是：

（一）复核。已经发文机关负责人签批的公文，印发前应当对公文的审批手续、内容、文种、格式等进行复核；需作实质性修改的，应当报原签批人复审。

（二）登记。对复核后的公文，应当确定发文字号、分送范围和印制份数并详细记载。

（三）印制。公文印制必须确保质量和时效。涉密公文应当在符合保密要求的场所印制。

（四）核发。公文印制完毕，应当对公文的文字、格式和印刷质量进行检查后分发。

第二十六条　涉密公文应当通过机要交通、邮政机要通信、城市机要文件交换站或者收发件机关机要收发人员进行传递，通过密码电报或者符合国家保密规定的计算机信息系统进行传输。

第二十七条　需要归档的公文及有关材料，应当根据有关档案法律法规以及机关档案管理规定，及时收集齐全、整理归档。两个以上机关联合办理的公文，原件由主办机关归档，相关机关保存复制件。机关负责人兼任其他机关职务的，在履行所兼职务过程中形成的公文，由其兼职机关归档。

第七章　公文管理

第二十八条　各级党政机关应当建立健全本机关公文管理制度，确保管理严格规范，充分发挥公文效用。

第二十九条　党政机关公文由文秘部门或者专人统一管理。设立党委（党组）的县级以上单位应当建立机要保密室和机要阅文室，并按照有关保密规定配备工作人员和必要的安全保密设施设备。

第三十条　公文确定密级前，应当按照拟定的密级先行采取保密措施。确定密级后，应当按照所定密级严格管理。绝密级公文应当由专人管理。

公文的密级需要变更或者解除的，由原确定密级的机关或者其上级机关决定。

第三十一条　公文的印发传达范围应当按照发文机关的要求执行；需要变更的，应当经发文机关批准。

涉密公文公开发布前应当履行解密程序。公开发布的时间、形式和渠道，由发文机关确定。

经批准公开发布的公文，同发文机关正式印发的公文具有同等效力。

第三十二条　复制、汇编机密级、秘密级公文，应当符合有关规定并经本机关负责人批准。绝密级公文一般不得复制、汇编，确有工作需要的，应当经发文机关或者其上级机关批准。复制、汇编的公文视同原件管理。

复制件应当加盖复制机关戳记。翻印件应当注明翻印的机关名称、日期。汇编本的密级按照编入公文的最高密级标注。

第三十三条　公文的撤销和废止，由发文机关、上级机关或者权力机关根据职权范围和有关法律法规决定。公文被撤销的，视为自始无效；公文被废止的，视为自废止之日起失效。

第三十四条　涉密公文应当按照发文机关的要求和有关规定进行清退或者销毁。

第三十五条　不具备归档和保存价值的公文，经批准后可以销毁。销毁涉密公文必须严格按照有关规定履行审批登记手续，确保不丢失、不漏销。个人不得私自销毁、留存涉密公文。

第三十六条　机关合并时，全部公文应当随之合并管理；机关撤销时，需要归档的公文经整理后按照有关规定移交档案管理部门。

工作人员离岗离职时，所在机关应当督促其将暂存、借用的公文按照有关规定移交、清退。

第三十七条　新设立的机关应当向本级党委、政府的办公厅（室）提出发文立户申请。经审查符合条件的，列为发文单位，机关合并或者撤销时，相应进行调整。

第八章　附　　则

第三十八条　党政机关公文含电子公文。电子公文处理工作的具体办法另行制定。

第三十九条　法规、规章方面的公文，依照有关规定处理。外事方面的公文，依照外事主管部门的有关规定处理。

第四十条　其他机关和单位的公文处理工作，可以参照本条例执行。

第四十一条　本条例由中共中央办公厅、国务院办公厅负责解释。

第四十二条　本条例自 2012 年 7 月 1 日起施行。1996 年 5 月 3 日中共中央办公厅发布的《中国共产党机关公文处理条例》和 2000 年 8 月 24 日国务院发布的《国家行政机关公文处理办法》停止执行。

附件 2 《党政机关公文格式》

1 范围

本标准规定了党政机关公文通用的纸张要求、排版和印制装订要求、公文格式各要素的编排规则，并给出了公文的式样。

本标准适用于各级党政机关制发的公文。其他机关和单位的公文可以参照执行。

使用少数民族文字印制的公文，其用纸、幅面尺寸及版面、印制等要求按照本标准执行，其余可以参照本标准并按照有关规定执行。

2 规范性引用文件

下列文件对于本标准的应用是必不可少的。凡是注日期的引用文件，仅所注日期的版本适用于本标准。凡是不注日期的引用文件，其最新版本（包括所有的修改单）适用于本标准。

GB/T 148 印刷、书写和绘图纸幅面尺寸

GB 3100 国际单位制及其应用

GB 3101 有关量、单位和符号的一般原则

GB 3102（所有部分） 量和单位

GB/T 15834 标点符号用法

GB/T 15835 出版物上数字用法

3 术语和定义

下列术语和定义适用于本标准。

3.1

字 word

标示公文中横向距离的长度单位。在本标准中，一字指一个汉字宽度的距离。

3.2

行 line

标示公文中纵向距离的长度单位。在本标准中，一行指一个汉字的高度加 3 号汉字高度的 7/8 的距离。

4 公文用纸主要技术指标

公文用纸一般使用纸张定量为 60 g/m^2—80 g/m^2 的胶版印刷纸或复印纸。纸张白度 80%—90%，横向耐折度≥15 次，不透明度≥85%，pH 值为 7.5—9.5。

5 公文用纸幅面尺寸及版面要求

5.1 幅面尺寸

公文用纸采用 GB/T 148 中规定的 A4 型纸，其成品幅面尺寸为：210 mm×297 mm。

5.2 版面

5.2.1 页边与版心尺寸

公文用纸天头（上白边）为 37 mm±1 mm，公文用纸订口（左白边）为 28 mm±1 mm，版

心尺寸为 156 mm×225 mm。

5.2.2 字体和字号

如无特殊说明，公文格式各要素一般用 3 号仿宋体字。特定情况可以作适当调整。

5.2.3 行数和字数

一般每面排 22 行，每行排 28 个字，并撑满版心。特定情况可以作适当调整。

5.2.4 文字的颜色

如无特殊说明，公文中文字的颜色均为黑色。

6 印制装订要求

6.1 制版要求

版面干净无底灰，字迹清楚无断划，尺寸标准，版心不斜，误差不超过 1 mm。

6.2 印刷要求

双面印刷；页码套正，两面误差不超过 2 mm。黑色油墨应当达到色谱所标 BL100%，红色油墨应当达到色谱所标 Y80%、M80%。印品着墨实、均匀；字面不花、不白、无断划。

6.3 装订要求

公文应当左侧装订，不掉页，两页页码之间误差不超过 4 mm，裁切后的成品尺寸允许误差±2 mm，四角成 90º，无毛茬或缺损。

骑马订或平订的公文应当：

a）订位为两钉外订眼距版面上下边缘各 70 mm 处，允许误差±4 mm；

b）无坏钉、漏钉、重钉，钉脚平伏牢固；

c）骑马订钉锯均订在折缝线上，平订钉锯与书脊间的距离为 3 mm—5 mm。

包本装订公文的封皮（封面、书脊、封底）与书芯应吻合、包紧、包平、不脱落。

7 公文格式各要素编排规则

7.1 公文格式各要素的划分

本标准将版心内的公文格式各要素划分为版头、主体、版记三部分。公文首页红色分隔线以上的部分称为版头；公文首页红色分隔线（不含）以下、公文末页首条分隔线（不含）以上的部分称为主体；公文末页首条分隔线以下、末条分隔线以上的部分称为版记。页码位于版心外。

7.2 版头

7.2.1 份号

如需标注份号，一般用 6 位 3 号阿拉伯数字，顶格编排在版心左上角第一行。

7.2.2 密级和保密期限

如需标注密级和保密期限，一般用 3 号黑体字，顶格编排在版心左上角第二行；保密期限中的数字用阿拉伯数字标注。

7.2.3 紧急程度

如需标注紧急程度，一般用 3 号黑体字，顶格编排在版心左上角；如需同时标注份号、密级和保密期限、紧急程度，按照份号、密级和保密期限、紧急程度的顺序自上而下分行排列。

7.2.4 发文机关标志

由发文机关全称或者规范化简称加“文件”二字组成，也可以使用发文机关全称或者规范化简称。

发文机关标志居中排布，上边缘至版心上边缘为 35 mm，推荐使用小标宋体字，颜色为红色，以醒目、美观、庄重为原则。

联合行文时，如需同时标注联署发文机关名称，一般应当将主办机关名称排列在前；如有“文件”二字，应当置于发文机关名称右侧，以联署发文机关名称为准上下居中排布。

7.2.5　发文字号

编排在发文机关标志下空二行位置，居中排布。年份、发文顺序号用阿拉伯数字标注；年份应标全称，用六角括号“〔〕”括入；发文顺序号不加“第”字，不编虚位（即 1 不编为 01），在阿拉伯数字后加“号”字。

上行文的发文字号居左空一字编排，与最后一个签发人姓名处在同一行。

7.2.6　签发人

由“签发人”三字加全角冒号和签发人姓名组成，居右空一字，编排在发文机关标志下空二行位置。“签发人”三字用 3 号仿宋体字，签发人姓名用 3 号楷体字。

如有多个签发人，签发人姓名按照发文机关的排列顺序从左到右、自上而下依次均匀编排，一般每行排两个姓名，回行时与上一行第一个签发人姓名对齐。

7.2.7　版头中的分隔线

发文字号之下 4 mm 处居中印一条与版心等宽的红色分隔线。

7.3　主体

7.3.1　标题

一般用 2 号小标宋体字，编排于红色分隔线下空二行位置，分一行或多行居中排布；回行时，要做到词意完整，排列对称，长短适宜，间距恰当，标题排列应当使用梯形或菱形。

7.3.2　主送机关

编排于标题下空一行位置，居左顶格，回行时仍顶格，最后一个机关名称后标全角冒号。如主送机关名称过多导致公文首页不能显示正文时，应当将主送机关名称移至版记，标注方法见 7.4.2。

7.3.3　正文

公文首页必须显示正文。一般用 3 号仿宋体字，编排于主送机关名称下一行，每个自然段左空二字，回行顶格。文中结构层次序数依次可以用“一、”“(一)”“1.”“(1)”标注；一般第一层用黑体字、第二层用楷体字、第三层和第四层用仿宋体字标注。

7.3.4　附件说明

如有附件，在正文下空一行左空二字编排“附件”二字，后标全角冒号和附件名称。如有多个附件，使用阿拉伯数字标注附件顺序号（如“附件：1. XXXXX”）；附件名称后不加标点符号。附件名称较长需回行时，应当与上一行附件名称的首字对齐。

7.3.5　发文机关署名、成文日期和印章

7.3.5.1　加盖印章的公文

成文日期一般右空四字编排，印章用红色，不得出现空白印章。

单一机关行文时，一般在成文日期之上、以成文日期为准居中编排发文机关署名，印章端正、居中下压发文机关署名和成文日期，使发文机关署名和成文日期居印章中心偏下位置，印章顶端应当上距正文（或附件说明）一行之内。

联合行文时，一般将各发文机关署名按照发文机关顺序整齐排列在相应位置，并将印章一一对应、端正、居中下压发文机关署名，最后一个印章端正、居中下压发文机关署名和成文日期，印章之间排列整齐、互不相交或相切，每排印章两端不得超出版心，首排印章顶端应当上距正文（或附件说明）一行之内。

7.3.5.2　不加盖印章的公文

单一机关行文时，在正文（或附件说明）下空一行右空二字编排发文机关署名，在发文机关署名下一行编排成文日期，首字比发文机关署名首字右移二字，如成文日期长于发文机关署名，应当使成文日期右空二字编排，并相应增加发文机关署名右空字数。

联合行文时，应当先编排主办机关署名，其余发文机关署名依次向下编排。

7.3.5.3　加盖签发人签名章的公文

单一机关制发的公文加盖签发人签名章时，在正文（或附件说明）下空二行右空四字加盖签发人签名章，签名章左空二字标注签发人职务，以签名章为准上下居中排布。在签发人签名章下空一行右空四字编排成文日期。

联合行文时，应当先编排主办机关签发人职务、签名章，其余机关签发人职务、签名章依次向下编排，与主办机关签发人职务、签名章上下对齐；每行只编排一个机关的签发人职务、签名章；签发人职务应当标注全称。签名章一般用红色。

7.3.5.4　成文日期中的数字

用阿拉伯数字将年、月、日标全，年份应标全称，月、日不编虚位（即 1 不编为 01）。

7.3.5.5　特殊情况说明

当公文排版后所剩空白处不能容下印章或签发人签名章、成文日期时，可以采取调整行距、字距的措施解决。

7.3.6　附注

如有附注，居左空二字加圆括号编排在成文日期下一行。

7.3.7　附件

附件应当另面编排，并在版记之前，与公文正文一起装订。“附件”二字及附件顺序号用 3 号黑体字顶格编排在版心左上角第一行。附件标题居中编排在版心第三行。附件顺序号和附件标题应当与附件说明的表述一致。附件格式要求同正文。

如附件与正文不能一起装订，应当在附件左上角第一行顶格编排公文的发文字号并在其后标注“附件”二字及附件顺序号。

7.4　版记

7.4.1　版记中的分隔线

版记中的分隔线与版心等宽，首条分隔线和末条分隔线用粗线（推荐高度为 0. 35 mm），中间的分隔线用细线（推荐高度为 0. 25 mm）。首条分隔线位于版记中第一个要素之上，末条分隔线与公文最后一面的版心下边缘重合。

7.4.2　抄送机关

如有抄送机关，一般用 4 号仿宋体字，在印发机关和印发日期之上一行、左右各空一字编排。“抄送”二字后加全角冒号和抄送机关名称，回行时与冒号后的首字对齐，最后一个抄送机关名称后标句号。

如需把主送机关移至版记，除将“抄送”二字改为“主送”外，编排方法同抄送机关。

既有主送机关又有抄送机关时，应当将主送机关置于抄送机关之上一行，之间不加分隔线。

7.4.3　印发机关和印发日期

印发机关和印发日期一般用4号仿宋体字，编排在末条分隔线之上，印发机关左空一字，印发日期右空一字，用阿拉伯数字将年、月、日标全，年份应标全称，月、日不编虚位（即1不编为01），后加“印发”二字。

版记中如有其他要素，应当将其与印发机关和印发日期用一条细分隔线隔开。

7.5　页码

一般用4号半角宋体阿拉伯数字，编排在公文版心下边缘之下，数字左右各放一条一字线；一字线上距版心下边缘7 mm。单页码居右空一字，双页码居左空一字。公文的版记页前有空白页的，空白页和版记页均不编排页码。公文的附件与正文一起装订时，页码应当连续编排。

8　公文中的横排表格

A4纸型的表格横排时，页码位置与公文其他页码保持一致，单页码表头在订口一边，双页码表头在切口一边。

9　公文中计量单位、标点符号和数字的用法

公文中计量单位的用法应当符合GB 3100、GB 3101和GB 3102（所有部分），标点符号的用法应当符合GB/T 15834，数字用法应当符合GB/T 15835。

10　公文的特定格式

10.1　信函格式

发文机关标志使用发文机关全称或者规范化简称，居中排布，上边缘至上页边为30mm，推荐使用红色小标宋体字。联合行文时，使用主办机关标志。

发文机关标志下4 mm处印一条红色双线（上粗下细），距下页边20 mm处印一条红色双线（上细下粗），线长均为170 mm，居中排布。

如需标注份号、密级和保密期限、紧急程度，应当顶格居版心左边缘编排在第一条红色双线下，按照份号、密级和保密期限、紧急程度的顺序自上而下分行排列，第一个要素与该线的距离为3号汉字高度的7/8。

发文字号顶格居版心右边缘编排在第一条红色双线下，与该线的距离为3号汉字高度的7/8。

标题居中编排，与其上最后一个要素相距二行。

第二条红色双线上一行如有文字，与该线的距离为3号汉字高度的7/8。

首页不显示页码。

版记不加印发机关和印发日期、分隔线，位于公文最后一面版心内最下方。

10.2　命令（令）格式

发文机关标志由发文机关全称加“命令”或“令”字组成，居中排布，上边缘至版心上边缘为20 mm，推荐使用红色小标宋体字。

发文机关标志下空二行居中编排令号，令号下空二行编排正文。

签发人职务、签名章和成文日期的编排见7.3.5.3。

10.3　纪要格式

纪要标志由“×××××纪要”组成，居中排布，上边缘至版心上边缘为 35 mm，推荐使用红色小标宋体字。

标注出席人员名单，一般用 3 号黑体字，在正文或附件说明下空一行左空二字编排“出席”二字，后标全角冒号，冒号后用 3 号仿宋体字标注出席人单位、姓名，回行时与冒号后的首字对齐。

标注请假和列席人员名单，除依次另起一行并将“出席”二字改为“请假”或“列席”外，编排方法同出席人员名单。

纪要格式可以根据实际制定。

11　式样

A4 型公文用纸页边及版心尺寸见图 1；公文首页版式见图 2；联合行文公文首页版式 1 见图 3；联合行文公文首页版式 2 见图 4；公文末页版式 1 见图 5；公文末页版式 2 见图 6；联合行文公文末页版式 1 见图 7；联合行文公文末页版式 2 见图 8；附件说明页版式见图 9；带附件公文末页版式见图 10；信函格式首页版式见图 11；命令（令）格式首页版式见图 12。

附件 3　新华社新闻信息报道中的禁用词和慎用词

（2019 年 2 月最新修订）

一、时政和社会生活类

1. 对有身体伤疾的人士不使用“残废人”“独眼龙”“瞎子”“聋子”“傻子”“呆子”“弱智”等蔑称，而应使用“残疾人”“盲人”“聋人”“智力障碍者”或“智障者”等词汇。

2. 报道各种事实特别是产品、商品时不使用“最佳”“最好”“最著名”“最先进”等具有极端评价色彩的词汇。

3. 医药产品报道中不得含有“疗效最佳”“根治”“安全预防”“安全无副作用”“治愈率”等词汇，药品报道中不得含有“药到病除”“无效退款”“保险公司保险”“最新技术”“最高技术”“最先进制法”“药之王”“国家级新药”等词汇。

4. 通稿报道中，不使用“影帝”“影后”“巨星”“天王”“男神”“女神”等词汇，可使用“著名演员”“著名艺术家”等。

5. 对各级领导同志的各种活动报道，慎用“亲自”等词。除了党中央国务院召开的重要会议外，一般性会议不用“隆重召开”字眼。

6. 对国内领导干部和国有企业负责人，不使用“老板”。

7. 报道中一般不有意突出某一类型群体或某一种身份。如灾祸报道中，不使用“死难者中有一名北大学生，其余为普通群众”的类似提法。

8. 不使用“践行‘八荣八耻’”的提法，应使用“践行社会主义荣辱观”。

9. 报道中禁止使用“哇噻”“妈的”等脏话、黑话等。近年来网络用语中对各种词语进行缩略后新造的“PK”“TMD”等（新媒体可用“PK”一词），也不得在报道中使用。近年来“追星”活动中不按汉语规则而生造出的“玉米”“纲丝”“凉粉”等特殊词汇，我社报道中只能使用其本义，不能使用为表示“某明星的追崇者”的引申义。如果报道中因引用需要，无法回避这类词汇时，均应使用引号，并以括号加注，表明其实际内涵。

10. 新闻媒体和网站应当禁用的 38 个不文明用语：装逼、草泥马、特么的、撕逼、玛拉戈壁、爆菊、JB、呆逼、本屌、齐 B 短裙、法克鱿、丢你老母、达菲鸡、装 13、逼格、蛋疼、傻逼、绿茶婊、你妈的、表砸、屌爆了、买了个婊、已撸、吉跋猫、妈蛋、逗比、我靠、碧莲、碧池、然并卵、日了狗、屁民、吃翔、××狗、淫家、你妹、浮尸国、滚粗。

二、法律法规类

11. 在新闻稿件中涉及如下对象时不宜公开报道其真实姓名：犯罪嫌疑人家属；案件涉及的未成年人；采用人工授精等辅助生育手段的孕、产妇；严重传染病患者；精神病患者；被暴力胁迫卖淫的妇女；艾滋病患者；有吸毒史或被强制戒毒的人员。涉及这些人时，稿件可使用其真实姓氏加“某”字的指代，如“张某”“李某”。不宜使用化名。

12. 对刑事案件当事人，在法院宣判有罪之前，不使用“罪犯”，而应使用“犯罪嫌疑人”。

13. 在民事和行政案件中，原告和被告法律地位是平等的，原告可以起诉，被告也可以反诉。不要使用原告“将某某推上被告席”这样带有主观色彩的句子。

14. 不得使用“某某党委决定给某政府干部行政上撤职、开除等处分”，可使用“某某党委建议给予某某撤职、开除等处分”。

15. 不要将“全国人大常委会副委员长”称作“全国人大副委员长”，也不要将“省人大常委会副主任”称作“省人大副主任”。各级人大常委会的委员，不要称作“人大常委”。

16. 国务院所属研究机构、直属机构和其他相关机构，称谓要写全，不得简称为“国务院”。

17. “村民委员会主任”简称“村主任”，不得称“村长”。大学生村干部可称作“大学生村官”，除此之外不要把村干部称作“村官”。

18. 在案件报道中指称“小偷”“强奸犯”等时，不要使用其社会身份或者籍贯作标签式前缀。如：一个曾经是工人的小偷，不要写成“工人小偷”；一名教授作了案，不要写成“教授罪犯”；不要使用“河南小偷”“安徽农民歹徒”一类的写法。

19. 国务院机构中的审计署的正副行政首长称“审计长”“副审计长”，不要称作“署长”“副署长”。

20. 各级检察院的“检察长”不要写成“检察院院长”。

21. 不宜称“中共××省省委书记”“××市市委书记”，应称“中共××省委书记”“××市委书记”。

22. 一般不再公开使用“非党人士”的提法。在特定场合，如需强调民主党派人士的身份，可使用“非中共人士”。“党外人士”主要强调中共党内与党外的区别，已经约定俗成，可继续使用。

23. 除对过去特定历史时期的表述外，不再继续使用“少数民族上层人士”的称谓。

三、民族宗教类

24. 对各民族，不得使用旧社会流传的带有污辱性的称呼。不能使用“回回”“蛮子”等，而应使用“回族”等。不能随意简称，如“蒙古族”不能简称为“蒙族”，“维吾尔族”不能简称为“维族”，“朝鲜族”不能简称为“鲜族”等。

25. 禁用口头语言或专业用语中含有民族名称的污辱性说法，不得使用“蒙古大夫”来指代“庸医”。不得使用“蒙古人”来指代“先天愚型”等。

26. 少数民族支系、部落不能称为民族，只能称为“××人”，如“摩梭人”“撒尼人”“穿（川）青人”，不能称为“摩梭族”“撒尼族”“穿（川）青族”等。

27. 不要把古代民族名称与后世民族名称混淆，如不能将“高句丽”称为“高丽”，不能将“哈萨克族”“乌孜别克族”等泛称为“突厥族”或“突厥人”。

28. “穆罕默德”通常是指伊斯兰教先知。有一些穆斯林的名字叫“穆罕默德”。为了区别和避免误解，对这些穆斯林应加上其姓，即使用两节姓名。

29. “穆斯林”是伊斯兰教信徒的通称，不能把宗教和民族混为一谈。不能说“回族就是伊斯兰教”“伊斯兰教就是回族”。稿件中遇到“阿拉伯人”等提法，不要改称“穆斯林”。

30. 涉及信仰伊斯兰教的民族的报道，不得提及与猪相关内容。

31. 穆斯林宰牛羊及家禽，只说“宰”，不能写作“杀”。

四、港澳台和领土、主权类

32. 香港、澳门是中国的特别行政区。在任何文字、地图、图表中都要避免让人误以为香港、澳门是“国家”。尤其是与其他国家名称连用时，应注意以“国家和地区”来限定。

33. 不得将香港、澳门与中国并列提及，如“中港”“中澳”等。不宜将内地与香港、澳门简称为“内港”“内澳”，可以使用“内地与香港（澳门）”，或者“京港（澳）”“沪港（澳）”等。

34. “台湾”与“祖国大陆（或‘大陆’）”为对应概念，“香港、澳门”与“内地”为对应概念，不得弄混。

35. 不得将港澳台居民来内地（大陆）称为来“中国”或“国内”。不得说“港澳台游客来华（国内）旅游”，应称为“港澳台游客来内地（大陆）旅游”。

36. 中央领导同志到访香港、澳门应称为“视察”，不得称为“出访”。中央有关部门负责同志到访香港、澳门应称为“考察”或“访问”。

37. 称呼包含香港、澳门的国际组织如世界贸易组织、世界气象组织成员时，应统称为“世界贸易组织成员”“世界气象组织成员”等，不得称为“成员国”。

38. 在国际奥林匹克委员会或其他体育事务中，原则上按相应章程的要求或约定称呼。如“中国奥林匹克委员会”可简称为“中国奥委会”，“中国香港奥林匹克委员会”可简称为“中国香港奥委会”，“中国国家队”可简称为“国家队”，“中国香港队”可简称为“香港队”。

39. 区分“香港（澳门）居民（市民）”和“香港（澳门）同胞”概念，前者指居住在港（澳）的全体人员，包括永久性居民和非永久性居民，也包括中国籍居民和外国籍居民，后者则指中华民族大家庭成员。

40. 区分国境与关境概念。国境是指一个国家行使主权的领土范围，从国境的角度讲，港澳属“境内”；关境是指适用同一海关法或实行同一关税制度的区域，从关境的角度讲，港澳属单独关税区，相对于内地属于“境外”。内地人员赴港澳不属出国但属出境，故内地人员赴港澳纳入出国（境）管理。

41. 将港澳台业务单列为国内业务的特殊类别加以规范管理，将往来内地及港澳台之间的交通线路称为“港澳台航线”或“国际/港澳台航线”；将手机“港澳台漫游”业务单独表示，或称为“国际/港澳台漫游”，也可称为“跨境漫游”或“区域漫游”。

42. 不得将港资、澳资企业划入外国企业，在表述时少用“视同外资”，多用“参照外资”。

43. 内地与港澳在交流合作中签订的协议文本等不得称为“条约”，可称为“安排”“协议”等；不得将适用于国家与国家之间的专属名词用于内地与港澳。

44. 涉及内地与港澳在司法联系与司法协助方面，不得套用国际法上的术语，如内地依照涉外民事诉讼、刑事诉讼等程序与港澳开展司法协助，不得使用“中外司法协助”“国际司法协助”“中港（澳）司法协助”等提法，应表述为“区际司法协助”或“内地与香港（澳门）司法协助”等；对两地管辖权或法律规范冲突，应使用“管辖权冲突”“法律冲突”等规范提法，不得使用“侵犯司法主权”等不规范提法；不得使用“引渡犯罪嫌疑人或罪犯”的表述，应称为“移交或遣返犯罪嫌疑人或罪犯”。

45. 不得将香港、澳门回归祖国称为“主权移交”“收回主权”应表述为中国政府对香港、澳门“恢复行使主权”“政权交接”。不得将回归前的香港、澳门称为“殖民地”，可说“受殖民统治”。不得将香港、澳门视为或称为“次主权”地区。

46. 不得使用内地与港澳“融合”“一体化”或深港、珠澳“同城化”等词语，避免被解读为模糊“两制”界限、不符合“一国两制”方针政策。

47. 香港、澳门特别行政区的官方机构和制度安排，应按照基本法表述。如“香港特别行政区行政长官”不得说成“香港特别行政区政府行政长官”，“澳门特别行政区立法会”不得说成“澳门特别行政区政府立法会”；香港、澳门实行行政主导的政治体制，不得说成“三权分立”。

48. 对港澳反对派自我褒扬的用语和提法要谨慎引用。如不使用“雨伞运动”的说法，应称为“非法‘占中’”或“违法‘占中’”；不称“占中三子”，应称为“非法‘占中’发起人”，开展舆论斗争时可视情称为“占中三丑”；不称天主教香港教区退休主教陈日君等为“荣休主教”，应称为“前主教”。

49. 对 1949 年 10 月 1 日之后的台湾地区政权，应称之为“台湾当局”或“台湾方面”，不使用“中华民国”，也一律不使用“中华民国”纪年及旗、徽、歌。严禁用“中华民国总统（副总统）”称呼台湾地区正（副）领导人，可称为“台湾当局领导人（副领导人）”“台湾地区领导人（副领导人）”。 对台湾“总统选举”，可称为“台湾地区领导人选举”，简称为“台湾大选”。

50. 不使用“台湾政府” 一词。不直接使用台湾当局以所谓“国家”“中央”“全国”名义设立的官方机构名称，对台湾方面“一府”（“总统府”）、“五院”（“行政院”“立法院”“司法院”“考试院”“监察院”）及其下属机构，如“内政部”“文化部”等，可变通处理。如对“总统府”，可称其为“台湾当局领导人幕僚机构”“台湾当局领导人办公室”；对“立法院”可称其为“台湾地区立法机构”；对“行政院”可称其为“台湾地区行政管理机构”；对“台湾当局行政院各部会”可称其为“台湾某某事务主管部门”“台湾某某事务主管机关”，如“文化部”可称其为“台湾文化事务主管部门”，“中央银行”可称其为“台湾地区货币政策主管机关”，“金管会”可称其为“台湾地区金融监管机构”，特殊情况下不得不直接称呼上述机构时，必须加引号，我广播电视媒体口播时则需加“所谓”一词。陆委会现可以直接使用，一般称其为“台湾方面陆委会”或“台湾陆委会”。

51. 不直接使用台湾当局以所谓“国家”“中央”“全国”名义设立的官方机构中官员的职务名称，可称其为“台湾知名人士”“台湾政界人士”或“××先生（女士）”。对“总统府秘书长”，可称其为“台湾当局领导人幕僚长”“台湾当局领导人办公室负责人”；对“行政院长”，可称其为“台湾地区行政管理机构负责人”；对“台湾各部会首长”，可称其为“台湾当局某某事务主管部门负责人”；对“立法委员”，可称其为“台湾地区民意代表”。台湾省、市级及以下（包括台北市、高雄市等“行政院直辖市”）的政府机构名称及官员职务，如省长、市长、县长、议长、议员、乡镇长、局长、处长等，可以直接称呼。

52.“总统府”“行政院”“国父纪念馆”等作为地名，在行文中使用时，可变通处理，可改为“台湾当局领导人办公场所”“台湾地区行政管理机构办公场所”“台北中山纪念馆”等。

53.“政府”一词可使用于省、市、县以下行政机构，如“台湾省政府”“台北市政府”，不用加引号，但台湾当局所设“福建省”“连江县”除外。对台湾地区省、市、县行政、立法等机构，应避免使用“地方政府”“地方议会”的提法。

54. 涉及“台独”政党“台湾团结联盟”时，不得简称为“台联”，可简称“台联党”。“时代力量”因主张“台独”，需加引号处理。“福摩萨”“福尔摩莎”因具有殖民色彩，不得使用，如确需使用时，须加引号。

55. 对国民党、民进党、亲民党等党派机构和人员的职务，一般不加引号。中国国民党与中国共产党并列时可简称“国共两党”。对于国共两党交流，不使用“国共合作”“第三次国共合作”等说法。对亲民党、新党不冠以“台湾”字眼。

56. 对台湾民间团体，一般不加引号，但对以民间名义出现而实有官方背景的团体，如台湾当局境外设置的所谓“经济文化代表处（办事处）”等应加引号；对具有反共性质的机构、组织（如“反共爱国同盟”“三民主义统一中国大同盟”）以及冠有“中华民国”字样的名称须回避，或采取变通的方式处理。

57. 对岛内带有“中国”“中华”字眼的民间团体及企事业单位，如台湾“中华航空”“中华电信”“中国美术学会”“中华道教文化团体联合会”“中华两岸婚姻协调促进会”等，可以在前面冠以“台湾”直接称呼，不用加引号。

58. 对以民间身份来访的台湾官方人士，一律称其民间身份。因执行某项两岸协议而来访的台湾官方人士，可称其为“两岸××协议台湾方面召集人”“台湾××事务主管部门负责人”。

59. 对台湾与我名称相同的大学和文化事业机构，如“清华大学”“故宫博物院”等，应在前面加上台湾、台北或所在地域，如“台湾清华大学”“台湾交通大学”“台北故宫博物院”，一般不使用“台北故宫”的说法。

60. 对台湾冠有“国立”字样的学校和机构，使用时均须去掉“国立”二字。如“国立台湾大学”，应称“台湾大学”；“××国小”“××国中”，应称“××小学”“××初中”。

61. 金门、马祖行政区划隶属福建省管理，因此不得称为台湾金门县、台湾连江县（马祖地区），可直接称金门、马祖。从地理上讲，金门、马祖属于福建离岛，不得称为“台湾离岛”，可使用“外岛”的说法。

62. 对台湾当局及其所属机构的法规性文件与各式官方文书等，应加引号或变通处理。对台湾当局或其所属机构的“白皮书”，可用“小册子”“文件”一类的用语称之。

63. 不得将中华人民共和国法律自称为“大陆法律”。对台湾所谓“宪法”，应改为“台湾地区宪制性规定”，“修宪”“宪改”“新宪”等一律加引号。对台湾地区施行的“法律”改称为“台湾地区有关规定”。如果必须引用台湾当局颁布的“法律”时，应加引号并冠之“所谓”两字。不得使用“两岸法律”等具有对等含义的词语，可就涉及的有关内容和问题进行具体表述，如“海峡两岸律师事务”“两岸婚姻、继承问题”“两岸投资保护问题”等。

64. 两岸关系事务是中国内部事务，在处理涉台法律事务及有关报道中，一律不使用国际法上专门用语。如“护照”“文书认证、验证”“司法协助”“引渡”“偷渡”等，可采用“旅行证件”“两岸公证书使用”“文书查证”“司法合作”　“司法互助”“遣返”“私渡”等用语。涉及台湾海峡海域时不得使用“海峡中线”一词，确需引用时应加引号。

65. 国际场合涉及我国时应称中国或中华人民共和国，不能自称“大陆”；涉及台湾时应称“中国台湾”，且不能把台湾和其他国家并列，确需并列时应标注“国家和地区”。

66. 对不属于只有主权国家才能参加的国际组织和民间性的国际经贸、文化、体育组织中的台湾团组机构，不能以“台湾”或“台北”称之，而应称其为“中国台北”“中国台湾”。若特殊情况下使用“中华台北”，需事先请示外交部和国台办。

67. 台湾地区在 WTO 中的名称为“台湾、澎湖、金门、马祖单独关税区”（简称“中国台北单独关税区”）。2008 年以来经我安排允许台湾参与的国际组织，如世界卫生大会、国际民航组织公约大会，可根据双方约定称台湾代表团为“中华台北”。

68. 海峡两岸交流活动应称“海峡两岸××活动”。台湾与港澳并列时应称“港澳台地区”或“台港澳地区”。对海峡两岸和港澳共同举办的交流活动，不得出现“中、港、台”“中、澳、台”“中、港、澳、台”之类的表述，应称为“海峡两岸暨香港”“海峡两岸暨澳门”“海峡两岸暨香港、澳门”。不使用“两岸三（四）地”的提法。

69. 台商在祖国大陆投资，不得称“中外合资”“中台合资”，可称“沪台合资”“桂台合资”等。对来投资的台商可称“台方”，不能称“外方”；与此相对应，我有关省、区、市，不能称“中方”，可称“闽方”“沪方”等。

70. 台湾是中国的一个省，但考虑到台湾同胞的心理感受，现在一般不称“台湾省”，多用“台湾地区”或“台湾”。

71. 具有“台独”性质的政治术语应加引号，如“台独”“台湾独立”“台湾地位未定”“台湾住民自决”“台湾主权独立”“去中国化”“法理台独”“太阳花学运”等。

72. 对台湾教育文化领域“去中国化”的政治术语，应结合上下文意思及语境区别处理。如“本土”“主体意识”等，如语意上指与祖国分离、对立的含义应加引号。

73. 荷兰、日本对台湾的侵占和殖民统治不得简称为“荷治”“日治”。不得将我中央历代政府对台湾的治理与荷兰、日本对台湾的侵占和殖民统治等同。

74. 涉及到台湾同胞不能称“全民”“公民”，可称“台湾民众”“台湾人民”“台湾同胞”。

75. 不涉及台湾时不得自称中国为“大陆”，也不使用“中国大陆”的提法，只有相对于台湾方面时方可使用。如不得使用“大陆改革开放”“大陆流行歌曲排行榜”之类的提法，而应使用“我国（或中国）改革开放”“我国（或中国）流行歌曲排行榜”等提法。

76. 不得自称中华人民共和国政府为“大陆政府”，也不得在中央政府所属机构前冠以“大陆”，如“大陆国家文物局”，不要把全国统计数字称为“大陆统计数字”。涉及全国重要统计数字时，如未包括台湾统计数字，应在全国统计数字之后加括号注明“未包括台湾省”。

77. 一般不用“解放前（后）”或“新中国成立前（后）”提法用“中华人民共和国成立前（后）”或“一九四九年前（后）”提法。

78. 中央领导同志涉台活动，要根据场合使用不同的称谓，如在政党交流中，多只使用党职。

79. 中台办的全称为“中共中央台湾工作办公室”，国台办的全称为“国务院台湾事务办公室”，可简称“中央台办（中台办）”“国务院台办（国台办）”，要注意其在不同场合的不同称谓和使用，如在两岸政党交流中，多用“中央台办（中台办）”。

80.“海峡两岸关系协会”简称为“海协会”，不加“大陆”；“台湾海峡交流基金会”可简称为“海基会”或“台湾海基会”。海协会领导人称“会长”，海基会领导人称“董事长”。两个机构可合并简称为“两会”或“两岸两会”。不称两会为“白手套”。

81. 国台办与台湾陆委会联系沟通机制，是双方两岸事务主管部门的对话平台，不得称为“官方接触”。这一机制，也不扩及两岸其他业务主管部门。

82. 对“九二共识”，不使用台湾方面“九二共识、一中各表”的说法。一个中国原则、一个中国政策、一个中国框架不加引号，“一国两制”加引号。

83. 台胞经日本、美国等国家往返大陆和台湾，不能称“经第三国回大陆”或“经第三国回台湾”，应称“经其他国家”或“经××国家回大陆（或台湾）”。

84. 不得将台湾民众日常使用的汉语方言闽南话称为“台语”，各类出版物、各类场所不得使用或出现“台语”字样，如对台湾歌星不能简单称为“台语”歌星，可称为“台湾闽南语”歌星，确实无法回避时应加引号。涉及台湾所谓“国语”无法回避时应加引号，涉及两岸语言交流时应使用“两岸汉语”，不称“两岸华语”。

85. 对台湾少数民族不称“原住民”，可统称为台湾少数民族或称具体的名称，如“阿美人”“泰雅人”。在国家正式文件中仍称高山族。

86. 对台湾方面所谓“小三通”一词，使用时须加引号，或称“福建沿海与金门、马祖地区直接往来”。

87. 对南沙群岛不得称为“斯普拉特利群岛”。

88. 钓鱼岛不得称为“尖阁群岛”。

89. 严禁将新疆称为“东突厥斯坦”，在涉及新疆分裂势力时，不使用“疆独”“维独”。

五、国际关系类

90. 有的国际组织的成员中，既包括一些国家也包括一些地区。在涉及此类国际组织时，不得使用“成员国”，而应使用“成员”或“成员方”，如不能使用“世界贸易组织成员国”“亚太经合组织成员国”，而应使用“世界贸易组织成员”“世界贸易组织成员方”“亚太经合组织成员（members）”“亚太经合组织成员经济体（member economies）”。应使用“亚太经合组织领导人非正式会议”，不应使用“亚太经合组织峰会”。台方在亚太经合组织中的英文称谓为Chinese Taipei，中文译法要慎用，我称“中国台北”，台方称“中华台北”，不得称“中国台湾”或“台湾”。

91. 不得使用“北朝鲜（英文 North Korea）”来称呼“朝鲜民主主义人民共和国”，可直接使用简称“朝鲜”。英文应使用“the Democratic People's Republic of Korea”或使用缩写“DPRK”。

92. 不使用“穆斯林国家”或“穆斯林世界”，可用“伊斯兰国家”或“伊斯兰世界”。但充分尊重有关国家自己的界定，如印尼不将自己称为“伊斯兰国家”。

93. 在达尔富尔报道中不使用“阿拉伯民兵”，而应使用“民兵武装”或“部族武装”。

94. 在报道社会犯罪和武装冲突时，一般不要刻意突出犯罪嫌疑人和冲突参与者的肤色、种族和性别特征。比如，在报道中应回避“黑人歹徒”的提法，可直接使用“歹徒”。

95. 不要将撒哈拉沙漠以南的地区称为“黑非洲”，而应称为“撒哈拉沙漠以南非洲”。

96. 公开报道不要使用“伊斯兰原教旨主义”“伊斯兰原教旨主义者”等说法，可用“宗教激进主义（激进派、激进组织）”替代。如回避不了而必须使用时，可使用“伊斯兰激进组织（成员）”，但不要用“激进伊斯兰组织（成员）”。

97. 在涉及阿拉伯和中东等的报道中，不要使用“十字军（东征）”等说法。

98. 对国际战争中双方战斗人员死亡的报道，不使用“击毙”“被击毙”等词汇，也不使用“牺牲”等词汇，可使用“打死”等词汇。

99. 不要将哈马斯称为恐怖组织或极端组织。

100. 一般情况下不使用“前苏联”，而使用“苏联”。

101. 应使用“乌克兰东部民间武装”不使用“乌克兰亲俄武装”“乌克兰民兵武装”“乌克兰分裂分子”等。

102. 不使用“一带一路”战略的提法，而使用“一带一路”倡议。

附件 4 《中华人民共和国民法典》(节选)

第三编　合同(2020 年 5 月 28 日,第十三届全国人民代表大会第三次会议通过)

第一分编　通则

第一章　一般规定

第四百六十三条　本编调整因合同产生的民事关系。

第四百六十四条　合同是民事主体之间设立、变更、终止民事法律关系的协议。

婚姻、收养、监护等有关身份关系的协议,适用有关该身份关系的法律规定;没有规定的,可以根据其性质参照适用本编规定。

第四百六十五条　依法成立的合同,受法律保护。

依法成立的合同,仅对当事人具有法律约束力,但是法律另有规定的除外。

第四百六十六条　当事人对合同条款的理解有争议的,应当依据本法第一百四十二条第一款的规定,确定争议条款的含义。

合同文本采用两种以上文字订立并约定具有同等效力的,对各文本使用的词句推定具有相同含义。各文本使用的词句不一致的,应当根据合同的相关条款、性质、目的以及诚信原则等予以解释。

第四百六十七条　本法或者其他法律没有明文规定的合同,适用本编通则的规定,并可以参照适用本编或者其他法律最相类似合同的规定。

在中华人民共和国境内履行的中外合资经营企业合同、中外合作经营企业合同、中外合作勘探开发自然资源合同,适用中华人民共和国法律。

第四百六十八条 非因合同产生的债权债务关系,适用有关该债权债务关系的法律规定;没有规定的,适用本编通则的有关规定,但是根据其性质不能适用的除外。

第二章　合同的订立

第四百六十九条　当事人订立合同,可以采用书面形式、口头形式或者其他形式。

书面形式是合同书、信件、电报、电传、传真等可以有形地表现所载内容的形式。

以电子数据交换、电子邮件等方式能够有形地表现所载内容,并可以随时调取查用的数据电文,视为书面形式。

第四百七十条　合同的内容由当事人约定,一般包括下列条款:

(一)当事人的姓名或者名称和住所;

(二)标的;

(三)数量;

(四)质量;

(五)价款或者报酬;

(六)履行期限、地点和方式;

（七）违约责任；

（八）解决争议的方法。

当事人可以参照各类合同的示范文本订立合同。

第四百七十一条　当事人订立合同，可以采取要约、承诺方式或者其他方式。

第四百七十二条　要约是希望与他人订立合同的意思表示，该意思表示应当符合下列条件：

（一）内容具体确定；

（二）表明经受要约人承诺，要约人即受该意思表示约束。

第四百七十三条　要约邀请是希望他人向自己发出要约的表示。拍卖公告、招标公告、招股说明书、债券募集办法、基金招募说明书、商业广告和宣传、寄送的价目表等为要约邀请。

商业广告和宣传的内容符合要约条件的，构成要约。

第四百七十四条　要约生效的时间适用本法第一百三十七条的规定。

第四百七十五条　要约可以撤回。要约的撤回适用本法第一百四十一条的规定。

第四百七十六条　要约可以撤销，但是有下列情形之一的除外：

（一）要约人以确定承诺期限或者其他形式明示要约不可撤销；

（二）受要约人有理由认为要约是不可撤销的，并已经为履行合同做了合理准备工作。

第四百七十七条　撤销要约的意思表示以对话方式作出的，该意思表示的内容应当在受要约人作出承诺之前为受要约人所知道；撤销要约的意思表示以非对话方式作出的，应当在受要约人作出承诺之前到达受要约人。

第四百七十八条　有下列情形之一的，要约失效：

（一）要约被拒绝；

（二）要约被依法撤销；

（三）承诺期限届满，受要约人未作出承诺；

（四）受要约人对要约的内容作出实质性变更。

第四百七十九条　承诺是受要约人同意要约的意思表示。

第四百八十条　承诺应当以通知的方式作出；但是，根据交易习惯或者要约表明可以通过行为作出承诺的除外。

第四百八十一条　承诺应当在要约确定的期限内到达要约人。

要约没有确定承诺期限的，承诺应当依照下列规定到达：

（一）要约以对话方式作出的，应当即时作出承诺；

（二）要约以非对话方式作出的，承诺应当在合理期限内到达。

第四百八十二条　要约以信件或者电报作出的，承诺期限自信件载明的日期或者电报交发之日开始计算。信件未载明日期的，自投寄该信件的邮戳日期开始计算。要约以电话、传真、电子邮件等快速通讯方式作出的，承诺期限自要约到达受要约人时开始计算。

第四百八十三条　承诺生效时合同成立，但是法律另有规定或者当事人另有约定的除外。

第四百八十四条　以通知方式作出的承诺，生效的时间适用本法第一百三十七条的规定。

承诺不需要通知的，根据交易习惯或者要约的要求作出承诺的行为时生效。

第四百八十五条　承诺可以撤回。承诺的撤回适用本法第一百四十一条的规定。

第四百八十六条　受要约人超过承诺期限发出承诺，或者在承诺期限内发出承诺，按照通常情形不能及时到达要约人的，为新要约；但是，要约人及时通知受要约人该承诺有效的除外。

第四百八十七条　受要约人在承诺期限内发出承诺，按照通常情形能够及时到达要约人，但是因其他原因致使承诺到达要约人时超过承诺期限的，除要约人及时通知受要约人因承诺超过期限不接受该承诺外，该承诺有效。

第四百八十八条　承诺的内容应当与要约的内容一致。受要约人对要约的内容作出实质性变更的，为新要约。有关合同标的、数量、质量、价款或者报酬、履行期限、履行地点和方式、违约责任和解决争议方法等的变更，是对要约内容的实质性变更。

第四百八十九条　承诺对要约的内容作出非实质性变更的，除要约人及时表示反对或者要约表明承诺不得对要约的内容作出任何变更外，该承诺有效，合同的内容以承诺的内容为准。

第四百九十条　当事人采用合同书形式订立合同的，自当事人均签名、盖章或者按指印时合同成立。在签名、盖章或者按指印之前，当事人一方已经履行主要义务，对方接受时，该合同成立。

法律、行政法规规定或者当事人约定合同应当采用书面形式订立，当事人未采用书面形式但是一方已经履行主要义务，对方接受时，该合同成立。

第四百九十一条　当事人采用信件、数据电文等形式订立合同要求签订确认书的，签订确认书时合同成立。

当事人一方通过互联网等信息网络发布的商品或者服务信息符合要约条件的，对方选择该商品或者服务并提交订单成功时合同成立，但是当事人另有约定的除外。

第四百九十二条　承诺生效的地点为合同成立的地点。

采用数据电文形式订立合同的，收件人的主营业地为合同成立的地点；没有主营业地的，其住所地为合同成立的地点。当事人另有约定的，按照其约定。

第四百九十三条　当事人采用合同书形式订立合同的，最后签名、盖章或者按指印的地点为合同成立的地点，但是当事人另有约定的除外。

第四百九十四条　国家根据抢险救灾、疫情防控或者其他需要下达国家订货任务、指令性任务的，有关民事主体之间应当依照有关法律、行政法规规定的权利和义务订立合同。

依照法律、行政法规的规定负有发出要约义务的当事人，应当及时发出合理的要约。

依照法律、行政法规的规定负有作出承诺义务的当事人，不得拒绝对方合理的订立合同要求。

第四百九十五条　当事人约定在将来一定期限内订立合同的认购书、订购书、预订书等，构成预约合同。

当事人一方不履行预约合同约定的订立合同义务的，对方可以请求其承担预约合同的违约责任。

第四百九十六条　格式条款是当事人为了重复使用而预先拟定，并在订立合同时未与对方协商的条款。

采用格式条款订立合同的，提供格式条款的一方应当遵循公平原则确定当事人之间的权利和义务，并采取合理的方式提示对方注意免除或者减轻其责任等与对方有重大利害关系的条款，按照对方的要求，对该条款予以说明。提供格式条款的一方未履行提示或者说明义务，致使对方没有注意或者理解与其有重大利害关系的条款的，对方可以主张该条款不成为合同的内容。

第四百九十七条　有下列情形之一的，该格式条款无效：

（一）具有本法第一编第六章第三节和本法第五百零六条规定的无效情形；

（二）提供格式条款一方不合理地免除或者减轻其责任、加重对方责任、限制对方主要权利；

（三）提供格式条款一方排除对方主要权利。

第四百九十八条　对格式条款的理解发生争议的，应当按照通常理解予以解释。对格式条款有两种以上解释的，应当作出不利于提供格式条款一方的解释。格式条款和非格式条款不一致的，应当采用非格式条款。

第四百九十九条　悬赏人以公开方式声明对完成特定行为的人支付报酬的，完成该行为的人可以请求其支付。

第五百条　当事人在订立合同过程中有下列情形之一，造成对方损失的，应当承担赔偿责任：

（一）假借订立合同，恶意进行磋商；

（二）故意隐瞒与订立合同有关的重要事实或者提供虚假情况；

（三）有其他违背诚信原则的行为。

第五百零一条　当事人在订立合同过程中知悉的商业秘密或者其他应当保密的信息，无论合同是否成立，不得泄露或者不正当地使用；泄露、不正当地使用该商业秘密或者信息，造成对方损失的，应当承担赔偿责任。

第三章　合同的效力

第五百零二条　依法成立的合同，自成立时生效，但是法律另有规定或者当事人另有约定的除外。

依照法律、行政法规的规定，合同应当办理批准等手续的，依照其规定。未办理批准等手续影响合同生效的，不影响合同中履行报批等义务条款以及相关条款的效力。应当办理申请批准等手续的当事人未履行义务的，对方可以请求其承担违反该义务的责任。

依照法律、行政法规的规定，合同的变更、转让、解除等情形应当办理批准等手续的，适用前款规定。

第五百零三条　无权代理人以被代理人的名义订立合同，被代理人已经开始履行合同义务或者接受相对人履行的，视为对合同的追认。

第五百零四条　法人的法定代表人或者非法人组织的负责人超越权限订立的合同，除相对人知道或者应当知道其超越权限外，该代表行为有效，订立的合同对法人或者非法人组织发生效力。

第五百零五条　当事人超越经营范围订立的合同的效力，应当依照本法第一编第六章第三节和本编的有关规定确定，不得仅以超越经营范围确认合同无效。

第五百零六条　合同中的下列免责条款无效：

（一）造成对方人身损害的；

（二）因故意或者重大过失造成对方财产损失的。

第五百零七条　合同不生效、无效、被撤销或者终止的，不影响合同中有关解决争议方法的条款的效力。

第五百零八条　本编对合同的效力没有规定的，适用本法第一编第六章的有关规定。

附件 5 《中华人民共和国国家标准（GB/T 15834—2011）标点符号用法》

（中华人民共和国国家质量监督检验检疫总局、中国国家标准化管理委员会 2011 年 12 月 30 日发布，2012 年 6 月 1 日实施）

前　言

本标准按照 GB/T1.1—2009 给出的规则起草。

本标准代替 GB/T15834—1995，与 GB/T15834—1995 相比，主要变化如下：

——根据我国国家标准编写规则（GB/T1.1—2009），对本标准的编排和表述做了全面修改；

——更换了大部分示例，使之更简短、通俗、规范；

——增加了对术语“标点符号”和“语段”的定义（2.1/2.5）；

——对术语“复句”和“分句”的定义做了修改（2.3/2.4）；

——对句末点号（句号、问号、叹号）的定义做了修改，更强调句末点号与句子语气之间的关系（4.1.1/4.2.1/4.3.1）；

——对逗号的基本用法做了补充（4.4.3）；

——增加了不同形式括号用法的示例（4.9.3）；

——省略号的形式统一为六连点“……”，但在特定情况下允许连用（4.11）；

——取消了连接号中原有的二字线，将连接号形式规范为短横线“-”、一字线“—”和浪纹线“～”，并对三者的功能做了归并与划分（4.13）；

——明确了书名号的使用范围（4.15/A.13）；

——增加了分隔号的用法说明（4.17）；

——“标点符号的位置”一章的标题改为“标点符号的位置和书写形式”，并增加了使用中文输入软件处理标点符号时的相关规范（第 5 章）；

——增加了“附录”：附录 A 为规范性附录，主要说明标点符号不能怎样使用和对标点符号用法加以补充说明，以解决目前使用混乱或争议较大的问题。附录 B 为资料性附录，对功能有交叉的标点符号的用法做了区分，并对标点符号误用高发环境下的规范用法做了说明。

本标准由教育部语言文字信息管理司提出并归口。

本标准主要起草单位：北京大学。

本标准主要起草人：沈阳、刘妍、于泳波、翁姗姗。

本标准所代替标准的历次版本发布情况为：

—— GB/T15834—1995。

1　范围

本标准规定了现代汉语标点符号的用法。

本标准适用于汉语的书面语（包括汉语和外语混合排版时的汉语部分）。

2　术语和定义

下列术语和定义适用于本文件。

2.1　标点符号 punctuation

辅助文字记录语言的符号，是书面语的有机组成部分，用来表示语句的停顿、语气以及标示某些成分（主要是词语）的特定性质和作用。

注：数学符号、货币符号、校勘符号、辞书符号、注音符号等特殊领域的专门符号不属于标点符号。

2.2　句子 sentence

前后都有较大停顿、带有一定的语气和语调、表达相对完整意义的语言单位。

2.3　复句 complex sentence

由两个或多个在意义上有密切关系的分句组成的语言单位，包括简单复句（内部只有一层语义关系）和多重复句（内部包含多层语义关系）。

2.4　分句 clause

复句内两个或多个前后有停顿、表达相对完整意义、不带有句末语气和语调、有的前面可添加关联词语的语言单位。

2.5　语段 expression

指语言片段，是对各种语言单位（如词、短语、句子、复句等）不做特别区分时的统称。

3　标点符号的种类

3.1　点号

点号的作用是点断，主要表示停顿和语气。分为句末点号和句内点号。

3.1.1　句末点号

用于句末的点号，表示句末停顿和句子的语气。包括句号、问号、叹号。

3.1.2　句内点号

用于句内的点号，表示句内各种不同性质的停顿。包括逗号、顿号、分号、冒号。

3.2　标号

标号的作用是标明，主要标示某些成分（主要是词语）的特定性质和作用。包括引号、括号、破折号、省略号、着重号、连接号、间隔号、书名号、专名号、分隔号。

4　标点符号的定义、形式和用法

4.1　句号

4.1.1　定义

句末点号的一种，主要表示句子的陈述语气。

4.1.2　形式

句号的形式是“。”

4.1.3　基本用法

4.1.3.1　用于句子末尾，表示陈述语气。使用句号主要根据句段前后有较大停顿、带有陈述语气和语调，并不取决于句子的长短。

示例 1：北京是中华人民共和国的首都。

示例 2：（甲：咱们走着去吧？）乙：好。

4.1.3.2　有时也可以表示较缓和的祈使语气和感叹语气。

示例 1：请你稍等一下。

示例 2：我不由地感到，这些普通劳动者也同样是很值得尊敬的。

4.2　问号

4.2.1　定义

句末点号的一种，主要表示句子的疑问语气。

4.2.2　形式

问号的形式是“？”。

4.2.3　基本用法

4.2.3.1　用于句子末尾，表示疑问语气（包括反问、设问等疑问类型）。使用问号主要根据语段前后有较大停顿、带有疑问语气和语调，并不取决于句子的长短。

示例 1：你怎么还不回家去呢？

示例 2：难道这些普通的战士不值得歌颂吗？

示例 3：（一个外国人，不远万里来到中国，帮助中国的抗日战争。）这是什么精神？这是国际主义的精神。

4.2.3.2　选择问句中，通常只在最后一个选项的末尾用问号，各个选项之间一般用逗号隔开。当选项较短且选项之间几乎没有停顿时，选项之间可不用逗号。当选项较多或较长，或有意突出每个选项的独立性时，也可每个选项之后都用问号。

示例 1：诗中记述的这场战争究竟是真实的历史描述，还是诗人的虚构？

示例 2：这是巧合还是有意安排？

示例 3：要一个什么样的结尾：现实主义的？传统的？大团圆的？荒诞的？民族形式的？有象征意义的？

示例 4：（他看着我的作品称赞了我。）但到底是称赞我什么：是有几处画得好？还是什么都敢画？抑或只是一种对于失败者的无可奈何的安慰？我不得而知。

示例 5：这一切都是由客观的条件造成的？还是由行为的惯性造成的？

4.2.3.3　在多个问句连用或表达疑问语气加重时，可叠用问号。通常应先单用，再叠用，最多叠用三个问号。在没有异常强烈的情感表达需要时不宜叠用问号。

示例：这就是你的做法吗？你这个总经理是怎么当的？？你怎么竟敢这样欺骗消费者？？？

4.2.3.4　问号也有标号的用法，即用于句内，表示存疑或不详。

示例 1：马致远（1250？—1321），大都人，元代戏曲家、散曲家。

示例 2：钟嵘（？—518），颍川长社人，南朝梁代文学批评家。

示例 3：出现这样的文字错误，说明作者（编者？校者？）很不认真。

4.3　叹号

4.3.1　定义

句末点号的一种，主要表示句子的感叹语气。

4.3.2　形式

叹号的形式是“！”。

4.3.3　基本用法

4.3.3.1　用于句子末尾，主要表示感叹语气，有时也可表示强烈的祈使语气、反问语气等。使用叹号主要根据语段前后有较大停顿、带有感叹语气和语调或带有强烈的祈使、反问语气和语调，并不取决于句子的长短。

示例 1：才一年不见，这孩子都长这么高啦！

示例 2：你给我住嘴！

示例 3：谁知道他今天是怎么搞的！

4.3.3.2　用于拟声词后，表示声音短促或突然。

示例 1：咔嚓！一道闪电划破了夜空。

示例 2：咚！咚咚！突然传来一阵急促的敲门声。

4.3.3.3　表示声音巨大或声音不断加大时，可叠用叹号；表达强烈语气时，也可叠用叹号，最多叠用三个叹号。在没有异常强烈的情感表达需要时不宜叠用叹号。

示例 1：轰!! 在这天崩地塌的声音中，女娲猛然醒来。

示例 2：我要揭露！我要控诉!! 我要以死抗争!!!

4.3.3.4　当句子包含疑问、感叹两种语气且都比较强烈时（如带有强烈感情的反问句和带有惊愕语气的疑问句），可在问号后再加叹号（问号、叹号各一）。

示例 1：这么点困难就能把我们吓倒吗？！

示例 2：他连这些最起码的常识都不懂，还敢说自己是高科技人材？！

4.4　逗号

4.4.1　定义

句内点号的一种，表示句子或语段内部的一般性停顿。

4.4.2　形式

逗号的形式是“，”。

4.4.3　基本用法

4.4.3.1　复句内各分句之间的停顿，除了有时用分号（见 4.6.3.1），一般都用逗号。

示例 1：不是人们的意识决定人们的存在，而是人们的社会存在决定人们的意识。

示例 2：学历史使人更明智，学文学使人更聪慧，学数学使人更精细，学考古使人更深沉。

示例 3：要是不相信我们的理论能反映现实，要是不相信我们的世界有内在和谐，那就不可能有科学。

4.4.3.2　用于下列各种语法位置：

a）较长的主语之后。

示例 1：苏州园林建筑各种门窗的精美设计和雕镂功夫，都令人叹为观止。

b）句首的状语之后。

示例 2：在苍茫的大海上，狂风卷集着乌云。

c）较长的宾语之前。

示例 3：有的考古工作者认为，南方古猿生存于上新世至更新世的初期和中期。

d）带句内语气词的主语（或其他成分）之后，或带句内语气词的并列成分之间。

示例 4：他呢，倒是很乐观地、全神贯注地干起来了。

示例 5：（那是个没有月亮的夜晚。）可是整个村子——白房顶啦，白树木啦，雪堆啦，全看得见。

e）较长的主语中间、谓语中间和宾语中间。

示例 6：母亲沉痛的诉说，以及亲眼看到的实事，都启发了我幼年时期追求真理的思想。

示例 7：那姑娘头戴一顶草帽，身穿一条绿色的裙子，腰间还系着一根橙色的腰带。

示例 8：必须懂得，对于文化传统，既不能不分青红皂白统统抛弃，也不能不管精华糟粕全盘继承。

f）前置的谓语之后或后置的状语、定语之前。

示例 9：真美啊，这条蜿蜒的林间小路。

示例 10：她吃力地站了起来，慢慢地。

示例 11：我只是一个人，孤孤单单的。

4.4.3.3 用于下列各种停顿处：

a）复指成分或插说成分前后。

示例 1：老张，就是原来的办公室主任，上星期已经调走了。

示例 2：车，不用说，当然是头等。

b）语气缓和的感叹语、称谓语和呼唤语之后。

示例 3：哎哟，这儿，快给我揉揉。

示例 4：大娘，您到哪儿去啊？

示例 5：喂，你是哪个单位的？

c）某些序次语（“第”字头、“其”字头及“首先”类序次语）之后。

示例 6：为什么许多人都有长不大的感觉呢？原因有三：第一，父母总认为自己比孩子成熟；第二，父母总要以自己的标准来衡量孩子；第三，父母出于爱心而总不想让孩子在成长的过程中走弯路。

示例 7：《玄秘塔碑》所以成为书法的范本，不外乎以下几方面的因素：其一，具有楷书点画、构体的典范性；其二，承上启下，成为唐楷的极致；其三，字如其人，爱人及字，柳公权高尚的书品、人品为后人所崇仰。

示例 8：下面从三个方面讲讲语言的污染问题：首先，是特殊语言环境中的语言污染问题；其次，是滥用缩略语引起的语言污染问题；再次，是空话和废话引起的语言污染问题。

4.5 顿号

4.5.1 定义

句内点号的一种，表示语段中并列词语之间或某些序次语之后的停顿。

4.5.2 形式

顿号的形式是“、”。

4.5.3 基本用法

4.5.3.1 用于并列词语之间。

示例 1：这里有自由、民主、平等、开放的风气和氛围。

示例 2：造型科学、技艺精湛、气韵生动，是盛唐石雕的特色。

4.5.3.2 用于需要停顿的重复词语之间。

示例：他几次三番、几次三番地辩解着。

4.5.3.3 用于某些序次语（不带括号的汉字数字或“天干地支”类序次语）之后。

示例 1：我准备讲两个问题，一、逻辑学是什么？二、怎样学好逻辑学？

示例 2：风格的具体内容主要有以下四点，甲、题材；乙、用字；丙、表达；丁、色彩。

4.5.3.4　相邻或相近两数字连用表示概数通常不用顿号。若相邻两数字连用为缩略形式，宜用顿号。

示例 1：飞机在 6000 米高空水平飞行时，只能看到两侧八九公里和前方一二十公里范围内的地面。

示例 2：这种凶猛的动物常常三五成群地外出觅食和活动。

示例 3：农业是国民经济的基础，也是二、三产业的基础。

4.5.3.5　标有引号的并列成分之间、标有书名号的并列成分之间通常不用顿号。若有其他成分插在并列的引号之间或并列的书名号之间（如引语或书名号之后还有括注），宜用顿号。

示例 1：“日”“月”构成“明”字。

示例 2：店里挂着“顾客就是上帝”“质量就是生命”等横幅。

示例 3：《红楼梦》《三国演义》《西游记》《水浒传》，是我国长篇小说的四大名著。

示例 4：李白的“白发三千丈”（《秋浦歌》）、“朝如青丝暮成雪”（《将进酒》）都是脍炙人口的诗句。

示例 5：办公室里订有《人民日报》（海外版）、《光明日报》和《时代周刊》等报刊。

4.6　分号

4.6.1　定义

句内点号的一种，表示复句内部并列关系分句之间的停顿，以及非并列关系的多重复句中第一层分句之间的停顿。

4.6.2　形式

分号的形式是“；”。

4.6.3　基本用法

4.6.3.1　表示复句内部并列关系的分句（尤其当分句内部还有逗号时）之间的停顿。

示例 1，语言文字的学习，就理解方面说，是得到一种知识；就运用方面说，是养成一种习惯。

示例 2：内容有分量，尽管文章短小，也是有分量的；内容没有分量，即使写得再长也没有用。

4.6.3.2　表示非并列关系的多重复句中第一层分句（主要是选择、转折等关系）之间的停顿。

示例 1：人还没看见，已经先听见歌声了；或者人已经转过山头望不见了，歌声还余音袅袅。

示例 2：尽管人民革命的力量在开始时总是弱小的，所以总是受压的；但是由于革命的力量代表历史发展的方向，因此本质上又是不可战胜的。

示例 3：不管一个人如何伟大，也总是生活在一定的环境和条件下；因此，个人的见解总难免带有某种局限性。

示例 4：昨天夜里下了一场雨，以为可以凉快些；谁知没有凉快下来，反而更热了。

4.6.3.3　用于分项列举的各项之间。

示例：特聘教授的岗位职责为：一、讲授本学科的主干基础课程；二、主持本学科的重大科研项目；三、领导本学科的学术队伍建设；四、带领本学科赶超或保持世界先进水平。

4.7　冒号

4.7.1　定义

句内点号的一种，表示语段中提示下文或总结上文的停顿。

4.7.2　形式

冒号的形式是“:”。

4.7.3　基本用法

4.7.3.1　用于总说性或提示性词语（如“说”“例如”“证明”等）之后，表示提示下文。

示例 1：北京紫禁城有四座城门：午门、神武门、东华门和西华门。

示例 2：她高兴地说：“咱们去好好庆祝一下吧！”

示例 3：小王笑着点了点头：“我就是这么想的。”

示例 4：这一事实证明：人能创造环境，环境同样也能创造人。

4.7.3.2　表示总结上文。

示例：张华上了大学，李萍进了技校，我当了工人：我们都有美好的前途。

4.7.3.3　用在需要说明的词语之后，表示注释和说明。

示例 1：（本市将举办首届大型书市。）主办单位：市文化局；承办单位：市图书进出口公司；时间：8 月 15 日—20 日；地点：市体育馆观众休息厅。

示例 2：（做阅读理解题有两个办法。）办法之一：先读题干，再读原文，带着问题有针对性地读课文。办法之二：直接读原文，读完再做题，减少先人为主的干扰。

4.7.3.4　用于书信、讲话稿中称谓语或称呼语之后。

示例 1：广平先生：……

示例 2：同志们、朋友们：……

4.7.3.5　一个句子内部一般不应套用冒号。在列举式或条文式表述中，如不得不套用冒号时，宜另起段落来显示各个层次。

示例：第十条遗产按照下列顺序继承：

第一顺序：配偶、子女、父母。

第二顺序：兄弟姐妹、祖父母、外祖父母。

4.8　引号

4.8.1　定义

标号的一种，标示语段中直接引用的内容或需要特别指出的成分。

4.8.2　形式

引号的形式有双引号““””和单引号“‘’”两种。左侧的为前引号，右侧的为后引号。

4.8.3　基本用法

4.8.3.1　标示语段中直接引用的内容。

示例：李白诗中就有“白发三千丈”这样极尽夸张的语句。

4.8.3.2　标示需要着重论述或强调的内容。

示例：这里所谓的“文”，并不是指文字，而是指文采。

4.8.3.3　标示语段中具有特殊含义而需要特别指出的成分，如别称、简称、反语等

示例 1：电视被称作“第九艺术”。

示例 2：人类学上常把古人化石统称为尼安德特人，简称“尼人”。

示例 3：有几个“慈祥”的老板把捡来的菜叶用盐浸浸就算作工友的菜肴。

4.8.3.4　当引号中还需要使用引号时，外面一层用双引号，里面一层用单引号。

示例：他问：“老师，‘七月流火’是什么意思？”

4.8.3.5　独立成段的引文如果只有一段，段首和段尾都用引号；不止一段时，每段开头仅用前引号，只在最后一段末尾用后引号。

示例：我曾在报纸上看到有人这样谈幸福：

“幸福是知道自己喜欢什么和不喜欢什么。……

“幸福是知道自己擅长什么和不擅长什么。……

“幸福是在正确的时间做了正确的选择。……”

4.8.3.6　在书写带月、日的事件、节日或其他特定意义的短语（含简称）时，通常只标引其中的月和日；需要突出和强调该事件或节日本身时，也可连同事件或节日一起标引。

示例 1：“5·12”汶川大地震

示例 2：“五四”以来的话剧，是我国戏剧中的新形式。

示例 3：纪念“五四运动”90 周年

4.9　括号

4.9.1　定义

标号的一种，标示语段中的注释内容、补充说明或其他特定意义的语句。

4.9.2　形式

括号的主要形式是圆括号“（ ）”，其他形式还有方括号“[]”、六角括号“〔 〕”和方头括号“【 】”等。

4.9.3　基本用法

4.9.3.1　标示下列各种情况，均用圆括号：

a）标示注释内容或补充说明。

示例 1：我校拥有特级教师（含已退休的）17 人。

示例 2：我们不但善于破坏一个旧世界，我们还将善于建设一个新世界！（热烈鼓掌）

b）标示订正或补加的文字。

示例 3：信纸上用稚嫩的字体写着“阿夷（姨），你好！”。

示例 4：该建筑公司负责的建设工程全部达到优良工程（的标准）。

c）标示序次语。

示例 5：语言有三个要素：（1）声音；（2）结构；（3）意义。

示例 6：思想有三个条件：（一）事理；（二）心理；（三）伦理。

d）标示引语的出处。

示例 7：他说得好：“未画之前，不立一格；既画之后，不留一格。”（《板桥集·题画》）

e）标示汉语拼音注音。

示例 8：“的（de）”这个字在现代汉语中最常用。

4.9.3.2　标示作者国籍或所属朝代时，可用方括号或六角括号。

示例 1：[英]赫胥黎《进化论与伦理学》

示例 2：〔唐〕杜甫著

4.9.3.3　报刊标示电讯、报道的开头，可用方头括号。

示例：【新华社南京消息】

4.9.3.4　标示公文发文字号中的发文年份时，可用六角括号。

示例：国发〔2011〕3 号文件

4.9.3.5 标示被注释的词语时，可用六角括号或方头括号。

示例 1:〔奇观〕奇伟的景象。

示例 2:【爱因斯坦】物理学家。生于德国，1933 年因受纳粹政权迫害，移居美国。

4.9.3.6 除科技书刊中的数学、逻辑公式外，所有括号（特别是同一形式的括号）应尽量避免套用。必须套用括号时，宜采用不同的括号形式配合使用。

示例:〔茸（róng）毛〕很细很细的毛。

4.10 破折号

4.10.1 定义

标号的一种，标示语段中某些成分的注释、补充说明或语音、意义的变化。

4.10.2 形式

破折号的形式是“——”。

4.10.3 基本用法

4.10.3.1 标示注释内容或补充说明（也可用括号，见 4.9.3.1；二者的区别另见 B.1.7）。

示例 1：一个矮小而结实的日本中年人——内山老板走了过来。

示例 2：我一直坚持读书，想借此唤起弟妹对生活的希望——无论环境多么困难。

4.10.3.2 标示插入语（也可用逗号，见 4.4.3.3）。

示例：这简直就是——说得不客气点——无耻的勾当！

4.10.3.3 标示总结上文或提示下文（也可用冒号，见 4.7.3.1）。

示例 1：坚强，纯洁，严于律已，客观公正——这一切都难得地集中在一个人身上。

示例 2：画家开始娓娓道来——

数年前的一个寒冬，……

4.10.3.4 标示话题的转换。

示例：“好香的干菜，——听到风声了吗？”赵七爷低声说道。

4.10.3.5 标示声音的延长。

示例：“嘎——”传过来一声水禽被惊动的鸣叫。

4.10.3.6 标示话语的中断或间隔。

示例 1：“班长他牺——”小马话没说完就大哭起来。

示例 2：“亲爱的妈妈，你不知道我多爱您。——还有你，我的孩子！”

4.10.3.7 标示引出对话。

示例：——你长大后想成为科学家吗？

——当然想了！

4.10.3.8 标示事项列举分承。

示例：根据研究对象的不同，环境物理学分为以下五个分支学科：

——环境声学；

——环境光学；

——环境热学；

——环境电磁学；

——环境空气动力学。

4.10.3.9　用于副标题之前。

示例：飞向太平洋

——我国新型号运载火箭发射目击记

4.10.3.10　用于引文、注文后，标示作者、出处或注释者。

示例 1：先天下之忧而忧，后天下之乐而乐。

——范仲淹

示例 2：乐浪海中有倭人，分为百余国。

——《汉书》

示例 3：很多人写好信后把信笺折成方胜形，我看大可不必。（方胜，指古代妇女戴的方形首饰，用彩绸等制作，由两个斜方部分叠合而成。——编者注）

4.11　省略号

4.11.1　定义

标号的一种，标示语段中某些内容的省略及意义的断续等。

4.11.2　形式

省略号的形式是“……”。

4.11.3　基本用法

4.11.3.1　标示引文的省略。

示例：我们齐声朗诵起来：“……俱往矣，数风流人物，还看今朝。”

4.11.3.2　标示列举或重复词语的省略。

示例 1：对政治的敏感，对生活的敏感，对性格的敏感，……这部是作家必须要有的素质。

示例 2：他气得连声说：“好，好……算我没说。”

4.11.3.3　标示语意未尽。

示例 1：在人迹罕至的深山密林里，假如突然看见一缕炊烟，……

示例 2：你这样干，未免太……！

4.11.3.4　标示说话时断断续续。

示例：她磕磕巴巴地说：“可是……太太……我不知道……你一定是认错了。”

4.11.3.5　标示对话中的沉默不语。

示例：“还没结婚吧？”

“……”他飞红了脸，更加忸怩起来。

4.11.3.6　标示特定的成分虚缺。

示例：只要……就……

4.11.3.7 在标示诗行、段落的省略时，可连用两个省略号（即相当于十二连点）。

示例 1：从隔壁房间传来缓缓而抑扬顿挫的吟咏声——

床前明月光，疑是地上霜。

…………

示例 2：该刊根据工作质量、上稿数量、参与程度等方面的表现，评选出了高校十佳记者站。还根据发稿数量、提供新闻线索情况以及对刊物的关注度等，评选出了十佳通讯员。

…………

4.12　着重号

4.12.1　定义

标号的一种，标示语段中某些重要的或需要指明的文字。

4.12.2　形式

着重号的形式是“.”标注在相应文字的下方。

4.12.3　基本用法

4.12.3.1　标示语段中重要的文字。

示例 1：诗人需要表现，而不是证明。

示例 2：下面对本文的理解，不正确的一项是：……

4.12.3.2　标示语段中需要指明的文字。

示例：下边加点的字，除了在词中的读法外，还有哪些读法？

着急　子弹　强调

4.13　连接号

4.13.1　定义

标号的一种，标示某些相关联成分之间的连接。

4.13.2　形式

连接号的形式有短横线“-”、一字线“一”和浪纹线“～”三种。

4.13.3　基本用法

4.13.3.1　标示下列各种情况，均用短横线。

a）化合物的名称或表格、插图的编号。

示例 1：3-戊酮为无色液体，对眼及皮肤有强烈刺激性。

示例 2：参见下页表 2-8、表 2-9。

b）连接号码，包括门牌号码、电话号码，以及用阿拉伯数字表示年月日等。

示例 3：安宁里东路 26 号院 3-2-11 室

示例 4：联系电话：010-88842603

示例 5：2011-02-15

c）在复合名词中起连接作用。

示例 6：吐鲁番-哈密盆地

d）某些产品的名称和型号。

示例 7：WZ-10 直升机具有复杂天气和夜间作战的能力。

e）汉语拼音、外来语内部的分合。

示例 8：shuōshuō-xiàoxiào（说说笑笑）

示例 9：盎格鲁-撒克逊人

示例 10：让-雅克·卢梭（“让-雅克”为双名）

示例 11：皮埃尔·孟戴斯-弗朗斯（“孟戴斯-弗朗斯”为复姓）

4.13.3.2　标示下列各种情况，一般用一字线，有时也可用浪纹线。

a）标示相关项目（如时间、地域等）的起止。

示例 1：沈括（1031—1095），宋朝人。

示例 2：2011 年 2 月 3 日—10 日

示例 3：北京一上海特别旅客快车

b）标示数值范围（由阿拉伯数字或汉字数字构成）的起止。

示例 4：25 ~ 30 g

示例 5：第五 ~ 八课

4.14　间隔号

4.14.1　定义

标号的一种，标示某些相关联成分之间的分界。

4.14.2　形式

间隔号的形式是“・”。

4.14.3　基本用法

4.14.3.1　标示外国人名或少数民族人名内部的分界。

示例 1：克里丝蒂娜・罗塞蒂

示例 2：阿依古丽・买买提

4.14.3.2　标示书名与篇（章、卷）名之间的分界。

示例：《淮南子・本经训》

4.14.3.3　标示词牌、曲牌、诗体名等和题名之间的分界。

示例 1：《沁园春・雪》

示例 2：《天净沙・秋思》

示例 3：《七律・冬云》

4.14.3.4　用在构成标题或栏目名称的并列词语之间。

示例：《天・地・人》

4.14.3.5　以月、日为标志的事件或节日，用汉字数字表示时，只在一、十一和十二月后用间隔号；当直接用阿拉伯数字表示时，月、日之间均用间隔号（半角字符）。

示例 1：“九一八”事变“五四”运动

示例 2：“一・二八”事变“一二・九”运动

示例 3：“3・15”消费者权益日“9・11”恐怖袭击事件

4.15　书名号

4.15.1　定义

标号的一种，标示语段中出现的各种作品的名称。

4.15.2　形式

书名号的形式有双书名号“《 》”和单书名号“〈 〉”两种。

4.15.3　基本用法

4.15.3.1　标示书名、卷名、篇名、刊物名、报纸名、文件名等。

示例 1：《红楼梦》（书名）

示例 2：《史记・项羽本记》（卷名）

示例 3：《论雷峰塔的倒掉》（篇名）

示例 4：《每周关注》（刊物名）

示例 5：《人民日报》（报纸名）

示例 6：《全国农村工作会议纪要》（文件名）

4.15.3.2　标示电影、电视、音乐、诗歌、雕塑等各类用文字、声音、图像等表现的作品的名称。

示例 1:《渔光曲》(电影名)

示例 2:《追梦录》(电视剧名)

示例 3:《勿忘我》(歌曲名)

示例 4:《沁园春·雪》(诗词名)

示例 5:《东方欲晓》(雕塑名)

示例 6:《光与影》(电视节目名)

示例 7:《社会广角镜》(栏目名)

示例 8:《庄子研究文献数据库》(光盘名)

示例 9:《植物生理学系列挂图》(图片名)

4.15.3.3　标示全中文或中文在名称中占主导地位的软件名。

示例：科研人员正在研制《电脑卫士》杀毒软件。

4.15.3.4　标示作品名的简称。

示例：我读了《念青唐古拉山脉纪行》一文（以下简称《念》)，收获很大。

4.15.3.5　当书名号中还需要书名号时，里面一层用单书名号，外面一层用双书名号。

示例:《教育部关于提请审议〈高等教育自学考试试行办法〉的报告》

4.16　专名号

4.16.1　定义

标号的一种，标示古籍和某些文史类著作中出现的特定类专有名词。

4.16.2　形式

专名号的形式是一条直线，标注在相应文字的下方。

4.16.3　基本用法

4.16.3.1　标示古籍、古籍引文或某些文史类著作中出现的专有名词，主要包括人名、地名、国名、民族名、朝代名、年号、宗教名、官署名、组织名等。

示例 1：孙坚人马被刘表率军围得水泄不通。(人名)

示例 2：于是聚集冀、青、幽、并四州兵马七十多万准备决一死战。(地名)

示例 3：当时乌孙及西域各国都向汉派遣了使节。(国名、朝代名)

示例 4：从咸宁二年到太康十年，匈奴、鲜卑、乌桓等族人徙居塞内。(年号、民族名)

4.16.3.2　现代汉语文本中的上述专有名词，以及古籍和现代文本中的单位名、官职名、事件名、会议名、书名等不应使用专名号。必须使用标号标示时，宜使用其他相应标号（如引号、书名号等)。

4.17　分隔号

4.17.1　定义

标号的一种，标示诗行、节拍及某些相关文字的分隔。

4.17.2　形式

分隔号的形式是“/”。

4.17.3　基本用法

4.17.3.1　诗歌接排时分隔诗行（也可使用逗号和分号，见 4.4.3.1/4.6.3.1)。

示例：春眠不觉晓/处处闻啼鸟/夜来风雨声/花落知多少。

4.17.3.2　标示诗文中的音节节拍。

示例：横眉/冷对/千夫指，俯首/甘为/孺子牛。

4.17.3.3　分隔供选择或可转换的两项，表示“或”。

示例：动词短语中除了作为主体成分的述语动词之外，还包括述语动词所带的宾语和/或补语。

4.17.3.4　分隔组成一对的两项，表示“和”。

示例 1：13/14 次特别快车

示例 2：羽毛球女双决赛中国组合杜婧/于洋两局完胜韩国名将李孝贞/李敬元。

4.17.3.5　分隔层级或类别。

示例：我国的行政区划分为：省（直辖市、自治区）/省辖市（地级市）/县（县级市、区、自治州）/乡（镇）/村（居委会）。

5　标点符号的位置和书写形式

5.1　横排文稿标点符号的位置和书写形式

5.1.1　句号、逗号、顿号、分号、冒号均置于相应文字之后，占一个字位置，居左下，不出现在一行之首。

5.1.2　问号、叹号均置于相应文字之后，占一个字位置，居左，不出现在一行之首。两个问号（或叹号）叠用时，占一个字位置；三个问号（或叹号）叠用时，占两个字位置；问号和叹号连用时，占一个字位置。

5.1.3　引号、括号、书名号中的两部分标在相应项目的两端，各占一个字位置。其中前一半不出现在一行之末，后一半不出现在一行之首。

5.1.4　破折号标在相应项目之间，占两个字位置，上下居中，不能中间断开分处上行之末和下行之首。

5.1.5　省略号占两个字位置，两个省略号连用时占四个字位置并须单独占一行。省略号不能中间断开分处上行之末和下行之首。

5.1.6　连接号中的短横线比汉字“一”略短，占半个字位置；一字线比汉字“一”略长，占一个字位置；浪纹线占一个字位置。连接号上下居中，不出现在一行之首。

5.1.7　间隔号标在需要隔开的项目之间，占半个字位置，上下居中，不出现在一行之首。

5.1.8　着重号和专名号标在相应文字的下边。

5.1.9　分隔号占半个字位置，不出现在一行之首或一行之末。

5.1.10　标点符号排在一行末尾时，若为全角字符则应占半角字符的宽度（即半个字位置），以使视觉效果更美观。

5.1.11　在实际编辑出版工作中，为排版美观、方便阅读等需要，或为避免某一小节最后一个汉字转行或出现在另外一页开头等情况（浪费版面及视觉效果差），可适当压缩标点符号所占用的空间。

5.2　竖排文稿标点符号的位置和书写形式

5.2.1　句号、问号、叹号、逗号、顿号、分号和冒号均置于相应文字之下偏右。

5.2.2　破折号、省略号、连接号、间隔号和分隔号置于相应文字之下居中，上下方向排列。

5.2.3　引号改用双引号“﹃”“﹄”和单引号“﹁”“﹂”，括号改用“︵”“︶”，标在相应项目的上下。

5.2.4　竖排文稿中使用浪线式书名号“﹏”，标在相应文字的左侧。

5.2.5　着重号标在相应文字的右侧，专名号标在相应文字的左侧。

5.2.6　横排文稿中关于某些标点不能居行首或行末的要求，同样适用于竖排文稿。

附录 A：标点符号用法的补充规则

（规范性附录）

A.1　句号用法补充规则

图或表的短语式说明文字，中间可用逗号，但末尾不用句号。即使有时说明文字较长，前面的语段已出现句号，最后结尾处仍不用句号。

示例 1：行进中的学生方队

示例 2：经过治理，本市市容市貌焕然一新。这是某区街道一景

A.2　问号用法补充规则

使用问号应以句子表示疑问语气为依据，而并不根据句子中包含有疑问词。当含有疑问词的语段充当某种句子成分，而句子并不表示疑问语气时，句末不用同号。

示例 1：他们的行为举止、审美趣味，甚至读什么书，坐什么车，都在媒体掌握之中。

示例 2：谁也不见，什么也不吃，哪儿也不去。

示例 3：我也不知道他究竟躲到什么地方去了。

A.3　逗号用法补充规则

用顿号表示较长、较多或较复杂的并列成分之间的停顿时，最后一个成分前可用“以及（及）”进行连接，“以及（及）”之前应用逗号。

示例：压力过大、工作时间过长、作息不规律，以及忽视营养均衡等，均会导致健康状况的下降。

A.4　顿号用法补充规则

A.4.1　表示含有顺序关系的并列各项间的停顿，用顿号，不用逗号。下例解释“对于”一词用法，“人”“事物”“行为”之间有顺序关系（即人和人、人和事物、人和行为、事物和事物、事物和行为、行为和行为等六种对待关系），各项之间应用顿号。

示例：[对于]表示人，事物，行为之间的相互对待关系。（误）

[对于]表示人、事物、行为之间的相互对待关系。（正）

A.4.2　用阿拉伯数字表示年月日的简写形式时，用短横线连接号，不用顿号。

示例：2010、03、02（误）

2010-03-02（正）

A.5　分号用法补充规则

分项列举的各项有一项或多项已包含句号时，各项的末尾不能再用分号。

示例：本市先后建立起三大农业生产体系：一是建立甘蔗生产服务体系。成立糖业服务

公司，主要给农民提供机耕等服务；二是建立蚕桑生产服务体系。……；三是建立热作服务体系。……。（误）

本市先后建立起三大农业生产体系：一是建立甘蔗生产服务体系等服务。成立糖业服务公司，主要给农民提供机耕等服务。二是建立蚕桑生产服务体系。……。三是建立热作服务体系。……。（正）

A.6 冒号用法补充规则

A.6.1 冒号用在提示性话语之后引起下文。表面上类似但实际不是提示性话语的，其后用逗号。

示例 1：郦道元《水经注》记载："沼西际山枕水，有唐叔虞祠。"（提示性话语）

示例 2：据《苏州府志》载，苏州城内大小园林约有 150 多座，可算名副其实的园林之城。（非提示性话语）

A.6.2 冒号提示范围无论大小（一句话、几句话甚至几段话），都应与提示性话语保持一致（即在该范围的末尾要用句号点断）。应避免冒号涵盖范围过窄或过宽。

示例：艾滋病有三个传播途径：血液传播，性传播和母婴传播，日常接触是不会传播艾滋病的。（误）

艾滋病有三个传播途径：血液传播，性传播和母婴传播。日常接触是不会传播艾滋病的。（正）

A.6.3 冒号应用在有停顿处，无停顿处不应用冒号。

示例 1：他头也不抬，冷冷地问："你叫什么名字？"（有停顿）

示例 2：这事你得拿主意，光说"不知道"怎么行？（无停顿）

A.7 引号用法补充规则

"丛刊""文库""系列""书系"等作为系列著作的选题名，宜用引号标引。当"丛刊"等为选题名的一部分时，放在引号之内，反之则放在引号之外。

示例 1："汉译世界学术名著丛书"

示例 2："中国哲学典籍文库"

示例 3："20 世纪心理学通览"丛书

A.8 括号用法补充规则

括号可分为句内括号和句外括号。句内括号用于注释句子里的某些词语，即本身就是句子的一部分，应紧跟在被注释的词语之后。句外括号则用于注释句子、句群或段落，即本身结构独立，不属于前面的句子、句群或段落，应位于所注释语段的句末点号之后。

示例：标点符号是辅助文字记录语言的符号，是书面语的有机组成部分，用来表示语句的停顿、语气以及标示某些成分（主要是词语）的特定性质和作用。（数学符号、货币符号、校勘符号等特殊领域的专门符号不属于标点符号。）

A.9 省略号用法补充规则

A.9.1 不能用多于两个省略号（多于 12 点）连在一起表示省略。省略号须与多点连续的连珠号相区别（后者主要是用于表示目录中标题和页码对应和连接的专门符号）。

A.9.2 省略号和"等""等等""什么的"等词语不能同时使用。在需要读出来的地方用

“等”“等等”“什么的”等词语，不用省略号。

示例：含有铁质的食物有猪肝、大豆、油菜、菠菜……等。（误）

含有铁质的食物有猪肝、大豆、油菜、菠菜等。（正）

A.10 着重号用法补充规则

不应使用文字下加直线或波浪线等形式表示着重。文字下加直线为专名号形式（4.16）；文字下加浪纹线是特殊书名号（A.13.6）。着重号的形式统一为相应项目下加小圆点。

示例：下面对本文的理解，不正确的一项是（误）

下面对本文的理解，不正确的一项是（正）

A.11 连接号用法补充规则

浪纹线连接号用于标示数值范围时，在不引起歧义的情况下，前一数值附加符号或计量单位可省略。

示例：5 公斤 ~ 100 公斤（正）

5 ~ 100 公斤（正）

A.12 间隔号用法补充规则

当并列短语构成的标题中已用间隔号隔开时，不应再用“和”类连词。

示例：《水星・火星和金星》（误）

《水星・火星・金星》（正）

A.13 书名号用法补充规则

A.13.1 不能视为作品的课程、课题、奖品奖状、商标、证照、组织机构、会议、活动等名称，不应用书名号。下面均为书名号误用的示例：

示例 1：下学期本中心将开设《现代企业财务管理》《市场营销》两门课程。

示例 2：明天将召开《关于“两保两挂”的多视觉理论思考》课题立项会。

示例 3：本市将向 70 岁以上（含 70 岁）老年人颁发《敬老证》。

示例 4：本校共获得《最佳印象》《自我审美》《卡拉 OK》等六个奖杯。

示例 5：《闪光》牌电池经久耐用。

示例 6：《文史杂志社》编辑力量比较雄厚。

示例 7：本市将召开《全目食用天然色素应用研讨会》。

示例 8：本报将于今年暑假举行《墨宝杯》书法大赛。

A.13.2 有的名称应根据指称意义的不同确定是否用书名号。如文艺晚会指一项活动时，不用书名号；而特指一种节目名称时，可用书名号。再如展览作为一种文化传播的组织形式时，不用书名号；特定情况下将某项展览作为一种创作的作品时，可用书名号。

示例 1：2008 年重阳联欢晚会受到观众的称赞和好评。

示例 2：本台将重播《2008 年重阳联欢晚会》。

示例 3：“雪域明珠——中国西藏文化展”今天隆重开幕。

示例 4：《大地飞歌艺术展》是一部大型现代艺术作品。

A.13.3 书名后面表示该作品所属类别的普通名词不标在书名号内。

示例：《我们》杂志

A.13.4　书名有时带有括注。如果括注是书名、篇名等的一部分，应放在书名号之内，反之则应放在书名号之外。

示例 1:《琵琶行（并序）》

示例 2:《中华人民共和国民事诉讼法（试行）》

示例 3:《新政治协商会议筹备会组织条例（草案）》

示例 4:《百科知识》（彩图本）

示例 5:《人民日报》（海外版）

A.13.5　书名、篇名末尾如有叹号或问号，应放在书名号之内。

示例 1:《日记何罪!》

示例 2:《如何做到同工又同酬？》

A.13.6　在古籍或某些文史类著作中，为与专名号配合，书名号也可改用浪线式“﹏”，标注在书名下方。这可以看作是特殊的专名号或特殊的书名号。

A.14　分隔号用法补充规则

分隔号又称正斜线号，须与反斜线号“\”相区别（后者主要是用于编写计算机程序的专门符号）。使用分隔号时，紧贴着分隔号的前后通常不用点号。

附录 B

（资料性附录）

标点符号若干用法的说明

B.1　易混标点符号用法比较

B.1.1　逗号、顿号表示并列词语之间停顿的区别

逗号和顿号都表示停顿，但逗号表示的停顿长，顿号表示的停顿短。并列词语之间的停顿一般用顿号，但当并列词语较长或其后有语气词时，为了表示稍长一点的停顿，也可用逗号。

示例 1：我喜欢吃的水果有苹果、桃子、香蕉和菠萝。

示例 2：我们需要了解全局和局部的统一，必然和偶然的统一，本质和现象的统一。

示例 3：看游记最难弄清位置和方向，前啊，后啊，左啊，右啊，看了半天，还是不明白。

B.1.2　逗号、顿号在表列举省略的“等”“等等”之类词语前的使用

并列成分之间用顿号，末尾的并列成分之后用“等”“等等”之类词语时，“等”类词前不用顿号或其他点号；并列成分之间用逗号，末尾的并列成分之后用“等”类词时，“等”类词前应用逗号。

示例 1：现代生物学、物理学、化学、数学等基础科学的发展，带动了医学科学的进步。

示例 2：写文章前要想好：文章主题是什么，用哪些材料，哪些详写，哪些略写，等等。

B.1.3　逗号、分号表示分句间停顿的区别

当复句的表述不复杂、层次不多，相连的分句语气比较紧凑、分句内部也没有使用逗号表示停顿时，分句间的停顿多用逗号。当用逗号不易分清多重复句内部的层次（如分句内部已有逗号），而用句号又可能割裂前后关系的地方，应用分号表示停顿。

示例 1：她拿起钥匙，开了箱上的锁，又开了首饰盒上的锁，往老地方放钱。

示例 2：纵比，即以一事物的各个发展阶段作比；横比，则以此事物与彼事物相比。

B.1.4 顿号、逗号、分号在标示层次关系时的区别

句内点号中，顿号表示的停顿最短、层次最低，通常只能表示并列词语之间的停顿；分号表示的停顿最长、层次最高，可以用来表示复句的第一层分句之间的停顿；逗号介于两者之间，既可表示并列词语之间的停顿，也可表示复句中分句之间的停顿。若分句内部已用逗号，分句之间就应用分号（见 B.1.3 示例 2）。用分号隔开的几个并列分句不能由逗号统领或总结。

示例 1：有的学会烤烟，自己做挺讲究的纸烟和雪茄；有的学会蔬菜加工，做的番茄酱能吃到冬天；有的学会蔬菜腌渍、窖藏，使秋菜接上春菜。

示例 2：动物吃植物的方式多种多样，有的是把整个植物吃掉，如原生动物；有的是把植物的大部分吃掉，如鼠类；有的是吃掉植物的要害部位，如鸟类吃掉植物的嫩芽。（误）

动物吃植物的方式多种多样：有的是把整个植物吃掉，如原生动物；有的是把植物的大部分吃掉，如鼠类；有的是吃掉植物的要害部位. 如鸟类吃掉植物的嫩芽。（正）

B.1.5 冒号、逗号用于“说”“道”之类词语后的区别

位于引文之前的“说”“道”后用冒号。位于引文之后的“说”“道”分两种情况：处于句末时，其后用句号；“说”“道”后还有其他成分时，其后用逗号。插在话语中间的“说”“道”类词语后只能用逗号表示停顿。

示例 1：他说：“晚上就来家里吃饭吧。”

示例 2：“我真的很期待。”他说。

示例 3：“我有件事忘了说……”他说，表情有点为难。

示例 4：“现在请皇上脱下衣服，”两个骗子说，“好让我们为您换上新衣。”

B.1.6 不同点号表示停顿长短的排序

各种点号都表示说话时的停顿。句号、问号、叹号都表示句子完结，停顿最长。分号用于复句的分句之间，停顿长度介于句末点号和逗号之间，而短于冒号。逗号表示一句话中间的停顿，又短于分号。顿号用于并列词语之间，停顿最短。通常情况下，各种点号表示的停顿由长到短为：句号=问号=叹号>冒号（指涵盖范围为一句话的冒号）> 分号 > 逗号 > 顿号。

B.1.7 破折号与括号表示注释或补充说明时的区别

破折号用于表示比较重要的解释说明，这种补充是正文的一部分，可与前后文连读；而括号表示比较一般的解释说明，只是注释而非正文，可不与前后文连读。

示例 1：在今年——农历虎年，必须取得比去年更大的成绩。

示例 2：哈雷在牛顿思想的启发下，终于认出了他所关注的彗星（该星后人称为哈雷彗里）。

B.1.8 书名号、引号在“题为……”“以……为题”格式中的使用

“题为……”“以……为题”中的“题”，如果是诗文、图书、报告或其他作品可作为篇名、书名看待时，可用书名号；如果是写作、科研、辩论、谈话的主题，非特定作品的标题，应用引号。即“题为……”“以……为题”中的“题”应根据其类别分别按书名号和引号的用法处理。

示例 1：有篇题为《柳宗元的诗》的文章，全文才 2000 字，引文不实却达 11 处之多。

示例 2：今天一个以“地球·人口·资源·环境”为题的大型宣传活动在此间举行。

示例 3：《我的老师》写于 1956 年 9 月，是作者应《教师报》之约而写的。

示例 4：“我的老师”这类题目，同学们也许都写过。

B.2 两个标点符号连用的说明

B.2.1 行文中表示引用的引号内外的标点用法

当引文完整且独立使用，或虽不独立使用但带有问号或叹号时，引号内句末点号应保留。除此之外，引号内不用句末点号。当引文处于句子停顿处（包括句子末尾）且引号内未使用点号时，引号外应使用点号；当引文位于非停顿处或者引号内已使用句末点号时，引号外不用点号。

示例 1“沉舟侧畔千帆过．病树前头万木春。”他最喜欢这两句诗。

示例 2：书价上涨令许多读者难以接受，有些人甚至发出“还买得起书吗？”的疑问。

示例 3：他以“条件还不成熟，准备还不充分”为由，否决了我们的提议。

示例 4：你这样“明日复明日”地要拖到什么时候？

示例 5：司马迁为了完成《史记》的写作，使之“藏之名山”，忍受了人间最大的侮辱。

示例 6：在施工中要始终坚持“把质量当生命”。

示例 7：“言之无文，行而不远”这句话，说明了文采的重要。

示例 8：俗话说：“墙头一根草，风吹两边倒。”用这句话来形容此辈再恰当不过。

B.2.2 行文中括号内外的标点用法

括号内行文末尾需要时可用问号、叹号和省略号。除此之外，句内括号行文末尾通常不用标点符号。句外括号行文末尾是否用句号由括号内的语段结构决定：若语段较长、内容复杂，应用句号。句内括号外是否用点号取决于括号所处位置：若句内括号处于句子停顿处，应用点号。句外括号外通常不用点号。

示例 1：如果不采取（但应如何采取呢？）十分具体的控制措施，事态将进一步扩大。

示例 2：3 分钟过去了（仅仅才 3 分钟！），从眼前穿梭而过的出租车竟达 32 辆!

示例 3：她介绍时用了一连串比喻（有的状如树枝，有的貌似星海……），非常形象。

示例 4：科技协作合同（包括科研、试制、成果推广等）根据上级主管部门或有关部门的计划签订。

示例 5：应把夏朝看作原始公社向奴隶制国家过渡时期。（龙山文化遗址里，也有俯身葬。俯身者很可能就是奴隶。）

示例 6：问：你对你不喜欢的上司是什么态度？

答：感情上疏远，组织上服从。（掌声，笑声）

示例 7：古汉语（特别是上古汉语），对于我来说，有着常人无法想象的吸引力。

示例 8：由于这种推断尚来经过实践的考验，我们只能把它作为假设（或假说）提出来。

示例 9：人际交往过程就是使用语词传达意义的过程。（严格说，这里的“语词”应为语词指号。）

B.2.3 破折号前后的标点用法

破折号之前通常不用点号；但根据句子结构和行文需要，有时也可分别使用句内点号或句末点号。破折号之后通常不会紧跟着使用其他点号；但当破折号表示语音的停顿或延长时，根据语气表达的需要，其后可紧接问号或叹号。

示例 1：小妹说：“我现在工作得挺好，老板对我不错，工资也挺高。——我能抽支烟吗？”

（表示话题的转折）

示例 2：我不是自然主义者，我主张文学高于现实，能够稍稍居高临下地去看现实，因为文学的任务不仅在于反映现实。光描写现存的事物还不够，还必须记住我们所希望的和可能产生的事物。必须使现象典型化。应该把微小而有代表性的事物写成重大的和典型的事物。——这就是文学的任务。（表示对前几句话的总结）

示例 3："是他——？"石一川简直不敢相信自己的耳朵。

示例 4："我终于考上大学啦！我终于考上啦——！"金石开兴奋得快要晕过去了。

B.2.4　省略号前后的标点用法

省略号之前通常不用点号。以下两种情况例外：省略号前的句子表示强烈语气、句末使用问号或叹号时；省略号前不用点号就无法标示停顿或表明结构关系时。省略号之后通常也不用点号，但当句末表达强烈的语气或感情时，可在省略号后用问号或叹号；当省略号后还有别的话、省略的文字和后面的话不连续且有停顿时，应在省略号后用点号；当表示特定格式的成分虚缺时，省略号后可用点号。

示例 1；想起这些，我就觉得一辈子都对不起你。你对梁家的好，我感激不尽!……

示例 2：他进来了，……一身军装，一张朴实的脸．站在我们面前显得很高大，很年轻。

示例 3：这，这是……？

示例 4：动物界的规矩比人类还多．野骆驼、野猪、黄羊……，直至塔里木兔、跳鼠，都是各行其路，决不混淆。

示例 5：大火被渐渐扑灭，但一片片油污又旋即出现在遇难船旁……。清污船迅速赶来，并施放围栏以控制油污。

示例 6：如果……，那么……。

B.3　序次语之后的标点用法

B.3.1　"第""其"字头序次语，或"首先""其次""最后"等做序次语时，后用逗号（见 4.4.3.3）。

B.3.2　不带括号的汉字数字或"天干地支"做序次语时，后用顿号（见 4.5.3.2）。

B.3.3　不带括号的阿拉伯数字、拉丁字母或罗马数字做序次语时，后面用下脚点（该符号属于外文的标点符号）。

示例 1：总之，语言的社会功能有三点：1. 传递信息，交流思想；2. 确定关系，调节关系；3. 组织生活，组织生产。

示例 2：本课一共讲解三个要点：A. 生理停顿；B. 逻辑停顿；C. 语法停顿。

B.3.4　加括号的序次语后面不用任何点号。

示例 1：受教育者应履行以下义务：（一）遵守法律、法规；（二）努力学习，完成规定的学习任务；（三）遵守所在学校或其他教育机构的制度。

示例 2：科学家很重视下面几种才能：（1）想象力；（2）直觉的理解力；（3）数学能力。

B.3.5　阿拉伯数字与下脚点结合表示章节关系的序次语末尾不用任何点号。

示例：3 停顿

3.1　生理停顿

3.2　逻辑停顿

B.3.6　用于章节、条款的序次语后宜用空格表示停顿。

示例：第一课春天来了

B.3.7　序次简单、叙述性较强的序次语后不用标点符号。

示例：语言的社会功能共有三点：一是传递信息；二是确定关系；三是组织生活。

B.3.8　同类数字形式的序次语，带括号的通常位于不带括号的下一层。通常第一层是带有顿号的汉字数字；第二层是带括号的汉字数字；第三层是带下脚点的阿拉伯数字；第四层是带括号的阿拉伯数字；再往下可以是带圈的阿拉伯数字或小写拉丁字母。一般可根据文章特点选择从某一层序次语开始行文，选定之后应顺着序次语的层次向下行文，但使用层次较低的序次语之后不宜反过来再使用层次更高的序次语。

示例：一、……

（一）……

1.……

（1）……

①/a.……

B.4　文章标题的标点用法

文章标题的末尾通常不用标点符号，但有时根据需要可用问号、叹号或省略号。

示例1：看看电脑会有多聪明，让它下盘围棋吧

示例2：猛龙过江：本店特色名菜

示例3：严防“电脑黄毒”危害少年

示例4：回家的感觉真好

——访大赛归来的本市运动员

示例5：里海是湖，还是海？

示例6：人体也是污染源！

示例7：和平协议签署之后……

附件 6 《中华人民共和国国家标准（GB/T 15835—2011）出版物上数字用法》

（中华人民共和国国家质量监督检验检疫总局、中国国家标准化管理委员会 2011 年 07 月 29 日发布，2011 年 11 月 1 日实施）

前 言

本标准按照 GB/T 1.1—2009 给出的规则起草。

本标准代替 GB/T 15835—1990《出版物上数字用法的规定》，与 GB/T 15835—1995《出版物上数字用法的规定》相比，主要变化如下：

——原标准在汉字数字与阿拉伯数字中，明显倾向于使用阿拉伯数字。本标准不再强调这种倾向性。

——在继承原标准中关于数字用法应遵循“得体原则”和“局部体例一致原则”的基础上，通过措辞上的适当调整，以及更为具体的规定和示例，进一步明确了具体操作规范。

——将原标准的平级罗列式行文结构改为层级分类式行文结构。

——删除了原标准的基本术语“物理量”与“非物理量”，增补了“计量”“编号”“概数”作为基本术语。

本标准由教育部语言文字信息管理司提出并归口。

本标准主要起草单位：北京大学。

本标准主要起草人：詹卫东、覃士娟、曾石铭。

本标准所代替标准的历次版本发布情况为：

——GB/T 15835—1995。

1　范围

本标准规定了出版物上汉字数字和阿拉伯数字的用法。

本标准适用于各类出版物（文艺类出版物和重排古籍除外）。政府和企事业单位公文，以及教育、媒体和公共服务领域的数字用法，也可参照本标准执行。

2　规范性引用文件

下列文件对于本文件的应用是必不可少的。凡是注日期的引用文件，仅注日期的版本适用于本文件。凡是不注日期的引用文件，其最新版本（包括所有的修改单）适用于本文件。

GB/T 7408—2005 数据元和交换格式信息交换日期和时间表示法

3　术语和定义

下列术语和定义适用于本文件

3.1 计量 measuring

将数字用于加、减、乘、除等数学运算

3.2 编号 numbering

将数字用于为事物命名或排序，但不用于数学运算

3.3 概数 approximate number

用于模糊计量的数字。

4 数字形式的选用

4.1 选用阿拉伯数字

4.1.1 用于计量的数字

在使用数字进行计量的场合，为达到醒目、易于辨识的效果，应采用阿拉伯数字。

示例 1：

-125.033 4.05% 63% ~ 68% 1：50 097/108

当数值伴随有计量单位时，如：长度、容积、面积、体积、质量、温度、经纬度、音量、频率等等，特别是当计量单位以字母表达时，应采用阿拉伯数字。

示例 2：

523.56 km（523. 56 千米）567 mm^3（567 立方毫米）

34 ~ 39 °C（34 ~ 39 摄氏度）346.87 L（346.87 升）

605 g（605 克） 北纬 40°（40 度） 5.34 m^2（5.34 平方米）100 ~ 150 kg（100 ~ 150 千克）120 dB（120 分贝）

4.1.2 用于编号的数字

在使用数字进行编号的场合，为达到醒目，易于辨识的效果，应采用阿拉伯数字。

示例：

电话号码：98888

邮政编码：100871

通信地址：北京市海淀区复兴路 11 号

电子邮件地址：x186@186.net

网页地址：http://127.0.0.1

汽车号牌：京 A00001

公交车号：302 路公交车

道路编号：101 国道

公文编号：国办发[1987]9 号

图书编号：ISBN 978-7-80184-224-4

刊物编号：CN11-1399

章节编号：4.1.2 产品型号：PH-3000 型计算机

产品序列号：C84XB-JYVFD-P7HC4-6XKRJ-7M6XH

单位注册号：02050214

行政许可登记编号：0684D10004-828

4.1.3　已定型的含阿拉伯数字的词语

现代社会生活中出现的事物、现象、事件，其名称的书写形式中包含阿拉伯数字，已经广泛使用而稳定下来，应采用阿拉伯数字。

示例：

3G 手机 MP3 播放器 G8 峰会 维生素 B_{12}

97 号汽油“5・27”事件“12・5”枪击案

4.2　选用汉字数字

4.2.1　非公历纪年

干支纪年、农历月日、历史朝代纪年及其他传统上采用汉字形式的非公历纪年等等，应采用汉字数字。

示例：

丙寅年十月十五日 庚辰年八月五日

腊月二十三 正月初五 八月十五中秋

秦文公四十四年 太平天国庚申十年九月二十四日

清咸丰十年九月二十日 藏历阳木龙年八月二十六日 日本庆应三年

4.2.2　概数

数字连用表示的概数、含“几”的概数，应采用汉字数字。

示例：

三四个月 一二十个 四十五六岁 五六万套 五六十年前

几千 二十几 一百几十 几万分之一

4.2.3　已定型的含汉字数字的词语

汉语中长期使用已经稳定下来的包含汉字数字形式的词语，应采用汉字数字。

示例：

万一 一律 一旦 三叶虫 四书五经 星期五 四氧化三铁 八国联军

七上八下 一心一意 不管三七二十一 一方面 二百五 半斤八两

五省一市 五讲四美 相差十万八千里 八九不离十 白发三千丈

不二法门 二八年华 五四运动“一・二八”事变“一二・九”运动

4.3　选用阿拉伯数字与汉字数字均可

如果表达计量或编号所需要用到的数字个数不多，选择汉字数字还是阿拉伯数字在书写的简洁性和辨识的清晰性两方面没有明显差异时，两种形式均可使用。

示例 1：

17 号楼（十七号楼） 3 倍（三倍） 第 5 个工作日（第五个工作日）

100 多件（一百多件） 20 余次（二十余次） 约 300 人（约三百人）

40 左右（四十左右） 50 上下（五十上下） 50 多人（五十多人）

第 25 页（第二十五页） 第 8 天（第八天） 第 4 季度（第四季度）第 45 份（第四十五份） 共 230 位同学（共二百三十五位同学） 0.5（零点五）

76 岁（七十六岁） 120 周年（一百二十周年） 1/3（三分之一）

公元前 8 世纪（公元前八世纪） 20 世纪 80 年代（二十世纪八十年代）

公元 253 年（公元二五三年） 1997 年 7 月 1 日（一九九七年七月一日）

下午 4 点 40 分（下午四点四十分） 4 个月（四个月） 12 天（十二天）

如果要突出简洁醒目的表达效果，应使用阿拉伯数字；如果要突出庄重典雅的表达效果，应使用汉字数字。

示例 2：

北京时间 2008 年 5 月 12 日 14 时 28 分

十一届全国人大一次会议（不写为“11 届全国人大 1 次会议”）

六方会谈（不写为“6 方会谈”）

在同一场合出现的数字，应遵循“同类别同形式”原则来选择数字的书写形式。如果两数字的表达功能类别相同（比如都是表达年月日时间的数字），或者两数字在上下文中所处的层级相同（比如文章目录中同级标题的编号），应选用相同的形式。反之，如果两数字的表达功能不同．或所处层级不同，可以选用不同的形式。

示例 3：

2008 年 8 月 8 日 二〇〇八年八月八日（不写为“二〇〇八年 8 月 8 日”）

第一章 第二章……第十二章（不写为“第一章 第二章……第 12 章”）

第二章的下一级标题可以用阿拉伯数字编号：2.1，2.2，……

应避免相邻的两个阿拉伯数字造成歧义的情况。

示例 4：

高三 3 个班 高三三个班（不写为“高 33 个班”）

高三 2 班 高三（2）班 （不写为“高 32 班”）

有法律效力的文件、公告文件或财务文件中可同时采用汉字数字和阿拉伯数字。

示例 5：

2008 年 4 月保险账户结算日利率为万分之一点五七五零（0.015750%）

35.5 元（35 元 5 角 三十五元五角 叁拾伍圆伍角）

5 数字形式的使用

5.1 阿拉伯数字的使用

5.1.1 多位数

为便于阅读，四位以上的整数或小数，可采用以下两种方式分节：

——第一种方式：千分撇

整数部分每三位一组，以“,”分节。小数部分不分节。四位以内的整数可以不分节。

示例 1：624，000 92，300，000 19，351，235.235767 1256

——第二种方式：千分空

从小数点起，向左和向右每三位数字一组，组间空四分之一个汉字，即二分之一个阿拉伯数字的位置。四位以内的整数可以不加千分空。

示例 2：55 235 367.346 23 98 235 358.238 368

注：各科学技术领域的多位数分节方式参照 GB 3101-1993 的规定执行。

5.1.2　纯小数

纯小数必须写出小数点前定位的“0”，小数点是齐阿拉伯数字底线的实心点“.”。

示例：0.46 不写为.46 或 0。46

5.1.3　数值范围

在表示数值的范围时，可采用浪纹式连接号“ ~ ”或一字线连接号“-”。前后两个数值的附加符号或计量单位相同时，在不造成歧义的情况下，前一个数值的附加符号或计量单位可省略，如果省略数值的附加符号或计量单位会造成歧义，则不应省略。

示例：

−36 ~ −8 °C　400-429 页 100-100 kg　12 500 ~ 20 000 元

9 亿 ~ 16 亿（不写为 9 ~ 16 亿）13 万元 ~ 17 万元（不写为 13 ~ 17 万元）

{: --}15% ~ 30%（不写为 15 ~ 30%）$4.3\times10^6 \sim 5.7\times10^6$（不写为 $4.3 \sim 5.7\times10^6$）

5.1.4　年月日

年月日的表达顺序应按照口语中年月日的自然顺序书写。

示例 1：2008 年 8 月 8 日　1997 年 7 月 1 日

“年”“月”可按照 GB/T　7408-2005 的 5.2.1.1 中的扩展格式，用“-”替代，但年月日不完整时不能替代。

示例 2：2008-8-8 1997-7-18 月 8 日（不写为 8-8）2008 年 8 月（不写为 2008-8）

四位数字表示的年份不应简写为两位数字。

示例 3：

“1990 年”不写为“90 年”

月和日是一位数时，可在数字前补“0”。

示例 4：2008-08-08 1997-07-01

5.1.5　时分秒

计时方式既可采用 12 小时制，也可采用 24 小时制。

示例 1：11 时 40 分（上午 11 时 40 分　21 时 12 分 36 秒（晚上 9 时 12 分 36 秒）

时分秒的表达顺序应按照口语中时、分、秒的自然顺序书写。

示例 2：15 时 40 分　14 时 12 分 36 秒

“时”“分”也可按照 GB/T 7408-2000 的 5.3.1.1 和 5.3.1.2 中的扩展格式，用“:”替代

示例 3：15：40 14：12：36

5.1.6　含有月日的专名

含有月日的专名采用阿拉伯数字表示时，应采用间隔号“・”将月、日分开，并在数字前后加引号。

示例：“3・15”消费者权益日

5.1.7　书写格式

5.1.7.1　字体

出版物中的阿拉伯数字，一般应使用正体二分字身，即占半个汉字位置。

示例：234 57.236

5.1.7.2　换行

一个用阿拉伯数字书写的数值应在同一行中，避免被断开。

5.1.7.3　竖排文本中的数字方向

竖排文字中的阿拉伯数字按顺时针方向转 90 度。旋转后要保证同一个词语单位的文字方向相同

示例：

示例一

雪花牌 BCD188 型家用电冰箱容量是一百八十八升，功率为一百二十五瓦，市场售价两千零五十元，返修率仅为百分之零点一五。

示例二

海军 J12 号打捞救生船在太平洋上航行了十三天，于一九〇年八月六日零时三十分返回基地。

5.2　汉字数字的使用

5.2.1　概数

两个数字连用表示概数时，两数之间不用顿号“、”隔开。

示例：二三米 一两个小时 三五天 一二十个 四十五六岁

5.2.2　年份

年份简写后的数字可以理解为概数时，一般不简写。

示例：“一九七八年”不写为“七八年”

5.2.3　含有月日的专名

含有月日的专名采用汉字数字表示时，如果涉及一月、十一月、十二月，应用间隔号“-”将表示月和日的数字隔开，涉及其他月份时，不用间隔号。

示例：“一・二八”事变 “一二・九”运动 五国际劳动节

5.2.4　大写汉字数字

——大写汉字数字的书写形式

零、壹、贰、叁、肆、伍、陆、柒、捌、玖、拾、佰、仟、万、亿

——大写汉字数字的适用场合

法律文书和财务票据上，应采用大写汉字数字形式记数。

示例：3，504 元（叁仟伍佰零肆圆）39，148 元（叁万玖仟壹佰肆拾捌圆）

5.2.5　“零”和“〇”

阿拉伯数字“0”有“零”和“〇”两种汉字书写形式。一个数字用作计量时，其中“0”的汉字书写形式为“零”，用作编号时，“0”的汉字书写形式为“〇”。

示例：

“3052（个）”的汉字数字形式为“三千零五十二”（不写为“三千〇五十二”）

“95.06”的汉字数字形式为“九十五点零六”（不写为“九十五点〇六”）

“公元 2012（年）”的汉字数字形式为“二〇一二”（不写为“二零一二”）

5.3　阿拉伯数字与汉字数字同时使用

如果一个数值很大，数值中的“万”“亿”单位可以采用汉字数字，其余部分采用阿拉伯数字。

示例 1：

我国 1982 年人口普查人数为 10 亿零 817 万 5 288 人

除上面情况之外的一般数值，不能同时采用阿拉伯数字与汉字数字。

示例 2：

108 可以写作“一百零八”，但不应写作“1 百零 8”“一百 08”

4 000 可以写作“四千”，但不应写作“4 千”。

后　记

经过近两年的努力，《应用写作教程》终于可以付梓，这是安康学院文学与传媒学院数位老师通力合作的结果，也是学校在强化应用技能型人才培养、推进教学改革上面认真思考的结晶。

自学校升本以来，文学与传媒学院就以培养应用型人才为目标，根据现有汉语言文学、秘书学与网络新媒体等专业的特点，紧贴专业核心能力和人才培养终极目标，对学生的写作能力、信息处理能力、新闻传播能力、文化策划能力、办公自动化处理能力的培养提出了具体的目标要求。本书的出版，正是解决学生在校期间“写什么”以及“怎么写”的问题，以切实的理论讲解、例文评析、技能训练提升学生的写作能力。

本教材的编写原则、内容和体例由李景林老师确定。全书共分为八章，分工如下：李景林负责第一章应用文概述、第二章公务文书写作及附录 1、2、3 部分的编写与审校，约 18 万字；胡少山负责第四章日常文书、第七章经济文书、第八章申论及附录 4、5、6 部分的编写与审校，约 16.9 万字；崔瑜负责第三章事务文书、第五章职场文书、第六章新闻文书部分的编写，约 15.5 万字。书稿完成后，李景林进行了全面审阅。

编著者

2021 年 5 月 20 日

参考文献

[1] 徐成华.《党政机关公文格式》国家标准应用指南[M]. 北京：中国质检出版社，中国标准出版社，2012.
[2] 魏建周. 新编机关公文实务全书[M]. 北京：人民日报出版社，2012.
[3] 魏建周. 新编党政机关公文写作规范・技巧・范例・评析[M]. 北京：红旗出版社，2014.
[4] 张文英. 新编应用文写作教程[M]. 天津：南开大学出版社，2015.
[5] 佟晓丽. 应用写作实训教程[M]. 北京：北京理工大学出版社，2011.
[6] 卢云峰. 应用写作实训教程[M]. 北京：电子工业出版社，2012.
[7] 刘宏彬. 新编应用文写作教程[M]. 北京：新华出版社，2012.
[8] 刘春丹. 财经应用文写作[M]. 北京：北京大学出版社，2017.
[9] 李永新. 6 步学会申论写作[M]. 北京：人民日报出版社，2020.
[10] 王锡渭 . 新编申论写作教程[M]. 北京：北京大学出版社，2015.
[11] 李良荣. 新闻学概论[M]. 7 版. 上海：复旦大学出版社，2021.
[12] 刘明华，徐泓，张征. 新闻写作教程[M]. 北京：中国人民大学出版社，2002.
[13] 艾丰. 新闻写作方法论[M]. 北京：人民日报出版社，2020.
[14] 高钢，潘曙雅. 新闻采访与写作[M]. 北京：中国人民大学出版社，2018.
[15] 丁法章. 当代新闻评论教程[M]. 5 版. 上海：复旦大学出版社，2019.